Die Provinzen   In die Steppe   Ulan Bator   Menschen   Gesellschaft   Land und Natur   Praktische Tips   Vor der Reise

Anhang

"Latest News"

zu den Büchern von REISE KNOW-HOW im Internet.
Aktuelle Ergänzungen und Neuigkeiten
nach Drucklegung

http://www.reise-know-how.de/

Der
Reise Know-How Verlag Peter Rump GmbH
ist Mitglied der
Verlagsgruppe
REISE KNOW-HOW

Barbara Stelling, Fred Forkert
Mongolei

Wer sich beeilt, friert.

Mongolisches Sprichwort

Barbara Stelling, Fred Forkert
Mongolei

Impressum

Barbara Stelling, Fred Forkert

Mongolei

erschienen im
REISE KNOW-How Verlag Peter Rump GmbH
Hauptstr. 198
33647 Bielefeld/Brackwede

© *Peter Rump*
1. Auflage *1997*

ALLE RECHTE VORBEHALTEN

Gestaltung:
Umschlag: M. Schömann, P. Rump
Inhalt: Kordula Röckenhaus
Fotos: Thomas und Barbara Stelling, Fred Forkert (FF)
Karten: C. Raisin, der Verlag

Druck, Bindung: Fuldaer Verlagsanstalt GmbH, Fulda

ISBN: 3-89416-217-1

PRINTED IN GERMANY

Dieses Buch ist erhältlich in jeder Buchhandlung der BRD, Österreichs,
der Niederlande und der Schweiz. Bitte informieren Sie Ihren Buchhändler
über folgende Bezugsadressen:
BRD: Prolit GmbH, Postfach 9, 35461 Fernwald (Annerod) und die Barsortimente
Schweiz: AVA-buch 2000, Postfach 27, CH-8910 Affoltern
Österreich: Mohr Morawa Buchvertrieb GmbH, Sulzengasse 2, A-1230 Wien
Niederlande: Nilsson & Lamm BV, Postbus 195, NL-1380 AD Weesp

Wer im Buchhandel trotzdem kein Glück hat, bekommt unsere Bücher gegen Vorein-
sendung des Kaufpreises plus 4,50 DM für Porto und Verpackung (Scheck im Brief)
direkt bei: **Rump-Direktversand**, Heidekampstr. 18, 49809 Lingen (Ems).

● Wir freuen uns über Kritik, Kommentare und Verbesserungsvorschläge.

Vorwort

Wer kennt sie nicht, die Bilder von den wilden Reiterhorden, die wie verwachsen mit ihren Pferden über die endlosen Weiten der Steppe dahinfliegen, die Bilder von stolzen, unbezähmbaren Männern und riesigen Pferdeherden, die sich frei über endloses Weideland bewegen. Monglei: Das sind Vorstellungen von einem tiefblauen wolkenlosen Himmel und einem unbegrenzten Horizont, von Rundzelten aus weißem Filz, Kamelherden und sehnsuchtsvollen Liedern mandeläugiger Schönheiten.

Kein Besucher der Mongolei wird sich der Faszination eines der letzten unberührten Gebiete unserer Erde entziehen können. Wer als Kind unserer modernen Zivilisation einmal einsam und allein auf einem der unendlich vielen Gipfel dieses zentralasiatischen Landes stand, seinen Blick über hunderte Kilometer unbebauten Graslandes schweifen ließ und das Gefühl nicht los wurde, um ein Haar mit dem Kopf den ewig blauen Himmel zu berühren, wird fortan mit einem anderen Blick sein Leben und das anderer betrachten.

Über Jahrhunderte isoliert von den sibirischen Wälder im Norden und der großen chinesischen Mauer im Süden, haben die Steppennomaden ihre den Unbilden der Natur trotzende, weitgehend autarke Lebensweise bis heute bewahrt und weiterentwickelt.

Nach dem Fall des Eisernen Vorhangs haben nun auch Reisende aus dem Westen Gelegenheit, die Mongolei auf eigene Faust kennenzuler-

nen. Die wenigen Jahre der Öffnung reichten jedoch nicht aus, um ein umfassendes Netz touristischer Dienstleistungen aufzubauen.

Diesem Problem stellt sich das vorliegende Buch. Wir haben versucht, die Lücken zu füllen, die gewöhnlicher Tourismus zwangsläufig offenlassen muß. Der Reiz einer individuell organisierten Tour ist aus unserer Sicht gerade in der Mongolei jedoch weitaus größer, als eine Gruppenreise in ein Touristencamp, wie man es überall auf der Welt finden kann.

Das Buch möchte ein möglichst weites Spektrum von Alternativen zu Pauschalreisen anbieten und nützliche Tips, Tricks und Hinweise für eine maßgeschneiderte Individualtour oder Expedition vermitteln. Gut vorbereitet, wird jeder Mongoleireisende mit Sicherheit voller unvergleichlicher Eindrücke zurückkehren.

Gute Reise!

Dank

Für unendlich viel Geduld und Verständnis danken wir *Tom* und *Bajanaa*. Ohne ihre Unterstützung wäre das vorliegende Buch in dieser Form nicht zustande gekommen. Ferner danken wir allen unseren mongolischen Freunden, die uns ihr Land, ihre Sitten und Gebräuche nahe brachten und so manches Abenteuer mit uns gemeinsam durchgestanden haben.

Barbara Stelling

Inhalt

Hinweise zur Benutzung

Im ersten Abschnitt dieses Buches, *„Vor der Reise",* findet sich alles Notwendige für die Reiseplanung zu Hause, von Internet-Sites bis zu Tips für den Kurzaufenthalt in Peking.

Im zweiten Teil, *„Praktische Reisetips von A bis Z",* sind die für die gesamte Mongolei wichtigen praktischen Tips gesammelt. Die folgenden Abschnitte *„Land und Natur", „Staat und Gesellschaft"* sowie *„Menschen und Kultur"* vermitteln interessantes Hintergrundwissen zur Mongolei und ihren Bewohnern.

Im Kapitel *„Ulan Bator"* wird die Hauptstadt mit ihren Sehenswürdigkeiten beschrieben. Hier stehen auch praktische Tips zu Unterkunft, Restaurants oder Einkaufen. Zum Kapitel gehört ein Stadtplan mit eingezeichneten Hotels und Restaurants, ein weiterer Stadtplan mit Sehenswürdigkeiten befindet sich in der vorderen Umschlagklappe.

Der Abschnitt *„Auf in die Steppe – Vorbereitungen für die Weiterreise"* gibt die Informationen für die Entdeckung des Landes außerhalb von Ulan Bator – von öffentlichen Verkehrsmitteln bis hin zu Tips zum Kauf eines Fahrzeugs oder Fahrtechniken für Steppenpisten. Hier sind auch die speziellen Tips für den Umgang mit Nomaden oder das Verhalten in der Reisegruppe zu finden.

Im letzten Teil des Buches, *„Quer durch die Provinzen: Sehenswürdigkeiten und Reiseziele"* werden zuerst Routenvorschläge für Tagesausflüge, Touren und Expeditionen gegeben. Danach werden in Kürze alle Aimaks (Provinzen) mit ihren wichtigsten Sehenswürdigkeiten vorgestellt. Zu jedem Aimak gehört auch eine *Karte,* zur einfacheren Kommunikation jeweils mit einer zweisprachigen Liste mit den mongolischen Entsprechungen der Karteneinträge.

Im *Anhang* finden sich eine Literaturliste, eine kleine Sprachhilfe mit einer Tabelle zu Aussprache und Umschrift des Mongolischen sowie ein ausführliches Register.

Obwohl alle Informationen sorgfältig zusammengestellt wurden, können sich *Fehler* eingeschlichen haben; zudem verändern sich auch in der Mongolei Preise, Flugzeiten etc. Wir freuen uns über diesbezügliche Informationen unserer Leser!

Verzeichnis der Karten

Vor der Reise

Die Mongolei im Überblick

Staatsname: Mongolei
Staatsform: Republik
Staatsoberhaupt ist der Staatspräsident. Bei der Präsidentschaftswahl vom 18. Mai 1997 siegte *Nazagijn Bagabandi,* Kandidat der MRVP.
Regierungschef:
Mendijn Enksajchan
Staatsgründung: 26.11.1924
Währung: Landeswährung ist der Tugrik. 1 Tugrik = 100 Mungu.
Administrative Gliederung: Das Staatsgebiet ist in die Hauptstadt

Nationalemblem der Mongolei

Ulan Bator (Ulaanbaatar) und 21 Aimaks gegliedert. Ein Aimak setzt sich aus mehreren Somonen zusammen. Ein Somon besteht aus mehreren Bag. Die Bag sind die kleinste administrative Einheit.
Hauptstadt: Ulan Bator (Ulaanbaatar), ca. 660.000 Ew.
Weitere wichtige Städte: Darchan (ca. 90.000 Ew.) und Erdenet (ca. 65.000 Ew.)
Gesamtbevölkerung: 2,356 Millionen (Stichtag 1.1.97), Deutschland: 81,3 Millionen.
Bevölkerungsdichte: Mit nur 1,5 Ew./qkm (Deutschland: 228) ist die Mongolei eines der am dünnsten besiedelten Länder der Erde.
Anteil Stadtbevölkerung: 1979 überschritt der Anteil der Stadtbevölkerung an der Gesamtbevölkerung erstmals die 50 % - Marke. Heute liegt ihr Anteil bei 52 % (Deutschland: 86 %). Zum Vergleich: 1927 lebten erst 13 % aller Mongolen in Städten, 1956 waren es 21,6 %.
Natürlicher Bevölkerungszuwachs: 1,64 % (1995), Deutschland: 0,6 %.
Volksgruppen: 85 % der Bevölkerung sind Mongolen, davon der größte Teil Chalcha-Mongolen. Weitere mongolische Ethnien sind die Durwut, die Buriat, die Bajat, die Dariganga, die Dsachtschin die Torgut und die Öölt. Die wichtigste nichtmongolische Minderheit sind mit 7 % die Kasachen, die ebenso wie die Urianchaj (1,3 %) zu den

Turkvölkern zählen.

Religion: Die verbreitetste Religion ist der tibetische Buddhismus. In den letzten Jahren gewannen besonders in den großen Städten auch christliche Kirchen an Einfluß. Die Kasachen sind überwiegend Moslems.

Sprache: Amtssprache ist Mongolisch.

Fläche: 1,566 Mio. qkm (Deutschland: 356.973 qkm).

Ausdehnung und Lage: Die Mongolei liegt in Zentralasien, auf einer geografischen Breite, die etwa dem Gebiet zwischen der Mitte Deutschlands und Italien entspricht. Die größte Ost-West-Ausdehnung beträgt 2405 km, die größte Nord-Süd-Ausdehnung 1263 km.

Grenzen: Die Grenzlänge beträgt 7660 km, davon nehmen 4670 km die Grenze zum südlichen Nachbarn China ein, die restlichen ca. 3000 km entfallen auf die Grenze zu Rußland.

Topographie: Mit einer durchschnittlichen Höhe von 1580 m ist die Mongolei ein ausgesprochenes Hochland. Selbst der tiefste Punkt liegt immer noch 560 m hoch. Von dieser Höhenlage werden Klima und Vegetation maßgeblich bestimmt.

Gebirge: Wichtige Gebirge sind der Chentij im Nordosten, der Changaj im mittleren Westen sowie der Mongolische und der Gobi-Altai im äußersten Westen und Südwesten. Höchste Erhebung ist mit im 4374 m der Chujten uul im Mongolischen

Altai.

Flüsse: Die wichtigsten Flüsse sind der Orchon (1124 km), der Cherlen (1090 km), die Tuul (819 km) und die Selenge (593 km).

Seen: Die Seenfläche der Mongolei macht insgesamt ca. 1 % des Territoriums aus. Der bedeutsamste See ist der Chuwsgul (2620 qkm), der Fläche nach der größte der Uws nuur (3350 qkm).

Landschaftszonen: Von Norden nach Süden wechseln sich die Gebirgstaiga, die Gebirgswaldsteppe, die Gebirgssteppe, die Wüstensteppe und die Wüste ab. Im Bereich der Gebirgsformationen wird diese Abfolge unterbrochen durch vertikale Höhenstufen.

Klima: Charakteristisch ist ein trockenes Kontinentalklima mit extremen jahres- und tageszeitlichen Temperaturunterschieden. Die Temperatur erreicht im Sommer 30 °C und mehr, im Winter fällt sie bis unter – 40 °C. Auch Temperaturen unter – 50 °C wurden bereits gemessen. Mit Ausnahme der Gobi liegt die Jahresdurchschnittstemperatur unter dem Gefrierpunkt. Die Jahresniederschlagsmenge liegt zwischen 400 und weniger als 100 mm. Die Niederschläge fallen überwiegend in den Monaten Juni bis August. Ausgiebige Schneefälle sind selten.

Die richtige Einstellung

Um es mit einem Wort zu sagen: Man braucht für eine Reise in die Mongolei viel – sehr viel – **Langmut.** Wer sich in dieses Land begibt, läßt sich auf zahlreiche **Unwägbarkeiten** in allen Bereichen ein. Doch gerade dies macht auch den Reiz des Landes aus. Wenn man nicht darauf versessen ist, genau seine eigenen Vorstellungen durchzusetzen, sondern flexibel auf die sich jeweils bietenden Möglichkeiten eingeht, wird man mit Sicherheit eine wunderbare Zeit in der Mongolei verbringen. Sie wollten eigentlich in die Nordmongolei, und jetzt ist vor lauter Schlamm kein Durchkommen, und geschneit haben soll es dort auch noch letzte Woche? Sparen Sie sich den Frust, diese Reise unbedingt durchziehen zu wollen, auf die Gefahr hin, kurz hinter Ulan Bator tagelang im Matsch festzusitzen, sondern fahren Sie stattdessen in den Westen oder Süden. Die Mongolei ist überall schön.

Und ärgern Sie sich nicht, wenn Sie glauben, das eine oder andere hätte vielleicht besser, effektiver, pünktlicher oder gründlicher passieren können. In Europa vielleicht schon – aber nicht in den Weiten der Steppen. Passen Sie sich also dem **Rhythmus** des Gastlandes an, lassen Sie alles etwas langsamer laufen, und genießen Sie die Ruhe und die Zeitvergessenheit der Nomaden.

Persönliche körperliche Eignung

Das harte Klima und die im Bedarfsfall keineswegs optimale medizinische Betreuung bringen es mit sich, daß man für eine Reise in die Mon-

Einmal unterwegs ist ein vorzeitiger Abbruch der Reise in der Regel nicht mehr möglich

golei auch gewisse körperliche Voraussetzungen erfüllen sollte. Zwar ist dies keineswegs nur ein Reiseland für durchtrainierte Muskelmänner und -frauen, aber je weiter man sich aus der Stadt entfernt, desto strapaziöser wird jeder Tag, und eine Abkürzung im Sinne *„Dann fahr ich eben heute schon nach Ulan Bator zurück"* ist nicht möglich. Grundsätzlich kann man sagen, daß Leute mit **Kreislaufbeschwerden** eine Reise in die Mongolei nur nach vorheriger Rücksprache mit ihrem Arzt antreten sollten. Dies gilt vor allen Dingen im mongolischen Frühling mit seinen extremen Temperatur- und Luftdruckschwankungen. **Chronisch Kranke** und **ältere Menschen** sollten sich ebenfalls vor der Abreise genau überlegen, was Sie sich zumuten können und wollen.

Impfungen

Die beiden Impfungen, die für einen Besuch der Mongolei unabdingbar sind, sind die Auffrischung von **Tetanus** und **Polio,** falls kein Impfschutz mehr besteht. Empfohlen wird auch eine **Diphterie-Schutzimpfung** und ein **Hepatitis-A-Schutz.** Die Hepatitis-A-Prophylaxe mit Gammaglobulinen wird inzwischen nicht mehr empfohlen; stattdessen gibt es einen wirksamen, aber recht teuren Impfstoff. Es lohnt sich aber, prüfen zu lassen, ob man nicht bereits (unbemerkt) eine Hepatitis-A-Infektion durchgemacht hat und dadurch Immunität erworben hat.

Die seit einiger Zeit mögliche Impfung gegen **Hepatitis-B** (sehr teuer und zeitaufwendig) ist nur für Langzeitexperten empfehlenswert oder für diejenigen, die beabsichtigen, sich munter und ungeschützt in das promiske mongolische Treiben zu mischen.

Im Sommer 1996 traten erstmals in der Geschichte der Mongolei einige **Cholerafälle** auf, so daß eine diesbezügliche Prophylaxe nicht schaden kann, bei der Einreise aber nicht gefordert wird.

Versicherungen

Wer nicht ohnehin schon umfassend versichert ist, sollte für die Mongolei den Abschluß von zwei Versicherungstypen erwägen. Erstens eine **Reisegepäckversicherung,** möglicherweise eine Variante mit Einschluß einer **Diebstahlversicherung** für die Zeitdauer des gesamten Aufenthaltes. Allerdings muß man mit vielen Einschränkungen des Versicherungsschutzes rechnen, z. B. für Wertsachen, Fotoapparate und Dokumente, sowie mit bürokratischem Aufwand (Kaufbelege!). Im Versicherungsfall sollte man auf detaillierte Angaben in den polizeilichen Protokollen bestehen.

Zweitens raten wir unbedingt zum Abschluß einer **Reisekrankenversicherung mit Einschluß von Rücktransport.** Zum einen zahlt die normale Krankenversicherung nicht für Behandlungen in der Mongolei, zum anderen ist bei einem Unfall in der Mongolei, beispielsweise einem offenen Bruch, der Rücktransport zur Behandlung in Deutschland (oder nach Peking, siehe unter „Gesundheit") in jedem Fall einer Behandlung vor Ort vorzuziehen. Vor Abschluß der Versicherung sollte man allerdings darauf achten, ob auch wenn der Aufenthalt krankheitsbedingt länger als geplant dauert, der Versicherungsschutz bestehenbleibt. Außerdem lohnt es sich, die Bedingungen für eine Rückführung und die Einschränkungen bei einer Vorerkrankung genau zu studieren. Im Krankheitsfall benötigt man eine Diagnose des Arztes und exakte Quittungen über die gesamte Behandlung.

Packliste

Kleidung

Für eine Reise in die Mongolei empfiehlt es sich immer, lieber etwas mehr **warme Kleidung** mitzunehmen als zu wenig. Im Klartext bedeutet das: Kurze Hosen und luftige Sommertops kann man zu jeder Jahreszeit getrost zu Hause lassen, einen dicken Pullover, Extrasocken und feste Schuhe dürfen auf der Packliste jedoch niemals fehlen.

Als **Mindestausrüstung** sollte man folgendes einpacken:

- mehrere Paar **warme Socken** (besonders geeignet sind dünnere Socken aus reiner Wolle, die man dann auch übereinander tragen kann, ohne daß deswegen gleich die Schuhe drücken)
- *lange Unterwäsche*
- *lange, strapazierfähige Hosen*
- *lange T-Shirts,* die auch die Nierengegend gut abdecken

- *Sweatshirt* (am besten ebenfalls lang geschnitten)
- *langen Pullover* (Pullover aus Polarfleece haben einem normalen Pullover gegenüber den Vorteil, wesentlich weniger zu wiegen und schnell zu trocknen und sind deshalb besonders zu empfehlen.)
- *lange, winddichte Jacke*
- *Regenschutz:* siehe unten

Die Betonung von **langen Kleidungsstücken** hat ihren guten Grund. In der Mongolei sitzt man viel im Freien auf dem Gras oder auf niedrigen Schemelchen in der Jurte. Bei kurzen Pullovern, kurzen Jacken und Blousons bleibt dabei die Rückenpartie weitgehend ungeschützt, was sehr schnell zu Verkühlungen und Krankheit führen kann. Die im Sommer erreichbaren Höchsttemperaturen um 30 °C dürfen nicht den Eindruck erwecken, man halte sich in den Tropen auf. Sobald die Sonne weg ist, wird es auch im Juli/August empfindlich kalt. Ab 2500 m Höhe ist in der Nacht immer mit Frost zu rechnen. Selbst hartgesottene Männer sollten ihre Nieren etwas schützen: Mongolische Männer tun es schließlich auch.

Zusätzlich zu dieser Mindestausrüstung an Kleidern sollten in den Monaten **September bis Mai** unbedingt Schal, Handschuhe und eventuell ein Stirnband aus Polarfleece mitgebracht werden. Bei dem Stirnband ist vor allen Dingen der Schutz der Ohren wichtig, weswegen sich ein winddurchlässiges Strickstirnband nicht eignet.

Formale Kleidung

Wer als Dienstreisender, Kurzzeitexperte oder in anderer (halb)-offizieller Funktion die Mongolei bereist,

Wo selbst die Autos mit Fellen gegen die Kälte geschützt werden, sollte man an warmer Kleidung nicht sparen

muß damit rechnen, zu offiziellen Empfängen, protokollarischen Maßnahmen oder Gesprächen in Behörden eingeladen zu werden. Auch ein normaler Tourist kann schnell in die angenehme Verlegenheit kommen, von alten oder neuen Freunden und Bekannten zu einer Familienfeier – etwa einer Hochzeit – oder zu einem Theater- oder Konzertbesuch eingeladen zu werden. Deshalb sollte auch etwas „Vernünftiges" für alle Fälle nicht im Gepäck fehlen. Die mongolische Stadtbevölkerung kleidet sich überraschend modisch, Offizielle Mongolen dagegen bevorzugen in fast allen Lebenslagen den Anzug oder das Kostüm.

Als Minimum empfehlen wir daher für **Männer** die Mitnahme einer dunklen Hose (bitte kein Jeans-Schnitt!) und eines hellen Oberhemdes mit passender Krawatte. Das Jackett kann auch durch eine Sommerjacke ersetzt werden.

Für **Frauen** empfiehlt sich ein überknielanger, dezenter Rock mit passendem Oberteil. Im Bedarfsfall bitte auf gepflegte Haartracht achten. Lange, offene Haare gelten auch frisch gewaschen als unpassend für offizielle Anlässe.

Regenschutz

In den Monaten September bis April wird ein Regenschutz kaum nötig sein, denn was es zu dieser Zeit an wenigen Niederschlägen gibt, kommt in der Regel als extrem trockener Pulverschnee vom Himmel. Im Sommer empfiehlt es sich, eine leichte Regenjacke oder ein Regencape aus Plastik mitzubringen. Besonders geeignet für diejenigen, die hier eine

Neuanschaffung tätigen wollen, ist ein Regenponcho, der im Falle eines Notbiwaks als Zeltersatz verwendet werden kann.

Kopfbedeckung

Abgesehen von manchem milden Frühlingstag wird eine wie auch immer geartete Kopfbedeckung stets nötig sein. Das gilt auch für diejenigen, die in Europa niemals etwas auf dem Kopf tragen würden. Der Körper verliert einen erheblichen Anteil seiner Wärme über den Kopf – ein Verlust, den sich in der kühlen Mongolei keiner leisten kann. Im **Winter** (September bis April) eignet sich eine Skimütze aus Polarfleece oder aber eine mit Lammfell gefütterte Ledermütze mit Ohrenklappen, die man gegebenenfalls in Ulan Bator kaufen kann. Von einfachen Strickmützen ist

Sonnenschutz in Form von Hut und Brille – eine Selbstverständlichkeit

wegen deren Winddurchlässigkeit abzuraten. Wer Sinn für Ethno-Kleidung hat, kann sich auch in Ulan Bator in den Souvenirläden oder auf dem Markt eine mongolische Viehzüchtermütze kaufen. Sie ist aus Seidenbrokat genäht, mit Pelz verbrämt und sehr kleidsam. Kostenpunkt: etwa 40 US$.

Für die **Sommermonate** braucht man aufgrund der intensiven Sonneneinstrahlung unbedingt eine Kopfbedeckung als Schutz gegen Sonnenbrand und Sonnenstich. Auch hier gilt, daß man nicht von der eigenen Sonnentoleranz in Europa Rückschlüsse auf die Notwendigkeit einer Mütze in der Mongolei ziehen kann. Am besten eignet sich eine breitkrempige Variante, etwa im Stile eines Cowboyhuts. Wer einen solchen nicht besitzt oder aus Kostengründen nicht anschaffen will, kann in Ulan Bator auf dem Markt einen schwarzen Einheitshut für ca. 10 US$ erwerben. Zwar ist er nicht ganz im Stile *Humphrey Bogarts* gehalten – aber er erfüllt seinen Zweck. Von Baseballkappen als Sonnenschutz ist hingegen abzuraten, da sie die Nackenpartie völlig ungeschützt lassen. Strohhüte sind in der Mongolei vollkommen unbekannt.

Sonnenschutz

Für eine Reise in die Mongolei sollte man unbedingt genügend Sonnenschutzmittel einpacken. Hier gilt die Faustregel (wie in vielen Dingen, die Mongolei betreffend): Besser klotzen statt kleckern. Wir empfehlen unbedingt Sonnencreme oder Sonnenmilch mit dem *Lichtschutzfaktor 20* oder mehr, sowie einen *Sonnenblocker* für die Nase und einen UV-filternden Lippenschutz. Ferner eine *Sonnenbrille mit UV-Schutz* – vor allem auch im Winter!

Schuhwerk

Im *Winter* sind unbedingt *hohe Stiefel* erforderlich; zu anderen Jahreszeiten *feste Schnürschuhe,* am besten knöchelhoch wegen des Halts. Besonders empfehlenswert sind dabei glattlederne Schuhe mit wenig Nähten, da diese sich mit Lederfett gut imprägnieren lassen, und auch die Nähte wasserdicht versiegelt werden können. Abzuraten ist hingegen von Schuhen aus neuzeitlichen Materialien wie Goretex, da man bei jedem Ausflug aufs Land damit rechnen muß, mit dem Schuh irgendwann knöcheltief im Schlamm zu stehen. Will man einen Kunstfaserschuh anschließend richtig reinigen, so bleibt einem nur, ihn vollkommen zu waschen, wonach er nicht schnell genug trocknet und auch seine Imprägnierbarkeit verliert.

Es ist ebenfalls unbedingt anzuraten, ein zweites Paar feste Schuhe mitzubringen, da ein Paar Schuhe, wie eben erwähnt, durchaus für einige Zeit zum Trocknen ausfallen kann.

Sandalen, offene Birkenstockschuhe und ähnlich leichtes Schuhwerk können bei einer Reise in die Mongolei dagegen getrost zu Hause bleiben. Wer noch Platz im Rucksack hat, sollte im Sommer stattdessen die Mitnahme von *Gummistiefeln* erwägen.

Reiseapotheke

Man sollte *alles mitbringen, was man möglicherweise braucht,* denn in der Mongolei kann man nicht damit rechnen, Arzneimittel erwerben zu können. Die Apotheken führen ein Sammelsurium von Präparaten aus aller Welt, darunter viele in Deutschland nicht zugelassene Medikamente. Nicht selten ist die Haltbarkeitsdauer bereits überschritten oder es ist einfach nicht das in der Packung, was die Aufschrift verheißt. Auch bei Ärzten oder Krankenhäusern wird sich nicht notwendigerweise ein geeignetes Medikament finden lassen.

Es empfiehlt sich also, als erstes all die Medikamente einzupacken, die man sowieso immer mal wieder braucht, oder die man ständig einnimmt. Schwachstellen des eigenen Körpers sollten prophylaktisch medikamentös abgedeckt werden. Neigt man beispielsweise zu Durchfallerkrankungen, dann sollten entsprechende Mittel in der Reiseapotheke nicht fehlen. Genaueres zur Reiseapotheke findet sich im *Beileger* „Gesundheitstips für Fernreisen".

Reisen über Land

Die *Grundausstattung* für Reisen über Land sollte folgende Teile umfassen:
- *Zelt*
- *Isomatte*
- warmer *Schlafsack*
- *Taschenlampe* (wer keine Solartaschenlampe besitzt, sollte Ersatzbatterien mit sich führen)
- *Insektenschutzmittel*
- gutes, möglichst multifunktionales *Messer*

- *Eßgeschirr* und *Besteck*
- *Wasserkanister* oder Wasserbeutel (spart Platz!), bruchfeste, nicht zu kleine *Wasserflasche*
- *Wasserentkeimungsmittel*
- *Feuerzeug* oder *Sturmstreichhölzer*

Was abgesehen von diesem Minimum noch alles nützlich werden könnte, aber nicht unbedingt nötig ist, ist im Kapitel „Übernachtungen in der Steppe" beschrieben.

Nützliche Extras

Um es vorweg zu sagen: Allen Gerüchten zum Trotz ist es schon seit Jahren nicht mehr nötig, sein eigenes *Toilettenpapier* nach Ulan Bator mitzubringen. Lediglich auf dem Land ist es nach wie vor so gut wie nirgendwo aufzutreiben. Entsprechend sollte man sich in Ulan Bator eindecken.

Was in jedem Fall nützlich mitzubringen ist, sind *Kerzen,* die es in Ulan Bator nur in minderwertiger Qualität zu kaufen gibt. Bei Übernachtungen in „Hotels" auf dem Lande, die oft keinen Strom haben, oder in der Jurte, derem Besitzer die Kerzen oft schon vor langem ausgegangen sind, ist selbst ein einfaches Teelicht nicht nur nützlich, sondern auch überaus willkommen.

Womit man nicht nur anderen, sondern auch sich selbst eine Freude macht, ist ein *Fernglas.* Die unendliche Weite der Steppe reizt immer wieder dazu, den einen oder anderen Punkt in der Ferne etwas genauer anzuvisieren; vor allen Dingen auch dann, wenn man irgendwo mit dem Wagen festsitzt und der Punkt von einem Adler über einen Reiter bis hin zum rettenden Traktor alles sein könnte.

Selbst in den abgelegensten Gegenden ist beliebt, wer ein Fernrohr mitbringt

Wer eine **Outdoor-Weste mit vielen Taschen** besitzt, sollte diese unbedingt einpacken. Wenn man in diesem Land in der freien Steppe unterwegs ist, schleppt man erfahrungsgemäß binnen kurzem viel mehr Praktisches mit sich herum, als die Hosentaschen fassen können, ohne daß man deswegen gleich seine Jacke tragen oder seinen Rucksack umschnallen möchte.

Außerdem möchten wir die Mitnahme einer Rolle **Plastiktüten** dringend empfehlen. Sie sollten in etwa 20 l fassen und nicht zu dünn sein. Verwendung finden sie beispielsweise zum wasserdichten Einpacken von Ersatzschuhen und Kleidung bei Flußdurchfahrten, zum Abdichten von Autos oder zum Einkauf von Milch oder Joghurt bei Nomaden u. v. a. m.

Wer bei seinem Trip in die Wildnis nicht auf die aktuellen Fußballergebnisse verzichten möchte, kann einen **Weltempfänger** mitbringen.

Handtücher und Seife werden von den meisten Hotels außerhalb der Hauptstadt nicht gestellt.

Für die sichere Unterbringung von **Dokumenten und Reisekasse** gibt es verschiedene Möglichkeiten, siehe unter „Sicherheit".

Lebensmittel

Wer nicht gerade eine Wanderung oder Fahrradtour plant, wird in der Mongolei in der Regel sein Gepäck nicht auf das Kilo genau berechnen müssen. Als **Notreserve** an Lebensmitteln empfiehlt sich kalorienreiches „Studentenfutter" (gemischte Nüsse und Trockenfrüchte) oder Müsli,

mancher erfreut sich auch am „heimischen" Geschmack von dehydrierten Lebensmitteln, die man in Läden für Reisebedarf kaufen kann. In der Mongolei selbst gibt es lediglich getrocknetes Rindfleisch, von dessen Genuß wir wegen Verwurmungsgefahr abraten. Für längere Touren sind heimische **Dauerwürste** (am besten mehrere kleine, evtl. luftdicht verpackt) eine angenehme Bereicherung des Speiseplans.

Koffer oder Kiste?

Wer aus der Packliste nur das für sich ausgewählt hat, was für einen **Hotelurlaub mit Tagesausflügen** gebraucht wird, kann getrost mit einem Koffer und einem kleinen Rucksack anreisen. Wer aber **größere Ausflüge oder Expeditionen** plant, sollte den Erwerb einer Aluminium- oder Stahlblechkiste in Erwägung ziehen. Probleme beim Einchecken am Flughafen gibt es damit nicht; im Gegenteil, die Fluglinien sind meistens recht kulant bei etwaigem Übergepäck, da sie das Leergewicht der Kiste nur schlecht einschätzen können. Wir persönlich haben beispielsweise niemals Schwierigkeiten beim Einchecken von bis zu 34 kg schweren Stahlblechkisten bekommen – schwierig wird es erst dann, wenn man zusätzlich noch ein, zwei Reisetaschen und einen kleinen Koffer einchecken will. Solange die Kiste hingegen das einzige Gepäckstück ist, dürfte es keine Probleme geben. Gegebenenfalls kann man immer noch etwas in das Handgepäck umpacken, oder in seiner vieltaschigen

Auf der heißen Kiste läßt es sich auch bei dutzendweise Minusgraden prächtig picknicken

Outdoor-Weste und der zweckmäßigerweise ebenfalls vieltaschigen Jacke verstauen. Ein Handgepäckstück mit den zulässigen Maximalmaßen und zudem auf Rädern ist für diese Zwecke ideal. Sein Gewicht ist dann nicht so augenfällig.

Was die **Wahl der Kiste** betrifft, so sollte sie nicht mehr als 70 l Fassungsvermögen haben, da sie ansonsten zu sperrig für die Mitnahme im Geländewagen ist. Prinzipiell gibt es zwei Arten von Metallkisten: solche, die wasserdicht abschließen und solche, die dies nicht tun. Wer ein schmales Budget hat, wird sich in jedem Fall für die billigere, wasserundichte Variante entscheiden und den Inhalt mit Plastiktüten schützen. Reist man zu zweit oder in der Gruppe, kann man sich möglicherweise auf die Anschaffung einer wasserdichten Kiste (bekanntester Hersteller ist die Firma *Zarges*) für den gemeinsamen Gebrauch einigen. In diese Kiste wird dann bei Expeditionen ein Satz trockener Kleidung, die Fotoausrüstung etc. eingepackt.

Die Kisten sollten auf jeden Fall **abschließbar** sein. Stahlblechkisten, die mittels Laschen und Eisenstab geschlossen werden, sind zwar leicht zu schließen, aber ebenso leicht auch zu knacken, indem das rundgebogene Ende des Eisenstabs geradegebogen und dieser dann einfach durch die Laschen gezogen wird. Wer solch eine Kiste erwirbt, sollte sie mit zwei Schlössern, die direkt an den Laschen vorgehängt werden, sichern.

Auch die Anreise mit dem **Rucksack** ist denkbar. Wenn allerdings Expeditionen geplant sind, bei denen beispielsweise ein offenes Begleitfahrzeug das Gepäck auf der Ladefläche transportiert, ist die Kiste wiederum deutlich dem Rucksack vorzuziehen.

Hat man allzuviel *Übergepäck,* sollte man sich rechtzeitig vor dem Abflug über die Möglichkeiten zur Versendung von unbegleitetem Luftgepäck informieren.

Die heiße Kiste

Stahlblech- oder Aluminiumkisten kann man außer zur Beförderung von Gegenständen auch noch zu einem anderen wichtigen Zweck verwenden. In der Mongolei kann es auch im Sommer empfindlich kalt werden. In solchen Situationen, zumal wenn man schon seit Tagen unterwegs ist, lohnt es sich, sich ab und zu richtig aufzuwärmen. Man erhitzt dazu in einem offenen Feuer Flußkiesel oder ähnliche Steine, füllt diese dann in die Kiste und setzt sich darauf. Es ist erstaunlich, wie heiß der Deckel wird, und wie lange er es bleibt. Wir selbst haben auf diese Weise schon stundenlange Picknicks im Schneetreiben bei Minusgraden nicht nur veranstaltet, sondern auch genossen.

Reisezeit

Die günstigste Zeit für eine Reise in die Mongolei liegt zwischen Anfang Juni und Mitte September. Für Überlandtouren in der Changaj- und Chentij-Region sind wegen in manchen Jahren reichhaltigen hochsommerlichen Regenfällen die Zeiträume von Ende Mai bis Ende Juni und dann wieder von Mitte August bis Mitte September am besten. In der Gobi kann es im Sommer tagsüber extrem heiß werden.

Informationsstellen vor der Reise

Reiseveranstalter

Reisepraktische Informationen über die Mongolei sind von staatlicher Seite fast überhaupt nicht, von privat auch nur spärlich zu erhalten. Immerhin ist das größte Tourismusunternehmen *Juulchin* inzwischen über E-Mail erreichbar und unterhält eine Repräsentanz in Deutschland.

●*Juulchin*
Repräsentant für Europa:
Arnold-Zweig-Str. 2
13189 Berlin
Tel.: (030) 4742484
Fax: 4718833
E-Mail: jlncorp@magicnet.mn

Weitere Informationen kann man über den *Mongolia Tourist Information Service (MTIS)* erhalten, der über den Reiseveranstalter *Lernidee Reisen GmbH* betrieben wird.

●*Mongolia Tourist Information Service*
Dudenstr. 78
10965 Berlin
Tel.: (030) 7865056
Fax: 7865596

Schon von Zuhause aus kann man auch die *Reisebüros in der Mongolei* kontaktieren, siehe „Auf in die Steppe", unter „Ansprechpartner vor Ort".

Deutsch-Mongolische Gesellschaft

Eine Anlaufstelle, besonders auch für längerfristig an der Mongolei Interessierte, ist die *Deutsch-Mongoli-*

sche Gesellschaft e.V., der man für einen Jahresbeitrag von 75 DM (ermäßigter Beitrag 35 DM) beitreten kann. Die *Deutsch-Mongolische Gesellschaft* gibt jährlich einmal eine Zeitschrift mit Namen *Mongolische Notizen* heraus, in der im allgemeinen landeskundliche Informationen veröffentlicht werden, in der aber auch immer wieder aktuelle Reise- und Erfahrungsberichte aus der Mongolei zu lesen sind. Außerdem enthält jede Ausgabe eine Zusammenfassung der wichtigsten Ereignisse der letzten Monate.

● *Deutsch-Mongolische Gesellschaft e.V.*
Waldfriedenstr. 31
53639 Königswinter

Internet

● Seit September 1996 ist unter der E-Mail-Adresse *ganbold@magicnet.mn* in Englisch die aus zwei Seiten bestehende **The Email Daily News** orderbar. Sie erscheint fünf mal in der Woche.

● *Rain or Shine Weather*
http://www.rainorshine.com/weather/index/sites/national?site=&city=Ulaan+Baatar+Mongolia
Hier erfährt man aktuell, wie das Wetter in Ulan Bator gerade ist.

● *Pictures from Mongolia*
http://userpage.fu-berlin.de/~corff/im/Picture/overview.Picture.html
Nette Seite zum Schmökern mit Bildern aus der Mongolei.

● *Mongolia Resource Page*
http://www.soros.org/mongolia.html
Guter Startpunkt im Internetdschungel. Seite mit vielen Links.

● *Infosystem Mongolei*
An Internet-based Journal on Mongolian Affairs
http://userpage.fu-berlin.de/~corff/
Der Sinologe und Mongolist *Dr. Oliver Corff* von der FU Berlin unterhält ein sehr umfangreiches und äußerst aktuelles Infosystem Mongolei, das auch viele Gebiete abdeckt, die nicht Gegenstand dieses Buches sein können, u. U. jedoch für die Vorbereitung des Mongolei-Besuches, der unter einem speziellen Thema steht, interessant sein können. Die wohl umfangreichste Seite über die Mongolei. Ein Muß für alle Informationssuchenden. E-Mail: *infomong@zedat.fu-berlin.de*

Lange Zeit war das staatliche Reiseunternehmen *Juulchin* die einzige Anlaufstelle für Touristen

- **Kubon & Sagner Mongolei Übersicht**
http://www.kubon-sagner.de/153.html
Übersichtsseite der Firma K&S, über die
Bücher und/oder Audio-CDs und Videos
aus der Mongolei zu beziehen sind.
- **Mongolia WWW Virtual Library**
http://mcni.net/~mongolia/monglink.htm
Sehr große und umfangreiche Sammlung
von interessanten Internetadressen über die
Mongolei.
- **Mongolei**
http://userpage.zedat.fu-berlin.de/~joha-
beck/mongol2.html
Private Homepage mit Informationen über
ethnische Minderheiten in der Mongolei und
deren Sprachen.
- **Magicnet**
http://www.magicnet.mn/
In der Mongolei selbst gibt es erste Home-
pages, in denen man blättern kann.

Geld

Preisniveau

Da die Mongolei so gut wie alle **Kon-
sumgüter** und mit Ausnahme von
Fleisch auch alle **Lebensmittel** im-
portieren muß, ist das Preisniveau
bemerkenswert hoch. Lediglich in
den Sommermonaten, wenn auch
Frischwaren aus mongolischem Anbau im Angebot sind, sind die Lebensmittel vergleichsweise preiswert. **Fleisch** kostet dagegen nur
zwischen umgerechnet 1,50 und
2,50 US$ pro Kilo.

Reisekosten

Wieviel Geld man für eine Reise in
die Mongolei braucht, hängt von verschiedenen Faktoren ab und kann
sich von Jahr zu Jahr ändern. Sinnvoll ist es, von folgenden **Grundko-
sten pro Tag** auszugehen:

- Grundbedarf Lebensmittel etc.: ca. 10 US$,
- Studentenwohnheime, Billighotel ca.:
10 US$,
- Hotels der mittleren Preisklasse:
50 - 80 US$
- Hotels der gehobenen Preisklasse:
90-120 US$
- Privatunterkünfte: 10 - 15 US$
- Hotels auf dem Land:5 - 35 US$
- Touristencamps einschließlich Frühstück:
in der Regel 50 US$
- Gemieteter Jeep inklusive Fahrer: 0,40 bis
0,50 US$ pro km, Tendenz steigend

Daraus ergibt sich ganz klar, daß die
Mongolei keineswegs ein Land für
Reisende mit allzu kleinem Budget
ist. Zusätzlich zu diesen Grundko-
sten sollte im übrigen unbedingt ein
**großzügig kalkulierter Notgro-
schen** eingesteckt werden. Groß ist
die Enttäuschung, wenn sich, in Ulan
Bator angekommen, plötzlich unerwartete Möglichkeiten beispielsweise zu einem Doppeldeckerflug oder
einem Hubschrauberpicknick bieten,
die aus Liquiditätsmangel nicht wahr-
genommen werden können.

Zahlungsmittel

Landeswährung

Landeswährung der Mongolei ist
der **Tugrik.** Ihn gibt es momentan in
der **Stückelung** Einer, Dreier, Fün-
fer, Zehner, Zwanziger, Fünfziger,
Hunderter, Fünfhunderter, Tausen-
der, Fünftausender und Zehntausen-
der. Bis einschließlich der Hunderter
werden alte und neue **Scheine**
gleichzeitig und mit der gleichen
Kaufkraft verwendet. Ab 500 (das
war vor der Wende ein knappes Mo-
natsgehalt) gibt es dann nur noch
neue Scheine, die alle das gleiche

Porträt *Tschingis-Khans* tragen. Kleinere **Münzen** als 1 Tugrik sind nie offiziell aus dem Verkehr gezogen worden, sie sind allerdings nicht mehr im Umlauf, weil es nichts gibt, was weniger als einen Tugrik kostet. Eine Packung Streichhölzer kostet bereits 20 Tugrik. 1997 sollen wieder Münzen eingeführt werden, allerdings mit einem hohen Nennwert von z. B. 200 und 500 Tugrik. Dahinter steht vor allem das Ziel, sie in Automaten aller Art zu verwenden.

Aussagen über den **Wechselkurs** zu machen, hat bei ca. 3 % Inflation pro Monat wenig Sinn. Anfang Januar 1997 lag die Umtauschrate noch unter 700 Tugrik pro US$, vier Monate später teilweise schon über 900 Tugrik.

„Zweitwährung" Dollar

Die Zentralbank unternimmt immer wieder Versuche, den Dollar als de facto Zweitwährung aus dem öffentlichen Umlauf zu verdrängen. Allerdings halten sich selbst Staatsbehörden kaum daran. So kassieren z. B. das Außenministerium, das Arbeitsministerium, die Polizei, die Fluggesellschaft, die Eisenbahn, die meisten Hotels u. a. Anlaufstellen von Ausländern ungerührt weiter in Dollar. Auch Mieten in Privatquartieren sind in der Regel in Dollar zu zahlen. Das gleiche gilt für die guten Restaurants, vor allem, wenn sie von Ausländern betrieben werden.

Umtausch und Devisen

Von zu Hause Tugrik in die Mongolei mitzubringen, wird daran scheitern, daß diese Währung von keiner Bank außerhalb der Mongolei geführt wird. Ein Tausch ist daher nur vor Ort möglich. **Privater Umtausch** von Devisen ist in der Mongolei legal, selber auf dem „Schwarzmarkt" zu tauschen, ist aber risikoreich – siehe unter „Rücktausch".

Man ist gut beraten, wenn man **US$ in bar** mitbringt. Den **höchsten Umtauschkurs** erzielen Hundert-Dollar-Scheine, die nach 1995 gedruckt wurden; sie heißen im Volks-

500 Tugrik, Motiv Tschingis Khan

Alter Geldschein von drei Tugrik mit dem Revolutionshelden Suchbaatar als Motiv

mund „Großkopfdollar". Empfehlenswert ist eine Mischung aus großen Scheinen und Kleingeld. Scheine, die stark verschmutzt, abgewetzt, bestempelt oder beschrieben sind, wird man z. T. nicht oder nur schlecht und unter Kursverlust los.

Mit **D-Mark** kann man in der Mongolei de facto nichts anfangen. Auf dem Devisen-Umtauschmarkt besteht kaum eine Nachfrage. Auf den Banken wird sie zu den international üblichen Abschlägen in Tugrik oder Dollar umgetauscht.

Einen großen Vorteil bringt das Mitbringen von US$ im Vergleich zu DM dann, wenn der US$ gerade niedrig steht, denn die Dollarpreise in Ulan Bator passen sich nicht an **Kursschwankungen** an, so daß beispielsweise ein Flugticket mit Air China von Ulan Bator nach Peking jahrelang konstant 150 US$ kostete (1006 Preiserhöhung auf 200 US$), vollkommen unabhängig davon, wie der Dollar gerade stand. Auch beim Umtauschen des Dollars in die Lan-

deswährung kann man bei Dollarniedrigkursen einiges an relativem Gewinn erzielen, da die einmeimische Umtauschquote in der Regel nicht auf Kursverluste auf dem internationalen Währungsmarkt reagiert.

Beim Bestellen von US$ in einer deutschen Bank sollte beachtet werden, daß in der Mongolei nur solche **Dollarnoten** als Zahlungsmittel akzeptiert werden, die **nicht älter als von 1990** sind. So absurd es scheinen mag, einen Dollarschein von 1983 wird man selbst auf der Bank nicht los.

Reiseschecks und Kreditkarten

US-Dollar-Reiseschecks können inzwischen problemlos mit 2 % Gebühr auf den großen Banken eingelöst werden. Außerhalb der Hauptstadt weiß damit freilich niemand etwas anzufangen. **Kreditkarten** sind in der Mongolei ebenfalls kaum einsetzbar. In einigen der großen Hotels kann man sie zumindest beim Erwerb von Souvenirs und Alkoholika verwenden, auch seine Restaurant-Rechnung kann man in den großen Häusern damit begleichen; ansonsten sind sie nicht nur auf dem Land sondern auch in der Hauptstadt bisher ungebräuchlich.

In einigen Hotels und Restaurants sind **Geldautomaten** aufgestellt, die allerdings nur Karten annehmen, die von mongolischen Banken ausgegeben wurden.

Bargeld in US$ oder DM bekommt man **unter Vorlage seiner Kreditkarte** und eines **Schecks** – auch Euroschecks werden akzeptiert – in der Kreditabteilung der *Bank for Trade & Development* im 1. Obergeschoß (Худалдаа Хөгжлийн банк, 2-р давхар). Dort wird anhand der Karte per Computer die Bonität geprüft, und anschließend kann man am Auszahlungsschalter seinen Scheck einlösen.

Handeln

Im Gegenteil zu anderen asiatischen Ländern kann man in der Mongolei davon ausgehen, daß die Preise, die genannt werden, feste Preise sind. Handeln ist sehr **unüblich,** und auch die Gefahr, daß flugs ein überhöhte Ausländerpreis finden wird, ist gering.

Geschenke

Wer plant, als Tourist irgendwann auch einmal die städtische Hotelsphäre zu verlassen und sich auch auf Kontakte mit der einheimischen Bevölkerung einzulassen, sollte auf jeden Fall reichlich Geschenke mit sich führen. Als Gastgeschenk, das sich in Ulan Bator leicht zukaufen läßt, bietet sich in erster Linie eine „Flasche" an, entweder einheimischer **Wodka,** oder, wenn man Eindruck schinden oder Großzügigkeit demonstrieren will, **Whiskey** aus dem Dollarshop. **Konfekt** und **Schokolade** sind ebenfalls geeignete Aufmerksamkeiten für Frauen und Kinder.

Als **Geschenke für die Landbevölkerung** kann man aus Deutschland vor allem folgende Dinge mitbringen: Sonnenbrillen, Taschenmesser, Feuerzeuge, Zigarettenpapier, Kinderspielzeug, gut erhaltene Kinderkleidung, Aufkleber, Seife, Hautcremes, alles, was man üblicherweise als Werbegeschenk be-

Der Gebrauch doppeläugiger Ferngläser ist in der Mongolei eher unüblich

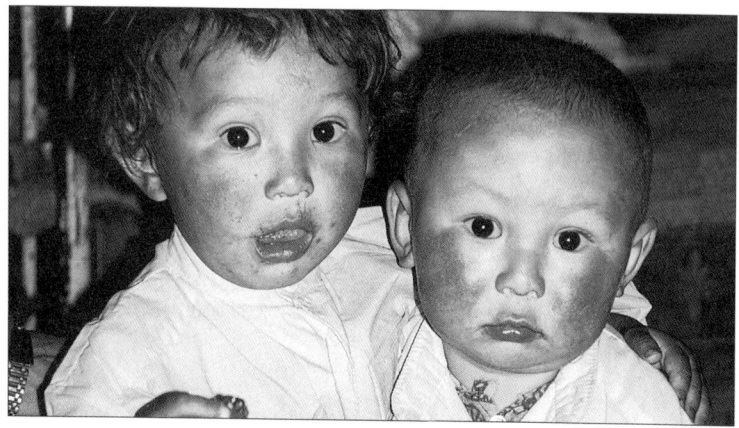

Schokolade und Süßigkeiten sind immer ein willkommenes Mitbringsel

kommen kann und selbst nicht verwenden will (Stichwort: Kugelschreiber). Ein sehr schönes Geschenk ist auch ein einfaches *Fernglas.* Mongolen benutzen übrigens so gut wie nie ein Doppelfernglas, vielmehr teilen sie ein zweiäugiges Glas und machen so zwei Fernrohre daraus.

Beliebt sind vor allem *Süßigkeiten,* die man am besten gleich kiloweise mitbringt. Hier eignen sich am besten einfache harte Bonbons in möglichst buntem Papier. Kariessensibilisierte Eltern gibt es in der Mongolei bislang nicht, und niemand wird es einem verübeln, wenn man Schleckereien händeweise austeilt. Im Gegenteil. Ein besonderer Hit sind übrigens Bonbons, die in Blechbüchsen verpackt sind, da diese anschließend als Tabakgefäß oder Nähkästchen verwendet über Jahre hinweg an den ausländischen Gast erinnern und zu Gesprächen anregen können.

Eine recht großzügige Auswahl an Bonbons kann man in Ulan Bator unterdessen im sogenannten Dollarshop hinter dem Hotel *Bajangol* kaufen und mit Kreditkarte bezahlen. Vom Zukauf von Zuckerwaren in China raten wir dagegen dringend ab, da Mongolen gegenüber chinesischen Lebensmitteln ein ausgesprochenes Unbehagen entwickelt haben.

Geschenke werden in der Regel *bei der Verabschiedung überreicht* und nicht gleich bei der Ankunft. Wer seine Geschenke unbedingt verpackt überreichen will, sollte entsprechend Geschenkpapier und Schleifen mitbringen; er darf sich dann allerdings nicht wundern, wenn das Geschenk kommentarlos und unausgepackt zur Seite gelegt wird; dies ist das übliche Verhalten. Auspacken und erstaunte „ah"- und „oh"-Rufe gelten in der Mongolei nicht als korrektes Verhalten seitens des Beschenkten. Die Kosten und

Mühen für attraktive **Geschenkver-
packungen** kann man sich im übrigen getrost sparen. Geschenke einzupacken, ist in der Mongolei vollkommen unüblich. Wichtig ist lediglich, daß man Geschenke mit beiden
Händen überreicht und auch Geschenke für die Kinder den Eltern
aushändigt, die diese dann natürlich
weiterreichen.

An- und Weiterreise

Visa

Für eine Reise in die Mongolei
benötigt man einen **Reisepaß,** der
noch mindestens 6 Monate gültig
sein muß. Dasselbe gilt für den **Transit** von China und/oder Rußland. Da
es bislang noch keine Direktflüge
von Europa in die Mongolei gibt, muß
man naturgemäß immer mindestens
eines seiner beiden Nachbarländer
passieren, wodurch neben dem ohnehin obligatorischen Mongolei-Vi-
sum auch eines für dieses Landes
erforderlich wird, es sei denn, man
hat einen direkten Anschlußflug und
hält sich weniger als 24 Stunden im
Transitland auf.

Visum für die Mongolei

Deutsche Tourismusunternehmen
oder Visa-Service-Büros, die es in allen größeren Städten gibt, übernehmen in der Regel die Beschaffung eines Visums für die Mongolei. Grundlage für die Erteilung der Einreisege-
nehmigung ist eine **gebuchte Touri-
stenreise** oder die **Einladung** einer
mongolischen Einrichtung, etwa ei-

ner Firma oder einer Behörde, bzw.
eines mongolischen Bürgers.

Wer sich selbst um diese Formalität
kümmern möchte, muß sich an die
Botschaft der Mongolei in der Bundesrepublik in Troisdorf bei Bonn
oder an ihre Zweigstelle in Berlin
wenden. Die **Bearbeitungsfrist** beträgt in der Regel eine Woche, wobei
auch ein „Blitz"-Service möglich ist.
Ein normales **Touristenvisum** mit
einer Laufzeit von 4 Wochen zur ein-
maligen Ein- und Ausreise kostet
65,- DM.

●**Botschaft der Mongolei in Deutschland**
Siebengebirgsblick 4-6
53844 Troisdorf
Tel.: (02241) 402727, Fax: 47781
●**Außenstelle der Botschaft der Mongo-
lei in Deutschland**
Gotlandstraße 12
10439 Berlin
Tel.: (030) 4469320, Fax: 4469321
●**Botschaft der Mongolei in der Schweiz**
4, Chemin des mollies,
1293 Bellevue (Genf)
Tel.: (022) 7741974/5, Fax: 7743201
●**Honorarkonsul in der Schweiz**
Stephan Bischofberger
Postfach 173
Limmatstraße 35
8005 Zürich
Tel.: (01) 2724005, Fax: 2727924
●**Honorarkonsul in Österreich**
Johannes Stiedl
Anhofstraße 65-67
1130 Wien
Tel.: (0222) 8773353, 8771724, 8775661

Visum für Rußland

Ein Visum für Rußland (60,- DM)
benötigt man in der Regel nur, wenn
man sich **länger als 24 Stunden**
dort aufhalten will. Das wird immer
dann der Fall sein, wenn man die gesamte oder einen Teil der Strecke in

die Mongolei mit der Bahn oder evtl. auch mit einem Auto zurücklegen will. Bei Flugreisen wird man Ihnen zumeist eine Buchung vorschlagen, die garantiert, daß der Anschluß an die Mongolei-Maschine bequem zu schaffen ist, andererseits die Wartezeit in der Transitzone des Flughafens nicht zu lang wird. Wer sich auf dem Flughafengelände entschließt, doch noch einen Blick nach draußen zu werfen, kann sich auch bei den Grenztruppen auf dem Flughafen noch ein Visum ausstellen lassen.

● *Botschaft der Republik Rußland in Deutschland*
Waldstraße 42
53177 Bonn
Tel.: (0228) 3120869,
Konsularabteilung 312089
Mo.-Fr. 9.00 -13.00 Uhr
● *Generalkonsulat der Republik Rußland in Deutschland*
Am Feenteich 20
22085 Hamburg
Tel.: (040) 2295301,
Konsularabteilung 226380
Mo.-Fr. 9.00-12.00 Uhr
● *Generalkonsulat der Republik Rußland in Deutschland*
Reichensteiner Weg 34
14195 Berlin
Tel.: (030) 83270045
Mo., Mi., Fr. 9.00-12.00 Uhr
● *Botschaft der Republik Rußland in Österreich*
Reisnerstr. 45
1080 Wien
Tel.: (0222) 721229,
Konsularabteilung 721215
Mo.-Fr. 8.00 -14.00 Uhr
● *Botschaft der Republik Rußland in der Schweiz*
Brunnaderrain 37
3006 Bern,
Tel.: (031) 440566, Visaabteilung 440567
Mo., Mi., Fr. 9.00 -12.00 Uhr

Visum für China

Will man auf dem Hinflug in China einen Stopover einlegen, braucht man schon in Deutschland ein chinesisches Visum. Allerdings gibt es auch die Möglichkeit, auf dem Pekinger Flughafen ein *Transitvisum* (gültige Aufenthaltsdauer bis maximal 24 Stunden) zu kaufen. Preislich liegt das direkt am Flughafen gelöste Transitvisum in der Regel nicht günstiger als das bei der chinesischen Botschaft in Bonn erhältliche Aufenthaltsvisum, es erspart aber die normale Wartezeit von drei Wochen.

Die *Kosten* für ein Aufenthaltsvisum für China belaufen sich derzeit auf 30 DM bei einer Bearbeitungszeit von ca. 3 Wochen; auf 50 DM bei einer Bearbeitungszeit von 7 Tagen und auf 80 DM bei Ausstellung am selben Tag, wobei man dann allerdings persönlich in Bonn vorbeischauen muß.

Ein Visum erhält man in Deutschland entweder über ein Reisebüro oder direkt bei der Chinesischen Botschaft in Bonn bzw. in den chinesischen Konsulaten in Berlin und Hamburg. Eine Einladung seitens einer chinesischen Person oder Organisation ist nicht mehr nötig; auch nicht der Nachweis einer Hotelbuchung.

● *Botschaft der Volksrepublik China in Deutschland*
Kurfürstenallee 12
53177 Bonn
Tel.: (0228) 361095, Visaabteilung 352454
Mo.- Fr. 9.00 -12.00 Uhr
● *Generalkonsulat der Volksrepublik China in Deutschland*
Elbchaussee 268
22605 Hamburg
Tel.: (040) 826975
Mo.-Fr. 9.00 -12.00 Uhr

●*Konsulat der Volksrepublik China in Deutschland*
Heinrich-Mann-Str. 9
13156 Berlin
Tel.: (030) 4800161

●*Botschaft der Volksrepublik China in Österreich*
Metternichgasse 4
1030 Wien
Tel.: (0222) 753149
Mo.-Fr. 9.00-11.30 Uhr,
Mo.-Mi. 14.00-16.00 Uhr

●*Botschaft der Volksrepublik China in der Schweiz*
Kalcheggweg 10
3000 Bern
Tel.: (031) 447333
Mo., Mi., Fr. 9.00-12.00
und 15.00-17.30 Uhr

Visum für China in der Mongolei

Das Visum für eine eventuelle *Rückreise über China* mit längerem Aufenthalt kann man sich bei der Chinesischen Botschaft in Ulan Bator wesentlich unkomplizierter besorgen als in Deutschland. Dasselbe gilt selbstredend für diejenigen, die über Moskau eingereist sind und über Peking ausreisen wollen. Auch sie brauchen sich vorab in Deutschland kein chinesisches Visum zu besorgen.

In Ulan Bator kann man jeden *Typ des chinesischen Visums* bekommen. Die üblichsten Typen sind *Single Transit* (Aufenthaltsdauer bis 7 Tage), *Double Transit* (Aufenthaltsdauer zweimal 7 Tage), *Single Entry* (übliche Aufenthaltsdauer bis zu 30 Tagen), *Multiple Entry* (übliche Aufenthaltsdauer mehrmals 30 Tage). Über längere Aufenthaltsdauern läßt sich relativ problemlos verhandeln. Beispielsweise ist es recht einfach, ein *Single-Transit*-Visum (billigster Visumstyp) auch für eine Aufenthalts-

dauer bis zu 10 Tagen ausgestellt zu bekommen.

Die *Kosten* für das Visum berechnen sich nach dessen Art sowie danach, wie schnell man es haben möchte. Ist man bereit, seinen Paß zur Bearbeitung eine Woche dazulassen, wird das Visum entsprechend billiger. Ein Visum, das man direkt auf die Hand haben möchte, kostet etwas mehr – aber zumindest ist es möglich! Und im Vergleich zu ca. 3 Wochen Wartezeit in Deutschland sind ein paar Mark mehr oder weniger vielleicht nicht für jeden relevant.

Alles in allem muß man für sein Visum zwischen 20 und 60 US$ rechnen. Außerdem braucht man ein Paßfoto. Dies kann auch eine alte, beschädigte, bereits gebrauchte,

Auftanken!

schwarzweiße oder mißratene Aufnahme sein – keinen stört es.

Die **chinesische Botschaft** (Хятадын ЭСЯ) befindet sich **in Ulan Bator**, östlich vom Gebäude der Staatsuniversität. Die Visastelle hat nur Mo., Mi. und Fr. von 9.30 Uhr bis 12.30 Uhr geöffnet.

Anreise über Peking

Transit

Plant man bei der Einreise über China keinen Aufenthalt, so kann man als deutscher Staatsangehöriger mit einem Ticket zum Weiterflug am Pekinger Flughafen an einem Tresen links vor der Paßkontrolle einen **Transitschein für 24 Stunden** ausgestellt bekommen, mit dem man das Flughafengebäude auch verlassen kann. Der Paß bleibt in diesem Fall bei der Flughafenbehörde und erwartet einen am nächsten Tag nach Rückgabe des Transitscheines an der Paßkontrollstelle nach dem Einchecken des Gepäcks. In den letzten Jahren ist kein einziger Fall bekannt geworden, in dem dies nicht geklappt hätte.

Wer keinen Wert auf einen Abstecher in die Stadt legt, kann sich selbst diesen Aufwand sparen. Dazu muß die Flugverbindung zwischen Europa und der Mongolei via Peking jedoch so gebucht und auch als O.K. bestätigt sein, daß der **Flug noch am gleichen Tag** fortgesetzt wird. Da dies aber eher der Ausnahmefall ist, wird der Beamte bei der Paßkontrolle lange in Ihrem Paß blättern, bis er seinen Vorgesetzten ruft, der Sie bitten wird, an einen speziellen Schalter mitzukommen. Am besten weisen Sie dann von sich aus Ihr Ticket für den Weiterflug noch am gleichen Tag vor. Dann stellt man Ihnen den Ausreiseschein, der normalerweise erst beim Abflug auszufüllen ist, gleich aus und quittiert mit dem Stempel der Grenztruppe das Einbehalten des Reisepasses.

Dieses Papier ermöglicht Ihnen dann bei der Abfertigung des Weiterfluges das Vordringen bis zur erneuten Paßkontrolle. Der Beamte wird sie wieder bitten, ihn zu einem Sonderschalter zu begleiten, wo sich Ihr Paß auch garantiert befindet.

Eine Besonderheit des Pekinger Flughafens ist es, daß selbst **Transitpassagiere mit einem direkten Anschlußflug ihr Gepäck abholen** und damit durch Paßkontrolle und Zoll gehen müssen, um es dann wenig später ein Stockwerk höher wieder einzuchecken. Verlassen Sie sich im übrigen auf keinen Fall auf Aussagen europäischer Fluggesellschaften, daß Ihr Gepäck bis Ulan Bator durchgecheckt sei. Es erscheint unweigerlich immer auf dem Förderband der Gepäckrückgabe. Die einzige uns bekannte Ausnahme, bei der einmal Gepäck bis Ulan Bator ab Berlin durchgecheckt wurde, war bei einem Flug Berlin/Peking der *Air China* mit Direktanschluß Peking/Ulan Bator ebenfalls mit *Air China*. Aber selbst bei dieser Wahl kann man sich schlicht nicht auf einen Weitertransport des Gepäcks verlassen; und ist man erst einmal in Ulan Bator, dann läßt sich von dort nicht mehr viel bewegen, um wieder an seine Sachen heranzukommen.

In Peking muß man außerdem in jedem Fall die *Flughafensteuer* in Höhe von 90 RMB (ca. 13 DM) entrichten, es sei denn, man verläßt das Land innerhalb von 24 Stunden nach der Einreise wieder. In diesem Fall zeigt man dem Beamten, der den Zugang zum inneren Teil der Abfertigungshalle bewacht, den Paß mit dem Einreisestempel der chinesischen Grenztruppe. Eine *Wechselbank* gibt es gleich nach der Ankunft beim Verlassen des Zolls rechterhand *(Bank of China);* im oberen Stockwerk, also in der Abflughalle, befindet sich der Bankschalter hinter der rechten, nach unten führenden Treppe.

Wer bei der Abreise in Peking auf dem Flughafen sein allerletztes Geld noch rücktauschen möchte, muß bisher von der Abflughalle wieder einen Stock tiefer in die Ankunftshalle wechseln und an den dortigen Schalter der *Bank of China* gehen. Mit dem Gepäckwagen ist das trotz Rolltreppen etwas lästig. Ohne Umtauschquittung kein *Rücktausch!*

Nach Passieren der Paßkontrolle gibt es übrigens nochmals Gelegenheit, Souvenirs und Erfrischungen zu kaufen, so daß es sich beim Weiterflug nach Ulan Bator, der sich oft um Stunden verzögert, empfiehlt, etwas Geld für Eßbares übrig zu behalten.

Sofortiger Weiterflug

In der Regel fliegen die Maschinen der großen Fluggesellschaften in Deutschland am frühen Nachmittag ab und erreichen Peking nach einem etwa neunstündigen Flug über Rußland, Sibirien und die Mongolei (!)

am frühen Vormittag des darauffolgenden Tages. Der Preis liegt je nach Saison und Buchungsklasse zwischen 1200 und 2700 DM. Die Zeitverschiebung beträgt nach Peking je nach Jahreszeit 7 oder 8 Stunden (China hat keine Sommerzeit).

Bucht man einen *Weiterflug* mit *Air China* (in Flugplänen mit CA abgekürzt), so besteht fast immer extreme Zeitknappheit, will man den Anschlußflug nach Ulan Bator noch am selben Tag erreichen. Doch keine Angst: Verpaßt man ihn aus nicht selbst zu verantwortenden Gründen (das passiert besonders leicht bei *SAS-* oder *FinnAir*-Flügen, die von Deutschland aus nur einen Zubringerflug betreiben und dann ab Kopenhagen oder Helsinki nach Eintreffen aller Zubringerflüge weiterfliegen), so ist die Fluggesellschaft für die kostenlose Unterbringung in Peking bis zum nächstmöglichen Weiterflug verantwortlich. Die Ansprechpartner der Fluggesellschaften finden sich, wenn nicht gleich am Gepäckrückgabeband, dann nach Verlassen des Zolls linkerhand bei den Büros der Fluggesellschaften.

Alle *Anschlußflüge* ab Peking nach Ulan Bator mit *Air China* müssen im übrigen 72 Stunden vor Abflug *rückbestätigt* werden. In Deutschland routinemäßig von den Fluggesellschaften rückbestätigte Flüge erreichen selten die Computerterminals in China; der sicherste Weg ist also, daß man die Rückbestätigung telefonisch selbst vornimmt. Im Winter mag dies nicht unbedingt nötig sein. Wenn im Sommer dagegen die Flüge alle ausgebucht und überbucht sind, verhindert die Rückbestätigung, daß man am Pekinger Flughafen erfährt, daß der eigene Sitzplatz schon lange weiterverkauft wurde. Das englischsprechende Personal von *Air China International Reservation* in Peking erreicht man unter der Telefonnummer 0086-10-6016667.

Zwischenaufenthalt in Peking

Ein kurzer Stopover in Peking lohnt sich allemal, auch in finanzieller Hinsicht. Will man nämlich für größere Expeditionen in der Mongolei auch reichlich Lebensmittel mit sich führen, wird man schnell an die Grenzen seines erlaubten Gepäckgewichts kommen. Pro Kilogramm *Übergepäck* zahlt man von Deutschland aus nach Peking über 70 DM; von Peking nach Ulan Bator beträgt der Preis dagegen nur 1 US$. Darüber hinaus sind die Gepäckwaagen in Peking mitunter defekt, so daß man sein Übergepäck oft kostenlos mitnehmen kann. Dies gilt im übrigen in den Monaten September bis Mai häufig auch bei intakten Gepäckwaagen, da die Flüge dann in der Regel nicht ausgebucht sind und das Personal beim Einchecken großzügig über die zusätzlichen Kilos hinwegsieht. Wir selbst haben schon oft genug bis zu 40 kg pro Person kostenlos eingecheckt.

Ähnliches gilt im übrigen auch für das Handgepäck. Solange man nur ein einziges Handgepäckstück mit sich führt, das einigermaßen ordentlich aussieht (chinesische Psyche) und die Maximalmaße nicht überschreitet, interessiert sich in der Regel niemand für dessen Gewicht. Dies ist eine gute Gelegenheit, noch reichlich Extrapfunde einzupacken.

Weiterreise mit dem Zug

Ab Peking kann man auf einem Teilstück der Transsibirischen Eisenbahn nach Ulan Bator fahren. Auf der Strecke – landläufig als Transsib bekannt – fahren verschiedene Züge. Im **Winter** verkehren nur **Lokalzüge,** von deren Gebrauch man zur Zeit nur dringend abraten kann. Sie sind für den Einzelreisenden, aber auch für die Kleingruppe schlicht *zu gefährlich.* Das gleiche gilt für die Lokalzüge im Sommer, wobei man im Sommer auf der – relativ kurzen Strecke Peking – Ulan Bator (ca. 36 Stunden) eventuell erwägen kann, ein ganzes Abteil mit anderen Ausländern zu mieten und auch immer dafür zu sorgen, daß mindestens zwei Personen aus der Gruppe das Abteil ständig bewachen. Bei aller Sympathie sollte man auf gar keinen Fall ein Abteil mit Mongolen, Chinesen oder Russen teilen. Zu häufig kam es hier zu Zwischenfällen, sei es Schmuggelgut oder die unliebsame Bekanntschaft mit einer Messerklinge. Einen Vorteil haben jedoch die Lokalzüge: Man kann für sie fast immer in Peking noch Tickets bekommen. Aber es sei nochmals betont: Im Winter unbedingt die Finger davon lassen, im Sommer nur in der Gruppe und – so leid es uns tut: Nicht als reine Frauengruppe! Zwei Männer sollten mindestens dabei sein.

Im Sommer hat man freilich noch eine andere Wahl. In der Regel fah-

Tips zum Kurzaufenthalt in Peking

Geld

Chinesische **Währung** ist der **Renminbi** (RMB), aufgeteilt in Dezimaleinheiten. 10 *Fen* (wörtlich: Pülverchen, entsprechend unserem Pfennig) ergeben dabei einen *Jiao* (entsprechend unserem Groschen), zehn *Jiao* einen *Yuan* (entsprechend unserer Mark). Preise auf Schidern werden als Y oder RMB abgekürzt angegeben. Für Yuan und Jiao gibt es auch umgangssprachliche Ausdrücke, nämlich Kuai und Mao, wobei der Ausdruck Kuai in Peking sehr ungebräuchlich ist.

Bis vor wenigen Jahren gab es bis hinab zu einem „Pülverchen" **Geldscheine.** Zum Teil sind sie heute noch in Gebrauch, und wer einen erwischt, mag diesen – nicht zuletzt der Motive wegen – als ein Souvenir aus Chinas revolutionären Jahren aufbewahren wollen. Neuerdings sind vor allem für das Kleingeld zunehmend wieder **Münzen** in Gebrauch. Die Yuan-Scheine gibt es in 1-, 2-, 5-, 10-, 50- und 100-Stückelung. Die meisten der Scheine gibt es darüber hinaus in alter und neuer Variante. Bei den neuen Hundertern sind viele Chinesen recht vorsichtig: Hier gibt es nicht unerheblich viele Fälschungen. Bleibt zu erwähnen, daß der bis in die frühen neunziger Jahre noch übliche Gebrauch einer separaten Ausländerwährung nicht mehr aktuell ist: Der sagenumwobene *FEC (Foreign Exchange Certificate)* wurde vor einigen Jahren abgeschafft.

In China kann man problemlos **Reiseschecks und Devisen tauschen.** Die *Bank of China* am Flughafen hat immer geöfnet, wenn Flüge ankommen, und der Wechselkurs unterscheidet sich in der Regel nicht von dem, der an den großen Hotelrezeptionen gilt – allenfalls hebt er sich positiv davon ab. Seit Jahren liegt er für die DM relativ konstant bei einer Quote von ca. 1 DM zu 6 Yuan. Angebote zum **Schwarztausch** von Geld empfehlen wir nicht anzunehmen, da man hier oft betrogen wird – wer von uns kann schon auf den ersten Blick chinesische „Blüten" erkennen. Abgesehen davon ist bei einem Rücktausch des übriggebliebenen Geldes bei der Ausreise stets eine **offizielle Umtauschquittung**, die man sowohl beim Umtauschen in der Bank als auch in den Hotels erhält, vorzulegen. Ohne Quittung kein Geldrücktausch!

Unterkunft

Peking ist keineswegs preiswert. Prinzipiell gibt es **zwei Varianten,** in der Stadt eine Unterkunft zu finden. Entweder man bleibt in Flughafennähe in einem etwas teureren Hotel und spart an Taxikosten, oder man fährt etwas weiter in die Stadt hinein, wohnt preisgünstiger, gibt aber mehr für sein Taxi aus.

Hotels in Flughafennähe

In Flughafennähe sind der **Hotelkomplex Lido-Holiday Inn** (*Lidu Fandian,* Tel.: 0086-10-5006688, Fax: 5006237), das **Novotel Park View** (Tel.: 0086-10-4362288, Fax: 4361818) und da **Yanxiang Hotel** (*Yanxiang Fandian,* Tel.: 0086-10-4376666, Fax: 4376231) besonders empfehlenswert. Das *Yanxiang Hotel* ist das preiswerteste von den dreien. Bei den anderen sollte man unbedingt versuchen, schon ab Deutschland über ein Reisebüro zu speziellen **Stopover-Tarifen** zu buchen. Dabei sind Preisnachlässe bis zu 40 % möglich. Ohne Vergünstigungen muß man für das *Lido* oder *Novotel Park View* in der Saison für ein Doppelzimmer um die 90 US$ zahlen; für das *Yanxiang Hotel* hingegen nur die Hälfte.

Hotels in der Stadt

Von den billigeren Hotels ist das **Tiantan-Sports-Hotel** (*Tiantan Tiyu Binguan,* Tel.: 0086-10-7013388, Fax: 7015388) besonders zu empfehlen. Es liegt direkt am berühmten Himmelstempel (Tiantan), so daß die Lage touristisch besonders reizvoll ist. Vorsicht ist bei der Anfahrt mit dem Taxi geboten, da sich in derselben Straße, der Tiyuguan Lu, auch das Tiantan-Hotel *(Tiantan Fandian)* befindet, das wesentlich tourer ist. Im **Tiantan-Sports-Hotel** kostete 1995 in der Hauptsaison ein Doppelzimmer 280 RMB (etwa 40 DM), für weitere 70 RMB konnte man sich ein drittes Bett ins Zimmer stellen lassen. Doppelzimmer und Einzelzimmer haben in China grundsätzlich denselben Preis. Das *Tiantan-Sports-Hotel* vermietet zudem Fahrräder, was die Transportkosten innerhalb Pekings erheblich senkt, falls man sich den innerstädtischen Verkehr und die oft weiten Entfernungen zumuten mag.

Mit den kostenlos in jedem besseren Hotel ausliegenden Stadtkarten kann man sich vom Tiantan-Sports-Hotel entlang der stets exakt in den vier Himmelsrichtungen verlaufenden Hauptachsen der Stadt auch als Unkundiger sicher zu den Haupttouristenattraktionen bewegen.

Von **Billigunterkünften** in Vielbett-Schlafsälen raten wir auf einer Einkaufstour aus Sicherheitsgründen dringend ab.

Transport

Für diejenigen, die sich in Peking nicht auskennen und die auch kein chinesisch sprechen, empfehlen wir, sich für den Zeitraum eines kurzen Stopovers, der möglicherweise zum Besorgen von verschiedenen noch in die Mongolei mitzubringenden Dingen dienen soll, das Experimentieren mit öffentlichen Verkehrsmitteln zu lassen. **Taxis** sind überall zu haben und recht preisgünstig. Am Flughafen wird man, sobald man den Zoll verlassen hat, von Taxifahrern angesprochen. Diese sollte man auf keinen Fall beachten; sie verlangen in der Regel ein Vielfaches des Preises, lassen nicht mit sich handeln und fahren dann noch, um Mautgebühren zu sparen auf kleinen Straßen nach Peking hinein, so daß man, anstatt bequem in einer halben Stunden am Hotel zu sein, mitunter in einer alten Knattermühle stundenlang nach Peking hineinstottert. Solche „Taxis" brechen auch schon mal zusammen!

Die bessere Variante ist also, sich an der **normalen Taxischlange** anzustellen, die sich beim Verlassen des Flughafengebäudes etwa 50 m links vom Ausgang befindet. Dort bekommt man zügig ein Taxi angewiesen. Preisbewußte sollten darauf achten, daß das Taxi im rechten hinteren Fenster die Preismarkierung „1.60" – 1,60 RMB pro Kilometer – hat (meist kleinere Wagen mit Schrägheck) und nicht „2.00". Bei einer Fahrt in die Stadt kann das schon 20 % an Mehrkosten einsparen. Eine Fahrt zu dem oben genannten Hotelkomplex darf ungefähr 70 bis 80 RMB kosten, die Fahrt zum *Tiantan-Sports-Hotel* dagegen um die 120 RMB. Verlangt der Taxifahrer mehr von Ihnen, und Sie wollen das nicht bezahlen, dann rufen Sie den Hotelportier ans Taxi und klären Sie die Situation. Achten Sie beim Einsteigen ins Taxi darauf, daß das Taxameter eingestellt wird.

Die billigsten Taxis in Peking sind gelbe **Minibusse,** die sogenannten „Brötchen"-Taxis *(Mianbao Chezi).* Sie kosten pro Kilometer 1,00 RMB und zählen in Staus keine Zeit mit. Leider dürfen Sie zwar zum Flughafen fahren, aber von dort keine Fahrgäste mit in die Stadt zurücknehmen. In Peking selbst jedoch und vor den Hotels kann man jederzeit ein Brötchen-Taxi nehmen und damit viel Geld sparen.

Einkauf

Die berühmteste **Einkaufsstraße** Pekings ist die Wangfujing Dajie, kurz Wangfujing oder Wangfu. Sie hat einen unverwechselbaren Namen, den jeder Taxifahrer selbst dann noch erkennt, wenn er vollkommen falsch ausgesprochen wird. Die Straße liegt genau im Stadtzentrum unweit der Verbotenen Stadt. Zu Fuß findet man sie nach einem Bummel durch die Verbotene Stadt, wenn man diese wieder durch das Haupttor (Richtung Tiananmen-Platz) verläßt und sich auf der Jianguo Menwai Dajie (das ist die große Hauptstraße, die vor der Verbotenen Stadt vorbeiläuft) links hält. Die zweite große Straße links (etwa 10 Minuten zu Fuß) ist dann die Wangfu, unverwechselbar zu erkennen an einem *McDonalds*-Restaurant gleich an der Ecke. Wenn Sie mit dem Taxi zur Wangfujing fahren wollen, wird man Sie möglicherweise – je nachdem, von welcher Seite Sie kommen – am *Peking Hotel* absetzen. Laufen Sie dann einfach entlang der Hauptstraße vor dem *Peking Hotel* vorbei und halten Sie nach dem Schild „McDonalds" Ausschau. Wer etwas Zeit und viel Hunger hat, aber nicht gerade auf einen Hamburger, dem empfehlen wir das kleine Restaurant, Hausnummer 187 (linke Straßenseite).

Solange man kein Seafood bestellt, ist es ausgesprochen preiswert und überrascht seine Gäste mit tausend Köstlichkeiten, herrlich frischem Bier vom Faß (*cha pi*, sprich: *„tscha-pii"*), einem exzellenten Service und – last not least – einer englischen Speisekarte.

Wer **Kleidung** kaufen möchte, läßt sich entweder zum **Ritan Park** fahren, wo aus kleinen Bretterbuden von T-Shirts über Pyjamas bis zu Daunenjacken alles mögliche verkauft wird; wer es aber auf Seide abgesehen hat, besucht den einschlägigen **Seidenmarkt**. Man findet ihn am leichtesten, wenn man sich zum *Jianguo-Hotel* fahren läßt und vom Hoteleingang aus rechts etwa fünf Minuten die Straße hinunterläuft, bis man eine ganz kleine Gasse entdeckt, an deren Beginn schon unverkennbar viele Seidensachen feilgeboten werden. Auf den Märkten kann man übrigens handeln. Die meisten Händler können die Preise ihrer Waren auch auf Englisch, zur Not kann man sich mit einem Taschenrechner behelfen. Ein Viertel weniger als den genannten Preis sollte man schon anvisieren.

Zum Einkauf **westlicher Nahrungsmittel** gibt es im wesentlichen zwei Anlaufstellen. Zum einen den sogenannten *„Delikatessen"*-Laden im *Lido-Holiday-Inn* (siehe Unterkünfte), zum anderen die Delikatessen-Theke im *Kempinsky-Hotel* (unweit des Lido). Um zum *Kempinsky* zu gelangen, läßt man sich am besten zum *„Yensha Fandian"* (wörtlich: *Lufthansa-Hotel;* entspricht dem *Kempinsky)* fahren, denn das Wort *Kempinsky* kann der durchschnittliche Chinese weder aussprechen noch akustisch aufnehmen. Im *Kempinsky* angekommen, fragt man am besten an der Rezeption, wo sich die Delikatessen-Theke befindet.

Die billigste Variante zum **Großeinkauf von Fleisch und Wurstwaren** ist der *Hua-An-Meatshop* in der Nähe der Deutschen Botschaft (Chaoyang District, Gongti Bei Road, Tel.: 0086-10-5082041; Fax: 5024963), der von einem deutschen Ehepaar betrieben wird. Hier gibt es riesige Salamis von feinster Qualität zu äußerst günstigen Preisen, es gibt Landjäger und Kaminwurz, schlicht alles, was sich endlos hält und gut schmeckt.

Für eine Reise in die Mongolei empfehlen wir eher den Kauf von vielen kleinen Würsten als die Mitnahme einer einzigen Drei-Kilo-Wurst, weil sich die kleinen, unangeschnittenen besser halten. Man kann sich die Würste auch vakuumverpacken lassen; das kostet keinen Aufpreis und erhöht mitunter die Haltbarkeit. In den Sommermonaten ist jedoch darauf zu achten, daß die Würste in den Verpackungen nicht schwitzen. Wer sich unsicher ist, kann sich im übrigen im Geschäft selbst beraten lassen; in der Regel ist deutsches Personal da, oder zumindest deutschsprechende Chinesen.

Bei der Einfuhr von Lebensmitteln in die Mongolei gibt es bisher keinerlei Beschränkungen, was Art und Menge betrifft.

ren zwischen anfang Juni und Ende August auf der Strecke auch die sogenannten *„Internationalen Züge"*. Dabei werden in der Regel an die lokalen Züge einige Waggons für Ausländer angehängt, die vom Rest des Zuges abgeriegelt sind und die auch von anderem Zugpersonal betreut werden. Ein Wechseln zwischen den Waggons der „Internationalen Klasse" und dem Einheimischen ist nicht möglich. Dies mag man bedauerlich finden, doch ist die Zugfahrt auf dieser Strecke mit Sicherheit der falsche Zeitpunkt, um Kontakt zur einheimischen Bevölkerung aufzunehmen. Auch mongolische Reisende, die nicht selbst Händler sind, tun sich nach Möglichkeit ebenfalls in Grüppchen zusammen, um ein ganzes Abteil zu belegen und sich auf der Fahrt zumindest ein bißchen entspannen zu können.

Wer trotz des bisher gesagten von Peking aus die Weiterreise nach Ulan Bator mit dem Zug antreten möchte und die entsprechenden *Fahrkarten* noch nicht in Deutschland besorgt hat, kann die Tickets auch noch in Peking direkt buchen. Hier gibt es zwei Möglichkeiten. Zum einen kann man versuchen, sich die Fahrkarten auf eigene Faust am *Hauptbahnhof* zu besorgen *(Beijing Zhan)*, was aber nicht immer ganz einfach ist und in jedem Fall einer gehörigen Portion Geduld, Langmut und Verhandlungsgeschick bedarf. Der einfachere Weg ist es, sich die Fahrkarten über ein *Reisebüro* zu besorgen. Die Adresse Nummer Eins ist hier sicherlich nach wie vor das *CITS (China International Travel*

Service), das zwar mitunter etwas teurer ist, als seine Konkurrenten, aber über die besten Kontakte verfügt, was einfach die größtmögliche Sicherheit in bezug auf Reservierungen bedeutet.

● *CITS Headoffice Peking*
103 Fuxingmennei Dajie
Tel.: 0086-10-6011122, Fax: 6012013

Alternativen sind die Reisebüros:
● *CTS (China Travel Service) Headoffice Peking*
8 Dongjiaomin Xiang
Tel.: 0086-10-5129933, Fax: 5129008
● *CYTS (China Youth Travel Service) Headoffice Peking*
23b Dongjiaomin Xiang
Tel.: 0086-10-5127770, Fax: 5138691

Schließlich sei im Zusammenhang mit dem Ticketkauf noch erwähnt, daß die vorgeschlagene Vor-Ort-Buchung der Zugkarten nur für die Teilstrecke Peking – Ulan Bator gilt. Wer mit dem Gedanken spielt, eventuell die *ganze Rückreise mit dem Zug* anzutreten, also entweder Peking – Berlin oder Ulan Bator – Berlin, sollte unbedingt schon in Deutschland buchen, denn in Peking ist ein Ticketkauf vor Ort aufgrund der meist mehrmonatigen Wartezeiten in der Regel nicht möglich. Glück mag hingegen haben, wer ab Ulan Bator kurzentschlossen doch noch den Zug buchen will. Hier hat die klassische Transsib-Strecke schon angefangen und es ist manchmal möglich, gewissermaßen last-minute noch „auf den Zug aufzuspringen". Doch was macht man dann mit dem vorhandenen Flugticket?

Wer sich also nicht ganz sicher ist, ob er nicht doch *ein Stückchen*

Vor der Reise

Transsib-Flair in seine Reise einplanen möchte, dem sei folgendes geraten: Anreise per Flugzeug über Peking, wobei die Teilstrecke Peking – Ulan Bator nur einfach gelöst wird. In Ulan Bator kann man entweder die Strecke zurück nach Peking mit dem Zug antreten (hier gibt es meist noch kurzfristig Tickets zu kaufen), oder aber ab Ulan Bator wieder einen Flug zurück nach Peking buchen. In letzter Zeit wird es hier jedoch zunehmend knapp mit den Flugkapazitäten und vor allem im Sommer kann man sich nicht darauf verlassen, quasi über Nacht einen Rückflug nach Peking zu bekommen. Dies zumal die Strecke nach wie vor nicht täglich beflogen wird.

In Ulan Bator angekommen, gilt sinngemäß das gleiche, wie bei der Ankunft mit dem Flugzeug. Es gibt am Bahnhof keine Wechselstube man benötigt US$ in kleinen Scheinen, um ein Taxi zur Unterkunft bezahlen zu können.

Fahrtzeiten und Preise siehe unter „Anreise über Moskau", „Mit der Transsibirischen Eisenbahn"

Anreise über Moskau

Flug
Eine zeitsparende Alternative zur Route über Peking ist ein **Flug über Moskau.**

Bislang fliegen von Moskau aus nur die russische *Aeroflot* (TU 154) und die mongolische *MIAT* (Boeing 727) Ulan Bator an. Seit Juni 1996 fliegt die *MIAT* sonntags von Moskau aus weiter bis nach Berlin-Schönefeld. Die Verbindung ist sensationell schnell und selbst in der 1. Klasse noch überaus preiswert. Nach Moskau fliegen alle großen europäischen Gesellschaften mehrmals täglich.

Für Preisbewußte geht kaum ein Weg an der **Aeroflot** vorbei. Bei rechtzeitiger Anmeldung sind Gruppenflüge hin und zurück bis Ulan Bator bereits um 1.500 DM zu haben.

Der Flughafen Ulan Bators ist deutlich sichtbar ausgeschildert

Wenn das Ticket einen Anschlußflug noch am gleichen Tag ausweist, ist ein russisches Visum nicht erforderlich. Kurzentschlossene können, wenn die Zeit einen Abstecher in die Stadt erlaubt, auch auf dem Flughafen bei den Grenzbehörden ein Visum erstehen.

Der in der Öffentlichkeit denkbar **schlechte Ruf** der *Aeroflot* kann für beide Teilstrecken (Deutschland-Moskau und Moskau-Ulan Bator) von nicht nachvollzogen werden. Der Service ist dem Flugpreis angemessen; die Bestuhlung jedoch gerade auf der langen Etappe etwas eng geraten.

Neben dem niedrigen Preis hat ein *Aeroflot*-Flug noch den Vorteil, in Moskau eine **bevorzugte Behandlung** zu erfahren, die sich in einer schnellen und weitgehend formalitätsfreien Abfertigung ausdrückt. Die Vorlage des Tickets und des Reisepasses genügen, um, ohne ein Wort Russisch zu verstehen, seine Bordkarte für den Weiterflug zu erhalten. Wenn man seinen Koffer in Deutschland als Transitgepäck bis Ulan Bator aufgegeben hat, braucht man sich auch darum nicht zu kümmern.

Ferner hat man als Gast der *Aeroflot* während der Wartezeit Anspruch auf eine **kostenlose Mahlzeit.** Die als Talons bezeichneten Essenmarken erhält man im Transitbüro gegen Vorlage des Flugscheins. Die Wartezeit hält sich hält sich besonders dann in Grenzen, wenn man eine Verbindung wählt, die gegen Mittag in Deutschland abgeht und damit um ca. 16.00 Ortszeit (2 Stunden Zeitunterschied) eintrifft.

Der **Weiterflug nach Ulan Bator** erfolgt schon seit langem immer etwa zwischen 20.00 und 24.00 Uhr Ortszeit. Der Abflug ist mit Bedacht gewählt. Nach weiteren 5 Stunden

Wenn Sie mit dem Flugzeug reisen, könnte das Ihr erster Eindruck von der Mongolei sein

Zeitunterschied und 6 Stunden Flug trifft man noch immer relativ frisch am Morgen oder frühen Vormittag des nächsten Tages in Ulan Bator ein.

Die Schwierigkeiten bei einem **Wechsel auf die mongolische Gesellschaft MIAT** (in Flugplänen mit OM abgekürzt) beschränken sich darauf, daß die Bordkarten nicht gleich bei der Ankunft auf dem Flughafen ausgehändigt werden, sondern erst kurz vor dem Weiterflug im Transitbüro abgeholt werden müssen. Dies kann durchaus mit einigem Anstehen verbunden sein. Außerdem entfällt für *MIAT*-Kunden der Anspruch auf eine Wartemahlzeit.

Wirklich schikanös kann es erst auf dem **Rückflug** werden, wenn die *MIAT*-Maschine nicht auf dem Airport Scheremetjewo II, sondern auf dem direkt daneben liegenden Flughafen Scheremetjewo I ankommt, der üblicherweise nur noch Inlandflüge bedient. Die Abfertigung zieht sich endlos hin, und das Personal ist überfordert, wenn es darum geht, die wenigen Dutzend Ausländer, die ihrem Anschlußflug von der anderen Seite der Landebahnen entgegensehen, in einen Bus zu verfrachten, der sie hinüberbringt. Schön an der Aktion ist lediglich, daß jeder Passagier sein Gepäck selbst in den Bus tragen darf und so Gelegenheit hat, es auf Unversehrtheit zu prüfen.

Nicht selten kommt es vor, daß Reisebüros bei der **Buchung von Anschlußflügen** nach Mitteleuropa diese kleine Exkursion, die mindestens 2 Stunden kostet, nicht einkalkulieren, ebensowenig wie permanente Verspätungen der *MIAT*. Die

Folge ist, daß man seinen Anschluß nicht erreicht, was im schlimmsten Fall in eine Übernachtung im flughafennahen *Novotel* mündet. Für die Kosten der Unterkunft kommt die *MIAT* nicht auf. Das Zimmer mit dem Charme eines Studentenwohnheims kostet 60 US$, dafür spart man aber die Visagebühr und das Taxigeld, die fällig werden würde, wenn man sich für ein anderes Hotel in der Innenstadt entschließen sollte. In Flughafennähe untergebracht, hat man am nächsten Morgen auch leichter Gelegenheit, sich um seinen Weiterflug zu kümmern. Vom Transithotel aus verkehren regelmäßig Zubringerbusse zum Flughafen. Besitzer von Kreditkarten können – technische Mängel vorbehalten – zumindest vom Flughafen aus zu Hause anrufen.

Anreise mit der Tanssibirischen Eisenbahn

Wer zeitlich nicht unter Zwängen steht, ein Freund der Eisenbahn ist und den Wunsch hat, die Verhältnisse in Osteuropa buchstäblich hautnah zu erleben, kann von Berlin aus in sieben bis neun Tagen nach Ulan Bator fahren. In **Moskau** muß man allerdings **umsteigen** und den Bahnhof wechseln. Ohne gewisse Grundkenntnisse des Russischen wird man in der GUS sehr leicht Probleme bekommen können.

Die Züge nach Ulan Bator oder Peking haben sich in den Jahren der politischen und wirtschaftlichen Neuorientierung Rußlands und der Mongolei zu einer Lebensader im Warenaustausch zwischen beiden Ländern entwickelt. Hunderte sogenannter

Rucksackhändler nehmen mit gewaltigen Mengen an Gepäck buchstäblich jeden Kubikzentimeter Stauraum in Anspruch. Während der Fahrt floriert auf jedem Bahnhof der Kleinhandel. Zwischen den Stationen besteht die Hauptbeschäftigung der Händler im Abhalten von Saufgelagen. Diese enden in aller Regel in Raufereien. Dies ist für die mitreisenden Passagiere nicht ganz ungefährlich, unabhängnig davon, ob sie selbst mittrinken oder nicht, da sie in jedem Fall in Händel verwickelt werden können. Auch Zugpersonal und Behörden pflegen einen eher ruppigen Umgang mit den Passagieren.

Hinzu kommen bettelnde oder Limonade verkaufende obdachlose Kinder und **Taschendiebe** in großer Zahl, die bei den ausländischen Passagieren natürlich auf besonders schnelle und fette Beute spekulieren. Allerdings wird versucht, die wenigen Touristen vom Getümmel im Rest des Zuges dadurch fernzuhalten, daß sie in den Wagen unmittelbar an der Spitze oder am Ende des Zuges untergebracht werden.

An der russisch-mongolischen **Grenze** sollte man sich auf eine mehrstündige Wartezeit einstellen, in der die Behörden auf beiden Seiten streng ihre Pflicht tun. Jeder Reisende muß davon ausgehen, daß seine Gepäckstücke auf das gründlichste durchsucht werden oder sogar die Verkleidungen der Abteile demontiert und auf verborgenes Schmuggelgut untersucht werden. In Hinblick auf die Grenzformalitäten gilt sinngemäß das für die Einreise per Flugzeug gesagte.

Fahrkarten können über deutsche Reisebüros gebucht werden. Von Berlin bis Moskau kostet die einfache Fahrt ab ca. 275,- DM, die Strecke von Moskau bis Ulan Bator kostet ab 546,- DM, von dort weiter nach Peking muß man mit ca. 295,- DM rechnen.

Fahrkarten werden **in Ulan Bator** in unmittelbarer Nähe des Bahnhofs in einem speziellen Gebäude für internationale Verbindungen verkauft (олон улсын поездны билетийн касс, вокзалын хойд талд). Das Gebäude ist nicht zu verfehlen, da es eine große englische Leuchtreklame auf dem Dach trägt. In Halle 5 werden bevorzugt ausländische Fahrgäste bedient. (Tel. 00976-1-374133, 322994, 744365, 322994) Der Auskunftschalter im Bahnhof selbst hat die Telefonnummer 130.

Beim **Aussteigen in Ulan Bator** sollte man am besten geduldig warten, bis sich das allgemeine Gewimmel etwas gelegt hat. Sein Gepäck sollte man weder im Zug, noch auf dem Bahnhof aus den Augen lassen. Wer ein Taxi benötigt, wird es am Bahnhof leicht bekommen. Bis in das unmittelbare Stadtzentrum sind es höchstens drei Kilometer. Der Fahrpreis sollte deshalb 2 US$ nicht übersteigen.

Anreise über andere Länder und Städte Asiens

Inzwischen gibt es verschiedene Möglichkeiten, die Mongolei mit dem Flugzeug auch über andere asiatische Flughäfen zu erreichen. Damit vergrößern sich für Individualreisen

Zugverbindungen mit der Transsibirischen Eisenbahn

Fahrstrecke	Abfahrtstage	Abfahrtszeit	Ankunftstage	Ankunftszeit
Ulan Bator-Moskau	Mo., Fr., Sa.	20.15	Fr., Di., Mi.	19.45
Moskau-Ulan Bator	Mi., Do., So.	21.25	Mo., Di., Fr.	08.00
Ulan Bator-Peking	Di., Fr.	12.00	Do., So.	07.00
Ulan Bator- Peking	So.	09.30	Mo.	15.33
Peking-Ulan Bator	Di., Fr.	18.40	Do., So.	13.20
Peking-Ulan Bator	Di.	07.40	Do.	18.40

die Gestaltungsmöglichkeiten für **Mehrländerreisen.** Flüge der *MIAT* gibt es ein oder zweimal wöchentlich ab/nach Almati (Kasachstan), Irkutsk (Rußland), Seoul (Süd-Korea), Huhe-Hot (Hohot, Innere Mongolei) und Osaka (Japan).

Billigflüge nach Ulan Bator

Ein **regulärer Flug** ab Deutschland kostet in der Business-Class 7337,-, in der First-Class 13743,- DM. **Discountflüge** gibt es mit der *Aeroflot,* für den Hin- und Rückflug zahlt man ab 1335,- DM (Stopover in Moskau + 100,- DM). Für Kinder gibt es die üblichen Ermäßigungen (unter 2 Jahren -90 %, bis 12 Jahre -50 %). Die Flugzeit beträgt ca. 9,5 Stunden, die gesamte Reisezeit 13 Stunden. Aktuelle Informationen bietet u.a.:
● **Travel Overland**
Saarstr. 7
80797 München
Tel.: (089) 27276-0
Fax: 30798868

Fluggesellschaften

MIAT

Preise für Ausländer in US$ (einfacher Flug/Hin- und Rückflug) ab/nach Ulan Bator:

Peking 200/380 $; Moskau 350/700 $; Berlin 650/1.300 $; Seoul 450/700 $; Osaka 694/1320 $.

Sowohl *MIAT-* als auch *Air-China-*Tickets müssen auf der Linie Ulan Bator – Peking **rückbestätigt** werden. Dazu muß das Büro der jeweiligen Gesellschaft aufgesucht und das Ticket vorgewiesen werden.
● **MIAT**
Office Ulan Bator
(МИАТ-ийн хотын салбар)
Internationales Ticketbüro:
Tel.: 00976-1-322610, 320222,
Fax: 313385, Telex: 080079227 miat mh
● **Niederlassung Moskau**
Airport Sheremetjewo II, 4. Etage Zi. 635
Tel.: 007-95-5782759, 2410754,
2411052, Fax: 2410754
Telex: sita code svo ap om, 064414387
moros su
● **Niederlassung Irkutsk**
Tel.: 007-3952-286778
Fax: 242200
● **Niederlassung Peking**
Citic-Gebäude, 19. Etage, Zi. 4B
Jianguo Menwai Dajie
Tel.: 0086-10-5002255, 5079297,
4561225, Fax: 5124744, 5077397
Telex: 085221080
● **Niederlassung Huhchot (Hohot)**
Tel.: 0086-471-4952026, Fax:4952015
● **Niederlassung Berlin**
Tel.: (02203) 95589-0, Fax: 95589-19
● **Niederlassung Seoul**
Tel.: 0082-2-5927788, Fax: 5927866
● **Niederlassung Tokyo**
Tel.: 0081-3-32371851, 32371852,
Fax: 32371853

Sommerflugplan der MIAT

Route	Flug-Nr.	Flugtage	Abflug	Ankunft
UB-Moskau	OM135	4,7	09.00	12.30
Moskau-UB	OM136	4,7	20.05	08.35 (+1)
UB-Almaty	OM133	3	08.00	09.45
Almaty-UB	OM134	3	11.45	17.30
UB-Irkutsk	OM129	3,6	09.00	10.30
Irkutsk-UB	OM130	3,6	12.30	14.00
UB-Seoul	OM8027	5	09.00	12.20
Seoul-UB	OM8028	5	14.00	17.30
UB-Bejing	OM223	1,6	11.30	12.30
Bejing-UB	OM224	1,6	14.30	17.30
UB-Bejing	OM223	3	16.00	17.00
Bejing-UB	OM224	3	18.00	21.00
UB-Huhe-Hot	OM225	1,4	09.00	10.40
Huhe-Hot-UB	OM226	1,4	12.20	16.00
UB-Osaka	OM903	6	08.50	13.30
Osaka-UB	OM904	6	15.00	21.20

Winterflugplan der MIAT

Route	Flug-Nr.	Flugtage	Abflug	Ankunft
UB-Moskau	OM135	7	08.05	11.35
Moskau-Berlin*	OM 135	7	12.45	14.15
Berlin-Moskau	OM136	7	15.50	19.10
Moskau-UB	OM136	7	20.10	08.40
UB-Moskau	OM135	4	08.05	11.35
Moskau-UB	OM136	4	20.10	08.40
UB-Irkutsk	OM129	3,6	09.00	10.30
Irkutsk-UB	OM130	3,6	12.30	14.00
UB-Seoul	OM8027	5	09.05	13.25
Seoul-UB	OM8028	5	15.10	17.40
UB-Bejing	OM223	1,6	10.30	12.30
Bejing-UB	OM224	1,6	13.10	15.30
UB-Bejing	OM223	3	11.10	13.10
Bejing-UB	OM224	3	14.10	16.10

Air China

●*Air China in Ulan Bator*
Hotel Bajangol, Korpus B, Raum 210
Tel.: 00976-1-328 838
Fax: 00976-1-312 324

Sowohl *MIAT*- als auch *Air-China*-Tickets müssen auf der Linie Ulan Bator – Peking **rückbestätigt** werden. Dazu muß das Büro der jeweiligen Gesellschaft aufgesucht und das Ticket vorgewiesen werden. Das Personal überprüft, ob die Buchung im Computer enthalten ist und macht dann einen Vermerk in das Ticket.

●*Air China in Peking*
Für Ausländer ist die zugänglichste *Anlaufstelle* die Niederlassung im *Lido-Holiday-Inn*. Dort wird im Gegensatz zu den anderen *Air-China*-Büros in China auch Englisch gesprochen.

Für *telefonische Rückbestätigungen* gibt es die *Air China International Reservation* Tel.: 008610-6016667.

Sommerfahrplan der AIR China				
Route	**Flug-Nr.**	**Flugtage**	**Abflug**	**Ankunft**
Bejing-UB	CA901	2,5	10.35	12.45
UB-Bejing	CA901	2,5	13.35	15.35
Bejing-UB	CA902	4	10.35	12.45
UB-Bejing	CA902	4	13.35	15.35

Aeroflot

Flugplan der Aeroflot				
Route	**Flug-Nr.**	**Flugtage**	**Abflug**	**Ankunft**
Ulan Bator-Moskau	SU 564	2	14.30	16.15
Moskau-Ulan Bator	SU 563	2	00.25	11.30
Ulan Bator-Irkutsk	SU 876	4	11.00	12.10
Irkutsk-Ulan Bator	SU 875	4	07.45	08.55

In den Wintermonaten werden einige der angeführten Flüge gestrichen. Zu Spitzenzeiten, z.B. um das Naadam-Fest, werden bisweilen zusätzliche Charterflüge eingesetzt. Die Abflugs- bzw. Ankunftszeiten können sich vor allen Dingen im Winter bei ungünstigen Witterungsverhältnissen um Stunden verschieben. Der Auskunftschalter der *Aeroflot* am Flughafen hat die Telefonnummer 119.

●*Aeroflot in Ulan Bator*
(АЭРОФЛОТ-ын хотын салбар; Наран их дэлгүүрийн хойд талд)
Tel.: 00976-1-320 720

MIAT TOUR &Co

MIAT TOUR & Co. ist eine Tochterfirma der *MIAT,* die preiswerte Tickets der *Austrain Airlines* und der *Swissair* von Ulan Bator via Almati nach Amsterdam, Athen, Barcelona, Berlin, Brüssel, Kopenhagen, Dresden, Düsseldorf, Frankfurt, Genf, Hamburg, Helsinki, London, Milano, München, Paris, Rom, Stockholm, Stuttgart, und Zürich vermittelt. Die Flüge nach Almati wurden im Winterflugplan 1996/97 allerdings wieder eingestellt.

Preise: One way-Ticket UB-Almati-Europa: US$ 560, Return-Ticket US$ 990

● **Büro der MIAT TOUR & Co:**
Hotel Ulan Bator, 1. Etage
Tel.: 00976-1-320620 (Vermittlung des Hotels), 310729

Korean Air

Die *Korean Air* unterhält in Ulan Bator im *Hotel Tschingis Khan* ein Büro. Tel. 00976-1-326643, 326712, Fax: 00976-1-326712. Jeden Dienstag gibt es um 10.00 Uhr einen Flug von Seoul nach Ulan Bator (Ankunft 13.30 Uhr), zurück geht es um 14.30 Uhr (Ankunft 17.40 Uhr).

Ankunft am Flughafen Ulan Bator

Die Abfertigung bei der Ankunft auf dem mongolischen Flughafen ist vergleichsweise unkompliziert und verläuft recht zügig. Auszufüllen ist vor dem Passieren der Grenzkontrolle eine **Einreiseerklärung,** was in Englisch, Russisch oder wahlweise auch in Mongolisch erfolgen kann.

Die **Paßkontrolle** kann nur dann zum Problem werden, wenn das Paßfoto und das dazugehörige aktuelle Gesicht kaum mehr Ähnlichkeiten aufweisen, etwa dann, wenn ein Vollbart hinzugekommen oder verschwunden ist.

Anschließend nimmt man seinen Koffer in Empfang. Spätestens hier wird es zum ersten Mal spannend. Leider kommt es immer wieder vor, daß aufgegebenes **Reisegepäck** gar nicht oder erheblich beschädigt und seines Inhalts erleichtert aus Moskau ankommt. Üblicherweise

sind es zumeist die teuer anmutenden Koffer, die geplündert werden, offenbar weil eine wertvolle Hülle auf einen ebenfalls wertvollen Inhalt schließen läßt. Bei nicht angekommenem Gepäck besteht noch gewisse Hoffnung, daß tatsächlich nur ein Irrläufer vorliegt. Diese und **Fälle von Diebstahl und Beschädigung** sollten der Gepäckabfertigung auf dem Flughafen gemeldet werden. Dazu muß man freilich warten, bis die gesamte Abfertigung vorüber ist, um dann ein Protokoll aufsetzen zu können. Das Personal spricht inzwischen recht gut Englisch und manchmal auch Deutsch und reagiert professionell. Versuche, bei der *Aeroflot* Schadenersatzansprüche geltend machen zu wollen, sind die Mühe nicht wert. Besser beraten ist man mit einer in Deutschland abgeschlossenen Reisegepäckversicherung.

Zoll

Vor dem Passieren des Zolls ist in jedem Fall eine **Zollerklärung** auszufüllen. Das Papier ist bei der Ausreise wieder vorzulegen. Achten Sie darauf, daß die bei der Einreise angegebene Geldsumme inzwischen geschrumpft ist. Andernfalls macht man sich der steuerpflichtigen Erwerbstätigkeit verdächtig. **Bargeld** in fremden Währungen darf bislang in unbegrenzter Höhe eingeführt werden. **Wertvolle Gegenstände** wie Schmuck, Foto- und Videoausrüstungen u.ä.m., die wieder ausgeführt werden sollen, sollten bei der Einreise möglichst genau vermerkt werden.

In der Regel zeigt sich der Zoll gegenüber Ausländern bei der Einreise großzügig und kontrolliert nur selten das mitgeführte Gepäck. ***Nicht eingeführt*** werden dürfen natürlich all die Dinge, die auch in anderen Ländern verboten sind, auch pornographische Artikel werden eingezogen. Zigaretten und Alkohol werden im Rahmen des persönlichen Bedarfs geduldet. Von beidem brauchen Sie übrigens nicht viel mitzubringen. Zigaretten amerikanischen Ursprungs sind in Ulan Bator überall erhältlich und um ein Vielfaches billiger, als in Deutschland. Alkohol liegt etwa in der aus Europa bekannten Preisklasse.

Zum Verlassen des inneren Teils des Flughafengebäudes muß der ***Gepäckschein*** vorgewiesen werden. Damit soll verhindert werden, daß sich ein einzelner zerstreuter Passagier in der Aufregung der Ankunft im Zeitalter der Uniformität von Koffern und Kisten einen falschen oder, schlimmer noch, einen zuviel unter den Arm klemmt.

Vom Flughafen aus gibt es ***keine Telefonverbindung in die Stadt.*** Selbst wenn dies einmal möglich werden sollte, hat der frisch Eingereiste keine nationale Währung in Münzen zur Hand. Die mongolische Landeswährung, den Tugrik, führt keine Bank der Welt. Ein offizieller ***Geldumtausch*** auf dem Flughafen ist ***nicht möglich*** und auch kaum erforderlich, weil von Touristen ohnehin erwartet wird, daß sie in frei konvertierbaren Währungen, am besten in US$ zahlen. Hier ist es wiederum wichtig, auch eine Anzahl kleiner Scheine mit sich zu führen, denn die Chance, daß einem ein „Taxifah-

Auch das könnte Ihr Taxi sein: Jedes Privatfahrzeug, das bereit ist, einen Fremden mitzunehmen, gilt in der Mongolei als Taxi

rer" einen 100-Dollar-Schein wechseln kann oder mag, ist sehr gering.

Der Flughafen Bujant Uchaa liegt 17 km westlich vom Stadtzentrum. Wer nicht den stets überfüllten und alle Vororte abklappernden **Linienbus** nehmen will – ein Vergnügen, das man sich vielleicht für später aufheben sollte, zumal man den Fahrschein in bar in Tugrik bezahlen muß – und nicht vom Reiseunternehmen oder von Freunden abgeholt wird, muß auf ein **Taxi** zurückgreifen.

Obwohl sich in der mongolischen Hauptstadt inzwischen mehrere private Taxiunternehmen etabliert haben (die freilich alle andere Insignien tragen und noch keinen Dachverband haben), ist das Flughafengeschäft weiterhin fest in der Hand privater (Schwarz-)Taxis. Diese kennen natürlich die Nöte sitzengelassener Ausländer und sprechen sie oft direkt an. Ein **Preis** bis zu 10 US$ für die Strecke in die Innenstadt, für zeitweilig Orientierungslose am besten in das Hotel *Ulan Bator* oder *Bajangol* zum Telefonieren, kann durchaus toleriert werden, auch wenn der übliche Taxipreis bei umgerechnet nur 0,25 US$/km liegt.

Die **Taxifahrer** sind in aller Regel recht nett und hilfsbereit, wobei man sich über den technischen Zustand ihrer Gefährte und den Fahrstil nicht wundern sollte. Wundern Sie sich auch nicht, wenn die linken hinteren Türen selten benutzbar sind. Die Taxi-Fahrer entfernen in der Regel den inneren Griff, um zu vermeiden, daß der Passagier auf der linken Seite aussteigt und vom Verkehr erfaßt wird.

Verhalten

Gastfreundschaft und Hilfsbereitschaftt

In kaum einem Reisebericht über die Mongolei fehlt ein Hinweis auf die **Gastfreundschaft** der Mongolen. Wird man schon in der Stadt sehr schnell und unkompliziert bei neuen Bekannten und Freunden zum Essen (und Trinken!) eingeladen, so gilt dies in noch viel stärkerem Maße für die Nomaden. Kein Viehzüchter wird es sich nehmen lassen, einen vorbeikommenden Gast zu bewirten. Sie dürfen mit einer Einladung zum Tee oder gar zur Suppe rechnen; in Ausnahmefällen wird man für Sie viel-

Auch Fremde sind in einer Jurte immer willkommen

leicht sogar ein Schaf schlachten. Seien Sie darauf vorbereitet und packen Sie immer genügend *Geschenke* ein, um die erwiesene Gastfreundschaft durch eine Geste ihrerseits abrunden zu können.

Auch auf die *Hilfsbereitschaft* von Mongolen dürfen Sie immer zählen. Hintergrund hierfür ist der jahrtausendelange Kampf der Viehzüchter ums Überleben, den sie nur gemeinsam gewinnen konnten. So ist eben nicht nur die Bewirtung vorbeiziehender Fremder zur Selbstverständlichkeit geworden, sondern auch die großzügige Hilfestellung in jeder Notlage. Nur zu leicht könnte man selbst schließlich der nächste sein, der die Unterstützung anderer braucht. So wird man also auch Ihnen willig zur Hand gehen, wenn es darum geht, Ihr Fahrzeug aus einem Schlammloch zu befreien oder einen Reifen zu wechseln. Auch mit Übernachtungsangeboten in Jurten oder Jurtennähe können Sie rechnen und damit, daß man Ihnen gerne und freiwillig Tips gibt, wie Sie am besten weiterfahren, wo die am besten passierbaren Wege sind etc.

In letzter Zeit hat allerdings mit dem Einzug der Marktwirtschaft in die Steppe gerade auch unter den Kraftfahrern der Sinn für Business die althergebrachte Selbstlosigkeit mehr und mehr verdrängt, so daß man neuerdings damit rechnen muß, dafür zu *bezahlen,* wenn man sich mit seinem Gefährt über einen Fluß oder aus dem Morast schleppen läßt.

Offenheit

Was die meisten Mongoleireisenden überraschend angenehm berührt, ist die augenfällige Offenheit der Mongolen. Wer glaubt, sich hier ins ferne verschlossene Asien zu wagen, der hat sich gewaltig getäuscht. Im Gegenteil; die Menschen gehen *unbefangen und herzlich* auf Fremde zu und lassen sich auch selbst gerne ansprechen. Hier steht kein undurchsichtiges Lächeln zwischen Ihnen und den Einheimischen und keine überzogenen Höflichkeitsriten können zu Fallstricken Ihrer Beziehungswünsche werden. Soweit die sprachlichen Brücken halten, werden Sie schon bald das Gefühl haben, Ihre neuen Bekannten schon Ewigkeiten zu kennen und

Mongolen gehen in der Regel offen auf Fremde zu

wirkliche Freundschaften geschlossen zu haben.

Es ist vor allem auf dem Land üblich, daß jeder Ortsfremde oder Neuankömmling von den Einheimischen nach dem Wohin und Woher *befragt* wird. Dies hat nichts mit unangemessener Neugier zu tun, sondern stellt ein über Jahrhunderte im Steppenleben gewachsenes Verhalten dar, das unter Umständen lebenserhaltend sein kann.

Flexibilität

Das Nomadenleben zwingt die Menschen, flexibel auf Situationen zu reagieren. Daraus ergibt sich zwangsläufig eine sehr *lockere Sicht* der Dinge des Lebens, die auch den Stadtmongolen nicht abhanden gekommen ist. *Kleine Schlampereien und Ungenauigkeiten* werden in liebenswerter Art überspielt und auch von Ihnen selbst wird nicht immer erwartet, daß Sie impulsiv gemachte Versprechungen später tatsächlich umsetzen oder einhalten. Umgekehrt wollen selbstredend auch Mongolen nicht gerne so richtig beim Wort genommen werden. Am Vorabend getroffene *Absprachen* klingen am nächsten Morgen oft wieder ganz anders, worüber man sich aber weder wundern noch ärgern sollte. Es wird seinen Grund haben. Am Ende klappt dann doch alles immer irgendwie und wenn Sie erst einmal draußen in der Steppe sind, wird sich auch Ihr Blick für die Bedeutung von eingehaltenen Abfahrtzeiten und einem pünktlichen Frühstück sehr schnell verschieben.

Stolpersteine

Bei all den positiven Überraschungen, auf die Sie sich bei einer Reise in die Mongolei freuen dürfen, wird es dennoch nicht ausbleiben, daß Sie sich hier und da auch einmal mißverstanden, frustriert und verärgert fühlen werden. Grund hierfür ist, daß Sie, als Europäer, selbst bei der besten Vorbereitung auf ein erstes Zusammentreffen mit Menschen einer so vollkommen anderen Kultur, unweigerlich auf manchen Gebieten unangenehme Erfahrungen machen werden.

Als Tourist haben Sie diese Erfahrungen in erster Linie da zu erwarten, wo Sie mit ihrer knapp bemessenen Zeit und Ihrem genau kalkulierten Budget auf das Phlegma und die Gelassenheit der Steppenbewohner treffen. Damit Sie solchen Situationen angemessen begegnen können, möchten wir Ihnen hier einige Informationen über mögliche Reibungspunkte zwischen Ihnen und Ihren mongolischen Reiseorganisatoren oder -begleitern geben.

Unprofessionalität

Der erste Punkt betrifft eine gewisse Unprofessionalität von seiten *mongolischer Reisebüros.* Bis vor wenigen Jahren gab es hier nur ein einziges staatliches Reiseunternehmen *(Juulchin),* das lediglich eine Handvoll Standardrouten für pflegeleichte, im Kollektiv erzogene Gruppenreisende aus Ostblockländern organisiert hat, die eigene Ansprüche an die Reise weder angemeldet noch durchgesetzt haben.

Unterdessen gibt es ein gutes Dutzend verschiedener auch privater Reisebüros, an die Sie sich wenden können. In ihrem Bestreben, einen Kundenstamm aufzubauen, neigen diese dazu, Ihnen aus dem Ärmel heraus das Blaue vom Himmel herunter zu versprechen. Was immer Sie sich wünschen, selbstverständlich hätten Sie genau den einzig richtigen Partner zur Umsetzung Ihrer Pläne gefunden. Daß solche Zusagen in der Realität dann nicht notwendigerweise eingehalten werden können, steht auf einem ganz anderen Blatt.

Sie sollten sich auch vor Reiseantritt immer vergewissern, daß die gestellte *Ausrüstung und Verpflegung* Ihren eigenen Vorstellungen gerecht wird. Das, was ein Mongole unter einem anständigen Proviantpaket und einer hinlänglichen Übernachtungsausrüstung versteht, und das, was Sie als Europäer erwarten, wird sich sehr voneinander unterscheiden. Oder wollten Sie in einen muffigen Mantel gehüllt im Auto schlafen und Trockenfleisch kauen? – Mongolen sind extrem genügsam und können hervorragend auf Sparflamme leben. Wir können das in der Regel nicht.

Ein weiterer Punkt, den Sie beachten sollten, ist, daß die Mongolen, die zur Zeit in Ulan Bator als Reiseveranstalter auftreten, in der Regel *Stadtmongolen* sind, die möglicherweise selbst kaum aus Ulan Bator herausgekommen sind, und die oft weit weniger über ihr eigenes Land wissen, als Sie aus unserem Buch erfahren können. Trauen Sie

sich also nach der Lektüre ruhig auch ein kritisches Urteil in Bezug auf Planung und Durchführbarkeit einer Reise zu.

Zeit und Phlegma

Genauso endlos wie die Steppe ist auch das *Zeitgefühl* ihrer Bewohner. Hier drängt und hetzt niemand von einem Termin zum anderen und Pläne, die über den Tag hinausgehen, wird von sich aus auch niemand machen, denn wer weiß schon, was das Morgen bringt. Der nächste Tag gestaltet sich sozusagen stets von selbst, wobei Wetter und Unwetter eine weit wichtigere Rolle spielen als Ihr Willen oder Unwillen. Das Phlegma der Mongolen hat noch keiner geändert, und Sie werden es in wenigen Wochen auch nicht tun. Bringen Sie sich also eine Pfeifenrauchermentalität mit und schwimmen Sie mit dem Strom und nicht dagegen. Das spart Nerven und führt, wenn auch langsam, so doch gewiß zum Ziel. Wenn Sie zu sehr drängeln, wird man in diesem Land für Sie irgendwann gar nichts mehr tun, selbst wenn Sie noch so sehr mit Ihrem Geld wedeln und auf ihre Rechte pochen.

Diese auf einen Europäer befremdlich wirkenden Besonderheiten in der Psychologie der Mongolen hängen zweifelsohne mit dem über Jahrtausende überlieferten Nomadenleben zusammen. Eine urbane Bevölkerung gibt es de facto erst seit einer Generation, und auch bei der sind nomadische Denkmuster noch stark ausgeprägt. Nomaden leben immer allein auf sich gestellt. Sie sind, ab-

Mongolen haben immer Zeit: Eile und Streß sind hier völlig unbekannt

gesehen von der Bewältigung einiger saisonaler Arbeiten wie die Schafschur oder die Anfertigung von Filz, nie gezwungen, sich zur Bewältigung ihrer Ziele zusammenzuschließen. Ja mehr noch, das begrenzte Nahrungsangebot auf den Weiden zwingt sie förmlich dazu, über das ganze Land verteilt zu siedeln und sich in keine Abhängigkeit von anderen zu begeben. Große Gemeinschaftsaktionen, etwa die Anlage von Bewässerungssystemen, von Großbauten oder Palästen, an denen viele Menschen arbeitsteilig beteiligt waren, hat es historisch kaum gegeben. In einem solchen Umfeld bilden sich **keine Blicke aus für die Belange der Gemeinschaft.**

Deshalb nimmt es nicht wunder, wenn die Stadtbevölkerung beispielsweise keinen Wert auf die Pflege und Erhaltung **kommunaler Anlagen** legt. Diese gehören dem Staat, denn er ließ Städte bauen. Folglich soll sich auch der Staat darum kümmern. Das eigene Reich beginnt erst wieder hinter der eigenen Haustür, sei es eine Jurtentür oder eine Tür in einem Hochhaus. Schließen Sie also aufgrund eines total heruntergekommen Treppenaufgangs mit deutlich urinaler Duftnote nicht auf die Reinlichkeit und die Qualität der rechts- und linksseitig gelegenen Wohnungen!

In diesem Sinne unterscheiden sich Mongolen extrem von den meisten anderen Asiaten, die sich selbst noch im Privatleben oder im Urlaub nicht von ihrer Gruppe trennen mögen oder dürfen. Offenbar war es dieser Unterschied, der dem mongolischen Volk bis heute seine Unabhängigkeit bewahrte, obwohl es in einer politisch wie geographisch sensiblen Lage war, *„eingequetscht, wie ein rohes Ei zwischen zwei Steinen"*, wie ein geflügeltes Wort die Nähe zu den übermächtigen Nachbarn China und Sowjetunion plastisch umschrieb.

Kommunikationsprobleme

Rechnen Sie nie damit, daß ein Mongole Sie versteht oder verstanden hat. Selbst wenn Sie eine gemeinsame Sprache sprechen, sind die Welten, die sich hinter Ihren Worten verbergen, so unterschiedlich wie sie nur eben sein können. Haken Sie also lieber einmal zuviel als einmal zu wenig nach, und versuchen Sie, sich in eine mongolische Welt so gut Sie nur können hineinzudenken, um mögliche Mißverständnisse gar nicht erst aufkommen zu lassen. Ein konkretes Beispiel: Sie fragen Ihren Reisebegleiter vor der Abfahrt, ob es unterwegs auch eine Waschgelegenheit geben wird. Sie denken dabei an eine Dusche oder zumindest an ein Waschbecken, in jedem Fall aber an fließendes und vermutlich sogar warmes Wasser. Ihr Reisebegleiter bejaht Ihre Frage und denkt dabei an einen eiskalten Fluß oder an einen brackigen Teich.

Selbstverständnis der Mongolen

Auch wenn Sie das vielleicht nicht nachvollziehen können: Auch das mongolische Weltbild dreht sich stets um die eigene Achse. Im Mittelpunkt stehen die Mongolen selbst mit ihrer einzigartigen Kultur inmitten einer atemberaubenden Natur als Kulisse. Wo Sie vielleicht auf Anhieb nur zerfallende Plattenbauten, tropfende Wasserhähne, kaputte Klospülungen und ähnliches wahrnehmen, sieht der Mongole die Einzigartigkeit des ewig blauen Himmel, der sich gnädig über all die kleinen Unzulänglichkeiten spannt. Gegen den ungetrübten **Nationalstolz** der Mongolen anzugehen, sollten Sie erst gar nicht versuchen. Nehmen Sie lieber die Gelegenheit wahr, einmal ihre eigene Perspektive zu wechseln – zur Not eben mit einem Schmunzeln.

Hygiene und Sanitäres

Wer in die Mongolei reist mit der Vorstellung, er träfe hier auf europäische Hygiene und sanitäre Standards, der irrt sich sehr. Schon in der **Stadt** muß man hier mit Umständen rechnen, die sich in Europa selbst bei nachdrücklichem Suchen nur selten werden finden lassen; *auf dem Land* gibt es in der Regel keine schlechten sanitären Anlagen, sondern schlicht gar keine. Dies hat den Vorteil, daß man sich um deren Zustand in puncto Sauberkeit keine Sorgen machen muß – eine Wiese zum Verrichten der Notdurft und ein kleines Flüßchen zum Händewaschen dürfte die meisten von uns weit weniger stören als ungepflegte Toiletten.

Auch dann, wenn man **zu Gast in einer Jurte** ist, darf man nicht davon ausgehen, seine Speisen in einem blitzblank gescheuerten Gefäß angeboten zu bekommen. Üblicher ist es, daß irgendein Porzellanschälchen vor den Augen des entsetzten Gastes mittels eines Geschirrtuchs undefinierbarer Farbe oder besser noch mit dem Jackenärmel notdürftig ausgewischt wird. Das gleiche gilt für das Eßbesteck. Hier hilft nur eins: Augen zu und durch – bisher hat sich noch keiner von uns „Langzeitern" je vergiftet. Wer sich ein derart beherztes Auftreten nicht zutraut, sollte eine Jurte besser erst gar nicht betreten.

Gerüche

Die Wohlgerüche – oder besser gesagt: der Wohlgeruch – der Mongolei wird Sie bereits am Flughafen oder Bahnhof empfangen: **Hammel, Hammel, Hammel.** Angefangen von den Kleidungsstücken über die Treppenhäuser bis hin zu den abgegriffenen Geldscheinen riecht in diesem Land alles nach Hammel. Nicht jeder Gast empfindet das als störend, aber gewöhnungsbedürftig ist es für die meisten schon. Hat man die städtische Hammellektion schließlich gemeistert, so erwartet einen bei einer Reise auf das Land die verschärfte Hammel-Sauermilchprodukt-Geruchsvariante in den Jurten. Sollte Ihnen der kombinierte Duft von vergorener Stutenmilch und Hammelsuppe eher abträglich als zuträglich sein – halten Sie die Luft an und setzen Sie sich dennoch zu Ihren Gastgebern. Die menschliche Nase meldet Gerüche nur wenige Minuten

Wer den Geruch von Hammelsuppe nicht ertragen kann, sollte sich erst gar nicht in die Nähe einer Jurte wagen

lang an das Gehirn weiter – danach nehmen Sie gar nichts mehr wahr, bis sich ein neuer Geruch dazugesellt.

Das Problem der **einseitigen Ernährung** der Mongolen plagte übrigens sogar den Kaiser von China. Als *Kaiser Kanxi* 1695 mit 100.000 Soldaten einen 98 Tage währenden Feldzug gegen den aufsässigen Oiraten-Führer *Galdan* führte beklagte er sich an einem Brief an seine Gattin, den er am Ufer der Tula schrieb: *„Hier gibt es nichts anderes zu essen als Hammel".*

Praktische
Reisetips
von A bis Z

Alkohol

Der Konsum von alkoholischen Getränken ist in der Mongolei sehr verbreitet. Neben der im Westen als **Kumys** bekannten **vergorenen Stutenmilch** (Airag, айраг) und dem selbstgebrannten **Milchschnaps** (шимийн архи) ist es in erster Linie in der Mongolei produzierter oder auch importierter **Wodka** (Archi, цагаан архи), der in Strömen fließt. Es gibt verschiedene Sorten, von der Marke *Tschingis-Khan* für 16 US$ bis hin zum namenlosen, in Limonadenflaschen abgefüllten Wodka für den einheimischen Verbrauch für umgerechnet etwa 2,50 US$. Beim Erwerb dieser einfacheren Sorte ist darauf zu achten, daß die Verschlußkappe intakt ist, da mitunter auch mit Wasser vermischter Feinsprit als „Wodka" feilgeboten wird.

Wer lieber ein Gläschen Wein oder Bier trinkt, der kann sich damit unterdessen in Ulan Bator auch versorgen. **Bier** gibt es meist in Dosen aus China oder Deutschland, wobei die deutschen Sorten von bekannten Namen wie *Löwenbräu* bis zu unbekannten Sorten wie *Goldblätter-Pils* reichen. In seltenen Fällen taucht auch deutsches oder tschechisches Flaschenbier auf dem Markt auf. Seit November 1996 gibt es auch eine richtige deutsche Kneipe in Ulan Bator, die die hauseigene Sorte *Khan-Bräu* mit großem Erfolg verkauft. Mongolisches Bier wird zur Zeit nur sporadisch gebraut.

Wein gibt es nur in Hotels oder Dollarshops zu kaufen und ist unverhältnismäßig teuer. Das gleiche gilt für Spirituosen, die nicht in der Mongolei hergestellt sind.

Ausrüstung

siehe unter „Vor der Reise"

Autofahren

In der Mongolei wird bis heute der Internationale Führerschein nicht anerkannt und der deutsche schon gar nicht. Falls Sie in der Mongolei selbst chauffieren wollen, sollten Sie in Erwägung ziehen, sich vor Ort einen **mongolischen Führerschein** ausstellen zu lassen. Dafür benötigen Sie Ihren gültigen deutschen Führerschein, zwei Paßfotos, 38 US$ und 24 Stunden Zeit. Die ausstellende Behörde ist die mongolische Verkehrspolizei (замын цагдаагийн газрын мэргэжлийн комисс) Falls man dort keine Ihnen bekannte Sprache spricht, zeigen Sie einfach auf den nachstehenden Satz, der bedeutet, daß Sie einen mongolischen Führerschein ausgestellt haben möchten: Би жолоочийнхоо үнэмлэхийг солиулах гэсэн.

Eine **Anschnallpflicht** kennt auch die mongolische Straßenverkehrsordnung. Allerdings wird nicht verlangt, daß Wagen, die serienmäßig noch nicht über Gurte verfügen, nachgerüstet werden. Wundern Sie sich also nicht, wenn weder Ihr Geländewagen noch Ihr Taxi über funktionsfähige Gurte verfügt.

Seit 1996 gilt in der Mongolei eine neue **Straßenverkehrsordnung,** die sich über weite Strecken liest wie eine Übersetzung der deutschen. Selbst an Autobahnen wurde gedacht, obwohl es bislang keine gibt und wohl auch alsbald nicht geben wird. Freilich richtet sich kaum einen Autofahrer in allen Belangen danach. Typische **Regelabweichungen** sind das Fahren zwischen den Fahrspuren, der plötzliche Richtungswechsel ohne den Blinker zu betätigen, das Nichtbeachten der Fußgängerüberwege und in der Nacht das fahren ohne Scheinwerferlicht auch in der Stadt.

Zu den Besonderheiten des Fahrens in der Steppe: siehe „Fahrtechniken" im Kapitel „Auf in die Steppe".

Banken

Es gibt in Ulan Bator inzwischen eine Reihe von Banken; die empfehlenswerteste ist die *Trade and Development Bank* (Худалдаа Хөгжлийн Банк), Tel.: 321051. Das Personal des Hauses ist den Umgang mit ausländischem Publikum, darunter den Vertretern der Weltbank und der Asiatischen Entwicklungsbank, gewöhnt. Viele der Schalterangestellten sprechen gut englisch.

Die Bank befindet sich im unmittelbaren Stadtzentrum westlich des Regierungspalastes in einem rot geklinkerten Hochhaus. Sie hat werktags von 9.30 bis 12.30 und samstags von 9.30 bis 11.30 Uhr geöffnet.

Bestechung

Mongolen sind in der Regel viel zu stolz, um offen Bestechungsgelder – etwa in der Art eines Bakschisch – für kleinere Dienste anzunehmen. Ein nettes Geschenk hingegen ...

Diplomatische Vertretungen

In Europa

Siehe Kapitel „An- und Weiterreise" im Abschnitt „Vor der Reise".

In Ulan Bator

- ● *China*
Tel.: 323940, 320955 (Хятадын ЭСЯ)
- ● *Deutschland*
Tel.: 323325, 323915, Fax: 323905 (ХБНГУ-ын ЭСЯ)
- ● *Großbritannien*
Tel.: 358133, 358238, Fax: 00976-1-358036 (Английн ЭСЯ)
- ● *Japan*
Tel.: 328019, 328112, 324408 (Японы ЭСЯ)
- ● *Republik Korea*
Tel.: 321548 (Өмнөд Солонгосын ЭСЯ)
- ● *Russland*
Tel.: 327018 (Konsularabteilung), 326836, 327071 (Оросын ЭСЯ)
- ● *USA*
Tel.: 329095, 329606 (АНУ-ын ЭСЯ)

Einkauf

Beim Einkauf in der Mongolei wird man eventuell aufgefordert, die Waren zuerst an der Kasse zu bezahlen und anschließend unter Vorlage des

Praktische Tips

Kassenzettels an der entsprechenden Verkaufstheke abzuholen. Dieses Verfahren signalisiert in der Regel, daß man sich in einem staatlichen Laden befindet, der noch das Flair der sozialistischen Ära vermittelt – inklusive unfreundlicher Verkäuferinnen, deren wahres Können darin besteht, Käufer und ihre Wünsche ausdauernd zu ignorieren. Genießen Sie diese Atmosphäre! Sie stirbt langsam aus.

Wer dienstliche Einkäufe tätigt, wird verwundert feststellen, daß es in keinem Geschäft einen Kassenzettel oder gar eine Quittung gibt. Sollten Rechnungen ausgestellt werden, bekommt der Kunde bestenfalls die Durchschrift.

Ein- und Ausreisebestimmungen

Laut Gesetz müssen sich alle Ausländer, die sich länger als 72 Stunden im Land aufhalten, innerhalb von 10 Tagen nach der Einreise *polizeilich anmelden.* Allerdings weist sie keine mongolische Behörde, also weder die Botschaft noch der Grenzschutz auf diese Pflicht hin. Die Gebühr für die Registrierung liegt zwischen 2000 und 10.000 Tugrik. Dafür erhält man einen attraktiven Stempel im Paß und die Auflage, sich auch vor der Abreise wieder abzumelden. Wer mit dem Flugzeug ein- und ausreist, wird im Versäumnisfall kaum mit Schwierigkeiten zu rechnen haben. Im schlimmsten Fall kann

man sich damit rechtfertigen, es nicht gewußt zu haben. Bei Zugreisen wird schon eher geprüft, ob auch eine polizeiliche An- und Abmeldung erfolgte. Die entsprechende Polizeistelle befindet sich relativ nahe am Stadtzentrum. Der *Meldeschalter* (иргэний бүртгэл мэдээллийн улсын төв) befindet sich im ersten Stock und hat englischsprechendes Personal.

Näheres zu *Visabestimmungen* findet sich im Kapitel „Vor der Reise".

Elektrizität

Die *Stromspannung* in Ulan Bator beträgt wie in Deutschland 220 Volt/ 50 Hertz. Die *Steckdosen* sind zum größten Teil ebenfalls mit deutschen Steckern benutzbar. Mitunter sind die Klemmen in den Steckdosen sehr eng. Schutzkontaktschaltungen sind unbekannt. Ein Weltstecker oder Adapter braucht nicht mitgebracht zu werden.

Stromausfälle waren in der Vergangenheit nicht selten, seit 1996/97 hat sich die Lage im Energiesektor jedoch deutlich entspannt. Stromausfälle kommen nur noch sehr selten vor. Uns sind keine Fälle bekannt, daß elektrische oder elektronische Geräte durch *Stromschwankungen* beschädigt worden wären. Probleme mit Überspannung kann es im Sommer mit ungeerdeten Netzen geben, wenn der *Blitz* einschlägt.

Essen und Trinken

Freunden kulinarischer Höhepunkte ist die Mongolei ganz sicher schwer schmackhaft zu machen. Vor allem in den langen Wintermonaten, wenn sich das Angebot an Nahrungsmitteln im wesentlichen auf **viel Fleisch und Mehlprodukte** beschränkt, reduziert sich der Sinn des Essens darauf, möglichst fettreich neue Energie aufzunehmen, um der Kälte zu trotzen. Jedem, der einen Jurtenofen in Betrieb gesehen hat, wird einleuchten, daß sich darauf nur schwer mehrgängige Menüs zaubern lassen. Diese aus dem Nomadenleben überlieferte Sicht auf das Essen als Akt der Nahrungsaufnahme ist sogar den Restaurants der Hauptstadt anzumerken.

Gegessen wird überall mit **Messer und Gabel.** Die Ausnahme bilden einige wenige chinesische, japanische und koreanische Spezialitätenrestaurants, wo man allerdings auf spezielle Bitte auch ein Besteck bekommt.

Die Anfang der 90er Jahre sehr schlechte **Lebensmittelversor-**

Das Leibgericht aller Mongolen: mit Hammelhack gefüllte Teigbällchen

gung hat sich vollkommen entspannt. Das Angebot ist vielfältig und reichlich. Inzwischen kann man zumindest in den großen Städten selbst im strengsten Winter exotische Südfrüchte kaufen. Die Versorgung mit Grundnahrungsmitteln ist absolut kein Problem mehr.

Zur **Verpflegung unterwegs** siehe das Kapitel „Auf in die Steppe, Verpflegung unterwegs".

Mongolische Bekannte werden Sie möglicherweise einladen, einen kleinen Happen zur Stärkung in einer kleinen Imbißbude (гуанз) am Straßenrand zu sich zu nehmen. Solch ein Bissen mag vielleicht einen Mongolen stärken – mit Ihrem europäischen Magen laufen Sie jedoch Gefahr, das Gegenteil zu erfahren. Wenn kein Weg an einem gemeinsamen Imbiß vorbeigeht, dann laden Sie Ihre Freunde doch „ganz spontan" in eines der besseren Restaurants ein. Niemand wird ablehnen, allzu teuer ist es auch nicht, und Sie schonen Ihren Verdauungstrakt.

Speisen

Eine typische mongolische Speisekarte *in der Stadt* bietet – zumindest in den Sommermonaten – verschiedene Rohkostsalate, fast überall einen Kartoffelsalat, der dem europäischen Geschmack sehr entgegenkommt, verschiedene Suppen und zum Hauptgang zumeist Gerichte aus Hammel- und Rindfleisch, das mit Reis, Kartoffeln und Gemüsebeilagen garniert wird. Zur Suppe können *Mantuu*, das ist eine Art Hefekloß, oder Brot geordert werden. Teurere Häuser führen auch Gerichte aus Schweinefleisch und Geflügel. Wild- und Fischgerichte sind selten.

Auf dem Lande sind Gaststätten auf mongolische Hausmannskost eingerichtet. **Nationalgericht** sind die *Buuds,* das sind mit Gehacktem gefüllte gedünstete Teigtaschen, typisch sind auch *Chuuschuur* aus dem gleichen Material, allerdings in Fett gebraten. Als besonders lecker gelten *Buuds* oder *Chuuschuur* dann, wenn beim Reinbeißen das flüssig gewordene Hammelfett aus ihnen heraustrieft. Bleibt zu erwähnen, daß Mongolen das abwechselnde Einerlei dieser beiden Hauptgerichte niemals müde werden und nach einem Tag ohne *Buuds* jeder sich bereits wieder auf den unweigerlich nächsten Tag mit *Buuds* freut. Unterbrochen wird diese für uns recht eintönige Speiseauswahl in der Regel nur durch das Kochen einer **Suppe** – wobei selbstredend die beliebteste Suppe eine fette Hammelsuppe ist. Rindfleisch gilt als zu trocken für eine gute Suppe, Geflügel ist so gut wie unbekannt und Schweinefleisch wird in der Mongolei selten gegessen – nicht aus religiösen gründen, sondern schlicht, weil Schweine nicht zu den traditionellerweise von Mongolen gehaltenen Tieren gehören.

Eine Modeerscheinung lediglich am Rande der eigentlichen Ernährungsgewohnheiten ist neuerdings das Kochen von **Spaghetti** für Kinder. Als Soße dient meist Ketchup.

In den Nomadenfamilien wird an normalen Tagen fast immer eine **Hammelsuppe mit Nudelstreifen** gegessen, wobei die Nudeln selbst aus Mehl und Wasser, ohne weitere Zusätze, hergestellt werden.

Bei besonderen Gelegenheiten gibt es außerdem eine besonders schmackhafte Art ein **Schaf** oder eine **Ziege** zuzubereiten und zwar **in der Milchkanne.** Gemeint ist damit natürlich keine kleine Literkanne, sondern eine große Kanne, in der das zerlegte, frisch geschlachtete Tier vollkommen Platz hat. Zur Zubereitung wird zunächst ein Feuer gemacht, in dem Flußsteine erhitzt werdeb. Wenn diese richtig heiß sind, wird die Milchkanne gefüllt: Einer Schicht Fleisch folgt eine Schicht Steine, dann wieder Fleisch. Dazwischen werden wilde Kräuter eingestreut. Schließlich wird die Kanne fest verschlossen zur Seite gestellt und das Fleisch gart wie in einem Dampfkochtopf. Nach dem Öffnen wird das Fleisch auf einen Haufen gelegt von dem sich dann jeder bedient. Besonders beliebt ist es auch, die heißen, nun fettigen Steine zwischen den Händen hin- und herzuwenden und sie sich in die Nierengegend zu legen. Dies soll der Gesundheit förderlich sein. Bleibt zu erwähnen, daß sich in der Milchkanne unten eine kleine Menge sehr kräftiger und kräftigender Brühe gebildet hat, die gemeinsam getrunken wird. Jeder, der Gelegenheit hat, sich unter frciem I limmel zu solch elnem Festschmaus einladen zu lassen, sollte unbedingt annehmen! Es wird mit Sicherheit ein unvergessliches Erlebnis.

Übertroffen wird es möglicherweise nur noch durch den Genuß eines **Murmeltierbratens**, der im eigenen Balg mit heißen Steinen gegart wird (siehe auch den Exkurs bei „Verpflegung unterwegs").

So arm die mongolische Küche also ist in Bezug auf die Vielfalt der Gerichte sein mag, so glanzvoll sind dennoch ihre Höhepunkte!! Und Lagerfeuerromatik gibt es gratis dazu.

Der beliebteste landestypische **Snack** ist übrigens, wenn man es so salopp ausdrücken will, der *Aaruul,* das ist an der Luft getrockneter steinharter Magerquark, der auch gezuckert sein kann. Meist ist er jedoch extrem sauer und läßt sich nur unter den allergrößten Anforderungen an die Gesichtsmuskulatur lächelnd lutschen!

Getränke

Verbreitetestes Getränk in Stadt und Land ist **gesalzener Milchtee.** Zum Frühstück werden in ihn auch kalte **Fleischstreifen** eingelegt, so daß daraus eine Fleischsuppe wird. So befremdend das klingen mag, so gut kann es in der Realität schmecken. Manch einer mag sich mit dem Gedanken behelfen, er esse eine Suppe. Übrigens werden auch eine kleinere Variante von *Buuds* in Tee gekocht und als besondere Leckerei verspeist.

Neben Milchtee trinkt man **in den Städten** zum Essen aber auch Schwarztee, löslichen Kaffee, Bier oder Limonade.

Praktische Tips

Airag

Airag (in vielen Veröffentlichungen auch *„Airak"* oder *„Kumys"*) ist **vergorene Stutenmilch.** Der Milchzuckeranteil von Stutenmilch liegt höher als der von Kuhmilch, wodurch sie besonders gärfähig ist.

Die **Herstellung** von Airag, die nur von Juni bis September erfolgt, ist eine sehr arbeitsaufwendige Angelegenheit, an der die ganze Familie beteiligt ist. Im Morgengrauen reiten die Männer aus, um die Stuten mit ihren Fohlen, die die Nacht über auf der Weide verbracht haben, neben der Jurte zusammenzutreiben. Dort angekommen, trennen die Frauen die Stuten von den Fohlen, indem sie die Fohlen an einem straffen, kurz über der Erde gespannten Lederseil befestigen. Die Bindestricke sind so bemessen, daß die Fohlen nicht mehr an die Euter ihrer Mütter reichen. In dieser bemitleidenswerten Stellung müssen sie nun den ganzen Tag oft in der prallen Sonne ausharren. In der Regel haben die Familien nur wenige Fohlen, bei reichen Familien hängt die Zahl der angebundenen Fohlen vor allem von den zur Verfügung stehenden Arbeitskräften ab. Eine erfahrene Melkerin kann etwa 15 Tiere bewältigen. Den ganzen Tag über werden die Stuten nun etwa alle zwei Stunden oder sechs bis acht Mal zusammengetrieben. Sie stellen sich meist selbst neben ihre durstigen Fohlen, die der Strick daran hindert, den Kopf zu heben.

Die Melkerinnen lösen die Fohlen nacheinander von der Leine und lassen sie kurz am Euter der Stuten säugen, um den Milchreflex auszulösen. Anschließend wird die sogenannte Mittelmilch abgemolken, wobei nie mehr als maximal ein Liter entnommen wird, um für das Fohlen noch genügend Milch im Euter zu belassen. Die Fohlen säugen den Rest aus dem Euter und kommen wieder an die Leine, bis sich der Vorgang nach etwa zwei Stunden wiederholt. Am Abend werden sie wieder freigelassen und können die Nacht mit den Stuten auf der Weide verbringen. Die Stuten gewöhnen sich schnell an das Melken. Nur wenigen Tieren müssen die Melkerinnen die Hinterläufe zusammenbinden, um Verletzungen zu vermeiden.

Die Milch wird **nach dem Melken** durch ein Tuch geschlagen, um Fliegen und Haare aus ihr zu entfernen und anschließend in einen Lederbeutel, der aus einer ganzen Rinderhaut genäht wurde, gegeben. Der Beutel hängt in der Jurte unmittelbar links neben der Tür an einem stabilen Gestell. Es ist Sitte, daß jeder, der zur Tür hereinkommt, einige Male den Stampfer betätigt, um die Gärung anzuregen. In den letzten Jahren findet man aber auch immer häufiger, daß große Plastikfässer die Rinderhäute ersetzen. Guter Airag muß mindestens 4000 bis 5000 Mal gestampft worden sein, bevor er sich in ein köstlich prickelndes, erfrischendes Getränk verwandelt. Das Stampfen ist die Aufgabe der Kinder und Frauen.

Zum Ende der Saison, wenn die Gräser wieder trocken werden und die Milchleistung nachläßt, muß eine kleine Menge des letzten Airags als Starterkultur für das nächste Jahr aufbewahrt werden. Der Ledersack kommt unausgespült ins Lager.

Airag **fördert die Verdauung** und das so heftig, daß die ersten Schalen schon nach wenigen Minuten den Verdauungstrakt komplett passiert haben und nach dem Ausgang drängen. Das passiert übrigens nicht nur Ausländern. Auch die Mongolen werden davon betroffen und haben dafür den netten Begriff *„gujlgech"* geprägt, was soviel bedeutet wie „er läßt mich laufen". Für gewöhnlichen Durchfall wird ein anderes Wort benützt. Man sollte sich als Gast auf diesen Effekt einstellen und schon vor dem Trinken der ersten Schale sondieren, wohin man sich in der flachen Steppe zurückziehen kann. Nach einigen Tagen hat sich die Verdauung an den Airag gewöhnt und reagiert nicht mehr überempfindlich.

Unbestritten ist, daß Airag den **Stoffwechsel anregt** und die körperlichen **Abwehrkräfte stärkt.** Das Trinken des Airags ist gerade für die Steppennomaden, die außerhalb der Vegetationsperiode fast ausschließlich von Fleisch, Nudeln und Reis leben, von großer Bedeutung, um dem Körper Vitamine zuzuführen und zu entschlacken. Auch im Sommer nehmen die Nomaden so gut wie kein Obst oder Gemüse zu sich, so daß Airag ihre wichtigste Vitaminquelle darstellt. In den östlichen Aimaks der Mongolei hat die Herstellung von Airag keine Tradition. Die heilende und prophylaktische Wirkung des Airags ist den Mongolen seit Jahrhunderten bekannt. Aber erst 1946 wurde damit begonnen spezielle Airag-Sanatorien einzurichten, in denen vor allem Menschen aus der Stadt den Sommer verbringen. Inwiefern Stutenmilch auch die **Schönheit** fördert oder konserviert können wir nicht beurteilen, bemerkenswert ist aber, daß Mongolen, die 60, 70 Jahre oder noch älter sind, oft noch tadellose, schneeweiß glänzende Gebisse haben, was bei Kindern und Jugendlichen in den Städten vielfach nicht mehr der Fall ist.

Airag wird nicht nur im Sommer in großen Mengen besonders zu festlichen Anlässen getrunken. Der **Alkoholgehalt** ist vergleichbar mit dem von Leichtbier. Wer also eine entsprechende Menge trinkt, kann durchaus einen Schwips bekommen, richtig betrinken kann man sich mit Airag kaum.

Die vergorene Milch wird auch zu **rituellen Handlungen** verwendet. So erhalten die Pferde, die beim Naadam-Fest die vorderen Plätze belegt haben, keine Kränze, wie man es aus Europa kennt. Vielmehr wird ihnen während der Siegerehrung aus einer Silberschale Airag über Kopf und Hals gegossen. Die Siegerpferde heißen deshalb nicht Sieger oder Champion, sondern „das mit Airag Begossene".

Auch in den **Wintermonaten** trinkt man zu Feierlichkeiten Airag. Dazu wird der letzte Airag im Lederbeutel so lange aufbewahrt und immer wieder gestampft, bis es kalt genug geworden ist, daß er in gefrorener Form aufbewahrt werden kann.

In geringen Mengen exportiert die Mongolei auch getrocknete Stutenmilch, also Rohmilch, die entrahmt und danach industriell getrocknet wird. Käufer ist die pharmazeutische und die Kosmetik-Industrie.

Feste und Feiertage

● **Neujahr:** 1. Januar
● **Neumondfest:** 3tägiges Fest Ende Januar bis Mitte Februar, abhängig vom buddhistischen Mondkalender, entsprechend dem buddhistischen Neujahrsfest, aber stark von animistischen Elementen geprägt.
● **Naadam:** 11.-13. Juli
● **Verfassungstag:** 26. November

Alle andere Feiertage aus der sozialistischen Zeit wie der Frauentag, der Tag der Armee, der Tag des Sieges usw. wurden nach der Wende aus politischen Gründen, aber auch um den Alkoholkonsum in Behörden und Betrieben einzudämmen, abgeschafft. Diese „Feiertage" werden nur noch inoffiziell begangen.

Foto

Wahl der Kamera

Welche Kamera man für seine Reise wählt, hängt hauptsächlich von den **eigenen Ansprüchen ans Fotografieren** und dem jeweiligen **Geldbeutel** ab. Daneben sollte man aber auch die Faktoren **Gewicht, Robustheit, einfache** und **unauffällige Handhabung** und den möglichen **Verlust** bei Beschädigung oder Diebstahl einkalkulieren. Vor allem sollte man bedenken, daß gute Bilder nicht von der perfekten technischen Ausrüstung gemacht werden, sondern vom Menschen hinter der Kamera.

Einfache Kompaktkamera

Für „ganz normale" Urlaubsfotos genügt sicherlich eine einfache, leichte Kompaktkamera mit eingebautem Blitz. Sie ist auch deshalb nützlich, weil man sie immer dabeihaben kann und nicht erst komplizierte Einstellungen vornehmen muß, wenn sich eine Gelegenheit zum Fotografieren ergibt.

Praktische Tips

Mongolen lassen sich gerne fotografieren. Am liebsten so richtig formell.

Kompaktkameras mit Zoomoptik

Einen **guten Kompromiß** zwischen dem niedrigen Gewicht und Preis der Kompaktkameras einerseits, der Flexibilität und guten optischen Qualität der Spiegelreflexkameras andererseits bieten die modernen Kompaktkameras mit fest eingebauter Zoomoptik. Leider haben sie generell recht **lichtschwache** Objektive. Die schönen Lichtstimmungen am Abend oder frühen Morgen lassen sich dann nur noch verwacklungsfrei festhalten, wenn die Kamera **längere Belichtungszeiten** ermöglicht und außerdem **Stativ** und **Drahtauslöser** benutzt werden.

Spiegelreflexkamera

Wer hohe Ansprüche an die technische Qualität seiner Bilder stellt und in Objektiv- und Zubehörauswahl flexibel sein will, kommt um eine Spiegelreflexkamera nicht herum – aber leider auch nicht um eine beträchtliche Geldausgabe, Schlepperei und fototechnisches Fachwissen.

Viele moderne elektronischen Kameras sind empfindlich gegen Nässe und Verschmutzung. Eine **mechanische oder halbmechanische Kamera** (oft günstig gebraucht zu kaufen) ist robuster, aber meist umständlicher in der Handhabung.

Der Kompaktheit und des Gewichtes wegen sind **Zoomobjektive** ideal, die allerdings viel Licht schlucken. Fast komplett ist man mit zwei Objektiven mit 28-80 mm und 80-200 mm Brennweite ausgerüstet. Ein **lichtstarkes Normalobjektiv** für Aufnahmen bei schlechtem Licht und ein starkes **Weitwinkelobjektiv** für Landschaftsaufnahmen können die Ausrüstung ergänzen.

Zubehör

●Vor jedes Objektiv gehört ein leicht rötlicher **Skylightfilter,** der den häufigen Blaustich mildert und das Objektiv vor Schmutz und Kratzern bewahrt. Auch ein *UV-Filter* schützt, verändert jedoch die Farben nicht.

● Ein *Polfilter* verstärkt das Himmelsblau und vermindert Reflexe, z.B. auf Blättern oder Wasser, was manchmal zur erheblichen Verbesserung der Farbsättigung führt. Bläulicher Dunst wird oft stark gemildert.

● Für Innenaufnahmen, Dämmerungs- und Nachtaufnahmen oder bei Verwendung von Teleobjektiven ist häufig die Benutzung von *Stativ* und *Drahtauslöser* nötig.

● Ein *Blitz* ist nützlich bei Innenaufnahmen und zur Aufhellung bei Gegenlicht und Schlagschatten.

● *Staubpinsel, Reinigungstücher* sowie *Ersatzbatterien* nicht vergessen!

● Die Ausrüstung sollte wasser- und schmutzdicht sowie vor Stößen geschützt transportiert werden, dazu noch bequem zu tragen sein. Für längere, rauhe Transporte empfiehlt sich die *Kameratasche* oder der *Fotokoffer.*

Filme

Foto- und Filmmaterial bekommt man in begrenztem Umfang und nicht immer gleichbleibender Qualität in Ulan Bator in den großen Hotels oder in den Fotogeschäften um den Suchbaatar-Platz. Von den Preisen her läßt sich hier jedoch kein Schnäppchen machen; Filme sollte man also lieber von zu Hause mitbringen.

Negativfilme haben den Vorzug, preisgünstiger zu sein und einen größeren Spielraum bei der Belichtung zu bieten. *Dias* können projiziert werden, zudem kann man auswählen, von welcher der vielen Aufnahmen tatsächlich ein Abzug gemacht werden soll – eventuell ein ziemlicher Preisvorteil.

Für normale Situationen sind Filme mit der *Lichtempfindlichkeit* ASA 100 ausreichend. Für Dämmerungs- oder Innenaufnahmen, Fotos mit Teleobjektiven im Wald benötigt man höhere Filmempfindlichkeiten, die aber eine schlechtere Bildqualität nach sich ziehen, zudem teurer sind.

Wichtig ist es, Filme (besonders nach der Belichtung) so *kühl und trocken* wie möglich zu lagern.

Möchte man seinen mongolischen Reisebegleitern noch vor der Abreise Bilder von gemeinsam erlebten Stunden zukommen lassen, kann man seine Farbfilme in Ulan Bator, am besten im *Fuji-Studio* auf der Westseite des Suchbaatar-Platzes, recht kostengünstig und mit guter Qualität entwickeln lassen.

Wer Schäden durch **Röntgenstrahlen** bei der Gepäckkontrolle befürchtet (bei modernen Geräten kein Problem), kann um Handkontrolle seiner Filme bitten.

Verhalten und Tips beim Fotografieren

● *Respekt* vor dem Gegenüber ist bei der Fotografie von anderen Menschen erstes Gebot. Es handelt sich schließlich um Menschen, nicht um Fotoobjekte. In der Mongolei kann man *Menschen* recht ungeniert fotografieren. In der Regel reagieren Leute nicht aggressiv auf fotografierende Touristen; ohne Einverständnis der Abgebildeten sollte man aber nicht knipsen. Auf dem Land wird man eventuell sogar gebeten, Familienfotos zu machen. Dazu wird sich dann die ganze Familie in Schale werfen und vor der Jurte, dem Familien-LKW o. ä. posieren. Mit ernsten Gesichtern – versteht sich. Schnappschüsse sind eher unbekannt. Auch wenn es einen noch so sehr reizt, sollte man in einer Jurte, die man gerade erst betreten hat, nicht gleich die Kameraausrüstung zücken. Dafür wird keiner Verständnis haben.

● Hemmungsloses *Blitzen* in Situationen oder Räumen, die für andere Menschen privat oder gar heilig sind, zeugt von Respektlosigkeit und ist lästig.

● Fotografieren von *Militäreinrichtungen, und Flughäfen,* ist nicht erlaubt, das von *Polizisten und Wachpersonal* zumindest nicht ratsam.

● *Fotoverbote oder -einschränkungen in Sehenswürdigkeiten und Museen* sollten ebenfalls beachtet werden. Wer unbedingt ein Bild braucht, sollte die entsprechenden Stellen um Erlaubnis fragen, manchmal, wie etwa in Kara-Korum, ist eine saftige Gebühr zu zahlen.

● Überhaupt nicht gern gesehen wird, wenn man fotografiert, **was den mongolischen Stolz kränkt.** Das können die leeren Regale im Geschäft sein, aber auch die Ecke in der Jurte, in der neben allerlei Krimskrams der pittoresk vergammelte alte Sattel liegt.

● **Überlegen, was man fotografiert** und warum – die zwanzigste Jurte oder immer nur Tempel?

● Das **Detail nicht vergessen** – Gesamtaufnahmen werden schnell langweilig. Versteckte Reize in Kleinigkeiten oder scheinbaren Nebensächlichkeiten zu entdecken, schult den eigenen Blick für das Besondere.

● **Geduldig sein:** Es lohnt sich, eine Situation zu beobachten, gutes Licht abzuwarten, nach einem geeigneten Blickwinkel zu suchen.

● Lieber **mal ein Bild mehr fotografieren** – schließlich kann ein schönes Foto noch nach Jahren an ein Reiseerlebnis erinnern. Deswegen aber ständig den Sucher vor dem (inneren) Auge zu haben, **begrenzt den eigenen Blickwinkel** für andere Aspekte des Reisens. Man muß nicht jedes Bild „eingefangen" haben.

● **Buchtip:** Helmut Hermann: Die Welt im Sucher. Handbuch für perfekte Reisefotos, Reise Know-How Verlag.

Flußdurchquerungen

Muß man nach einer mißglückten Flußdurchquerung den Wagen schwimmend verlassen und hat keine zweite Garnitur trockener Kleidung dabei, sollte man alle Kleidung ausziehen, die Hosenbeine unten verknoten oder mit den Schnürsenkeln verschnüren, daraufhin die Schuhe und den Rest der Kleider in die Hosenbeine stopfen und sich die Hose um den Hals schlingen oder turbanartig auf den Kopf legen, bevor man durchs Wasser watet oder schwimmt. Solchermaßen bringt man unserer Erfahrung nach am ehesten seine Kleidung hinreichend trocken ans andere Ufer. Und trockene Kleidung ist bei Wind und Kälte wichtiger als eine „anständige" Flußdurchquerung, die aus Schamgefühl heraus in voller Montur erfolgte. Wer unbedingt will, kann ja die Unterwäsche anbehalten.

Frauen allein unterwegs

Wer als Frau durch die Mongolei reisen will, kann dies durchaus tun. Aber als Frau **alleine** eine Reise durch die Steppe zu planen, führt zu vielen **Komplikationen und Schwierigkeiten.** Alleinreisende Frauen gelten in der Mongolei immer als „schutzlos" und dürfen von jedem Mann sozusagen „beschützt" werden. Dieses „Beschützen" kann dabei durchaus **sexuelle Übergriffe** mit beinhalten.

Das Problem dabei ist nicht zuletzt ein **kulturelles Mißverständnis.** Als Frau alleine unterwegs freut man sich über Hilfestellungen und ist auf diese auch angewiesen. Wie schön, daß die Hilfe mongolischer Männer in solchen Fällen nie auf sich warten läßt. Und wie schön auch, wie unkompliziert man sich versteht, wie freundlich und herzlich man unterstützt wird. Man unterhält sich mit Händen und Füßen, freut sich über die Hilfsbereitschaft, trinkt vielleicht zusammen Tee oder einen kleinen Wodka und setzt, ohne es zu merken, Signale, die vollkommen falsch

Physische Kraft ist oft das einzige Mittel, das eine Weiterfahrt ermöglicht

aufgefaßt werden. Mongolische Männer haben durchaus einen Sinn fürs Erotische, und ein kesser *Flirt* kommt leicht zustande. Wofür mongolische Männer aber überhaupt keinen Sinn haben, ist, wenn es dann beim Flirt bleiben soll. In Ulan Bator mag frau glimpflich davonkommen und sich – wie unangenehm auch immer – aus der entstandenen Situation befreien können. Hat sie sich aber auf dem Land auf einen Flirt eingelassen, dann ist der Rückzug verbaut. *Von Flirts ist daher dringend abzuraten, sofern man selbst auf der verbalen Ebene zu verbleiben gedenkt.* Die Mongolei ist ein sexuell sehr freizügiges Land und es ist sehr schwer, „nur" beim Flirt zu bleiben. Auch *offen getragene lange Haare* sind in der Mongolei unüblich und gelten als sehr freizügiges Signal.

In der *unterschiedlichen Interpretation* von Verhalten oder Signa-

len liegt das eigentliche Problem. In der Stadt zumindest ist es denkbar, sich mit mongolischen Männern einfach nur so zu treffen, zu reden, etwas zu unternehmen. Aber der Gedanke an einen Flirt und „ein bißchen Spaß" wird nie weit sein. Ein durchtanzter Abend in einer Disco, eine fröhliche Runde bei Wodka oder Tee, all das, was bei uns harmlos mit guten Freunden möglich ist, ist in der Mongolei auch möglich – aber eben in der Regel nicht harmlos. Sich gar spät nachts von einem Mongolen, mit dem man den ganzen Abend geflirtet hat, nach Hause bringen zu lassen damit einem nichts passiert, bedeutet mitunter, den Bock zum Gärtner zu machen.

Und um es nochmals zu betonen: als Frau *allein über Land reisen* zu wollen, hieße wirklich, sich grob fahrlässig zu verhalten. Schon als Mann alleine zu reisen, ist nicht gefahrlos, als Frau ist es schlicht und ergrei-

69

Kleiner Junge am Suchbaatar-Platz

fend dumm. Auch *mongolische Frauen reisen nicht allein,* und dies nicht nur, weil sie sich vor fremden Männern schützen wollen, sondern auch, weil man in diesem Land alleine einfach zu leicht in Schwierigkeiten gerät und sich als Frau doppelt schwer aus diesen befreit. Die Mongolei ist einer der letzten nahezu unberührten Naturräume dieser Erde. Bei aller Faszination gilt es da, die vorhandenen *Gefahren* richtig einzuschätzen und sich auch darüber im Klaren zu sein, daß *physische Kraft* oft das einzige Mittel ist, beispielsweise ein bis zur Achse im Schlamm festsitzendes Gefährt wieder freizusetzen oder zum sechsten Mal am selben Tag den Reifen zu reparieren, wobei hier immer der Reifen von der Felge zu wuchten ist und nach Reparatur des Schlauchs wieder aufzuwuchten ist – von Hand.

Wer sich von einer Reise in die Mongolei ein Stück Selbstverwirklichung und Herausforderung erhofft, sei indes beruhigt: Auch das Reisen in Kleingruppen stellt genügend Ansprüche an die Einzelne und bietet reichlich Gelegenheit, auch außergewöhnliche Selbsterfahrungen zu sammeln.

Geld

siehe auch unter „Vor der Reise".

Wechselgeld

In Läden, in denen mit Dollars bezahlt wird, gibt es oft kein Wechselgeld; Cent-Münzen sind kaum im Umlauf. Zur Entschädigung wird oft ein Kaugummi oder ein Bonbon als

Wechselgeld gegeben. Wenn man dieses Angebot nicht angemessen findet, kann man um Wechselgeld in Tugrik bitten. Diese Bitte wird inzwischen fast überall erfüllt.

Geldrücktausch

Der Rücktausch von Tugrik in eine gängige Währung ist nicht unmöglich, aber ein zeitraubender und bisweilen abenteuerlicher Akt. Den besten Kurs erzielt man auf dem sogenannten **Devisen-Schwarzmarkt** bei den Geldwechslern (ченжёёд), wobei wir aus Sicherheitsgründen nicht empfehlen, sich selbst darauf einzulassen. Am besten, Sie lassen das von einem mongolischen Vertrauten erledigen, der bestimmt einen besseren Kurs herausholt, und beobachten das geschäftige Kaufen und Verkaufen von Tugrik, Dollar, Yuan und Rubeln aus der Entfernung. Offiziell genehmigte **Wechselstuben** klagen permanent über Devisenmangel. Vielfach bilden sich schon im Morgengrauen lange Schlangen davor. Wer Dollar verkaufen will, hat keine Probleme, höchstens, daß er von den Leuten in der Schlange bestürmt wird und gar nicht erst an den Schalter kommt.

Gegen **Ende der Reise** empfiehlt es sich, nur noch in kleinen Beträgen zu tauschen, damit man nicht auf Bündeln von Tugrik sitzen bleibt. Achtung: Zur Ausreise auf dem Flughafen muß eine **Flughafensteuer** in Höhe von 8 US$ in Landeswährung – errechnet nach dem aktuellen Bankkurs – bezahlt werden.

Gesundheit

Informationen zu benötigen **Impfungen** finden sich unter „Vor der Reise", **weitere Tips** zur Gesundheit unterwegs im Beileger „Gesundheitstips für Fernreisen".

Notruf

Der landeseinheitliche medizinische Notruf der Schnellen Medizinischen Hilfe ist 103.

Notfall

In der **deutschen Botschaft** (Tel. 323325, 323915) arbeitet eine Praxis, die im Moment von *Dr. Michael Frank* betreut wird. Im Notfall kann er jederzeit unter der Funktelefon-Nr. 99114390 erreicht werden. *Dr. Fank* ist bereit, unter der E-mail-Adresse *drmike@magicnet.mn* individuelle Anfragen zur Reisevorbereitung zu beantworten.

Im Krankheitsfall sollte man in ernsten Fällen seine **Auslandsvertretung** unterrichten bzw. unterrichten lassen, damit im Notfall rechtzeitig der **Rücktransport** organisiert werden kann. Es gab bereits wiederholt Fälle, daß schwer erkrankte Bürger der EU mit Sonderflugzeugen aus der Mongolei ausgeflogen werden mußten. In leichteren Fällen kommt man natürlich auch täglich außer sonntags mit einem Linienflug nach Peking. Sonntags fliegt dafür die *MIAT* direkt nach Berlin-Schönefeld. Die *MIAT* zeigt sich in Krankheitsfällen äußerst kooperativ; auch wenn die Maschine offiziell schon ausgebucht ist, kommt man immer noch mit.

Krankenhäuser

In der Mongolei sollte man sich nur in lebensbedrohlichen Notfällen zur Behandlung ins Krankenhaus begeben. In allen anderen Fällen ist zumindest eine **Weiterreise bis nach Peking** zu empfehlen, wo die Deutsche Botschaft über einen eigenen Regionalarzt verfügt, der auch Durchreisende und Touristen behandelt und berät (Tel./Fax: 0086-10-5324960).

Zur **stationären Behandlung** ist das russische Krankenhaus (орос эмнэлэг) in Ulan Bator zu empfehlen. Ein koreanisches Krankenhaus (солонгос эмнэлэг), das eigentlich eher eine Poliklinik ist, behandelt nur ambulant. Unter den mongolischen Krankenhäusern ist das sogenannte Regierungskrankenhaus (2-р эмнэлэг) die beste Adresse.

Wasser

Es gibt in der Mongolei durchaus Flüsse, deren Wasser man im Prinzip trinken könnte. Wer aber weiß, ob nicht hinter der nächsten Biegung eine Tierleiche im Wasser liegt? Wer hier kein Risiko eingehen will (auch, weil 1996 erstmals in der Geschichte des Landes Cholerafälle aufgetreten sind) sollte sein **Wasser entkeimen.** Das gilt auch für **Leitungswasser.** Um immer hygienisch unbedenkliches Wasser zu erhalten, gibt es vier Möglichkeiten: nur abgefülltes Wasser trinken, das Wasser abkochen, es filtern oder chemische Wasserentkeimer verwenden.

Abkochen

Um sicher zu sein, daß Wasser unbedenklich ist, muß es zehn Minuten lang sprudelnd gekocht haben. Grobe Verunreinigungen sollte man vorher abgefiltert haben.

Mineralwasser in Dosen eignet sich hervorragend als Wasserreserve und kann direkt am Feuer erhitzt werden

Praktische Tips

Chemische Entkeimungsmittel

Heute handelsübliche (Reiseausrüster) und gesundheitlich unbedenkliche Wasserentkeimungsmittel gibt es entweder auf Chlor- oder auf Silberbasis. Sie alle wirken nur bei klarem Wasser zuverlässig. Mittel auf **Silberbasis** sind geschmacksneutral, brauchen aber zur Entfaltung ihrer Wirkung mindestens zwei Stunden, bei sehr kaltem Wasser bis zu doppelt so lange. Nicht geschmacksneutral sind Mittel auf **Chlorbasis,** die allerdings schon nach 30 bis 60 Minuten sicher wirken. Mongolische Reisebegleiter lehnen den Genuß von entsprechend entkeimtem Wasser in der Regel ab. Es gibt allerdings Mittel, mit denen nach der Entkeimung das Chlor beseitigt werden kann.

Wasserfilter

Eine sichere Methode zur Wasserentkeimung und zum Entfernen von Schwebstoffen sind Keramik- oder Aktivkohlefilter. Sie alle gibt es den verschiedensten Größen und Preisstufen, billig sind sie allerdings nicht. Zudem benötigen sie Wartung und teure Ersatzfilter. Hier lohnt sich eine eingehende Beratung vor dem Kauf (Reiseausrüster).

Milch

Milch wird in Ulan Bator offen verkauft, meist vor den Märkten und Geschäften, und zwar von Privatleuten. Leider ist diese Milch oft mit Mehl und Wasser, oder noch schlimmer, mit Schlämmkreide und Wasser versetzt. Die rohe Milch beim Einkauf zu probieren, um ihre Reinheit zu prüfen, empfiehlt sich wiederum wegen der **Brucellosegefahr** (siehe unten) nicht. Es empfiehlt sich zu beobachten, bei welchem Verkäufer die Mongolen ihre Milch erstehen. Vor dem Gebrauch unbedingt abkochen! Am besten ist es jedoch, in Plastiktüten abgepackte Milch aus der Molkerei zu erstehen, die es leider nicht immer und nicht überall zu kaufen gibt.

Brucellose

Brucellose ist eine in der Mongolei weit verbreitete **Tierkrankheit,** die sich auch **auf den Menschen überträgt.** Eine Infektion riskiert jeder, der frische, unabgekochte Milch trinkt oder Milchprodukte ißt, die aus Rohmilch hergestellt wurden. Auch der Kontakt mit Frischfleisch sollte bei offenen Wunden, beispielsweise Schnittwunden an den Händen, vermieden werden. Die Symptome für eine Brucelloseerkrankung beim Menschen sind schweres Kopfweh, Gelenk- und Gliederschmerzen, Müdigkeit und Fieber. Die Krankheit kann chronisch verlaufen, in welchem Fall dann in gewissen Zeitabständen mit malariaähnlichen Fieberschüben zu rechnen ist. Eine Behandlung kann mit Tetracyclinen oder Streptomycin erfolgen.

Pest

Der Gedanke an die Pest ruft in den meisten von uns noch immer ungeahnte Schrecken wach. Um so schockierender wird es manchen berühren, zu erfahren, daß es in der

Mongolei auch heute noch die Pest gibt. Sie wird durch die Murmeltiere übertragen, die den Pestfloh in ihrem Pelz beherbergen. Die Pest kann durch den Floh auch auf den Menschen übertragen werden. Pestfälle werden in der Mongolei jedes Jahr bekannt; zu Epidemien kommt es aufgrund der extrem niedrigen Bevölkerungsdichte und energischen Quarantänemaßnahmen jedoch nicht. Für Reisende stellt die Pest in der Regel keine Gefahr da, es sei denn, sie wollen selbst auf die Murmeltierjagd gehen. Sollten man dergleichen nicht vorhaben, lohnt sich auch eine Pestimpfung nicht. Wir selbst haben in all den Jahren unseres Aufenthaltes nie von einem Ausländer gehört, der sich mit Pest infi-

Der Leckerbissen Murmeltier hat einen entscheidenden Nachteil: In seinem Pelz sitzt der Pestfloh

ziert hätte. Zur Beruhigung noch dies als Information: Pest ist heute mit Tetracyclinen und Streptomycin durchaus heilbar.

Es kann allerdings passieren, daß man eine geplante Fahrtroute ändern muß, wenn sie durch ein unter Quarantäne stehendes Gebiet führt.

Hygiene

Auf Probleme der Hygiene wird an verschiedenen Stellen dieses Buches im Zusammenhang mit dem Essen und Schlafen hingewiesen. Insbesondere Frauen ist anzuraten, ihre Toilettenartikel von zu Hause mitbringen. Das soll nicht heißen, daß es in Ulan Bator unmöglich ist, einen Grundbedarf an Hygieneartikeln zu erwerben. Das Angebot ist in den letzten Jahren zunehmend besser geworden. Aber ob ein bevorzugtes Produkt dabei ist, muß bezweifelt werden.

Mit Kindern unterwegs

Von Reisen mit Säuglingen und Kleinkindern ist aufgrund der unsicheren Versorgungslage gerade auch im medizinischen Bereich dringend abzuraten. Reisen mit campingbegeisterten Jugendlichen oder Kindern, die gerne auch mal auf Wochen hinaus auf ihr Speiseeis u. ä. verzichten, steht hingegen nichts im Wege.

Jean-Claude hat auch in Ulan Bator seine Anhänger

Kino

Ein Kinobesuch in der Mongolei mag landeskundlich interessant sein, mongolische Filme bekommt man in der Regel jedoch nicht zu sehen. Der größte Teil der gezeigten Streifen besteht aus schlecht synchronisierten internationalen Kinohits und vor allen Dingen herzzerreißenden indischen Liebesfilmen. Wer einmal wieder richtig schluchzen will, läßt sich am besten zu einem der großen Kinos fahren (Ялалт oder Од). Die Vorstellungen beginnen in der Regel um 19.00 Uhr und kosten 200 Tugrik.

Landkarten

In Ulan Bator kann man eine Reihe von Land- und Autokarten in den Buch- und Souvenirläden sehr preiswert erwerben. Neben großen Karten, die das gesamte Land darstellen, findet man auch einzelne und gebundene Karten der einzelnen Aimaks, z. T. mit Entfernungsangaben bis nach Ulan Bator oder zwischen den Aimakzentren und den Zentren der Somone; sehr hilfreich für die Kalkulation des Treibstoffbedarfs. Die maßstäbliche Auflösung und die Genauigkeit der Karten ist jedoch nicht sehr hoch. Die Beschriftung ist natürlich in Mongolisch, was durchaus von Vorteil sein kann. Wenn man

Lange Haare

sich verfahren hat, kann man mit einer mongolischen Landkarte jeden Nomaden nach dem Weg fragen, indem man einfach auf den Punkt deutet, den man erreichen will. Selbst wenn man dagegen die Umschrift von einer englisch oder deutsch beschrifteten Karte vorliest, versteht einen mit Sicherheit kein Mensch.

Das mongolische Institut für Geodäsie und Kartographie verkauft einen Kartensatz im Maßstab 1:1.000.000, mit mongolischer Beschriftung in recht aktueller Bearbeitung für ca. DM 60,- als Loseblattsammlung. Außerdem gibt es noch einen Kartensatz mit der Auflösung 1:500.000. Alle detaillierteren Maßstäbe fallen unter Staatsgeheimnis und werden nicht frei verkauft.

Wer schon **vor der Reise** genaue Karten benötigt, kann bei der Firma Därr in München **russische Generalstabskarten** (mit russischer Beschriftung) in den Maßstäben 1:1.000.000 und 1:500.000 bestellen (siehe Anzeige im Anhang). Ein kompletter Satz, der die ganze Mongolei abdeckt, ist aber eine teure Angelegenheit Für die Navigation sind sie gut, die Koordinaten sind sehr exakt eingezeichnet, allerdings ist der Bearbeitungsstand sehr unterschiedlich und stammt zum Teil noch aus den siebziger Jahren. Manche neuen Siedlungen und Straßen fehlen daher, auch die Haupttrassen in die Aimakzentren führen nicht immer dort entlang, wo sie eingezeichnet sind. Das ist allerdings nicht ungewöhnlich, da vielbefahrene Steppenpisten immer mal ihren Verlauf ändern, wenn sie zu schlecht werden.

So arm dieses Land sein mag, so sehr sind seine Bewohner bemüht, aus dem Wenigen das Beste zu machen. Dies betrifft vor allem auch ein gepflegtes Aussehen. Nach mongolischen Maßstäben gehört dazu auch gepflegtes Haar. Für **Frauen** bedeutet das – wie weiter oben bereits erwähnt –, daß langes Haar unbedingt in irgendeiner Form zu einer Frisur „verarbeitet" werden sollte, sei dies ein einfacher Pferdeschwanz oder eine aufwendigere Hochsteckfrisur. Für **Männer,** die lange Haare haben, gilt

Ein gepflegtes Aussehen, eine würdevolle Haltung – lange offene Haare passen nach mongolischem Verständnis nicht ins Bild

als Mindestmaß, daß die Haare regelmäßig gewaschen und gekämmt sein sollten. Der Träger einer verwachsenen, stumpfen und zur Verfilzung neigenden Haartracht wird in diesem Land nicht viele Freunde finden.

Maße und Gewichte

Die Mongolei verwendet in jeder Hinsicht das in international übliche metrische System, so daß es hier keine Umstellungsprobleme geben wird, von der Schrift vielleicht einmal abgesehen. Meter heißt метр *(metr)*, Kilogramm heißt килограмм *(kilogramm),* Liter heißt литр *(litr).* Archaische Bezeichnungen wie *Ald* für die Länge, *Quadratald* für die Fläche, *Suulga* als Raummaß und *Dsin* für das Gewicht sind nicht mehr üblich.

Mücken

In den Sommermonaten muß man an Flußläufen oder anderen Gewässern mit dem massiven Auftreten von Stechmücken rechnen, umso schlimmer, je weiter man nach Norden kommt. Die mongolischen Stechmücken unterscheiden sich dabei von ihrem europäischen Verwandten dadurch, daß selbst eine Jeans ihrem Stachel kein Hindernis bietet. Hier hilft nur noch, sich ausreichend mit Insektenschutzmittel einzudecken und bei der Wahl eines Zeltes auf einen angemessenen Moskitoschutz zu achten.

Nachtleben

Das Nachtleben in Ulan Bator ist aufregender und vielseitiger als es auf den ersten Blick erscheinen mag. Einzelheiten zu den einschlägigen Anlaufpunkten der Ausländergemeinde, Restaurants und Bars finden sich im Kapitel „Ulan Bator". Richtige Kneipen oder Bierstuben gibt es allerdings kaum. Die Nachtbars sind fast ausnahmslos in großer Zahl von Prostituierten besiedelt.

Praktische Tips

Notruf

- *Feuerwehr:* 101 (гал команд)
- *Polizei:* 102 (цагдаагийн газар)
- *Schnelle Medizinische Hilfe:* 103 (түргэн тусламж)
- *Deutsche Botschaft:* 320908 (24h) (ХБНГУ-ын ЭСЯ)
- *Krankenhaus Nr. 1:* 323372 (1-р эмнэлэг)
- *Krankenhaus Nr. 2:* 50230 (2-р эмнэлэг)
- *Russisches Krankenhaus:* 50007 (орос эмнэлэг)

Öffnungszeiten

Behörden arbeiten offiziell von 9.00 bis 18.00 Uhr mit einer Mittagspause von 13.00 bis 14.00 Uhr. Vor 10.00 Uhr morgens wird jedoch selten ein Besucher empfangen. Nach 16.00 Uhr braucht man auch nirgends mehr aufzutauchen. Selbstredend wird die Mittagspause um mindestens 30 Minuten nach vorn und hinten überzogen. Daß am Aushang ausgewiesene Öffnungszeiten von Behörden eingehalten werden, ist nicht üblich, aber zumindest die **Konsularabteilung** des Außenministeriums, eine Anlaufstelle, die von vielen Ausländern frequentiert wird, richtet sich in der Regel danach.

Der **Samstag** ist seit Ende 1996 kein behördlicher Arbeitstag mehr.

Die **Zentralpost** hält die wichtigsten Schalter rund um die Uhr offen. Die kleinen **Postämter** arbeiten wie die Behörden.

Die **Geschäfte** sind bis auf ganz wenige Ausnahmen inzwischen im Privatbesitz und öffnen, wann sie wollen. Kernzeit ist in etwa zwischen 9.00 und 18.00 Uhr. Sonntags ist ein Teil der Geschäfte geschlossen. Einige Kioske und Geschäfte, vor allem für Lebensmittel, arbeiten auch rund um die Uhr.

Viele **Restaurants** sind nur bis gegen 21.00 Uhr geöffnet. Die **Bars und Klubs** schließen zwischen 1.00 und 4.00 Uhr. Genauere Angaben finden sich im Kapitel „Ulan Bator" unter dem Stichwort „Restaurants und Bars".

Polizei

Sie ist erkennbar an dunkelblauen Uniformen, über die schwarze Lederjacken getragen werden, die am linken Ärmel ein rundes weißes Emblem und eine Registriernummer haben. Die Herren pflegen einen eher rüden Umgang mit ihrer Bevölkerung und schrecken auch vor Ausländern nicht zurück. Man geht ihnen am besten aus dem Wege. Die augenscheinliche Hauptbeschäftigung der Polizei ist die Durchführung von Verkehrskontrollen, in denen es weniger um den technischen Zustand der Fahrzeuge oder die Ahndung von Regelverstößen der Chauffeure geht. Obwohl hier erheblicher Handlungsbedarf bestünde, beschränkt man sich ausschließlich auf die Kontrolle von Papieren. Da dies aber an fast jeder Ecke und auch auf Landstraßen, Brücken und an anderen neuralgischen Punkten passiert, kann man hier viele Nerven, Geld und Zeit verlieren.

Post und Kurierdienste

Der Postverkehr zwischen Europa und der Mongolei verläuft in beide Richtungen relativ reibungslos. Normale **Luftpostbriefe** sind zwischen 7 und 10 Tagen unterwegs. **Päckchen** benötigen etwas länger und müssen in der Regel vor den Augen der Post- und Zollbeamten geöffnet werden.

Post empfangen

Ein **Postzustelldienst** ist in der Mongolei unbekannt. Wer sich Post nach Ulan Bator kommen lassen möchte, muß sich auf der Hauptpost (Төв шуудан) oder einem anderen Amt (шуудангийн салбар) ein **Postfach** (шуудангийн хайрцаг) mieten oder das eines Bekannten oder einer Partnereinrichtung angeben und von Zeit zu Zeit nachfragen, ob etwas angekommen ist.

Die Hauptpost Ulan Bators ist weithin an ihren bizarrem Turm zu erkennen: Das Gebilde aus rotem Metallgestänge wirkt seltsam unfertig.

Eine andere, wenngleich nicht unbedingt zuverlässige Methode ist, sich als **Selbstabholer** (өөрөө хүлээн авагч) deklarieren zu lassen. Man schreibt auf den Umschlag nur den Namen des Empfängers, Ulan Bator, Mongolia und darunter das in Klammern stehende mongolische Wort für Selbstabholer. Der Brief kommt dann auf der Hauptpost in einen großen Haufen und wird auf Nachfrage herausgesucht. Diese Methode ist natürlich für spontane Grüße ungeeignet, denn woher sollte der Empfänger wissen, daß man an ihn geschrieben hat und er sich seine Post abholen kann.

Post versenden

In die umgekehrte Richtung, d. h. von der Mongolei nach Europa, funktioniert der Postdienst überraschend schnell und gut. **Briefkästen** sind äußerst selten und werden nicht regelmäßig geleert. Am besten erledigt man seine Postangelegenheiten in den großen Hotels oder gleich auf der Hauptpost (төв шуудан) am Suchbaatar-Platz. Auch die **Frankierung** sollte man vom Schalterangestellten vornehmen lassen. Nur er kennt die sich angesichts der Inflation ständig ändernden Luftpost-Tarife. Für europäische Verhältnisse ist

Briefmarke: Paar mit traditioneller Tracht

das Porto recht preiswert. Wichtig: keine eigenen, sondern die *vorgeschriebenen Standard-Kuverts,* die in den Hotelzimmern ausliegen oder ebenfalls auf den Postämtern zu erhalten sind, verwenden.

Kurierdienst

Postsendungen, die eine zuverlässige und schnelle Beförderung erfordern, können Sie auch mit dem *DHL-Kurierdienst* kommen lassen oder von Ulan Bator aus versenden. Der Country-Manager für die Mongolei ist Herr *Begzijn Batchurel* (Бэгзийн Батхүрэл), Tel./Fax: 00976-1-325772, 310441 Telex: 233, Satelliten-Telex: 79236. Das Büro befindet sich im Gebäude der *Mongolischen Revolutionären Volkspartei* im Zimmer 309/310 (МАХН-ын байрын 309/310 тоот).

Radio und Fernsehen

Radio

Neben mongolischer Volksmusik, die im *staatlichen Radio,* das in jeder Wohnung über Kabel fest installiert ist, erklingt, gibt es unterdessen von *Radio Ulan Bator* einen *Popmusiksender.* Er bietet rund um die Uhr aktuelle internationale Hits, die hervorragend abgemischt sind. Ausgestrahlt wird die Diskowelle auf 100,9 MHz UKW. Westliche Musik pur ohne lästige Werbung oder Nachrichten strahlt auch der erste *Privatsender* auf 102,50 MHz UKW aus. Weitere mongolische *UKW-Stationen* senden auf 101,6 und 107,0 MHz.

Radio Ulan Bator strahlt täglich 30 Minuten auf Kurzwelle ein Nachrichten- und Kulturprogramm in *Englisch* für Hörer in Amerika, Europa Australien und Asien aus. Das Programm für Europa läuft um 19.30 Uhr Weltzeit auf 9745 und 12085 kHz.

Die *Deutsche Welle* ist fast überall in der Mongolei gut zu empfangen. Gesendet wird zwischen 19.00 und 23.00 Uhr Ortszeit: Band MW 41 m/7340 kHz (Oktober), 25 m/12000 kHz (April-September) sowie 22 m/13780 kHz. Im April sowie im September/Oktober ist ein Empfang auch in den Morgenstunden zwischen 5.00 und 7.00 Uhr (Ortszeit) möglich bzw. auf Band 41 m/7340 oder auf 25 m/11795 kHz von Mai bis August.

Fernsehen

Die mit TV-Geräten ausgestatteten Hotelzimmer in Ulan Bator sind alle an das *Kabelnetz* angeschlossen, das auch in anderen Städten verbreitet ist. Empfangbar sind neben dem mongolischen Nationalsender *Mongol-TV* (18.00 bis 23.00 Uhr) und dem Stadtsender (montags anstelle des Nationalsenders) das russische Zentralfernsehen und ein weiterer

Kannst Du den TV reparieren? – Das Fernsehen hält auch in den Jurten Einzug

russischer Kanal, der amerikanische Nachrichtensender *CNN* (Ausgabe für Asien) und *BBC Newsdesk*. Hinzu kommen einige Programme in Chinesisch und ein freier Videokanal. Auf dem *CNN*-Kanal sendet täglich (außer am Wochenende) ab 20.00 Uhr ca. eine halbe Stunde lang *Eagle-TV,* eine private, den demokratischen Parteien nahestehende Station, die nur in Ulan Bator empfangbar ist, Nachrichten über die Mongolei – allerdings nur in Mongolisch. In den ländlichen Regionen können bislang nach wie vor nur sehr wenige Haushalte **Satelliten-Fernsehen** empfangen.

Sicherheit

Verhaltenstips

Die Zeiten, als ein abendlicher Spaziergang durch Ulan Bator zwangs-läufig mit großen Sicherheitsrisiken verbunden war, sind vorbei. Dennoch sollte man einige Punkte beachten, wenn man nicht unbedingt mit den Hühnern ins Bett gehen möchte.

Wenn es sich irgendwie verhindern läßt, sollten Sie **nach Einbruch der Dunkelheit** (im Sommer ist das immerhin erst gegen 23 Uhr) besser nicht alleine unterwegs sein. Es gibt in den Straßen nach wie vor recht viele **Betrunkene,** die auch ohne offensichtlichen Anlaß zu Aggressivität neigen, und die einem Einzelnen viel eher zum Problem werden können als einer Gruppe von Leuten.

Sind Sie in einer **Gruppe** unterwegs, empfiehlt es sich, nicht unbedingt auf Ihr Vorhandensein dadurch hinzuweisen, daß Sie laut redend oder gar grölend durch die Straßen ziehen: Man kann sich auch leise sehr gut unterhalten, und diejenigen Grüppchen, die Sie auf dem Nachhauseweg abends akustisch ausmachen können, sind in der Regel nur Betrunkene oder Ausländer. Machen Sie mögliche Aggressoren nicht unnötig auf sich aufmerksam!

Ein weiteres beliebtes Mittel von Ausländern, auf sich aufmerksam zu machen, ist der Gebrauch einer *Taschenlampe* auf dem Nachhauseweg. Unterlassen Sie solchen Unsinn – Ihre Augen gewöhnen sich von alleine an die Dunkelheit.

Wenn Sie eine Bar oder ein Tanzlokal besucht haben, zücken Sie beim *Bezahlen* nicht auffällig ein Dollarbündel aus der Tasche und nesteln Sie bitte auch nicht den Brustbeutel mit Ihren gesamten Finanzen unter dem Pullover hervor. Führen Sie einen *Geldbeutel* mit einer angemessen unauffälligen Summe bei sich und zahlen Sie damit. Dieser „kleine" Geldbeutel kann auch im Fall des Falles nützlich werden. Geben Sie ihn einfach her, wenn man Sie unfreundlich dazu auffordert. Besser 25 US$ und eine Handvoll Tugrik verloren als die Schneidezähne.

Eine fast sichere Methode, sich in Schwierigkeiten zu bringen, ist im übrigen das Mitführen von *Wodkaflaschen* in Jackentaschen oder Plastiktüten.

Taschendiebe

Wer einen der Märkte in Ulan Bator besucht oder öffentliche Verkehrsmittel benutzt, läuft starke Gefahr, Opfer von Taschendieben zu werden, die ihm mit Messern u. ä. eine Tasche aufschneiden und mit deren Inhalt schnell wieder verschwunden sind. Die Diebe arbeiten entweder allein oder in *Banden.* Die Banden wiederum arbeiten häufig zusammen mit *Kindern,* die ihrer geringeren

Nicht nur der Markt in Ulan Bator ist ein unsicheres Pflaster

Größe wegen leichter an die Taschen kommen, um die Schnitte auszuführen. Männer arbeiten in der Regel mit Messern, Frauen und Kinder mit Rasierklingen. Achten Sie also bei Marktbesuchen stets darauf, ob sich Kinder auffallen nahe an Sie herandrücken oder auf Frauen, die längere Zeit in Ihrer Nähe bleiben. Taschendiebe erkennt man auch daran, daß sie entweder ein Kleidungsstück oder eine Tüte oder ähnliches über dem Arm tragen.

Passiert Ihnen dennoch das Unerfreuliche, und Sie bemerken plötzlich einen Ruck an Ihrer Tasche: Selbst wenn Sie den (mutmaßlichen) Täter zu fassen bekommen – halten Sie ihn nicht zu lange fest! Auf ihn warten bereits im Verdachtsfall harte Tage in Polizeigewahrsam; und bevor die Aussicht darauf zu konkret wird, haben Sie vermutlich ein Messer in den Rippen.

Auch der *Gang zur Polizei* lohnt sich hinterher nicht, falls Sie sich davon erhoffen, Ihr Geld wiederzusehen. Ein Kontakt zu den Behörden lohnt sich allenfalls im Vorfeld, denn die Zivilfahnder der Taschendiebstahlsabteilung frequentieren sowieso täglich den Markt und sind – nach eigenen Aussagen – durchaus bereit, Besucher auf den Markt zu begleiten und zu schützen. Wenn Sie sich für einen solchen Dienst erkenntlich zeigen wollen, wird man das vermutlich nicht ablehnen.

Sichere Unterbringung von Geld

Daß man seine gesamte Reisekasse nicht in einem *Portemonnaie* unterbringt, sollte selbstverständlich sein. *Brustbeutel* waren vor Jahren eine gute Idee; unterdessen kennt sie aber jeder, und sie sind bei dem Großteil der Kleidung auch deutlich zu sehen. Ein sicherer Hinweis, wo viel Geld zu holen ist. Ein aus Leder gearbeiteter *Geldgürtel,* der wie ein normaler Gürtel zu tragen ist und auf seiner ganzen Länge mit einem Reißverschluß Zugriff auf sein Geheimfach gibt, ist in den meisten Ländern noch vollkommen unbekannt. Er trägt nicht auf, ist optisch nicht von einem einfachen Gürtel zu unterscheiden und läßt sich weder wegreißen noch wegschneiden. Einziger Nachteil: Man muß sein Geld oder seine Schecks zur Unterbringung klein falten und kann auch nicht eben schnell mal nach Nachschub greifen. Das sollte man jedoch sowieso nicht, da man dadurch sein Versteck preisgibt. Unter der Kleidung zu tragende *Bauchgurte* für Dokumente und Geld, *Schulterhalfter* oder *Wadentaschen* sind ebenfalls gute Verstecke, man kann auch Geld in Kleidung einnähen oder in die Schuhe stecken.

Ein weiterer Tip ist, sich eine Tasche mit losem Innenfutter zu besorgen. Solche Taschen geben selbst bei Mehrfachschnitten ihren Inhalt in der Regel nicht frei, da der Dieb lediglich die Außenhülle der Tasche zerschneiden kann, das bewegliche Innenfutter mit seinem Schneidwerkzeug aber nur wegdrückt. *Am besten* ist es jedoch, einfach alles, was man während seines Ganges über den Markt nicht benötigt, im Hotel oder bei Freunden zu lassen.

Sperrstunde

Eine Sperrstunde im eigentlichen Sinne gibt es nicht. Viele Restaurants sind jedoch nur bis gegen 21.00 Uhr geöffnet. Die Bars und Klubs schließen zwischen 1.00 und 4.00 Uhr. Genaue Angaben finden sich im Kapitel „Ulan Bator" unter „Restaurants und Bars".

Schlangen und Gifttiere

Schlangen sind in der Mongolei **äußerst selten.** Insgesamt sind nur neun Arten bekannt, davon sind sechs giftige (Dionenatter, Sandrennatter, Halysotter, Kreuzotter, Wiesenotter, Amurnatter). Es besteht kaum die Gefahr, daß sich Schlangen unter Steinen verbergen oder es sich in den vor dem Zelt abgestellten Schuhen bequem machen. Uns ist nie ein Fall bekannt geworden, daß ein Tourist oder ein Einheimischer von einer Schlange gebissen wurde oder gar dem Biß zu Opfer gefallen ist.

Spinnen, deren Netze in den Steppen und Waldgebieten besonders gut im Morgentau erkennbar sind, stellen alle **keine Gefahr** für den Menschen dar.

Flirten

Frauen, vor allem wenn sie blond sind, sollten nicht aus Jux versuchen, ihre Anziehungskraft auf unerschrockene Jünglinge aus der Steppe zu erproben. Diese könnten dies gründlich mißverstehen, da es ein solches Verhalten unter mongolischen Mädchen nicht gibt, wenn man einmal von den „Gewerbetreibenden" unter ihnen absieht. Siehe auch die besonderen Tips im Abschnitt „Frauen allein unterwegs".

Drogen

Eine offensichtliche Drogenszene gibt es in der Mongolei bislang nicht. Die Einfuhr von Drogen ist selbstredend verboten.

Sport und Erholung

Das, was in Deutschland der Fußball ist, ist in der Mongolei das **Ringen.** Es vergeht kaum ein Monat, in dem es keinen Anlaß gibt, einen großen Ringerwettbewerb durchzuführen. Wenn man nicht von Feunden eingeladen wird, ist es schwer, einen Platz im Stadion oder in der Ringerhalle zu erwischen. Mehr zu diesem Sport findet sich im Kapitel „Sitten und Bräuche" unter dem Stichwort „Naadam".

Alle anderen Sportarten treten dagegen in den Hintergrund, selbst das **Reiten,** das mehr eine Sache der Kinder und vor allem der Züchter ist.

Modesportarten wie Tennis oder Golf stecken noch in den Kinderschuhen.

Da in der Mongolei fast immer schönes Wetter herrscht, kann man sich als **Erholungssuchender** an den Stadtrand oder den großen Park im Stadtzentrum zurückziehen. Der Erholungssuchende als zahlungswilliger Kunde wurde von den mongoli-

Im Gegensatz zum Schwimmen gilt
Reiten als kinderleicht

Sprache und Schrift

Sprachen in der Mongolei

Amtssprache der Mongolei ist das **Chalch-Mongolisch,** das von mehr als 70 % der Bevölkerung gesprochen wird. Daneben existiert eine Reihe von **Dialekten,** die von ethnischen Minderheiten gesprochen werden, die zumeist im äußersten Westen (oiratische Dialekte), Norden (burjatische Dialekte) und Südosten (Dialekte der sogenannten Südländer) des Landes ansässig sind.

Zu den Turksprachen gehört das **Kasachische,** das in allen Somonen des Bajan-Ulgij-Aimaks und in zwei Somonen des Chowd-Aimaks gesprochen wird.

Mongolische Sprachen

Insgesamt sprechen mehr als 6 Mio. Menschen eine mongolische Sprache, davon neben den etwas mehr als 2 Mio. Mongolen der Mongolei 3,6 Mio. in China im autonomen Gebiet der Inneren Mongolei, ca. 500.000 in der GUS (vor allem die Kalmücken an der Wolga) und ca. 30.000 in Afghanistan.

Das Erlernen der mongolischen Sprache ist für Sprecher mit einer indoeuropäischen Muttersprache außerordentlich kompliziert.

Genetisch gehört das Mongolische in die **altaische Sprachfamilie,** zu der u. a. auch das Türkische und die mandschurisch-tungustischen Sprachen gerechnet werden. Allerdings ist umstritten, ob diese Sprachen

schen Geschäftsleuten noch kaum entdeckt.

In Ulan Bator gibt es zwei **Schwimmhallen,** die in den letzten Jahren jedoch stark vernachlässigt wurden und nur noch sporadisch öffnen. Der Mongolei-Urlauber wird ohnehin kaum auf die Idee kommen, ausgerechnet hier planschen zu wollen. Für den eher unwahrscheinlichen Fall, daß man von mongolischen Freunden – der größte Teil der Bevölkerung kann nicht schwimmen – in eines dieser Bäder eingeladen wird, sollte man dankend ablehnen; zur Not könnte man auf eine Chlorallergie verweisen.

An einem Bretterzaun eines Kindergartens in der Nordmongolei:
ringkämpfende Kinder, flankiert von Schriftzügen in der traditionellen mongolischen Schrift

tatsächlich verwandt sind und auf einen gemeinsamen altaischen Ursprung zurückgehen.

Der **Satzaufbau** (Syntax) ist streng hierarchisch. Nebensätze sind unbekannt und müssen als Attributsätze dem Objekt vorangestellt werden. Bestimmende Merkmale des Mongolischen sind **Vokalharmonie und Agglutination** (von lat. *agglutinare,* „ankleben"). Die Wortbildung erfolgt durch das „Ankleben" von Suffixen an einen in der Regel ein- oder zweisilbigen unveränderlichen Wortstamm. Die Vokale der Suffixe richten sich nach dem Vokal, der im Wortstamm vorkommt (Vokalharmo-

nie). Unterschieden werden vorder- und hintervokalische Stämme.

Wie breit die Sinnveränderung durch das Ankleben von Suffixen an Stämme gehen kann, soll das Beispiel im Kasten zeigen.

Eine **kleine Sprachhilfe** mit wichtigen mongolischen Begriffen befindet sich im Anhang. Wer für die Reise ein wenig Mongolisch **lernen** will, kann auf den Kauderwelsch-Band *Mongolisch für Globetrotter* zurückgreifen, der im gleichen Verlag wie dieses Buch erscheint. Auf leicht verständliche Weise werden die Grundlagen der Grammatik und ein auf das Reisen zugeschnittener

Grundwortschatz vermittelt. Wer auch noch die korrekte mongolische Aussprache lernen will, kann sich die dazu passende Kasette kaufen.

Mongolische Schriften

Das älteste erhalten gebliebene Dokument in **altmongolischer Schrift** ist der Stein des *Tschingis-Khan.* Die 21 Wörter, die den 2,02 m hohen und 74 cm breiten Stein zieren, konnten über 100 Jahre nicht entziffert werden. Inzwischen haben sich die Wissenschaftler auf eine allgemein anerkannte Formulierung geeinigt. Berichtet wird davon, daß *Esunhe Mergen,* ein Enkel *Tschingis-Khans,* anläßlich eines Volksfestes 335 Klafter weit geschossen haben soll. Demnach muß das Denkmal zu Lebzeiten des großen Herrschers, also vor 1227 entstanden sein. Eine Kopie des Steines steht in der Eingangshalle der Staatsbibliothek in Ulan Bator, das Original wird im Fundus der Eremitage in St. Petersburg aufbewahrt.

In der um 1240 verfaßten *Geheimen Geschichte der Mongolen,* der Chronik der Tschingisiden, wird davon berichtet, daß *Tschingis-Khan* den Uiguren *Tatatunga* mit der Protokollierung seiner Erlasse beauftragt hat. Er **modifizierte** seine **uigurische Schrift** dazu so, daß sie für die verschiedenen mongolischen Dialekte gleichsam geeignet war. Diese von oben nach unten zu schreibende Schrift wurde über die Jahrhunderte mehrfach modifiziert und reformiert, dennoch bestand immer ein erheblicher Unterschied zwischen der gespro-

Praktische Tips

Sinnveränderung durch die Anfügung von Suffixen (Agglutination)

муу	muu	Wortstamm mit der Grundbedeutung schlecht
муувтар	muuwtar	ziemlich schlecht
муудах	muudach	schlecht werden (verderben)
муудалцах	muudalzach	sich zerstreiten
муудуулах	muuduulach	schlecht werden (verderben) lassen
муужрах	muudshrach	die Besinnung verlieren
муужруулах	muudshruulach	betäuben (die Besinnung verlieren lassen)
муулах	muulach	jmdn. schlechtmachen (verleumden)
муулуулах	muuluulach	schlechtgemacht (verleumdet) werden
мууттах	muutgach	verderben
муухай	muuchaj	schlimm, scheußlich
муухайвтар	muuchajwtar	ziemlich übel, schlimm
муухайдах	muuchajdach	verdrecken
муухайрах	muuchajrach	scheußlich sein
муухан	muuchan	recht schlecht
муучлах	muutschlach	entwürdigen, schmähen
муучлуулах	muutschluulach	geschmäht oder entwürdigt werden
муушаал	muuschaal	Rüge, Tadel
муушаалгах	muuschaalgach	gerügt, getadelt werden
муушаах	muuschaach	bemängeln

87

chenen Sprache und der Schrift, der das Erlernen erschwerte. Die Stadt Ulaanbaatar müßte in der alten Schrift „ulaɣanbaɣadur", das heute gesprochene Wort „ööröö" (selbst) in der alten Schrift „uber-ijen" geschrieben werden. Rechtschreibregeln, wie sie etwa für das Deutsche mit dem Duden gesetzt werden, hat es nie gegeben. Ohnehin war die Zahl der Schriftkundigen im Mittelalter im wesentlichen begrenzt auf die Angehörigen der buddhistischen Klöster und des Adels. Diese altmongolische Schrift wird bis heute in der Inneren Mongolei verwendet.

In den Jahren zwischen 1930 und 1933 wurden Anstrengungen unternommen, Schrift und Sprache einander weitestgehend anzugleichen und eine *modifizierte Lateinschrift* einzuführen. Diese Bemühungen fielen dann ideologischen Kampagnen zum Opfer. Stattdessen beschloß der Ministerrat im März 1941, die *kyrillische Schrift* einzuführen, die das komplette russische Alphabet übernahm, allerdings zwei weitere Vokale (das ө und das ɣ) nutzt. Durch die Kriegswirren verzögerte sich die Einführung dieser Schrift, die bis heute verwendet wird, bis in das Jahr 1946.

Seit den frühen 90er Jahren gibt es eine starke Bewegung zur *Reaktivierung der alten Schrift.* Das mongolische Parlament faßte mehrere fest datierte Beschlüsse, bis wann die alte Schrift wieder zur Amtsschrift zu machen sei. Ihre Umsetzung scheiterte bislang aber an den fehlenden materiellen Voraussetzungen. In der Bevölkerung werden die Beschlüsse allgemein begrüßt, allerdings ist das Erlernen dieser archaischen Schrift eine Sache, die auch für Mongolen nicht in wenigen Wochen zu schaffen ist.

Die *Gegner der Schriftreform* räumen ein, daß man mit der Einführung der alten Schrift per Dekret große Teile der Bevölkerung schlagartig zu Analphabeten machen würde, daß es keinen praktischen Grund gebe, der die Reform rechtfertige, daß sie den Staat sehr teuer kommen würde und daß sich das Land mit diesem Rückfall ins philologische Mittelalter international selbst isolieren würde.

Stadtpläne

Der Erwerb eines Stadtplans lohnt sich, wenn überhaupt, nur für Ulan Bator. Sie werden in den Hotelkiosken, Buchläden und auch auf der Straße angeboten. Alle anderen Ortschaften sind so klein, daß man sich auch ohne Plan innerhalb kurzer Zeit einen guten Überblick verschaffen kann.

Studentenausweis

Internationale Studentenausweise werden in der Mongolei ebensowenig anerkannt wie internationale Führerscheine. Man erhält damit keinerlei Vergünstigungen oder Preisnachlässe.

Telefon, Fax und Internet

Telefonieren innerhalb der Mongolei

Außerhalb Ulan Bators ist es sehr schwierig, zu telefonieren. Am besten klappen noch Verbindungen nach oder ab Ulan Bator. Innerhalb der verschiedenen Aimags läßt sich indes kaum eine Telefonverbindung herstellen.

Wenn die **Telefonnummer** eines gewünschten Gesprächspartners nicht bekannt ist, kann man sich auf der Hauptpost danach erkundigen. Dort wird man Ihnen zumindest die wichtigsten Nummern, also die der Aimak- oder Somonverwaltung und der gängigen Hotels sagen können. Auf Wunsch händigt man Ihnen auch ein Telefonverzeichnis des ge-wünschten Aimaks aus. **Gespräche** führt man nach Vorbestellung auf der Hauptpost. Wer kein Mongolisch kann wird dabei allerdings Schwierig-keiten bekommen, denn alle Angaben auf dem Bestellformular müssen in Landessprache gemacht werden.

Telefonnummern

Die Telefonnummern in Ulan Bator hatten früher fünf Stellen, wobei die erste Ziffer immer indizierte, in wel-chem Stadtgebiet die entsprechen-de Nummer lag. Unterdessen wird das Telefonsystem der Mongolei um-gestellt, und alle neuen Telefonnum-mern haben eine 3 vorangestellt. Da dieser Prozeß noch läuft, kann es sein, daß von uns angegebene fünf-stellige Telefonnummern nicht mehr angeschlossen scheinen. In solch einem Fall lohnt es sich, dieselbe Te-lefonnummer mit einer vorangestell-ten 3 auszuprobieren.

Wo bitte kann ich hier telefonieren?

Ortsverzeichnis der Mongolei		
Stadt oder Aimak	**аймаг, хот**	**Vorwahl**
Ulan Bator	Улаанбаатар	1
Darchan, Darchan-Uul	Дархан хот, Дархан-Уул	37
Erdenet, Orchon	Эрдэнэт хот, Орхон	35
Archangaj	Архангай	78
Bajanchongor	Баянхонгор	69
Selenge	Сэлэнгэ	49
Gobi-Altai	Говь-Алтай	65
Bajan-Ulgij	Баян-Өлгий	71
Bulgan	Булган	67
Ostgobi	Доноговь	63
Uwurchangaj	Өвөрхангай	55
Tschojr, Gow´-Sumber	Чойр хот, Говь-Сүмбэр	64
Chentij	Хэнтий	37
Dornod	Дорнод	61
Dsawchan	Завхан	57
Suchbaatar	Сүхбаатар	51
Chowd	Ховд	43
Mittelgobi	Дундговь	59
Baganuur	Багануур	31
Südgobi	Өмнөговь	53
Chuwsgul	Хөвсгөл	41
Uws	Увс	45
Zentralaimak	Төв	47
Nalajch	Налайх	133

Telefonate ins Ausland

Telefonieren nach Europa ist *von Ulan Bator aus* inzwischen kein Problem mehr. In vielen Hotels kann man direkt von seinem Zimmer aus durchwählen, oder man wendet sich an die Rezeption. Wer in einer Herberge abgestiegen ist, wird diesen Service natürlich nicht vorfinden.

Dann sollte man zum Telefonieren in eines der großen Hotels gehen.

Von den Aimaks und Somonen aus kann man nur noch innerhalb des Landes vermittelt werden. Auslandsgespräche sind *unmöglich.*

Bereiten Sie Ihre Familie und Freunde also entsprechend vor, daß Sie, einmal aus Ulan Bator heraus, sich erst wieder melden können,

Praktische Tips

wenn Sie zurück sind. Da plötzliche Regenfälle o.ä. die Straßen zeitweise unpassierbar machen können, kann man nicht damit rechnen, pünktlich zurückzukehren. Erfahrungsgemäß reagieren auf ein Telefonat wartende Freunde oder Angehörige nervös, wenn der Anruf tagelang auf sich warten läßt. Versprechen Sie also nicht, sich an einem bestimmten Tag wieder zu melden, sondern „irgendwann nach dem Soundsovielten".

Eine *Gesprächsminute nach Europa* wird von der Post mit 6-7 US$ in Rechnung gestellt, die Hotels schlagen dann meist noch einmal 2 US$ drauf, so daß Telefonieren schnell eine teure Angelegenheit werden kann. Deshalb unser Tip: Schicken Sie besser ein Fax.

Fax

Das Absetzen von Faxen ist in Ulan Bator kein Problem mehr. Auch die Postämter der Aimaks werden nach und nach mit solchen Geräten ausgestattet. Neben den großen Postämtern bieten viele Hotels diesen Service. Wegen der sehr hohen Telefongebühren nach Europa lohnt es sich durchaus, zu faxen. Auf einer Seite, die in weniger als einer Minute durchgelaufen ist, läßt sich viel mehr an Information festhalten, als man in einer Minute sagen kann!

Internet

Auch das Internet hat die Mongolei erobert. Allerdings gibt es bislang noch keine Computer-Kneipen, in denen man im Netz surfen oder eine E-Mail-Botschaft absetzen kann. Wer für die Dauer eines Mongolei-Aufenthaltes unbedingt eine Internet benötigt, kann diese auch wochen- oder monateweise über den Provider *Magicnet* erhalten.

● *Magicnet*
service@magicnet.mn
Tel.: 321371, 320616
Fax: 1320210

Telegramme

Ein Telegramm in ein Land mit lateinischer Schrift zu schicken, ist eine Übung, die man sich eher nicht zumuten sollte, obwohl es prinzipiell möglich ist.

Internationale Vorwahlen
China: 0086; Peking 10, Hohot 471
Deutschland: 0049
Japan: 0081, Osaka 6, Tokyo 3
Kasachstan: 007; Almaty 0073272
Korea: 0082; Seoul 2
Mongolei: 00976
Österreich: 0043
Rußland: 007; Moskau 007095, Irkutsk 007 3952
Schweiz: 0041

Trampen

Trampen ist in der Mongolei als Fortbewegungsart nicht gerade üblich. Zwar wird man auf dem Land immer wieder Mongolen sehen, die an der Straße versuchen, ein Fahrzeug anzuhalten. Meist ist dies jedoch in Stadtnähe der Fall, und die

Strecken, die man kostenlos mitgenommen werden kann, sind meist sehr kurz. Trampende Ausländer sind hier unbekannt, und die Chance, eine Mitfahrgelegenheit zu bekommen, entsprechend gering. Selbst wenn man eine bekommt, läßt sich aus unserer Sicht davon eigentlich nur abraten, denn man weiß nicht, bei wem man im Auto sitzen wird, wie weit man tatsächlich mitfahren kann und wie man von dort dann weiterkommen soll.

Trinkgeld

Trinkgeld ist in der Mongolei nach wie vor nicht üblich. Ausnahmen bilden lediglich die großen Nachtbars in Ulan Bator. Es kann jedoch vorkommen, daß sich das Servierpersonal so lange Zeit mit dem Heraussuchen des Wechselgeldes läßt, bis der Kunde darauf verzichtet.

Unterkunft

Außerhalb von Ulan Bator, Darchan und Erdenet finden sich nur wenige empfehlenswerte Hotels. Mehr dazu im Kapitel „Übernachten in der Steppe". Die einzelnen Unterkünfte und ihre Kategorien in Ulan Bator sind dort ausführlich beschrieben. Hier soll nur gesagt sein, daß es sich bewährt hat, immer seine eigene Seife und sein eigenes Handtuch sowie Toilettenpapier und evtl. auch Pantoffeln mitzunehmen, weil diese Dinge

gerade auf dem Land nicht zum Service gehören. Gut beraten ist man auch, wenn man mit seinem eigenen Schlafsack in eine Unterkunft zieht und ihn einfach auf dem Bett ausbreitet.

Zeitungen und Zeitschriften

Siehe „Staat und Gesellschaft, Medien".

Zeitverschiebung

Der Zeitunterschied zu Deutschland beträgt +7 Stunden. Die Mongolei stellt die Uhren zu den gleichen Terminen wie europäische Länder auf Sommer- bzw. Winterzeit um, so daß dies keinen Einfluß auf die Differenz hat.

Zoll

Einreise

Siehe Abschnitt „Vor der Reise" unter „An- und Weiterreise".

Ausreise

Bei der Ausreise sollte man unbedingt darauf achten, daß sich im Gepäck nichts befindet, was **Schwierigkeiten beim Zoll** machen könnte. Im Groben sind das Antiquitäten (selbst wenn man diese

Buddhistische Zeiteinteilung

Jahre, Monate und Stunden werden mit zwölf Tiernamen bezeichnet (Hase, Drache etc.). Die Jahre werden zusätzlich mit Bezeichnungen für die Elemente bzw. Farben versehen (rotes Hasenjahr), so daß sich Zyklen zu 60 Jahren ergeben.

Stunden

Der Tag wird in 12 Stunden eingeteilt. Die Stunde (120 Minuten) unterteilt sich in 5 Perioden, eine Periode hat 60 *tschinluur*. Ein Tag hat 21600 Atemzüge *(amisgal)*.

05-07 Uhr	Hase
07-09 Uhr	Drache
09-11 Uhr	Schlange
11-13 Uhr	Pferd
13-15 Uhr	Schaf
15-17 Uhr	Affe
17-19 Uhr	Hahn
19-21 Uhr	Hund
21-23 Uhr	Schwein
23-01 Uhr	Maus
01-03 Uhr	Rind
03-05 Uhr	Tiger

Die fünf Elemente oder Farben

Die 12 Jahre werden durch die fünf Elemente oder Farben zum 60er-Zyklus ergänzt, außerdem wechseln sich männliche und weibliche Jahre ab.

Feuer	rot
Erde	gelb
Eisen	weiß
Wasser	schwarz
Holz	blau

Die 60er-Zyklen

Nach dem buddhistischen Kalender befinden wir uns momentan im siebzehnten. 60er-Zyklus (tib. *rawdshin*). Der Beginn des ersten 60er-Zyklus datiert auf das Jahr 1027 u.Z. Der jetzt laufende Zyklus begann 1987 mit dem weiblichen roten Hasenjahr. Er wird im Jahr 2046 enden.

1993	weibliches schwarzes Hahnjahr
1994	männliches blaues Hundejahr
1995	weibliches blaues Schweinejahr
1996	männliches rotes Mausejahr
1997	weibliches rotes Rinderjahr
1998	männliches gelbes Tigerjahr
1999	weibliches gelbes Hasenjahr
2000	männliches weißes Drachenjahr
2001	weibliches weißes Schlangenjahr
2002	männliches schwarzes Pferdejahr
2003	weibliches schwarzes Schafsjahr
2004	männliches blaues Affenjahr
2005	weibliches blaues Hahnjahr

Praktische Tips

Monate

erster Frühlingsmonat	Januar	Tiger
mittlerer Frühlingsmonat	Februar	Hase
letzter Frühlingsmonat	März	Drachen
erster Sommermonat	April	Schlange
mittlerer Sommermonat	Mai	Pferd
letzter Sommermonat	Juni	Schaf
erster Herbstmonat	Juli	Affe
mittlerer Herbstmonat	August	Hahn
letzter Herbstmonat	September	Hund
erster Wintermonat	Oktober	Schwein
mittlerer Wintermonat	November	Maus
letzter Wintermonat	Dezember	Rind

Antiquitäten kann man in der Regel auch dann nicht ausführen, wenn man sie problemlos erwerben konnte

und „*Art-Shops*" stellen auf Wunsch eine Bescheinigung aus, die dem Zoll signalisiert, daß es sich um für Touristen hergestellte Artikel oder um rechtmäßig erworbene **Antiquitäten** handelt.

Man kann sich auch nicht einfach darauf verlassen, daß das Zollpersonal sachkundig ist. In den letzten Jahren wurden Touristen zum Teil sogar wegen einiger als Andenken gesammelter kleiner Kieselsteine am Zoll festgehalten – schließlich ist die Ausfuhr wertvoller Mineralien verboten! Verlassen kann man sich auch nicht darauf, daß das Gepäck schon nicht so genau durchsucht wird – die Röntgengeräte am Flughafen in Ulan Bator sind auf dem neuesten Stand der Technik. Und man wird hier eher das Flugzeug etwas zu spät starten lassen, als nicht jede Tasche genau kontrolliert zu haben. Im Zweifelsfalle fliegt man später – mitunter Tage später.

problemlos erwerben konnte), religiöse Gegenstände, Dinosauriereier, Jagdtrophäen, Felle, Mineralien, Pflanzen, Gegenstände aus Metall (vor allen Dingen Silber, Messing und Kupfer – es sei denn, sie sind überdeutlich als neu zu erkennen), alter Schmuck o. ä. Große Souvenirläden

Bei der **Einreise in europäische Länder** gelten die jeweiligen nationalen Bestimmungen. Selbstverständlich verboten und strafbar ist die Einfuhr von geschützten Pflanzen, Tieren und Tierprodukten nach dem **Washingtoner Artenschutzabkommen.**

Land und Natur

Geographie

Überblick

Das *Staatsgebiet* der Mongolei umfaßt 1.566.500 qkm (Deutschland 356.973 qkm). Es erstreckt sich von 41 bis 52 Grad nördlicher Breite (das ist etwa zwischen Neapel und Bielefeld) über 1250 km und von 87 bis 120 Grad östlicher Länge über 2370 km.

Historisch umfaßte die Mongolei das Hochland zwischen der Chinesischen Mauer und Sibirien, begrenzt im Westen durch das Altaigebirge, im Osten durch den Großen Chingan. Die *Wüste Gobi* bildet das Zentrum dieses Gebietes und teilt das Land in die nördliche „Äußere Mongolei", das Staatsgebiet der heutigen Mongolei und die „Innere Mongolei", die ein autonomes Gebiet innerhalb der Voksrepublik China ist.

Die Mongolei ist ein typisches *Hochland,* in dem Wüsten- und Steppengebiete dominieren. Etwa 80 % des Territoriums liegen höher als 1000 m; die Durchschnittshöhe beträgt 1580 m. Der *höchste Punkt* des Landes ist mit 4374 m der Chujten uul (auch Nairamdal-Gipfel) im Mongolischen Altai, der *niedrigste Punkt* mit 560 m der Chuche nuur im Dornod-Aimak.

Fast zwei Drittel des Landes nehmen die *Gebirgsmassive* des Changaj, des Mongolischen und des Gobi-Altai ein. Ihre höchsten Gipfel erreichen mehr als 4000 m. Diese schließen weiträumige Becken ein, in denen sich zahlreiche *Endseen* befinden. Der Osten der Mongolei wird geprägt von flachwelligen, wenig abwechslungsreichen Landschaften.

Durch die Mongolei verläuft die *Hauptwasserscheide Asiens,* die das Land in ein abflußloses zentralasiatisches Becken im Süden und in zwei Abflußgebiete teilt, die in Richtung Nördliches Eismeer bzw. Stillen Ozean entwässern. Die abflußlosen Gebiete machen etwa zwei Drittel der Landfläche aus.

Klima

Das Land in seiner gewaltigen territorialen Ausdehnung gliedert sich in *verschiedene Klimazonen.* Von den südlichen Ausläufern der sibirischen Taiga im Norden bis in die extrem trockenen Regionen der Gobi im Bereich der chinesischen Grenze im Süden ist eine große Bandbreite an klimatischen Besonderheiten zu beobachten, die das Bereisen der Mongolei zu einem Erlebnis werden lassen.

In der Mongolei scheint bis zu 3200 Sunden die Sonne, das sind etwa 260 Tage. Sie zählt damit zu den *sonnenreichsten* Ländern der nördlichen Hemisphäre. Es herrscht ein *extremes Kontinentalklima* mit schneearmen, sehr langen und strengen *Wintern,* die durch kurze, niederschlagsreiche, warme, aber selten wirklich heiße *Sommer* abgelöst werden. Die *Übergangsjahreszeiten* dauern kaum länger als 4 bis 5 Wochen. Innerhalb eines Tages können die *Temperaturen* bis zu 30 °C und mehr schwanken.

Flüsse

In Richtung **Nördliches Eismeer** entwässernd:

Orchon	1124 km
Tuul	819 km
Selenge	593 km
Eg	475 km
Ider	452 km
Delger	445 km
Chanuj	421 km
Tschuluut	415 km
Jeröö	323 km
Charaa	291 km

In Richtung **Stiller Ozean** entwässernd:

Cherlen	1090 km
Ulds	420 km
Onon	296 km
Chalchyn gol	233 km

In Richtung **zentralasiatisches Becken** entwässernd:

Dsawchan	808 km
Chowd	516 km
Ongi	435 km
Tes	430 km
Bajdrag	310 km
Bulgan	250 km
Tujn	243 km

Seen

Uws	3350 qkm
Chuwsgul	2620 qkm
Char us	1852 qkm
Chjargas	1407 qkm
Bujr nuur	615 qkm
Char nuur	575 qkm
Durgun	305 qkm
Atschit	297 qlkm
Böön zagaan nuur	252 qkm
Uureg	238 qkm
Telmen	194 qkm
Sangijn dalaj	165 qkm
Airag	143 qkm
Orog	140 qkm
Terchijn zagaan nuur	61 qkm

Berge

Mongolischer Altai

Chujten uul	4374 m
Munk chajrchan uul	4204 m
Tzast uul	4193 m
Tzambagaraw uul	4165 m
Sutaj uul	4090 m
Charchiraa uul	4037 m
Ich turgen uul	4029 m
Baatar chajrchany nuruu	3984 m
Sajr uul	3984 m
Turgen uul	3965 m
Tengel chajrchan uul	3943 m
Adsh bogd uul	3802 m
Dshargalant chajrchan uul	3797 m
Gitschgenij nuruu	3769 m
Burchan buudaj uul	3765 m
Chasagt chajrchan uul	3578 m
Bumbat chajrchan uul	3464 m
Serch uul	3155 m
Chan tajscharyn nuruu	3070 m

Gobi Altai

Ich bogd uul	3957 m
Baga bugdo uul	3590 m
Bajan tzsgaan uul	3452 m
Garwan sajchny nuruu	2825 m
Sewree uul	2632 m
Attz bogd uul	2477 m

Changaj

Otgon tenger uul	4021 m
Erchet chajrchan uul	3535 m
Dulaan chajrchan uul	3266 m
Dsurchijn chunch uul	3227 m
Suwrage chijrchan uul	3179 m
Duulga uul	2928 m

Chuwsgul

Munk saridag uul	3491 m
Delger chan uul	3093 m
Buren togtoch uul	2532 m
Ulaan tajga uul	3022 m

Chentij

Asral chajrchan uul	2800 m
Chijdijn saridag uul	2665 m
Chentej chan uul	2362 m
Bogd chan uul	2265 m

Land und Natur

Klima

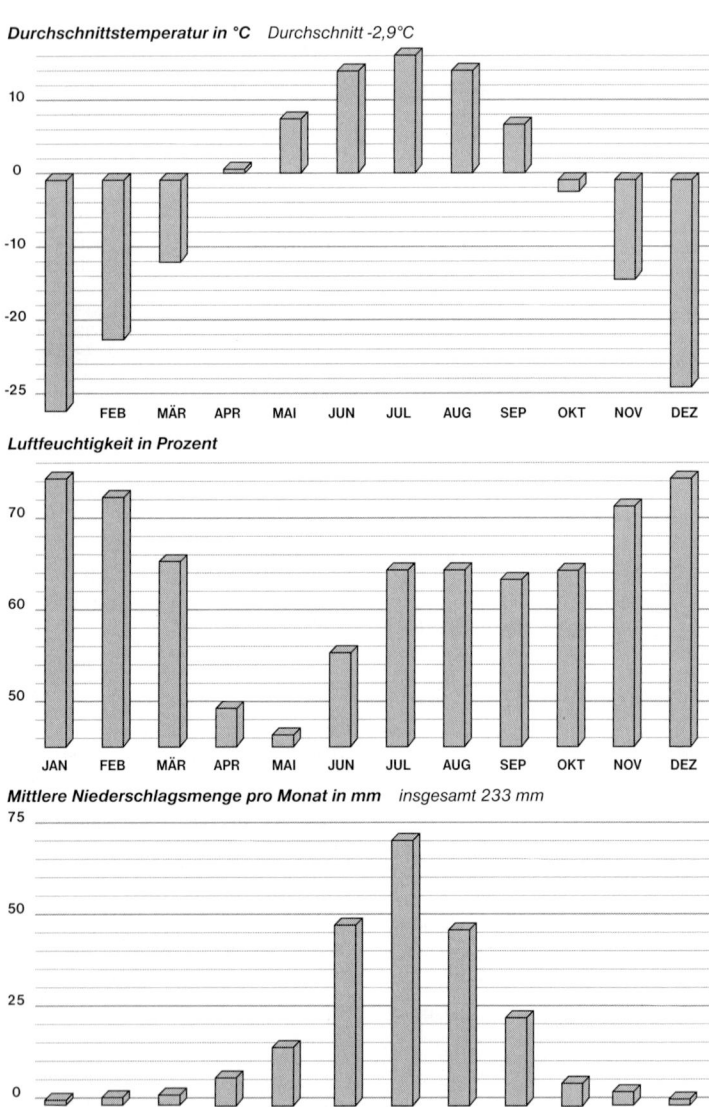

Durchschnittstemperatur in °C *Durchschnitt -2,9°C*

Luftfeuchtigkeit in Prozent

Mittlere Niederschlagsmenge pro Monat in mm *insgesamt 233 mm*

Schwarze und weiße Dürre, Wald- und Steppenbrände

Anders als in Europa, wo das Wort **Dürre** mit dem Ausbleiben von Niederschlägen in Verbindung gebracht wird, verstehen die Mongolen unter Dürre *(zud)* den Umstand, daß dem Vieh der **Zugang zur Weide unmöglich** wird. Dies kann nicht nur in trockenen Sommern passieren, wenn die Vegetation förmlich auf dem Halm verdorrt oder gar nicht erst wächst, sondern auch im Winter, wenn starker Schneefall das auf dem Halm stehende Heu unter sich begräbt. Gegen die sommerliche „schwarze Dürre" *(xar zud)* können sich die Viehhalter, sofern sie lokal begrenzt bleibt, noch wehren, indem sie in Gegenden ziehen, wo das Gras gut gedeiht. Aus der „weißen Dürre" *(cagaan zud)* gibt es jedoch kaum ein Entrinnen. Der hohe Schnee, verbunden mit oft tagelangen eisigen Stürmen, verhindert jeglichen Umzug. Oft können den im Schnee eingeschlossenen Familien selbst schwere Kettenfahrzeuge nicht mehr zur Hilfe kommen. Die letzte Katastrophe dieser Art passierte 1992 in den Aimaks Gobi-Altai und Bajanchongor, wo nicht nur ein beachtlicher Teil des Gesamtviehbestandes, sondern auch viele Menschen dem Schnee zum Opfer fielen.

Dieses Beispiel erklärt, was die Viehzüchter meinen, wenn sie davon reden, mit ihrer Wirtschaft in vollem Maße von der „Gnade des Himmels" abhängig zu sein und mag deutlich machen, warum sich bis heute bei den Steppenbewohnern starke animistische Religionsvorstellungen bewahrt haben.

Eine gewisse **Prävention** gegen beide Formen der Dürre stellt die **Heubevorratung** dar. Problematisch hierbei ist, daß die Vegetation in potentiell dürregefährdeten Gebieten auch in normalen Jahren kaum ein Heumahd zuläßt. In planwirtschaftlichen Zeiten fuhren alljährlich ganze Kolonnen von abenteuerlich hoch mit Heuballen beladenen Lastzügen aus den nördlichen in die südlichen Landesteile. Heute, da die Herden wieder im Privatbesitz der Nomaden sind, kann dieses System nicht aufrecht erhalten werden, kostet ein Kilogramm Heu am Zielort doch fast soviel wie ein Kilogramm Fleisch.

Ein anderes, den Herdenbesitz und Leib und Leben der Viehhalter permanent bedrohendes Problem sind **Wald- und Steppenbrände.** Jeder von uns kennt sicher die Fernsehbilder von ähnlichen Katastrophen in Australien oder den USA. Selbst modernste Löschtechnik und ein gewaltiger Einsatz von Menschen und Material können die Flammen nicht nennenswert eindämmen. Es bleibt nur die Hoffnung auf einen starker Regenguß.

Steppenbrände in der Mongolei sind eine alljährlich dutzendfach wiederkehrende Erscheinung. Sie werden ausgelöst durch den unachtsamen Umgang mit Feuer, durch Funkenflug aus Jurtenschornsteinen oder aus Auspuffanlagen von Besonders dann, wenn der Brand von starkem Wind begleitet wird, bleibt jede Mühe vergeblich, ihn eindämmen zu wollen. Wo sollen in der weiten Steppe auch innerhalb kürzester Zeit genug Löschfahrzeuge und Feuerwehrmänner herkommen, die den Brand bekämpfen, solange er noch überschaubar ist. Nicht selten sind von einem Brand mehrere Somone betroffen. Selbst Fälle des „unerlaubten Grenzübertritts" nach China oder Rußland kommen immer wieder in beiden Richtungen vor.

Wildtiere fallen Wald- und Steppenbränden ebenso zum Opfer wie die Herden der Nomaden. Nicht selten reicht die Zeit nicht, um die Jurte abzubauen, so daß auch sie innerhalb von Minuten zu Asche wird. Selbst wenn die Nomadenfamilie den Flammen noch einmal glücklich entkommen sein sollte, steht sie vor dem Problem, oft lange Wege zurücklegen zu müssen, um andere Weideflächen zu erreichen. Da sie nicht die einzige Familie ist, sondern bisweilen Tausende andere ihr Schicksal teilen, kann das mitunter eine Wanderung von mehreren hundert Kilometern bedeuten.

Land und Natur

Flora

Die absoluten *Tiefsttemperaturen* erreichen im Winter in Tallagen -40 °C und weniger. Der Frost dringt bis zu 4 Meter tief in den Boden ein. Der kurze Sommer reicht in bestimmten Gebieten nicht aus, um den Boden gänzlich aufzutauen. Ulan Bator ist mit einer *Jahresdurchschnittstemperatur* von -4 °C und Tiefsttemperaturen bis -47 °C nicht von ungefähr die kälteste Hauptstadt der Welt. Bedingt durch das aride Klima ist der Winter jedoch auch für Europäer gut zu ertragen und hat mit seinem garantiert wolkenlosen Postkartenhimmel durchaus seine Reize. Eine geschlossene *Schneedecke* bildet sich nur in wenigen Wintern aus.

Sommer

Im Sommer ist es im allgemeinen warm, nur in der *Gobi* muß mit extremer Hitze von über +40 °C gerechnet werden. Sobald die Sonne aber untergegangen ist, wird es selbst dort recht frisch. Überhaupt muß man bis Anfang Juni und dann wieder ab Ende August nachts mit Bodenfrost rechnen. Die in manchen Jahren reichhaltigen *hochsommerlichen Regenfälle* lassen die Changaj- und Chentij-Region im Schlamm versinken und stellenweise unpassierbar werden. Deshalb eignen sich für Touren über Land die Zeiträume von Ende Mai bis Ende Juni und dann wieder von Mitte August bis Mitte September am besten.

Unabhängig von der *sehr kurzen Vegetationsperiode* überrascht die Mongolei mit einer *äußerst vielfältigen Flora.* Besonders reizvoll sind der mongolische Frühling und Sommer, wenn die Steppe innerhalb weniger Wochen in ungeahnter Farbenpracht und Artenvielfalt – bekannt sind fast 2500 verschiedene Pflanzenarten – erblüht. Vor allem seltene und hochalpine Gewächse begeistern nicht nur den Kenner. Wer jemals knöcheltief in einer bis an den Horizont reichenden Wiese voller Edelweiß oder Enzian stand oder bis zu den Knien in einem Teppich aus feuerroten Türkenbund-Lilien versunken ist, wird nicht glauben wollen, daß der ganze Zauber in wenigen Wochen schon wieder vorbei sein soll. Besonders faszinierend ist es, wenn man von den Höhen des Changaj-Gebirges oder dem Rücken des Gobi-Altai in einer guten Tagesreise bis in die Wüste Gobi hinabsteigt und dabei fast alle Vegetationszonen durchläuft.

Vegetationszonen

Hochgebirgszone

Diese alpine Landschaft des Chentij-, Changaj-, Altai- und Chuwsgul-Gebirges ist charakterisiert durch niedrigwachsende Nadelbäume und Wiesenflächen. Weniger verbreitet sind zwischen Gletscherflächen und Geröllfeldern liegende Hochmoore und Gebirgstundra.

Gebirgstaiga

Sie ist vor allem im Chentij- und Chuwsgul-Gebirge anzutreffen und wird charakterisiert von geschlossenen Zedern-, Fichten,- Kiefern- und vor allem Lärchenwäldern. In tieferer Lage sind ausgedehnte Flächen mit Strauchbewuchs, Farnen und Flechten auf sumpfigem Boden typisch.

Gebirgswaldsteppe

Charakteristisch für diese Vegetationszone, die etwa die Hälfte des Gesamtterritoriums der Mongolei ausmacht, sind kleinere Bestände an reinen Birken oder Birken-Lärchen-Mischwald, die durch starkes Unterholz durchsetzt sind. Wo Wassermangel infolge starker Sonneneinstrahlung oder niedrige Temperaturen die Lebensbedingungen für den Wald verschlechtern, breitet sich die Steppe aus. Dieser Umstand ist für die grobe Orientierung im Gelände recht nützlich: Immer da, wo Baumwipfel in der Form eines Irokesenschnittes über die Hügel ragen, ist Norden.

Steppe

Der Name Mongolei wird im allgemeinen mit unendlich weiten Steppen verbunden, wobei Steppe oft gleichgesetzt wird mit Grasland. Dabei besteht die Steppe nicht nur – wie vielfach angenommen – aus Grasgewächsen, sondern ist durchsetzt von einer großen Vielfalt an Blumen und Kräutern. In der traditionellen mongolischen Heilkunst werden etwa 400 verschiedene Heilkräuter verwendet, die in letzter Zeit auch zunehmend exportiert werden.

Besucher der Mongolei wundern sich oft über den intensiven Wermutduft, den die Steppe vielerorts ver-

Land und Natur

Die Grassteppe zieht sich über weites Hügelland

101

strömt. Wer ausgedehnte Steppenflächen wogenden Graslandes erleben möchte, sollte den Osten der Mongolei bereisen. Im zentralen Teil der Steppenzone sind in den 50er und 60er Jahren große Neulandflächen zu Äckern umgebrochen worden.

Wüstensteppe

Je weiter man nach Süden kommt, desto spärlicher wird die Vegetation. Dominant sind hier Federgräser und wilde Zwiebelgewächse. Die Art der pflanzlichen Nahrung nimmt offensichtlich Einfluß auf den Geschmack des Fleisches der Herdentiere. Wir kennen eine Reihe von Mongolen, die behaupten, unterscheiden zu können, ob der Hammel, den sie gerade zu sich nehmen, aus der Gobi oder aus dem Changaj-Gebirge stammt.

Wüstenzone

Zwischen unendlichen Geröllfeldern und gelegentlichen Sanddünen gedeiht nur noch eine begrenzte Artenzahl. Die an extreme Trockenheit angepaßten Pflanzen aber sind es, die tierisches und damit auch menschliches Leben in der Gobi überhaupt erst ermöglichen. Kennzeichnend sind neben verschiedenen anspruchslosen Gräsern und Salzkräutern vor allem knorrige Saxaul-Gewächse, die äußerst langsam größer werden und in Jahrhunderten ein weitverzweigtes, tiefes Wurzelnetz entwickeln. Die Bäume sind für die Eindämmung der Winderosion in der Wüste von außerordentlicher Bedeutung.

Fauna

Als einer der größten zusammenhängenden, von Menschenhand nahezu unberührten Naturräume Asiens bietet die Mongolei auch in Hinblick auf die Tierwelt einige Superlative. Hier leben die letzten **Wildkamele** der Welt ebenso wie die letzten **wilden Steinböcke** (Jangir) und **Wildschafe** (Argali). Den Gobi-Altai durchstreifen **Schneeleoparden,** die auf der Roten Liste der geschützten Tiere stehen (siehe auch Exkurs). Südlich davon, im Transaltai-Gebiet, lebt eines der seltensten Säugetiere der Welt, der **Gobi-Bär,** den allerdings kaum ein Besucher jemals zu sehen bekommen wird. Im Gegensatz dazu werden die östlichen Steppengebiete von schier unüberschaubar großen **Gazellenherden** bevölkert, auf die ein Reisender ganz zwangsläufig treffen wird.

Zu den Besonderheiten der Stadt Ulan Bator gehört es, daß riesige **Maral-Hirsche** ohne Scheu bis in die Innenstadt kommen und in den kleinen Parkanlagen des Zentrums äsen. Autofahrer haben allen Grund sich zu beschweren, daß die Hirsche die Ampelanlagen beim Außenministerium mißachten.

Entgegen allen Jägerlateins ist uns in der Hauptstadt jedoch noch nie ein **Wolf** über den Weg gelaufen, obwohl der Bestand größer sein soll als die Einwohnerzahl der Mongolei und phantasiebegabte Zeitgenossen hartnäckig behaupten, man könne sie nachts am Stadtrand heulen hören. Wölfe sind extrem scheu und greifen Menschen nur dann an, wenn sie sich in einer ausweglosen Lage sehen. Für die Nomaden jedoch stellen Wölfe ein echtes Problem dar, weil sie vor allem im Frühjahr, wenn die Jungtiere geboren werden, in die Herden einfallen und erhebliche Schäden anrichten. Deshalb zahlt der Staat für den Abschuß der Wölfe hohe Prämien. Interessant ist, daß das Wolfsfell von Mongolen nicht geschätzt wird und nicht einmal zum Auskleiden von Stiefeln genutzt wird.

Im Gegensatz dazu werden dem Wolfsfleisch Heilkräfte bei Lungenkrankheiten zugeschrieben. Noch weiter in den Bereich der Magie geht die Vorstellung, daß der Wunsch nach einem Kind erfüllt wird, wenn man Knöchelknochen von Wölfen bei sich trägt.

In noch weitaus größerer Zahl als Wölfe besiedeln **Murmeltiere** die Steppe. Alljährlich werden weit mehr als eine Million der großen Nager ge-

Auch domestizierte Kamele leben frei und kehren nur zur Brunftzeit zurück

jagt. Genutzt wird in erster Linie das Fell, das zur Herstellung von Winterbekleidung dient. Murmeltierfett ist ein pharmakologisch anerkanntes Heilmittel bei Rheumaerkrankungen und wird in großen Mengen zur Salbenherstellung exportiert. Der wahre Grund für die hohe Wertschätzung des Murmeltiers ist jedoch, daß das Fleisch als ausgesprochener Leckerbissen gilt, der jedem Mongolen das Wasser im Munde zusammenlaufen läßt.

Zu den sehr seltenen Spezies gehören *Przewalski-Pferde,* die sich durch eine kurze stehende Mähne und einen dunkelbraunen Rückenstrich auszeichnen. Przewalski-Pferde wurden Anfang der 90er Jahre im Gobi-Altai und ca. 100 km östlich von Ulan Bator in zwei Herden von nachgezüchteten Tieren ausgesiedelt, die sich heute gut an das Leben in der Steppe gewöhnt haben. Inzwischen gibt es bereits die ersten in der Wildnis geborenen Przewalski-Fohlen. Die auch als Urpferde geltenden Tiere, kamen zum Ende der Eiszeit selbst in Europa vor. Sie waren in den 50er Jahren als lästiger Nahrungskonkurrent für die Nomadenherden in der Mongolei ausgerottet und nur noch in geringer Zahl in europäischen Zoos gehalten worden.

Greifvögel, die in Europa kaum noch in freier Natur anzutreffen sind, gibt es in der Mongolei in großer Zahl. Besonders beeindruckend sind die *Adler,* die man hier und dort in der Steppe antrifft. Will man sich ihnen zum Fotografieren nähern, stellt man bald fest, daß sie die Größe eines deutschen Schäferhundes erreichen. Mitunter haben sie sich am Aas so sattgefressen, daß sie der Mageninhalt regelrecht an den Boden kettet und sie sich nur noch als „Fußgänger" fortbewegen können.

Der *Fischreichtum* der Mongolei ist überraschend. Besonders begeistert die Angler das Vorkommen von *großen Raubfischen* wie Hecht und Lachs. Forellen findet man in fast jedem größeren fließenden Gewässer. Verwunderlich ist, daß die Mongolen dem Verzehr von Fisch im allgemeinen keinen Gefallen abgewinnen können, so daß die Bestände in den meisten Seen und Flüssen nach wie vor üppig sind. Weil kaum geangelt wird, schnappen die Räuber bedenkenlos nach allem, was interessant aussieht. Man braucht hier zum Angeln keine aufwendige Spezialausrüstung, mongolische Kinder fischen buchstäblich mit umgebogenen Nägeln als Haken, die sie ohne eine Angelrute ins Wasser werfen.

Umwelt- und Naturschutz

Natur pur

Der Grund, aus dem vermutlich die meisten Leute in die Mongolei reisen, ist die *Unberührtheit der unendlich weiten Steppe.* Und tatsächlich ist dies auch der erste Eindruck, den man bereits bei der Anreise erhält. Sei es aus dem Zug oder vom Flugzeug herab – soweit das Auge reicht, reichen auch Grasland, Gebirge und

Gobi. Nur sehr selten eine Straße oder Stadt, an der sich das Auge verfängt, nur hier und da ein Punkt – eine einsame Jurte – oder die Staubwolken hinter davonpreschenden Pferden.

Auch wenn der optische Eindruck von Ulan Bator zunächst durch die Silhouette seines häßlichen Heizkraftwerks geprägt ist, kann man, kaum in der Stadt angekommen, auch hier die Steppe spüren. Die Straßen sind weit und großzügig angelegt und geben fast überall den Blick auf Berge und Grasland frei. Die Fahrt in die Stadt selbst wird nicht selten begleitet durch erste Reiter, die in ihrer farbenfrohen Nationaltracht den Autos nachjagen.

Überall in der Mongolei wird man täglich Reiter und *Tiere* zu sehen bekommen; sei es ein Nomade, der sein Pferd an der roten Ampel zügelt oder die grasende Kuh vor dem Parlament. Es ist schon ein Erlebnis, wenn man, kaum aus der Stadt heraus, riesige Pferdeherden durchs Grasland streifen sieht, wenn eine Kamelkarawane über den Horizont zieht oder die berühmten mongolischen Fettschwanzschafe zu Hunderten den Wegrand säumen. Aber auch wilde Tiere gibt es genug zu bestaunen. In den Sommermonaten kann man überall Ziesel und Murmeltiere in ihre Löcher huschen sehen, in der Dämmerung kommen die großen Maralhirsche bis in die Stadt hinein und wer sich ins Hochgebirge wagt, kann darauf hoffen, eines der letzten Wildschafe dieser Erde zu sehen. In der Mongolei gibt es mehr Wölfe als Menschen, hier leben die letzten Schneeleoparden und die letzten Wildpferde dieser Erde in freier Wildbahn, und es gibt Gegenden, in denen die Antilopenherden, bestehend aus Tausenden von Tieren, durch die Grassteppe ziehen, wobei das Auf- und Abwogen der dichtgedrängten Rücken den Eindruck einer ständigen Wellenbewegung wie auf dem Meer hervorruft.

Wer *Blumen* liebt, sollte Mitte Juni bis Mitte August die Mongolei bereisen. In dieser Zeit blühen in der Steppe Lilien und Orchideen in allen nur erdenklichen Farben um die Wette. Wo bei uns der Fund eines einzigen Edelweiß das Herz eines Blumenfreundes auf Jahre hinaus höher schlagen läßt, kann man sich hier in Wiesen sinken lassen, die bis zum Horizont Blüte an Blüte mit Edelweiß übersät sind. Bei diesen Mengen ist es kein Wunder, daß Edelweiß in der Mongolei nicht unter Naturschutz steht und Sie ruhig einen Strauß pflücken können.

Nicht nur Blumenfreunde kommen auf ihre Kosten. Der berühmte, ewig blaue mongolische Himmel, die reine Luft, die kristallklaren Flüsse (wann haben Sie zum letzten Mal aus einem Fluß getrunken?), Gebirge und Hochgebirge, Taiga, Steppe und Wüste belohnen alle Besucher gleichermaßen für die Strapazen der langen Anreise. Und wer nur ein einziges Mal nachts Hunderte von Kilometern von der nächsten Lichtquelle entfernt in den Sternenhimmel geblickt hat, der wird – wieder zu Hause – noch lange sehnsüchtig an die Mongolei und ihre Unberührtheit zurückdenken.

Land und Natur

Naturschonung
in der Vergangenheit

Es ist offensichtlich, daß der schonende Umgang mit der Natur für ein Nomadenvolk eine Frage des eigenen Überlebens und das der Kinder und Kindeskinder ist. Außerdem war die mongolische Bevölkerung jahrhundertelang so gering, daß die Steppe ihre Bewohner problemlos ernähren konnte.

Fragen des Umgangs mit der Natur wurden erstmals im 13. Jahrhundert in der von *Tschingis-Khan* verabschiedeten **Yassa,** dem ersten Gesetzbuch der Mongolen, schriftlich fixiert. Geregelt wurden u.a. die Jagd- und Schonzeiten, selbst für Pflanzen. So war z. B. das Sammeln von Zwiebelgewächsen erst erlaubt, wenn die Samen ausgefallen waren. Auch Bestimmungen für die Hygiene gab es. Verboten war u.a. das Urinieren oder das Schlachten in Wassernähe. An Quellen durfte nicht gesiedelt werden. Siedlungsabfall durfe nicht am verlassenen Standort der Jurte zurückbleiben usw. Bei Mißachtung der Vorschriften drohten harte Strafen. Zweifelsohne reicht der Ursprung dieser Regelungen jedoch viel weiter in die Geschichte zurück.

Einen ehrerbietigen Umgang mit der Natur zu pflegen, war und ist auch wesentlicher Inhalt animistischer und schamanistischer **Glaubensauffassungen.** Verehrt werden neben dem „ewig blauen Himmel" auch Berge, Flüsse und Quellen. Auch aus vielen geographischen Bezeichnungen ist die Achtung vor der Natur abzulesen.

Die an vielen Stellen des Landes vor allem auf Berggipfeln und Pässen anzutreffenden, mit Opfergaben geschmückten **Steinsetzungen,** die *Owoos,* symbolisieren die Ehrfurcht sowohl der Ortsansässigen wie der Reisenden vor den Berg- und Wegegeistern.

Vielfach wird die Frage nach der eigenwilligen Form der mongolischen **Reiterstiefel** mit den nach oben gebogenen Spitzen so beantwortet, daß es für jeden gläubigen Buddhisten strenges Gebot war, jegliche Kreatur zu achten. Dazu gehören auch die Bewohner des Erdreiches, denen mit einer normalen Schuhspitze eventuell Schaden zugefügt werden könnte.

Die Nomaden verstehen es bis heute gut, aus Naturerscheinungen Rückschlüsse auf die Wetterentwicklung zu ziehen. Ein prächtiger Bewuchs der Steppe mit Edelweiß deutet auf einen schneereichen Winter hin ebenso wie eine frühe Brunst der Hirsche oder ein besonders kräftiger Fettansatz der Murmeltiere.

Mit Stolz berichten die Mongolen ihren Besuchern, daß der Bogd-Uul, das Gebirgsmassiv unmittelbar südlich von Ulan Bator, *seit 1778 unter Naturschutz* steht und damit eines der ältesten, wenn nicht gar das älteste Schutzgebiete der Welt überhaupt ist.

Umweltprobleme
in diesem Jahrhundert

Zu nennenswerten Umweltproblemen kam es eigentlich erst in diesem Jahrhundert im Zuge der *Industriali-*

sierung und Urbanisierung. Der Bau von Häusern, Industrieanlagen und Straßen erforderte große Mengen von Bauholz, Sand, Kies, Schotter, Zement usw., deren Gewinnung und Herstellung immer mit massiven Eingriffen in die Natur verbunden sind.

Besonders augenfällig ist die zumeist durch Kahlschlag betriebene *Dezimierung des Waldes.* Innerhalb der letzten 40 Jahre ging der Waldbestand von über 9 % auf 6,4 % der Gesamtfläche der Mongolei zurück. Das Holz fand nicht nur als Bau- und Brennholz in den neu entstandenen Städten und Siedlungen Verwendung, ein erheblicher Teil wurde und wird auch exportiert. Rekultivierungsmaßnahmen stecken noch in den Anfängen. Eine Regeneration auf natürliche Weise erfolgt wegen des trockenen Kontinentalklimas nur sehr langsam.

Im Frühjahr 1996 gingen Bilder von brennenden mongolischen Wäldern und Steppen durch die internationalen Medien. Solche *Brände* sind für das Land an sich nichts außergewöhnliches, in dieser Dimension waren sie jedoch bislang unbekannt. Die Folgen für die Steppe sind nur marginal. Auch der Wald regeneriert sich nach einem solchen Brand bemerkenswert schnell. Nachhaltige Schäden entstehen vor allem dann, wenn die Wurzeln oder die Rinde stark angegriffen werden. Derart tiefgreifend geschädigt werden jedoch die wenigsten Bäume.

Ende der 50er, Anfang der 60er Jahre wurden die Viehhalter in staatlichen Genossenschaften zusammengefaßt und damit de facto enteignet.

Aus ökologischer Sicht hatte die *Kollektivierung* den Effekt, daß die traditionelle Weidewirtschaft mit einem gemischten Herdenbestand verloren ging. Die Zahl der Tiere je Herde wurde stark vergrößert und der Gesamttierbestand nach Art und Geschlecht umsortiert. Die hohe Haustierdichte, gepaart mit den jeweils unterschiedlichen Freßverhalten einzelner Arten, die bestimmte Pflanzenarten bevorzugten, führte zur *lokalen Überweidung* und der Ausrottung von Arten an bestimmten Standorten.

Die großflächige Neulandgewinnung, die ebenfalls in dieser Zeit einsetzte, zeigte nur in den ersten Jahren gute Ernteergebnisse. Schnell war der Boden ausgelaugt und von der *Erosion* abgetragen. Angriffspunkte für die Erosion sind ferner Bergwerke, Gruben zur Gewinnung von Sand und Schotter sowie Flächen, die durch die militärische Nutzung geschädigt wurden.

Eines der Kernprobleme ist, daß eine immer größer werdende Bevölkerung, die ihre Einkommen überwiegend oder ausschließlich über ihren Besitz an Herdentieren realisiert, sich eine immer kleiner werdende Weidefläche teilen muß. Auch der Verfall von in den 60er bis 80er Jahren mit großem technischen und finanziellen Aufwand angelegten mechanischen oder mit Motorkraft betriebenen Tiefbrunnen, die ansonsten für die Weidewirtschaft nicht nutzbare Flächen erschlossen, trägt zur *Zunahme der Weidelast* bei.

Mongoleibesucher können sich, wenn sie mit dem Flugzeug über

Land und Natur

Ulan Bator anreisen, bereits während des Landeanfluges und dann während ihrer Fahrt in die Stadt einen guten Eindruck von Erosion und Überweidung verschaffen.

Moderner Umweltschutz

Bis 1990 spielte der Umwelt- und Naturschutz in der Politilk der Mongolei eine äußerst untergeordnete Rolle. Der schonende Umgang mit Ressourcen paßte nicht in das planwirtschaftliche System. Erst **nach der politischen Wende** wurde am 15.07.1991 ein Regierungsbeschluß über die *Regelung der Schutzgebiete der Mongolei* verabschiedet, der später zu einem Schutzgebietsgesetz ausgebaut wurde, in dem internationale Schutzgebietskriterien Berücksichtigung fanden.

Aufnahme in das Gesetz fand auch eine umfängliche Liste von Gebühren, die auf das Betreten von **Schutzgebieten** und die Nutzung natürlicher Ressourcen erhoben werden. Der Eintritt in ein Schutzgebiet ist in jedem Fall genehmigungs- und gebührenpflichtig, wobei sich die Tarife nach der Einstufung des Gebietes, der Anzahl der Personen und Fahrzeuge und der Dauer des Aufentalts richten. Jagd und Fischfang sind für Ausländer, wenn überhaupt erlaubt, auch außerhalb der Schutzgebiete in jedem Fall gebührenpflichtig.

Wie aus der Vorstellung der Aimaks ersichtlich ist, hat sich seither einiges getan. Den vom Rio-Umwelt-Gipfel (1992) ausgegangenen Impulsen folgend, wurde im Frühjahr 1992 zwischen dem *WWF-International* und der mongolischen Regierung ein Vertrag über die **Ausweisung von Großschutzgebieten** geschlossen und das WWF-Projekt *Nationalparkprogramm der Mongolei: Schutzgebiete als Beitrag zur regionalen Entwicklung* begonnen.

Seit 1993 läuft ein Projekt der deutschen *Gesellschaft für Technische Zusammenarbeit* zum *Naturschutz und der Randzonenentwicklung*. Schwerpunkte dieses Projektes sind die Schutzgebiete Chentij (in den Aimaks Tuw, Chentij und Selenge) und Bogd gurwan sajchan (Südgobi).

Probleme nach der Wende

Den verstärkten Anstrengungen der mongolischen Regierung und der internationalen Gemeinschaft zur Wahrung der Natur und ihrer Ressourcen steht ein wachsender **illegaler Raubbau** gegenüber. Auf eine aus dem Wohlstandsschub in China resultierenden, drastisch gewachsene Nachfrage nach Heilkräutern, „Wunder- und Potenzmitteln" wird in der Mongolei durch eine verstärkte Wilderei reagiert. Illegal über die südliche Grenze verschoben werden u.a. verschiedene geschützte Heilkräuter, Bast- und Horngeweihe von Hirschen und Rentieren, Genitialien und Föten von Hirschen und die Drüsen von Moschustieren. Illegale Exportschlager sind auch Sauriereier und -knochen. Sie gelten in China als Relikte von Drachen, und die Einnahme von Trünken, denen pulverisierte „Drachenknochen" beigemischt sind, gilt als besonders lebensverlängernd.

Hochwasser

Entgegen allen Klischees, nach denen die Mongolei ein Wüstenstaat oder zumindest ein sehr trockenes Land ist, gehören Hochwasser zu den regelmäßig vorkommenden Naturkatastrophen des Landes. Mit zunehmender Urbanisierung, die einhergeht mit massivem Holzeinschlag um die Städte und Siedlungen herum, sowie den schweren Erscheinungen der **Bodenerosion** durch Entwaldung, unsachgemäßen Ackerbau, Aufschließung von neuen Bergwerken, Kiesgruben, Steinbrüchen u. a. m. werden die vom Hochwasser angerichteten Schäden jährlich größer. Sie wären bei einer dichteren Besiedlung zweifelsohne noch weitaus höher.

Unterschieden werden Hochwasser infolge von kurzen, kräftigen Regenfällen (Juni bis September), heftiger Schneeschmelze durch plötzliche drastische Erwärmung (April, Mai) und hohen Pegelständen der Gebirgsflüsse nach lang anhaltenden Regenfällen (Sommermonate).

Besonders **stark betroffen** sind naturgemäß die Gebirgsregionen des Changaj, Chentij und die im Gebiet des Chuwsgul-Sees. Im Altai ist die Hochwassergefahr durch seine weiter südliche Lage geringer. Hier hat lediglich das Schmelzhochwasser Bedeutung. Selbst in der Wüste Gobi kommt es in den Sommermonaten immer wieder zu Hochwassern, denen mitunter Vieh oder sogar Menschen zum Opfer fallen.

Eine selten vorkommende Sonderform des Hochwassers ist das **Hagel-Hochwasser**. Am 6.8.1987 gegen 17.00 Uhr kam es im Suchbaatar-Aimak, also einem Gebiet, das der Halbwüste und Wüste zugeordnet wird, im Bereich der Brigade Chongor zu einem heftigen Hagelschauer, der 532 Schafe, die sich in einer Umzäunung aufhielten, erschlug. Ein Teil der Hagelkörner schmolz und verwandelte den Boden in tiefen Schlamm, in dem die Kadaver versanken. Andere Körner versiegelten diese Masse aus Schlamm und toten Tieren unter Eis, das selbst drei Tage danach noch nicht völlig geschmolzen war. Nur unter großen Anstrengungen konnten die Kadaver aus dem hart gefrorenen Boden geborgen werden.

Neben **menschlichen Opfern** und dem Verlust von Herdenvieh richten Hochwasser erhebliche **Schäden** an Brücken, Uferbefestigungen sowie Jurten und Gebäuden an, die im Einzugsbereich des Hochwassers liegen. Unter den Toten befinden sich besonders viele Kinder und alte oder gebrechliche Menschen. Da so gut wie kein Mongole schwimmen kann, werden aber auch gesunde, erwachsene Menschen bisweilen Opfer der Fluten.

Auch die Stadt **Ulan Bator** liegt in einem von Sommerhochwassern bedrohtem Gebiet. Zu einem besonders folgenschwerem Hochwasser kam es in diesem Jahrhundert z. B. 1915, 1934, 1959, 1966, 1967, 1982, 1987 und 1994, wo die gesamte Innenstadt bis an den Fuß des Gandan-Hügels überflutet war. Im Hochwasser vom 10. bis 12.7.1966 kamen über 100 Menschen um, über 2000 vom Wasser Eingeschlossene konnten aus den Fluten geborgen werden. Über 13.000 Familien mußten evakuiert werden. Das öffentliche Leben lag nahezu eine Woche lahm. Die unterdimensionierte Kanalisation der Hauptstadt kommt aber auch bei normalen Regengüssen an den Rand ihrer Leistungsfähigkeit. Am 3.8.1982 fielen im Raum Ulan Bator innerhalb von nur 20 Minuten 44,2 mm Niederschlag. 87 Menschen verloren ihr Leben in den Fluten, die große Mengen Schlamm, Geröll und Holz mitführten.

Dem Staat fehlt es für wirkungsvolle **Schutzmaßnahmen** an Geld und qualifiziertem Personal. Die bestehenden Hochwasserschutzmaßnahmen in einer Gesamtlänge von 80,3 km sind fast ausnahmslos in sogenannten „Subbotniks", das sind „freiwillige" Arbeitseinsätze, von Schülern, Studenten und Stadtbewohnern errichtet worden. Modernen Anforderungen an die Konstruktion werden sie kaum gerecht.

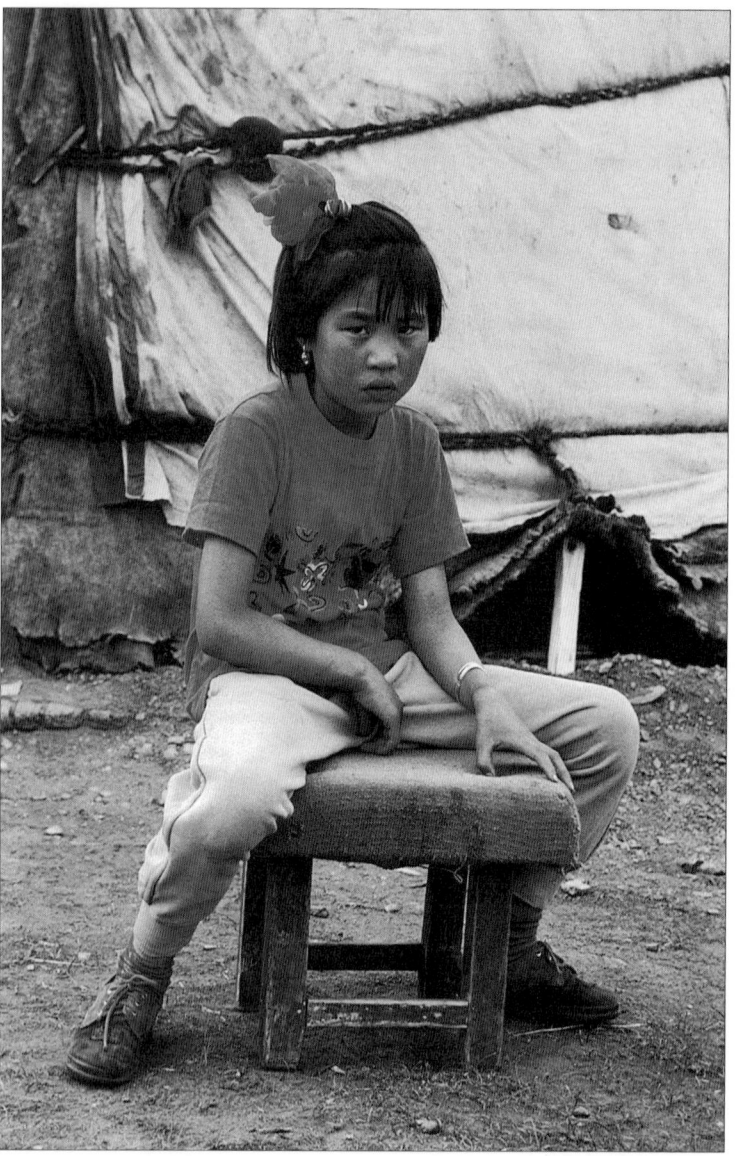

Staat und Gesellschaft

Staatssymbole

Die aktuellen Staatssymbole wurden mit der Annahme der neuen Verfassung vom 14.2.1992 festgelegt.

Staatswappen

Das Staatswappen ist von runder Gestalt. Es wird umrandet von einem **Glücksknotenband,** das im unteren Teil in einen Fuß aus Lotusblüten des zehntausendjährigen Lebens mündet. Im Zentrum des Wappens befindet sich auf hellblauem, den ewig blauen Himmel symbolisierendem Hintergrund ein nach rechts schauendes, stilisiertes, von einem *Sojombo* durchwobenes **Pferd.**

Das **Sojombo,** das auch in der Staatsflagge vorkommt, steht insgesamt für die Freiheit und Souveränität der Mongolei. Die dreizüngige Flamme symbolisiert die Vergangenheit, Gegenwart und Zukunft des Landes. Das Feuer selbst erinnert an die besondere Bedeutung das Herdfeuers im Brauchtum der Nomaden. Sonne und Mond, die darunter angeordnet sind, symbolisieren den Himmel und sind schon in sehr frühen historischen Etappen verwendet worden. Feuer, Mond und Sonne zusammen stehen für das Aufblühen der Nation. Die beiden nach unten zeigenden Dreiecke stellen Speerspitzen dar, die die Feinde des Landes niederhalten. Die beiden das Fischsymbol flankierenden Rechtecke stehen für Gerechtigkeit und Aufrichtigkeit. Die beiden Fische stehen für Fruchtbarkeit und Wachsamkeit, denn sie schließen nie die Augen und haben zahlreiche Nachkommen. Das gleiche Symbol steht in der ostasiatischen Philosophie für das männliche und weibliche Prinzip (Yin-Yang-Symbol). Die beiden senkrechten Balken symbolisieren eine Mauer und damit die Geschlossenheit des mongolischen Volkes.

Unterhalb des Pferdes steht, umgeben von einem Ehrerbietung symbolisierenden seidenen *Chadag,* einem **Zeremonienband,** das **Rad der Lehre,** das Symbol des Buddhismus.

Staatsflagge und Staatssiegel

Die **Staatsflagge** besteht aus drei gleich großen senkrechten Streifen in rot-blau-rot. Im oberen Teil des

Das Sojombo, Staatssymbol der Mongolei

Grabanlage aus frühgeschichtlicher Zeit

dem Fahnenmast zugewandten roten Streifens befindet sich ein goldenes Sojombo-Zeichen.

Das **Staatssiegel** wird vom Staatspräsidenten aufbewahrt und ist von quadratischer Form. Den Griff ziert die Gestalt eines sitzenden Löwen. Das Siegel trägt ebenfalls das Staatswappen und die Inschrift „Mongolei".

Geschichte

Vor- und Frühgeschichte

Auf die bisher frühesten Zeugnisse **urmenschlicher Besiedlung** in der Mongolei stieß eine aus mongolischen, amerikanischen und russischen Archäologen bestehende Expedition im Sommer 1996 bei Ausgrabungen in der Zagaan-Aguj, einer Höhle im Bajanlig-Somon des Bajanchongor-Aimaks. Das Alter der Fundstücke wird auf **700.000 Jahre** geschätzt. Ergebnisse der Laboruntersuchungen stehen jedoch noch aus.

Die frühen Wurzeln der Geschichte der Mongolen, d. h. der Stämme, die das Territorium der heutigen Mongolei besiedelten, ist noch unzureichend erforscht. In der **Bronzezeit (Mitte 2. Jahrtausend bis Mitte 1. Jahrtausend v. Chr.)** gingen sie dazu über, neben der Jagd und dem Fischfang auch eine extensive Nomadenviehwirtschaft zu betreiben.

Hunnen und andere „Barbaren"

Der erste besser erforschte große reiternomadische Stammesverband, der im **3. Jh. v. Chr.** das Gebiet zwischen der Großen Mauer, dem Baikal-See, dem Altai-Gebirge und der Chingan-Kette besiedelte, waren die asiatischen Hunnen oder **Xiongnu.** Sie schöpften ihre Stärke aus einer den seßhaften Chinesen überlegenen Bewaffnung und Kriegstechnik sowie einer straffen, der Dezimalordnung folgenden Organisation. Dem Imperium gehörten mindestens 25 Völker an, die verschiedenen Sprachfamilien und Kulturen zuzuordnen sind. Die Rangstellung des einzelnen Kriegers bestimmte – von der bisherigen Praxis abweichend – nicht seine ethnische oder sprachliche Zugehörigkeit zu einem bestimmten Stamm, sondern seine Loyalität gegenüber seinem Anführer und das Ausmaß seiner Verdienste für das Reich. Im Jahre **155 v. Chr.** wurden die Xiongnu aus Nordchina vertrieben und so die hunnische Wanderung ausgelöst. Im **4. Jh. n. Chr.** errichteten die Hunnen ihr Reich am Schwarzen Meer. Die Spur der Hunnen verliert sich nach dem Tod *Attilas* **453 n. Chr.** nach der Schlacht auf den Katalaunischen Feldern.

Der Bau der **Großen Mauer,** mit dem bereits im 7 Jh. v. Chr. in Form von einzelnen, nicht miteinander verbundenen Grenzwällen begonnen worden war, war eine Reaktion der seßhaften Chinesen auf die ständigen Raubzüge der „Barbaren aus dem Norden", wie die Steppennomaden abschätzig bezeichnet wurden. Für die Nomaden ihrerseits waren solche Raubzüge keineswegs, wie vielfach in chinesischen Quellen behauptet wird, Ausdruck ihrer angeborenen Eroberungslust und Brutalität, sondern immer dann notwendig, wenn ihr Viehbestand durch Naturkatastrophen gefährlich deziert wurde. Da der Feldbau nur gering entwickelt war, zwangen sie in solchen Situationen seßhafte Bauern mit militärischer Gewalt zur Abgabe ihrer Produkte.

Mitte des 6. Jh. n. Chr. drangen **Turkstämme** in das Gebiet der heutigen Mongolei ein und errichteten das türkische Khanat. **745 n. Chr.** wurden die Turkvölker von den **Uighuren** geschlagen und vertrieben. Sie errichteten am Orchon ihrerseits ein Staatsgebilde, das **840 n. Chr.** zerfiel. Die Herrschaft über die heutige Mongolei ging in der **2. Hälfte des 9. Jh.** an **Kirgisen** über.

Im Jahre **907** etablierten **tungusische Stämme** in Nordchina das **Kitan-Reich** (Liao-Dynastie), das **924** bis in das Kernland der Mongolei (Orchon-Gebiet) ausgedehnt werden konnte. **1125** zerfiel das Kitan-Reich, das zur Zeit seiner größten Macht auch die Mandschurei und Nordkorea umfaßte. Teile der Kitan siedelten sich später unter der Bezeichnung Kara-Kitan in Turkestan an.

Die Einigung der mongolischen Stämme

In der Zeit von etwa **1130 bis 1150** gelang es dem Großvater *Tschingis-Khans, Khabul-Khan,* erstmals, mongolische Clans zu einem **Stammesverband** zusammenzuschließen. Dieser Stammesverband nannte sich selbst **Mongol** – also Mongolen. Ihr Siedlungsgebiet lag in den Steppen zwischen den Flüssen Onon und Cherlen in der Ostmongolei. Nach dem Tod *Khabul-Khans* lockerte sich das Bündnis wieder. Stärkster Einzelclan dieser Zeit waren die Bortschigid, denen *Tschingis-Khans* Vater, *Jesugej-Baatar,* vorstand.

Zwischen **1155 und 1167,** die Quellen geben hier die unterschiedlichsten Daten an, wird **Temudshin, der spätere Tschingis-Khan** und Begründer des mongolischen Großreichs geboren. Im Alter von 9 Jahren wird der junge Prinz *Temudshin* mit *Börte,* der Tochter eines Adligen vom Stamme der Chonggirad verlobt. Kurz darauf stirbt sein Vater *Jesugej-Baatar* durch die Hand eines Mörders vom Stamme der Tatar, den Erbfeinden der Bortschigid. Der Tod des charismatischen *Jesugej-Baatar* forcierte den Zerfallsprozeß des Mongolen-Verbandes. Vor allem der einflußreiche Clan der Taitschigut stellte sich gegen die Bortschigid und nahm *Temudshin* gefangen. Er konnte sich durch eine abenteuerliche Flucht aus der Gefangenschaft befreien. Dennoch wurden seine Familie und seine enge Anhängerschaft weiterhin hart von den Taitschigut bedrängt und lebten in ständiger Angst und unter äußerst ärmlichen Verhältnissen. Die Flucht und die komplizierteste Zeit im Leben des jungen *Temudshin* wird in zahlreichen mongolischen Chroniken glorifizierend beschrieben. Weiter wird berichtet, daß er sich alsdann mit einer kleinen Gefolgschaft abenteuerlustiger Gleichgesinnter umgab, denen es nach und nach gelang, ihre Anhängerschaft zu vergrößern und schließlich sogar den Schwurbruder *Jesugej-Baatars,* den Khan des mächtigen Stammes der Kereid, auf ihre Seite zu bringen. So gestärkt zogen sie gegen die Merkid, einen Stamm, der im Gebiet des Baikalsees siedelte. Die Merkid hatten während eines früheren Raubzuges *Börte,* die Verlobte *Temudshins,* entführt und sich so zum Erbfeind des jungen Waghalses gemacht. In einer großen Schlacht im Jahre **1197** wurden die Merkid schwer geschlagen und *Börte* zurückgewonnen.

Im Streit verließ *Dshamucha,* ein junger Heißsporn aus der Gefolgschaft des Merkit-Khans, das Lager *Temudshins* und versuchte selbst, möglichst viele Stämme unter seiner Fahne zu versammeln.

1202 unterwarf *Temudshin* die Tatar und nahm blutige Rache für die Ermordung seines Vaters. Bis **1205** hatte er auch alle Stämme, die *Dshamucha* gefolgt waren, unterworfen und war damit zum Herren über alle mongolischen Völker geworden. Dies wurde im Folgejahr formal auf einer Art Reichstag an der Onon-Quelle, an dem Abgeordnete aller unterworfenen Stämme teilnahmen, bestätigt. Bereits **1195** war *Temudshin* der Titel *Tschingis-Khan* verliehen worden, was mit diesem Reichstag seine Bekräftigung erfuhr.

Die Mongolen unter Tschingis-Khan

Ähnlich wie die Hunnen organisierte *Tschingis-Khan* sein Vielvölkerreich nicht nach alt-überlieferten generischen Prinzipien, sondern nach politisch-militärischen Überlegungen. Kern der Staatsorganisation war das bereits erwähnte Dezimalsystem. Entscheidend für eine Karriere unter seiner Herrschaft war nicht die Clanzugehörigkeit, sondern die erworbenen Verdienste gegenüber dem Herrscher. Die Leitung seiner Zehntausenderschaften übertrug *Tschingis-Khan* seinen ältesten und getreuesten Gefolgsleuten.

Unmittelbar nach der **Neuorganisation** seines Reiches begann er eine Serie von **Eroberungszügen** gegen die Nachbarvölker, die bis zu seinem Tod anhalten sollte. Wie die zahlreicher Steppenfürsten vor ihm, richtete sich auch *Tschingis-Khans* Begehrlichkeit vor allem auf China. Devor der südliche Nachbar aber angegriffen wurde, stießen seine Truppen nach Westen vor und unterwarfen die Oiraten, die türkischen Kirgisen und andere Stämme, die ihnen hätten in die

Flanke fallen können. Andere, wie die Uiguren, schlossen sich ihm freiwillig an.

1209 belagerte das mongolische Herr unter der persönlichen Führung *Tschingis-Khans* die Hauptstadt der Tanguten. Der Tanguten-Khan zeigte sich angesichts seiner hoffnungslosen Lage kooperativ, so daß der Weg nach China damit offenstand. Zu dieser Zeit herrschten in Nordchina tungusische Dshurdshen (Jin), die die Fremdherrschaft der Kitan abgelöst hatten. Der Feldzug begann im Frühjahr **1211** mit der **Bestürmung der Großen Mauer.** Im Folgejahr fiel die Hauptstadt der Jin, **1213** stießen drei Heeresabteilungen in die Tiefen Chinas vor. Ein Jahr später verhandelten die Jin über einen **Waffenstillstand** und sagten den Mongolen reiche Tributzahlungen zu. Als das mongolische Heer daraufhin abzog, wurde die Jin-Hauptstadt eiligst aus dem Gebiet des heutigen Peking weiter nach Süden verlegt und die Tributzahlungen nicht getätigt. Dies bildete den Anlaß für einen **erneuten Einfall** der Mongolen. Im Mai **1214** fiel ihnen

Bogenschütze

die neue Hauptstadt in die Hände. Chinesische Quellen schildern anschaulich die Grausamkeit, mit denen die Mongolen Rache an den vertragsbrüchigen Jin genommen haben sollen. *Tschingis-Khan* kehrte anschließend in die Mongolei zurück und überließ die weitere Führung des Feldzugs gegen die Jin seinen Generälen. Die mongolische Armee bestand zu diesem Zeitpunkt bereits hauptsächlich aus unterworfenen oder übergelaufenen Kämpfern fremder Völker. Das Heer sammelte in diesen Jahren große Erfahrungen in der Kriegs- und Belagerungstechnik, die gegenüber befestigten Städten anzuwenden ist und die ihm während späterer Feldzüge gegen Rußland, Osteuropa und den Orient von großem Nutzen sein sollten. Dennoch konnte die *Eroberung des Jin-Reiches* zu Lebzeiten *Tschingis-Khans* **nicht abgeschlossen** werden. *1222/23* geriet der Feldzug ins Stocken. Die Tanguten verrieten die Mongolen und verließen das Heer.

Während *Tschingis-Khan* im mongolischen Stammland weilte, fand eine **Mission islamischer Kaufleute** den Weg zu ihm. Der Herrscher nahm sie freundlich auf und bat sie bei ihrer Abreise, ihrem Herrscher, dem Schah des Chwarism-Reiches, seinen Wunsch nach der Herstellung von diplomatischen und kommerziellen Beziehungen auszurichten. Der Schah faßte diesen Wunsch eines Steppenfürsten als Anmaßung auf und ließ die Kaufleute ermorden. Dies war für *Tschingis-Khan* Anlaß, einen weiteren **Rachefeldzug nach Westen** zu planen. Er begann *1218* mit der **Unterwerfung der Kara-Kitai,** der versprengten Reste der Kitan in Turkestan. Von diesem Aufmarschgebiet aus stießen Truppen *Tschingis-Khans* direkt nach Transoxanien vor. *1219* fiel **Otrar,** die Stadt, in der der *Chwarism-Schah* die Kaufmannsmission hinrichten ließ, *1220* nach kurzer Belagerung auch die reichen Handelsstädte **Samarkand** und **Buchara.** An der Bevölkerung der eroberten Städte wurde nach muslimischen Quellen grausam Rache genommen. Der *Chwarism-Schah* selbst konnte auf eine Insel im Kaspischen Meer fliehen, wo er wahrscheinlich noch im gleichen Jahr starb.

Das Herr überwinterte *1220/21* am Amu-Darja. Kleinere Einheiten brachen von dort aus zu kurzen **Erkundungs- und Eroberungszügen** in andere Gebiete Transoxaniens auf. Weitere blühende Städte konnten erobert und zerstört werden. Der Wiederstand der schlecht organisierten muslimischen Truppen stellte für die kampferprobten Krieger *Tschingis-Khans* keine nennens-

Befestigungswall aus der Kitan-Zeit

In diesem Tal stand einst Kara-Korum

werte Gefahr dar. Nur einmal mußte ein mongolischer Verband eine Niederlage in einer Schlacht mit Muslimen, die vom Sohn des verstorbenen *Chwarism-Schah* befehligt wurden, hinnehmen. Er wurde fortan von *Tschingis-Khan* persönlich gejagt und bis zum Indus verfolgt, wo seine Begleiter aufgerieben wurden, er selber aber entkam. Im Winter **1221/22** war das Chwarism-Reich fest in mongolischer Hand.

Mongolische Verbände unter den Generälen *Dshebe* und *Subedej* überschritten **1221** den **Kaukasus** und drangen tief in die Kiptschaken-Steppe und weiter bis auf *russisches Gebiet* vor. Erst im Winter **1223** kehrten sie vom Dnepr kommend mit Beute reich beladen zum Winterlager ihres Herrschers zurück.

In diesem Winter erfuhr *Tschingis-Khan* von den Problemen im Feldzug gegen den südlichen Teil des Jin Reiches und beschloß die **Heimkehr. 1224** erreichte er wieder das mongolische Stammland und begann sogleich mit den Vorbereitungen eines Straffeldzuges gegen die verräterischen Tanguten. Bis **1227** war der tangutische Staat ausgelöscht. Während der Rückreise aus dem Tanguten-Land erkrankte **Tschingis-Khan** schwer und **starb.** Über die Art des

Leidens gibt es in der Literatur verschiedene Interpretationen. Vielfach wird von einem Jagdunfall gesprochen, bisweilen aber auch eine unbekannte Infektionskrankheit angenommen. Andere Forscher behaupten, eine enttäuschte Konkubine habe sich an seiner besten Stelle vergriffen. Die sterblichen Überreste des Herrschers sollen in die Mongolei überführt und an einem bis heute nicht bekannten Ort begraben worden sein. Das Grab wird vielfach im östlichen Chentij-Gebirge vermutet.

Der Ausbau des Großreiches

Die Geschichte der weiteren Ausdehnung des Mongolischen Großreichs durch die Söhne und Enkel *Tschingis-Khans* kann im Rahmen dieses Buches nicht umfassend beschrieben werden. Es erstreckte sich in seiner Blütezeit über das gewaltige Territorium vom Pazifik bis zum heutigen Polen und von den inerasiatischen Steppen bis in die südlichen Kulturländer des eurasischen Kontinents und war damit *das territorial größte Weltreich, das je existierte.* Wir beschränken uns deshalb auf einige Kernereignisse.

Ögödei-Khan

Von den Gesetzen der Steppe abweichend übernahm *Ögödei*, der drittälteste Sohn *Tschingis-Khans* den Thron. Seit **1229** führte er den Titel Khagan – **Großkhan**. Teile der bislang eroberten Gebiete wurden der Regentschaft der vier Söhne *Tschingis-Khans* und ihren Clanen unterstellt. Alle vier Clans machten sich daran, dem Beispiel des Reichsgründers zu folgen und jeder für sich weitere Territorien zu erobern und botmäßig zu machen.

1230 wurde der abgebrochene Feldzug gegen das nordchinesische **Jin-Reich** wieder aufgenommen, das **1234** zerschlagen wurde. **1232** besetzten andere Truppen **Armenien** und **Georgien**.

1235 wurde auf einem Reichstag ein neuer **großer Westfeldzug** beschlossen und der **Oberbefehl Batu-Khan**, einem Enkel *Tschingis-Khans* anvertraut. Er hatte sich Anfang der 30er Jahre in Kämpfen gegen die Perser und die Wolgabulgaren ausgezeichnet.

Es bedurfte keiner drei Jahre, bis zahllose **russische Städte**, darunter **Moskau, Wladimir** und **Rostow** von Mongolensturm überrant waren. Im **Dezember 1240** fiel auch die Stadt **Kiew**, die damals als Mutter der russischen Städte galt. Von Kiew aus zog das Heer weiter nach Nordwesten und erreichte im **Frühjahr 1241** Polen. Nachdem **Krakau** gefallen war, drangen Teile des Batu-Khan-Heeres über Oberschlesien ins Odertal vor und zerstörten die junge deutsche Stadt **Breslau**. Am **9. April 1241** wurde bei **Liegnitz das deutsche Ritterheer ausgelöscht**. Zeitgleich drangen weitere mongolische Formationen, eine Spur der Verwüstung hinterlassend, **über Ungarn bis an die Adria** vor.

1240 drang ein Stoßtrupp mongolischer Reiterei erstmals vom Kokonor-Gebiet aus bis in das **Kernland Tibets** vor. Diesem blutigen Erkundungsritt folgte bald darauf ein größeres Heer, das fast alle tibetischen Teilstaaten unterwerfen konnte.

Ende 1241 starb *Großkhan Ögödei*. In der „Geheimen Geschichte der Mongolen" heißt es dazu, er habe sich vom Traubenwein besiegen lassen. Als die Kunde von seinem Tod *Batu-Khan* erreichte, **brach er im Früh-**

jahr 1242 den Feldzug gegen Europa ab. Die Tataren, wie die Mongolen in zeitgenössischen Chroniken genannt wurden, verschwanden ebenso schnell in den unendlichen Weiten Rußlands und der zentralasiatischen Steppe, wie sie gekommen waren. Es besteht kaum ein Zweifel daran, daß *Batu-Khan*, wäre seine Anwesenheit in Kara-Korum bei der Neubestimmung des Großkhans nicht notwendig gewesen, seinen Plan, bis nach Rom und von da aus weiter bis zum letzten Meer, also bis an die Atlantikküste vorzustoßen, ausgeführt hätte. Nur ein Zufall hat Mitteleuropa also vor der kompletten Eroberung bewahrt.

Die bisherigen Schilderungen zahlreicher, oft äußerst grausam vorgetragener Eroberungszüge dürfen nicht den Eindruck erwecken, daß die einzige Tätigkeit der Mongolen des frühen Mittelalters der Krieg war. Unter *Ögödei* wurden auch Anstrengungen zum **Aufbau einer Reichsverwaltung** unternommen und neben einem **Steuersystem** auch ein äußerst schnell und zuverlässig arbeitender **Postdienst** eingerichtet sowie **Staatsspeicher** angelegt. **1236** wurde erstmals mongolisches **Papiergeld** in Umlauf gebracht.

Witwe Ögödeis und Gujuk

Batu-Khan, dem die Thronfolge eigentlich zustand, verzichtete aus Altersgründen auf den Großkhantitel. 4 Jahre lang saß eine Frau, die Witwe *Ögödeis*, auf dem Großkhan-Thron, bis **1246 Gujuk**, der Sohn *Ögödeis*, an die Stelle seiner Mutter trat.

Obwohl das mongolische Großreich bislang noch lange nicht seine größte Ausdehnung erreicht hatte, wurden unter der Herrschaft der Ogödei-Witwe bereits **erste Zerfallserscheinungen** sichtbar. Vor allem *Batu-Khan*, der von Sarai aus, der Hauptstadt des Teilreiches der „Goldenen Horde", den eroberten Teil Rußlands verwaltete, ignorierte zunehmend die Macht des Großkhans und traf unlegitimierte Entscheidungen.

Dem lateinischen Abendland indes war die fortbestehende Bedrohung durch einen jederzeit möglichen erneuten Westfeldzug der Mongolen keineswegs bewußt. Papst *Innozenz IV.* schmiedete sogar den Plan, den mongolischen Großkhan zunächst zum Christentum zu bekehren und anschließend seine Heere zu nutzen, um Jerusalem aus den Händen der Muslime zu befreien. Mit diesem Auftrag entsandte er eine **Mission** unter dem Franziskaner-Mönch *Giovanni dal Piano del Carpine* über Sarai nach Kara-Korum. Als sie am **22. Juli 1246** dort eintraf, erlebte sie wenige Tage später die Erhebung *Gujuks* zum Großkhan mit. Der missionarische Erfolg der Abgesandten des Papstes hielt sich in Grenzen. Sie übergaben ihrem Entsender im **Herbst 1247** einen Brief, in dem *Gujuk* die Anmaßung des Papstes scharf zurückwies und mit Krieg drohte. Historisch wertvoll ist jedoch der in Latein verfaßte Reisebericht der Missionare, der dem Abendland erstmals eine klare Vorstellung von den Umständen im Mongolenimperium verschaffte.

Der kränkliche *Gujuk* überlebte seine Thronerhebung nur knapp zwei Jahre. In seiner Herrschaftszeit wäre es beinah zum Bruderkrieg zwischen ihm und *Batu-Khan* gekommen, der nur durch seinen Tod abgewendet wurde. Dies verdeutlich die weitere Zunahme der Zentrifugalkräfte im Großreich, das bald in einzelne Teilreiche zerfallen sollte.

Möngke

Die Regentschaft übernahm bis zum nächsten Reichstag, der erst **1251** stattfand, erneut die Witwe des Großkhans. Auf der Fürstenversammlung gelang es *Batu-Khan* und seinen Anhängern, dem Ögödei-Clan die Thronfolge zu entreißen und *Möngke,* den Sohn des jüngsten Sohnes *Tschingis-Khans, Tolui,* in das Amt des Großkhans wählen zu lassen.

Möngke ging hart gegen seine **Widersacher** aus dem Hause *Ögödei* vor, die Gujuk-Witwe ließ er sogar hinrichten. Seinem Bruder *Khubilai* übertrug er die Verwaltung der bisher botmäßig gemachten Gebiete in Nordchina, seinem Bruder *Hülegü* gab er den Auftrag, die **Eroberungen in Vorderasien** fortzusetzen. Große Anstrengungen unternahm er auch, um die **Verwaltung** des Großreichs neu zu ordnen und zu straffen. Widerspenstige oder korrupte Beamte sollen zur Abschreckung in Wasser zu Tode gekocht worden sein.

Neben der weiteren **Ausdehnung des Reiches im Westen** forcierte *Möngke* auch den **Krieg im Osten** wieder. Zwischen **1252** und **1258** konnten in mehreren, schnell vorgetragenen Operationen zahlreiche Städte **Koreas** genommen werden, die fortan unter mongolischer Herrschaft blieben.

Den Schwerpunkt der Eroberungspolitik in Ostasien bildete jedoch das **Song-Reich in Südchina**. Im Herbst **1257** wurde begonnen, die Song mit einem großen Herr zu erobern. Der Gebietsgewinn im dichtbesiedelten Südchina ging jedoch nicht mit der erwarteten Geschwindigkeit voran. Deshalb übernahm *Möngke* im folgenden Jahr persönlich die Führung der Truppen. Mit dem **Tod Möngkes** während der Belagerung einer Song-Festung im **September 1259** wurde die weitere Eroberung Chinas zunächst wieder zurückgestellt.

Parallel dazu gingen die **Gebietsgewinne in Vorderasien** zügig voran. **1257** fiel der Norden **Persiens** in mongolische Hand, im Februar **1258** ergab sich **Bagdad** den Belagerern, Anfang **1260** drangen mongolische Krieger in **Damaskus** ein.

Drei Teilreiche

Nach dem Tod *Möngkes* löste sich das Mongolische Großreich nun endgültig in **drei Teilreiche** auf. *Berke-Khan,* der zum Islam übergetretene Bruder des *Batu-Khan* (gestorben 1255), herrschte über die **Goldene Horde in Russland,** *Hülegü-Khan* regierte das **Il-Khanat in Persien** und *Khubilai-Khan* berief im Mai **1260** einen Reichstag ein, auf dem er sich zum Großkhan erklärte, obwohl *Möngke* vor seinem Ableben einem anderen Bruder, nämlich *Arigh Böke,* das Staatssiegel anvertraut hatte. **1264** konnte der selbsternannte Großkhan seinen Bruder *Arigh Böke* besiegen und die Macht auch über das **Zentralkhanat** an sich reißen. In den westlichen Teilreichen wurden die Mongolen von der ortsansässigen Bevölkerung in den kommenden etwa einhundert Jahren völlig assimiliert oder vernichtet. Das Il-Khanat geht bereits 1335 unter, der Goldenen Horde wird 1380 von russischen Truppen eine vernichtende Schlacht aufgezwungen.

Die Mongolen auf dem Drachenthron

Khubilai-Khan

Seit 1260 war Peking der Wintersitz von **Großkhan Khubilai** und damit gleichzeitig Hauptstadt des Teilreiches, das neben dem Jin und den bislang eroberten Teilen des Song-Reiches auch das mongolische Stammland einschloß. *1267* ließ *Khubilai* nordöstlich vom alten Peking eine neue Stadt errichten, in die *1272* alle zentralen Regierungsbehörden verlegt wurden.

Der **Feldzug gegen die Song** wurde *1268* wieder aufgenommen. Erneut sahen sich die Mongolen dem Problem gegenüber, Städte und Festungen z. T. über Jahre belagern zu müssen. Mit Hilfe von arabischen Ingenieuren wurden weitreichende Katapulte entwickelt, die die Eroberung von Festungen erleichterten. Außerdem hielt *Khubilai* seine Truppen an, keine Grausamkeiten gegenüber der Zivilbevölkerung zuzulassen, was manchem Festungskommandanten die Entscheidung erleichtert haben mag, sich zu ergeben. *1276* war die Eroberung der Song mit dem Fall ihrer Hauptstadt im wesentlichen abgeschlossen, noch verbliebene Teile wurden bis *1279* unter mongolische Botmäßigkeit gebracht. Zum ersten Mal in seiner langen Geschichte war Festlandchina komplett in die Hände eines fremden Eroberers gefallen. Bereits *1271* hatte Khubilai, wohl etwas im Vorgriff auf noch kommende Ereignisse, seinem Reich den dynastischen Namen **Yuan** gegeben, was soviel wie „Uranfang" bedeutet.

Von Korea aus unternahmen die Mongolen zweimal, 1274 und 1281, den Versuch, nach Japan überzusetzen. In beiden Fällen scheiterte das Landungsmanöver an den „göttlichen Winden", also am schlechten Wetter. Selbst bis nach Java wurden zweimal Kriegsschiffe entsandt.

Mehr Erfolg als mit der Seefahrt hatten die Mongolen bei der Landnahme im heutigen **Nordvietnam (1257)** und bei der Eroberung der **nördlichen Teile Burmas (1278 und 1283).** Die Gebiete in Südostasien konnten jedoch nicht lange gehalten werden. Offenbar machte das feuchtheiße Klima den Mongolen ebenso Schwierigkeiten wie der Aufbau einer neuen Verwaltung.

Khubilai-Khan **starb 1294** als angesehener, weitsichtiger und feinsinniger Kaiser eines stabilen Chinas.

Niedergang der Yuan-Dynastie

Khubilais Nachfolge trat, da der Kronprinz bereits vor ihm verstorben war, sein Enkel **Timur** an. *Timur* **starb 1307**, ohne einen Erben zu hinterlassen. Um die Thronfolge kam es zu einem heftigen, in einer Palastrevolte endenden Streit, aus dem **Chaishan,** Vertreter der Steppenaristrokatie, als Sieger hervorging. Sein Bruder *Ajurbarwada* stand dagegen für die Kräfte, die die Yuan losgelöst vom mongolischen Steppenreich als eigenständiges Staatsgebilde sehen wollten.

Chaishans Regierungszeit dauerte bis **1311.** Er starb im Alter von nur 30 Jahren. Damit war die Zeit für **Ajurbarwada** gekommen, der erstmals den Thron nach chinesischer Manier, ohne die Abhaltung eines Reichstages, bestieg. Chinesische Bildung und Lebensweise hatte auf den neuen Herrscher stark abgefärbt. Infolgedessen war auch in der Regierungspolitik ein zunehmender **Sinisierungsprozeß** zu beobachten. Die Innere Verwaltung wurde wieder überwiegend in die Hände von dem Konfuzianismus verpflichteten chinesischen Beamten gelegt. Nur einige Spitzenämter blieben, der Tradition aus *Khubilai-Khans* Zeiten verpflichtet, mit Ausländern, zumeist keinen Mongolen, sondern Mittelasiaten oder Arabern, besetzt.

Der **Tod Ajurbarwada 1320** löste erneut eine Regierungskrise und interne Kämpfe unter den verschiedenen Machtgruppierungen aus. Der nächste **Kaiser Shidebala** überlebte nur drei Jahre im Amt. Auch der darauffolgende Herrscher regierte nur bis **1328,** starb aber eines natürlichen Todes. Nicht besser erging es seinem Nachfolger, der vier Jahre dem zunehmend schärfer werdenden Intrigenspiel trotzen konnte. Der nächste Kaiser, ein 6jähriger, überlebte nur ganze 2 Monate.

Erst **1333,** als der damals 13jährige **Togoon Tumur** den Thron bestieg, gelangte wieder Kontinuität in das Herrschaftsgefüge.

Dennoch gelang es ihm nicht mehr, die Herrschaft der den Chinesen zahlenmäßig weit unterlegenen und aus einem völlig anderen Kulturkreis kommenden Mongolen dauerhaft zu sichern. Die Yuan-Dynastie driftete unter *Togoon Tumur* ihrem Ende entgegen. Fortwährende Palastrevolten und Machtrangeleien in der engeren Führungsriege, schwere Abgabenlasten für das Volk, ein dem Konfuzianismus verpflichteter Beamtenapparat, der für die mongolischen Machthaber nur Verachtung übrig hatte, Naturkatastrophen, Hungersnöte, hohe Inflation, sich ausbreitende Gesetzlosigkeit und schwere Fehleinschätzungen der Regierung über die Realisierbarkeit und den Nutzen von Großbauprojekten förderten den *Niedergang.* Der letzte Kaiser hatte sich gänzlich aus dem Regierungsgeschäft zurückgezogen und soll sich überwiegend der Liebe zugewendet haben.

1355 entglitten erste Gebiete der mongolischen Kontrolle und fielen *Rebellenorganisationen* in die Hände. Eilig abgezogene mongolische Einheiten entblößten andere Regionen, in denen Rebellen, Schmuggler und Piraten Fuß fassen konnten. Der Autoritätsverfall ging soweit, daß der Mongolenhof, um keine weitere Eskalation der Rebellenbewegung und von Gebietsverlusten hinzunehmen, sogar einen ehemaligen Schmuggler zum Gouverneur der Provinz Zhejiang berufen mußte. Dies war für den Süden Chinas das Signal, die völlige *Vertreibung der Mongolen aus China* einzuleiten.

Zu allem Überfluß rückte um *1360* aus der Mongolei kommendes Herr unter einem Nachfahren *Ögödeis* gegen Nordwestchina vor, um *Togoon Tumur* vom Thron zu vertreiben. Dadurch wurden weitere Yuan-Truppen gebunden, die im Süden fehlten. Der Norden Chinas konnte *1361* noch einmal neu geordnet werden, aber der Süden entglitt der mongolischen Kontrolle immer weiter.

1367 waren die Rebellengebiete in Südchina zu einem einheitlichen Gebilde zusammengewachsen. Selbst als Führer der Befreiungsbewegung das *Königreich Wu* ausriefen, war dies für den mongolischen Hof kein Anlaß, militärisch einzugreifen. Noch im gleichen Jahr griff dann ein Heer aus dem von Mongolen befreiten Süden den Norden an, ohne auf nennenswerten Widerstand zu stoßen. Der Vormarsch wurde im Folgejahr auf breiter Front vorgetragen. Kaiser *Togoon Tumur* floh mit seinem ganzen Hofstaat – insgesamt etwa 60.000 Menschen – über mehrere Stationen in das mongolische Stammland und starb *1370.* Bereits *1368* wurde eine neue, diesmal *nationale chinesische Dynastie,* die *Ming* ausgerufen.

Die Zeit der feudalen Zersplitterung (1368 bis 1691)

Gut 150 Jahre nach *Tschingis-Khans* Thronerhebung waren seine Nachfahren wieder da angekommen, von wo aus sie angetreten waren, vom Rücken ihrer Pferde aus die Welt zu erobern. Formal blieb der Anspruch auf die Großkhanwürde bis 1634 weiter in der Tolui-Linie, in der Praxis war der *mongolische Adel* aber über Jahrzehnte hinweg *heillos zerstritten* und folgte einem Individualismus, der sich für das weitere Schicksal des Landes als fatal erweisen sollte.

Aus den Rivalenkämpfen nach dem Tod *Togoon Tumurs* konnte sich keiner der Konkurrenten dauerhaft durchsetzen. Von *1388 bis 1410* lösten sich in kurzer Folge fünf Großkhane ab, von denen nur einer eines natürlichen Todes starb.

Ende des 14. Jahrhunderts waren die Mongolen in zwei große Lager geteilt; dies waren zum einen die *Ostmongolen,* die sich im wesentlichen aus den Nachkommen aus der Tolui-Linie und ihren Gefolgsleuten rekrutierten. Sie besiedeln bis heute das Territorium, das in diesem Buch beschrieben wird. Das andere Lager bildeten die *Westmongolen oder Oiraten,* später auch unter der Bezeichnung Dzungaren zusammengefaßt. Die Oiraten hatten sich unter *Tschingis-Khan* den Ostmongolen angeschlossen und waren durch Heiratsverbindungen eng mit den Ostmongolen verbunden. Daraus leiteten die Oiraten ihrerseits einen Anspruch auf die Großkhanwürde ab, dem sie mit militärischen Mitteln Nachdruck zu verleihen suchten. Die *kriegerischen Auseinandersetzungen* zwischen den

Mongolenlagern hielten beide Parteien jedoch nicht davon ab, regelmäßig auch die chinesischen Ming anzugreifen. Anfänglich mag dabei noch der Gedanke eine Rolle gespielt haben, die verlorene Macht zurückzuerobern, später ging es nur noch um die Erbeutung lebenswichtiger Güter und Kriegsmaterials. Die Chinesen versuchten sich der Barbaren dadurch zu erwehren, daß sie den jeweils unterlegen erscheinenden Flügel der Mongolen stützten. Da dies nicht immer zum gewünschten Erfolg führte, sich die beiden Pole auf diese Art nicht völlig neutralisieren ließen, gingen die Ming dazu über, ihrerseits die Mongolei anzugreifen.

Als *1410* ein chinesisches Heer den Ostmongolen am Onon eine Niederlage beibrachte, nutzten die Oiraten die Gunst der Stunde und machten einen ihnen genehmen Tschingisiden zum Großkhan. Dieser Machtzuwachs der Oiraten lag weder im Interesse der Ming noch der Ostmongolen, worauf sie *1414* eine gemeinsame Streitmacht aufstellten und die Oiraten an der Tula schlugen. Dieses *Dreiecksspiel der Kräfte* setzte sich in ähnlicher Weise zunächst bis *1424,* dem Todesjahr des Ming-Kaisers *Yongle* fort,

ohne daß die **Dominanz der Oiraten** über die Ostmongolen gebrochen werden konnte. Sie konnten ihre Macht und territoriale Ausdehnung bis *1440* weiter ausbauen. Im Jahre *1449* drangen die Oiraten sogar bis nach Peking vor, mußten die Belagerung aber erfolglos abbrechen.

1470 bestieg *Bat-Munk Dajan Khan* den Thron des Großkhans, den er bis zu seinem Tod *1543* behalten sollte. Erst ihm gelang es wieder, die *tschingisidische Macht* in gewisser Weise zu *restaurieren* und die mongolischen Völkerschaften zu einen. Es gelang ihm sogar, die Oiraten zur Gefolgschaft zu bringen.

Zur Inthronisierung vor den acht Weißen Zelten des *Tschingis-Khans* war *Bat-Munk* ein Knabe im Alter von sieben Jahren. Die Stelle der Mutter – die leibliche war in oiratischer Gefangenschaft – und später die der Ehefrau nahm die damals 23jährige **Mandchaj Zezen Chatan** ein, die Witwe des 1467 verstorbenen Großkhans *Manduul.* Die wegen ihrer Schönheit, Tatkraft und Entschlossenheit noch heute in der mongolischen Volkskunst gewürdigte *Mandchaj Zezen Chatan* leitete in der Kindheit des *Bat-Munk* de

Detail einer Mauer aus dem 17. Jahrhundert

facto die Regierungsgeschäfte. Noch bevor *Bat-Munk* offiziell zum Großkhan berufen war, leitete sie persönlich einen erfolgreichen Feldzug gegen die Oiraten.

Zwischen *1483* und *1488* gelang es dann *Bat-Munk Dajan Khan,* in mehreren Kriegszügen die Oiraten so zu schwächen, daß ihre Vorherrschaft über die mongolischen Völkerschaften beendet wurde. Auch seine **Attacken gegen China** waren erfolgreich und einträglich. *1517* und *1523* drang er mit seinen Reitern bis kurz vor Peking vor.

Gegen Ende der Regierungszeit *Bat-Munks* und viel stärker noch in der Zeit seines Enkels *Bodi alag (1504-1547)* verlor die Großkhanwürde wieder an Autorität, immer mehr Stämme verweigerten Gefolgschaft und Gehorsam. Durch die – auch aus der Erbfolge bedingte – Zersplitterung von Land und Vermögen wurde der erneute Aufstieg regionaler Herrscher gefördert.

Zu den bedeutendsten **Lokalfürsten des 16. Jh.** gehörte *Altan-Khan (1507-1582)* vom Volk der Tümed, einer der vielen Enkel *Bat-Munks. Altan Khan* förderte den Ackerbau und den Handel mit China und ließ die Stadt *Köke qota* (heute Hauptstadt des Autonomen Gebietes der Inneren Mongolei) bauen. Seine **Militärexpeditionen** führten ihn bis nach Turfan und weiter nach Tibet. Im Jahre *1552* vertrieb er die Oiraten aus der Gegend um Kara-Korum, wodurch sich die Chalch-Stämme weiter nach Westen ausbreiten konnten.

Von seinem Hof aus nahm die **Ausbreitung des Buddhismus** unter den mongolischen Völkerschaften ihren Ausgang. Einer seiner Urenkel wurde *1650* sogar vom *Dalai Lama* zum ersten *Dshubsundamba Chutugt,* zum Oberhaupt der mongolischen Buddhisten ernannt, besser bekannt als *Undur Gegeen Dsanabadsar* (1635-1723).

Nach *Altan Khans* Tod breitete sich erneut der **Stammesindividualismus** aus, der Zusammenhalt der mongolischen Völkerschaften zerfiel. Auf der historischen Plattform in Ostasien erschien ein neuer Machtfaktor, der mehr als 300 Jahre das Geschehen bestimmen sollte – die tungusischen Mandschuren.

Unter Einfluß der Mandschus

Die Mandschuren – oder kurz **Mandschus** – lebten ursprünglich in den Wäldern der nördlichen Mandschurei und gingen einer ähnlich nomadischen Wirtschaft nach wie die Mongolen. Die Beziehungen der Mongolen zu ihnen fingen zunächst gut an. Mongolische Gesandtschaften wurden durch den Mandschu-Khan freundlich aufgenommen, es bildeten sich durch Heiratsverbindungen enge Verknüpfungen zwischen den Adelsgeschlechtern heraus. Das hinter dieser Bündnispolitik steckende, weitreichende Ziel der Mandschuren war, ähnlich wie die Mongolen es im 13. Jh. taten, China unter ihre Botmäßigkeit zu bringen und vorher dafür zu sorgen, daß keine Überraschungsangriffe von der Westflanke zu erwarten sind und darüber hinaus ausreichend Bündnistruppen für den aufreibenden China-Feldzug zur Verfügung stehen.

Zur Zeit der Machtentfaltung der Mandschus war **Ligden (1592-1634),** ein dreifacher Urenkel *Bat-Munks,* Großkhan. Er unternahm die letzten Versuche, die Zersplitterung der Völkerschaften zu beenden und sie unter seiner Gefolgschaft zu vereinen. Gleichzeitig galt er als Förderer des Buddhismus, ließ neue Klöster bauen und das Schrifttum pflegen. Andererseits berichten Chroniken von seinem tyrannischen, arroganten Wesen. *1618* erklärte *Ligden* dem **Ming-Kaiser den Krieg** und brachte damit das ausgewogene Machtgefüge zwischen Mandschuren, Mongolen und Chinesen zum Einsturz.

In dieser Zeit begannen die **Mandschus, schrittweise Nordchina zu erobern,** wodurch sich der Zugang der Mongolen zu Ackerbauprodukten und Märkten deutlich verschlechterte. Als Gefolgsleute *Ligdens* und die Mandschus *1619* die gleiche chinesische Stadt belagerten, kam es zum offenen Dissens.

Ligden unterlag im Muskelspiel mit den Mandschus. Aus Protest gegen das arrogante Verhalten des Großkhans schlossen sich die meisten mongolischen Stämme den Mandschus an. Das Volk *Ligdens* zählte kaum noch 100.000 Menschen, als er im Mai *1632* von einem großen mandschurisch-mongolischen Heer gejagd wurde. *Ligden* stellte sich nicht zur Schlacht, sondern floh, sich der sicheren Niederlage bewußt, in das kaum besiedelte Qinghai-Gebiet am Rande Tibets. Dort starb er zwei Jahre später wahrscheinlich an Pocken. Die Familie *Ligdens* und vermutlich auch das Siegel der Yuan-Kaiser fiel den Mandschus in die Hände. Seither wurde **kein Erbanspruch auf die Großkhanwürde** mehr geltend gemacht. *1675* wurde der letzte Enkel *Ligden-Khans* von den Mandschuren hingerichtet und damit das Geschlecht ausgelöscht.

1636 erklärte sich der **Mandschu-Herrscher** *Hung-Taidsh* unter dem dynastischen Namen *Da-Qing* (Große Klare) zum **Kaiser über Teilchina** und begründete damit die **Qing-Dynastie.** An den Inthronisierungsfeierlichkeiten nahmen 49 mongolische Fürsten von 16 Stämmen teil, die ins Reich eingegliedert werden sollten. Die 49 Fürsten wurden administrativ in 49 Banner eingeteilt, die den Rumpf des Territoriums der heutigen „Inneren Mongolei" bildeten. Damit war die bis heute anhaltende **Teilung der Mongolei vollzogen.** Peking konnte erst *1644* besetzt werden.

Bereits *1638* wurde von den Mandschus das *„Amt für die Belange der Mongolei"* oder auch kurz Barbaren-Amt gegründet, das über die gesamte Dauer der Existenz der Qing-Dynastie die Funktion eines Kolonialministeriums wahrnahm. Später wurde dem Amt auch die Verwaltung aller weiteren Außenprovinzen, z. B. Tibets, aufgetragen. Die Mandschu-Kaiser waren bis ins 19. Jh. hinein jedoch, obwohl administrativ und militärisch durchaus dazu in der Lage, nicht daran interessiert, allzu unverhohlen den Kolonialcharakter ihrer Herrschaft zu dokumentieren, um keine unnötigen Konflikte zu provozieren.

Mitte des 17. Jahrhunderts gelangten die *Oiraten* erneut zu großer Macht. *1688* brachten sie den Ostmongolen eine vernichtende Niederlage bei, die den Verlust von Vieh und Besitz sowie die Vertreibung von den Weideflächen zur Folge hatte. Die Chalch-Fürsten sahen keinen anderen Ausweg, als sich unter den Schutz des Qing-Kaisers zu stellen. Diese **Unterwerfung** wurde *1691* in Doloonnuur, einer Ortschaft ca. 300 km nördlich von Peking, durch 550 Chalch-Fürsten, darunter auch der *Bogd Gegen* sowie die 49 Bannerfürsten der Inneren Mongolei, gegenüber Qing-Kaiser *Kangxi* feierlich bekräftigt.

Die Oiraten wurden von den Mandschus unter freiwilliger Beteiligung vieler Mongolen erst *1760* vernichtend geschlagen und nahezu ausgerottet. Die Reste der dzungarischen Stämme lebt heute überwiegend in der nordwestchinesischen Qinghai-Region und ein kleiner Teil auch im äußersten Westen der Mongolei. Die an der Wolga verbliebenen Mongolen heißen heute Kalmücken.

Die Mongolei unter mandschurischer Herrschaft (1691 bis 1911)

Sinisierung der Inneren Mongolei

Im 19. Jh. wurde in der Inneren Mongolei ein **brutaler Sinisierungsprozeß** vorangetrieben. Die **Verschuldung** der prunksüchtigen Adligen und der Geldbedarf der Klöster für immer neue und aufwendigere Bauvorhaben war so gewaltig, daß Ende des 19. Jh. ganze Banner komplett an chinesische Händler verpfändet waren. Um die Schulden zu tilgen, vermachten Adel und Klöster schließlich sogar Teile ihres Landes den Händlern, die ihrerseits chinesische Bauern in die Innere Mongolei holten und systematisch die **Weiden in Ackerland** verwandelten. Aber auch verarmte Nomaden sahen keine andere Möglichkeit, als sich anstelle von der Viehhaltung nunmehr vom Feldbau zu ernähren. Die **Verarmung** produzierte auf dem Land marodierende Räuberbanden und in den Städten Tagelöhner, Bettler, Diebe und Prostituierte. Letztere hatten vor allem in den zum Zölibat verpflichteten Lamas ihr Klientel. Anfang des 20. Jh. war Syphilis die Volkskrankheit Nummer Eins in beiden Teilen der Mongolei. Als *1911* der letzte Manschu-Kaiser abdanken mußte, war die Sinisierung der Inneren Mongolei so weit vorangeschritten, daß sie weiter **im Bestand der chinesischen Republik** blieb und nicht wie China und Tibet ihre Autonomie erlangte. Heute bilden die Mongolen der Inneren Mongolei in ihrem eigenen Land eine verschwindend geringe Miderheit.

Äußere Mongolei

Die „Äußere Mongolei", wie das Gebiet, das geographisch fast genau dem der heutigen Mongolei entsprach, aus der Sicht der sino-mandschurischen Herrscher hieß, hatte für das Qing-Reich eine fast ausschließlich *militärische Bedeutung.* Zum einen sollte durch die Reichseingliederung den seit Jahrtausenden praktizierten Barbareneinfällen ein Riegel vorgeschoben werden, zum anderen ließen sich mongolische Reiterheere als „schnelle Eingreiftruppe", wie man heute wohl sagen müßte, bestens zur Niederschlagung von Unruhen im Reich einsetzen.

Das ehemalige freundschaftliche Verhältnis zwischen mandschurischen und mongolischen Stammesfürsten war dem von Herr und Knecht gewichen. Mongolische Adlige waren nichts anderes mehr als Amtsträger in der mandschurischen Verwaltung. Der Umbau des Verwaltungssystems war ein langer Prozeß der erst Anfang des 19. Jh. abgeschlossen war.

Im Vergleich zur Inneren Mongolei bewahrte die Äußere Mongolei eine größere Unabhängigkeit. Eine *umfassende Kolonialisierung* durch chinesische Bauern *unterblieb* hier. Die wirtschaftliche Entwicklung stagnierte. Das Land blieb über mehr als 200 Jahre außenpolitisch vollkommen isoliert.

Den *Bannerfürsten* ging es unter dem mandschu-chinesischen Kaiser nicht schlecht. Die Loyalität eines Bannerfürsten im Range eines Tschin war – mongolische Adelstitel wurden durch mandschurische ersetzt – ließ sich der Kaiser jährlich 2000 Unzen Silber und 25 Rollen Satin kosten. Allein die Äußere Mongolei hatte 86 Banner. Das *Volk* gliederte sich in gewöhnliche Steuerzahler *(albat)*, in persönliche Leibeigene des Adels *(chamdshlaga)*, Sklaven *(hool)* und in die Sondergruppe der Leibeigenen der hohen Geistlichkeit *(schawi)*.

Neben Steuern erbrachten die Mongolen *Dienstleistungen für das Reich.* Dazu gehörte die Betreuung der kaiserlichen Pferdeherden, die Bewirtschaftungen von Feldern für die Ernährung des Heeres, die Betreibung von Grenzwachposten im Norden

(47) und Westen (23) sowie der Unterhalt von 76 Pferdepostrelaisstationen. Allein der Unterhalt des Post- und Kurierdienstes kostete jährlich 3 Mio. Stück Vieh.

Jeder Mongole zwischen 18 und 60 war *wehrpflichtig* und mußte bei der Einberufung sein Reitpferd und die Ausrüstung selbst mitbringen. Allerdings erhielten die Mongolen keine Feuerwaffen. Der taktische Vorteil von Pfeil und Bogen – über Jahrhunderte das Erfolgsrezept mongolischer Überlegenheit im Krieg – war im Kriegseinsatz hinweg. Aber zur Niederschlagung von Bauernaufständen, die im 19. Jh. den Thron beschäftigten, waren mongolische Krieger immer noch gut.

Auch in der Äußeren Mongolei erreichte der *Verschuldungsgrad* des schwarzen (weltlichen) und gelben (geistlichen) Adels eine unüberschaubare Höhe. Das Gesamtvermögen der Region Chowd z. B. soll Ende des 19. Jh. nicht ausgereicht haben, um auch nur die Hälfte der bei chinesischen Händlern aufgelaufenen Schulden zu decken. Deutlich wird, daß die Mongolen in der Qing-Zeit aufhörten, selbst auf chinesische Märkte zu ziehen. Vielmehr unterhielten *Chinesen* in allen größeren mongolischen Ortschaften *Handelsniederlassungen.* Anfänglich war es ihnen durch das „Barbaren-Amt" noch verwehrt, feste Häuser zu errichten und sich mongolische Frauen zu nehmen. Mit zunehmendem Reichtum unterliefen die Händler diese Anweisungen immer mehr. Die soziale Entwicklung ähnelte im wesentlichen der in der Inneren Mongolei.

Erst *1906* setzte eine *massive Welle der chinesischen Besiedlung* ein. Der Kolonialisierungsprozeß kam zum Erliegen, als im *Oktober 1911 die Qing-Dynastie* zusammenbrach und der letzte Kaiser abdanken mußte. Im *Dezember 1911* verließ der letzte mandschurische Amban (Statthalter) mit 150 Garnisonssoldaten unbehelligt Urga.

Die autonome Mongolei im Spannungsfeld der Interessen in Fernost (1911-1924)

Am 30.12.1911 wurde der achte *Bogd Gegeen* zum **Bogd Khan** und damit zum weltlichen Oberhaupt der neuen, autonomen Mongolei berufen.

Der Zusammenbruch des Kaiserreichs fiel in eine Zeit der Neuordnung der Interessen der Mächte Rußland, China und Japan im Fernen Osten. Das Interesse aller drei Länder an der Etablierung eines weiteren unabhängigen Landes in dieser Region war denkbar gering.

Schon im **Juni 1911** mündete der einhellige **Unmut** des Volkes, des Adels und des Klerus über die unverhohlene Besiedelungspolitik der Qing in zwei Geheimsitzungen beim Bogd, auf denen der Wille zur Unabhängigkeit betont und beschlossen wurde, eine Delegation mit einem die Unterschrift des Bogd tragenden **Hilfegesuch an den russischen Zaren** nach St. Petersburg zu schicken. Die Gesandten trafen am **15.8.1911** in der Zarenhauptstadt ein. Für die Russen kam das Ansinnen ebenso überraschend wie ungelegen. Zugesichert wurde den Mongolen lediglich diplomatische Unterstützung. Tatsächlich ließ der Zar seinen Botschafter in Peking erklären, daß die massive Besiedelung der Äußeren Mongolei als feindlicher Akt aufgefaßt werde. Bevor aber das diplomatische Spiel in die zweite Runde gehen konnte, brach das chinesi-

Reiterdenkmal des Volkshelden Suchbaatar

Suchbaatar auf dem 50-Tugrik-Schein

sche Reich zusammen. Damit war der Weg frei für die *mongolische Unabhängigkeitserklärung.*

Chinesisches Recht blieb ebenso weiter in Kraft wie die Symbole des Kaiserreiches. Anstelle des Kaisers verlieh nunmehr der Bogd Titel und Ränge und nahm die Tributzahlungen entgegen. Neu eingerichtet wurden fünf Ministerien (Innen, Außen, Justiz, Finanzen und Krieg). Erste Amtshandlung der autonomen Regierung war die Vertreibung der verbliebenen Garnisonstruppen aus Chowd und Uliastai.

Anfänglich hoffte die Autonome Regierung darauf, daß sich auch die Innere Mongolei von China loslösen und mit der Äußeren vereinigen würde. Dazu kam es, wie weiter oben erwähnt wurde, nicht.

Bestrebt, *internationale Anerkennung* zu erlangen, schickte der Bogd *1913* eine zweite Delegation zum Zaren. Der Aufenthalt sollte genutzt werden, um auch die Botschaften der Westmächte und Japans aufzusuchen. Der diplomatische Erfolg blieb aus, niemand wollte in der spannungsgeladenen Zeit am Vorabend des 1. Weltkrieges

zusätzliches Konfliktpotential im Fernen Osten schüren. Rußland waren ohnehin durch die Geheimverträge im Ergebnis des russisch-japanischen Krieges die Hände gebunden. Es suchte nach einem Kompromiß, der auf *Autonomie der Äußeren Mongolei im Innern bei Fortbestehen chinesischer Suzeränität* hinauslief. So erhielt die mongolische Delegation lediglich einen Kedit von 2 Mio. Rubel und eine Zusage auf Waffenlieferungen. Selbst dieser Vorschlag Rußlands ging dem chinesischen Präsidenten *Yuan Shih-kai* zunächst zu weit. Er sprach sich für die Umwandlung der Mongolei in eine gewöhnliche Provinz aus.

Es muß deshalb als großer Erfolg für die autonome Regierung gewertet werden, daß am *7.6.1915* in Kjachta ein *Vertrag zwischen Rußland, der Republik China und der Mongolei* geschlossen wurde, der im Kern auf die russischen Vorschläge – Autonomie gekoppelt mit chinesischer Suzeränität – hinauslief. Die Mongolei war nicht berechtigt, territoriale Fragen selbst zu regeln, Rußland behielt seine Handelsvorrechte, und China durfte wieder fünf Amban entsenden. Die außenpolitische Isolation wurde zementiert, selbst Rußland wollte keinen mongolischen Gesandten aufnehmen.

Die folgenden Jahre brachten für das Land wenig Neues; die alte gesellschaftliche Ordnung blieb weitestgehend bestehen. Erst die *Folgeereignisse der russischen Oktoberrevolution* brachten wieder Bewegung ins Dreiecksverhältnis. Die autonome Regierung betrachtete die Auswirkungen des politischen Wandels in Rußland als Bedrohung für ihre Sicherheit und gestattete den erneuten *Einmarsch chinesischer Garnisonstruppen Ende 1918.* Als die Mongolei ihre errungene Autonomie dennoch nicht aufgeben wollte, wurde sie durch die Entsendung eines großen Truppenkontingents gezwungen, am *16.11.1919* ein Dokument zu unterzeichnen, das die *Rückgabe der Macht an China* besiegelte. Die Ministerien wurden aufgelöst, die Armee entlassen, ihre Ausrüstung konfisziert und Widerständler in Haft gebracht.

Unter diesen Bedingungen formierte sich in Form traditioneller Geheimbünde (*dugu-*

jlan) politischer Widerstand. Es entstanden in Urga zwei zunächst unabhängig voneinander operierende Zirkel, von denen einer von Anfang an im Kontakt zu Anhängern der russischen Revolution stand. Die Zahl der zu dieser Zeit in Urga ansässigen Russen wird auf 2000 geschätzt, von denen natürlich ein Teil Sympathie für die Revolution zeigte oder gar in ihrem Auftrag in der Mongolei wirkte. Im *März 1920* drang die *Rote Armee bis nach Irkutsk* und damit de facto bis fast an die Grenze zur Mongolei vor. Die neue sowjetrussische Regierung ließ erklären, daß alle zaristischen Verträge, die in Bezug auf die Mongolei mit China und Japan geschlossen worden waren, als ungültig betrachtet würden. Die Äußere Mongolei habe einen Rechtsanspruch auf Unabhängigkeit.

Diese Entwicklung der Lage gab den Geheimbündlern zusätzlichen Ansporn. Im März/April nahmen beide Zirkel Beziehungen zueinander auf und intensivierten ihre Kontakte zu den russischen Revolutionsanhängern in Urga, die ihnen schließlich Kontakte zum Büro der Kommunistischen Partei Rußlands in Irkutsk verschafften. Auf dessen Empfehlung hin formierte sich am

25.6.1920 aus den Zirkeln die *Mongolische Volkspartei (MVP),* die bald darauf eine Delegation nach Sowjetrußland entsandte. Der Bogd, den auch die russischen Kommunisten nach wie vor als den obersten Repräsentanten der Mongolei ansahen, setzte nur sehr widerwillig sein Siegel auf das *Hilfsgesuch an die Lenin-Regierung.* Ende *Juli 1920* machte sich die Delegation auf den Weg nach Moskau. Bevor sie wieder in der Heimat eintraf, nahmen die Ereignisse eine unerwartete Wende. Im *Oktober 1920* marschierte der deutschstämmige weißgardistische *Generalleutnant Baron von Ungern-Sternberg* mit ca. 1000 Gefolgsleuten in die Mongolei ein. Damit wurde die Mongolei zum *Schauplatz des russischen Bürgerkrieges.* Vom *26.10. bis 7.11.1920* belagerten seine Truppen Urga, konnten jedoch die chinesische Garnison nicht zerstreuen und zogen unter hohen Verlusten ab. Hernach kam es zu schrecklichen Pogromen der Chinesen unter der mongolischen Zivilbevölkerung. Der Bogd geriet in Arrest, die Volkspartei wurde zerschlagen und ihre Führer verhaftet. *Von Ungern-Sternberg* sammelte im *Winter 1920/21* neue Kräfte und griff mit ca.

Die mongolisch-russische Grenze bei Chiagta

5000 Mann, nunmehr überwiegend Mongolen, am *3./4. Februar* Urga erneut an. Er verursachte ein *Blutbad unter den Chinesen,* setzte den Bogd wieder in seine Ämter ein und reaktivierte die autonome Regierung. Der daraufhin als Befreier gefeierte *von Ungern-Sternberg* zeigte bald sein wahres Gesicht. Mit äußerster Brutalität verfolgte er sein Ziel, sich auf einen Gegenschlag gegen die Rote Armee in Sibirien vorzubereiten. Während der *Zwangsrekrutierung von mongolischen Soldaten* kam es zu reihenweisen Erschießungen; Vieh und Besitz wurde in großem Umfang konfisziert.

Die Delegation der *Mongolischen Volkspartei* hielt sich drei Monate in Moskau auf und hatte u. a. Treffen mit *Lenin,* Außenminister *Tschitscherin* sowie dem Oberbefehlshaber der Roten Armee, *Kamenew.* Am 10. November sagte die *sowjetrussische Regierung,* offenbar in Reaktion auf den Vorstoß des Barons, die *Lieferung von Waffen* zu. Im Februar des folgenden Jahres wurden Einheiten der Roten Armee unmittelbar an die mongolische Grenze nach Troitskosawsk verlegt.

Am 16. Februar formierte sich die *MVP* in der russisch-mongolischen Grenzsiedlung Chiagta neu und beschloß die *Aufstellung von Partisanenverbänden.* Hier hatten sich die von Baron *von Ungern-Sternberg* zerstreuten Reste der chinesischen Garnisonstruppen aus Urga verschanzt. Bis Ende Februar konnte *Suchbaatar,* später als Volksheld gefeiert, ca. 400 dürftig ausgerüstete Soldaten aufstellen, die sich der Revolutionstruppe nicht immer ganz freiwillig anschlossen. Mit typischen Partisanenmethoden erleichterten sie die chinesischen Soldaten schrittweise ihrer Waffen.

Unterdessen tagte vom *1. bis 3. März* im russischen Troitskosawsk der *1. Parteitag der MVP,* der neben dem Parteiprogramm und einem Aufruf an das mongolische Volk auch die Bildung eines Kommandostabs für die Partisanenarmee beschloß. Der Stab arbeitete einen gewagten Angriffsplan gegen die ca. 2500 Chinesen aus, der am *18. März* umgesetzt wurde. Der *Überraschungsangriff* gelang, der triumphale Sieg ließ auch andernorts den chinesischen Widerstand sinken.

Nächster Gegner war damit die Truppe des Barons, die zu vernichten die in Troitskosawsk stationierten Einheiten der Roten Armee als ihre Aufgabe ansahen. Am 28. Juni überquerte die Hauptmacht der ca. 7500 Mann starken Truppe die Grenze, nachdem es *von Ungern-Sternberg* seinerseits gewagt hatte, Troitskosawsk anzugreifen. *Von Ungerns* Einheiten wurden vernichtend geschlagen. Am *6. Juli 1921* zog die *Rote Armee* in Begleitung mongolischer Partisanenverbände *in Urga* ein. Der Generalleutnant wurde von seinen eigenen Leuten gefangengenommen, an die Roten ausgeliefert und in Rußland vor Gericht gestellt. Sein Todesurteil wurde am 15.9. in Nowosibirsk vollstreckt. Der *Partisanenkrieg* dauerte im Westen noch *bis Ende 1921.*

Im *November* wurde die Bildung einer *Revolutionären Volksregierung* ausgerufen, der Bogd blieb jedoch bis zu seinem Tod im Jahre *1924* formal Staatsoberhaupt und das Land damit eine theokratische Monarchie.

Ein am *31.5.1924* geschlossenes *russisch-chinesisches Abkommen* bestätigte de jure das Festhalten an der chinesischen Suzeränität, de facto aber behandelte die Sowjetunion die Mongolei als einen ihr sehr nahe stehenden selbstständigen Staat.

Am *26.11. 1924* wurde eine neue, auf der Ideologie des Marxismus-Leninismus fußende *Verfassung* angenommen, die die Grundlage für die später eingeleiteten grundlegenden Veränderungen im gesellschaftlichen und politischen Bereich bildete.

Die Mongolische Volksrepublik (1924-1990)

Unmittelbar nach dem Einmarsch der Roten Armee in Urga 1921 wurde damit begonnen, das mongolische Staatssystem mit Hilfe russischer Berater nach dem sowjetischen Vorbild umzugestalten. Bald danach setzte sich in der Richtungsdiskussion um den weiteren Entwicklungsweg die *Gruppe um Suchbaatar* durch, die sich, den Ratschlägen *Lenins* folgend, für den *Aufbau des Sozialismus* unter der – wie es damals

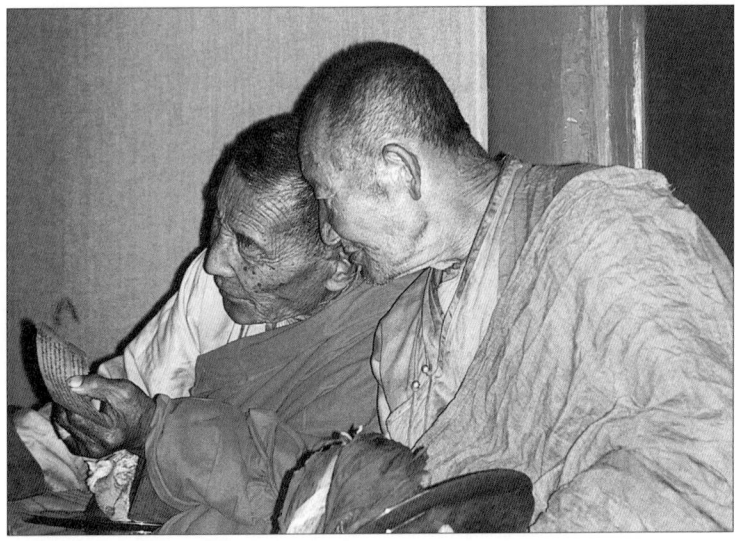

Fast siebzig Jahre lang war der Anblick rezitierender Lamas unmöglich

hieß – Auslassung des kapitalistischen Entwicklungsweges aussprach. Andere Persönlichkeiten aus der *Dugujlan-Bewegung,* die sich statt dessen für eine Annäherung an die entwickelten Länder des Westens und das Einschlagen eines eigenständigen Weges aussprachen, konnten sich nicht durchsetzen.

Als sich der Richtungsstreit nach dem *Tode Suchbaatars im Februar 1923* noch einmal zuspitzte, mischte sich das in Irkutsk ansässige Fernostbüro der Kommunistischen Internationale massiv in den Streit ein und ließ Gegner des nichtkapitalistischen Weges eliminieren. Der *III. Parteitag der Mongolischen Volkspartei,* auf der die Partei das Attribut „revolutionär" in ihren Namen aufnahm, beschloß im *August 1924* den Aufbau des Sozialismus als Fernziel.

Dieser weit in die Zukunft weisende Beschluß bedeutete jedoch keineswegs, daß der Widerstand innerhalb der mongolischen Gesellschaft gegen diese Perspektive bereits gebrochen gewesen wäre. In den *30er Jahren* konzentrierte sich die *Ablehnung der Politik* der *Mongolischen Revolutionären*

Volkspartei (MRVP) **in den lamaistischen Klöstern** und ihrem Umfeld. Das nimmt nicht wunder, denn die Kommunisten geißelten den Lamaismus als zutiefst reaktionäre Lehre, die ein Hemmnis für die weitere geistige und kulturelle Entwicklung des Landes darstellen würde und Schuld sei an seiner Zurückgebliebenheit. Die *MRVP* war bemüht, gewissermaßen die Nachfolge der Lamas anzutreten und den Marxismus-Leninismus der zutiefst gläubigen Bevölkerung als Ersatzreligion anzubieten, in deren Mittelpunkt die Verheißung auf ein besseres Leben noch in dieser Welt stand. Dies und ein *1928* begonnener erster Anlauf, das Vieh der Nomaden zu kollektivieren, steigerten jedoch die Wertschätzung des Volkes für ihre Führung nicht. Die allgemeine Unzufriedenheit und Ablehnung der Politik der *MRVP,* die allzu mechanisch das sowjetische Vorbild kopierte, mündeten *1932* schließlich im **Ausbruch eines Aufstandes,** der einen beachtlichen Teil des Landes erfaßte. Die *MRVP* ließ die Armee, die von sowjetischen Einheiten unterstützt wurde, überaus rigoros gegen die Aufständischen vorgehen. Weit über **700 Klöster und Gebetsstätten wurden bis 1938 in Schutt und Asche gelegt;** unersetzbare Zeugnisse der geistigen und materiellen Kultur der Mongolei gingen unwiederbringlich verloren. Die Schicht der **Lamas wurde physisch regelrecht ausgelöscht,** wer nicht freiwillig das Kloster verließ und eine weltliche Arbeit annahm, teilte das Schicksal seines Klosters. Die Welle der Gewalt griff anschließend auf das einfache Volk und selbst auf Parteimitglieder über. Den **Säuberungsaktionen,** die der Statthalter *Stalins* in der Mongolei, *Ch. Tschoibalsan,* anordnete, fielen Opponenten des radikalen sowjetischen Weges zum Sozialismus zum Opfer, darunter viele Revolutionäre aus der Umgebung *Suchbaatars* und junge mongolische Intellektuelle, die Ende der 20er Jahre in einer liberalen Phase der mongolischen Innenpolitik eine Hochschulausbildung in Deutschland und anderen europäischen Ländern genießen durften und mit ihren Vorstellungen ganz und gar nicht in die offizielle Parteilinie paßten. Bekanntester Vertreter letzterer Gruppe ist *D. Nazagdordsh,* der in Leipzig studierte und der heute als mongolischer Nationaldichter der Neuzeit geehrt wird.

Die innenpolitischen Probleme der *MRVP* am Ende der 30er Jahre wurden im Bereich der Außen- und Verteidigungspolitik potenziert durch die wachsenden **Großmachtambitionen Japans** im Fernen Osten. **Seit 1935** kam es im äußersten Osten der Mongolei im Gebiet des Chalchyn gol zu **Grenzzwischenfällen,** die die seit 1932 in der Mandschurei stationierte japanische Kwantung-Armee provozierte. In Reaktion darauf schlossen die **Mongolei und die Sowjetunion 1936** einen **militärischen Beistandspakt.** Im **Herbst 1938** kam es fast täglich zu immer mehr eskalierenden Grenzzwischenfällen. In einer Gewaltaktion bauten die Sowjets ein Stichgleis von der Transsibirischen Eisenbahn bis nach Tschoibalsan, dem Zentrum des Dornod-Aimaks, die im Sommer 1039 fertiggestellt wurde. Die Rote Armee antwortete auf den Zusammenzug massiver Kräfte der Kwantung-Armee ihrerseits mit großen Truppenverlegungen in die Ostmongolei. **Mitte August 1939** standen auf einem Frontabschnitt von 30 km Länge 57.000 Rotarmisten und 80.000 mongolische Kavalleristen insgesamt 30.000 Japanern gegenüber. Die sowjetisch-mongolischen Verbände waren den Japanern nicht nur zahlenmäßig, sondern auch in Hinblick auf die Kampftechnik weit überlegen. Am **20. August** kam General *Schukow,* der die Operation leitete, den Japanern zuvor, die ihren Angriff für den gleichen Tag geplant hatten. Innerhalb von 3 Tagen war die Zange um die japanischen Einheiten geschlossen, am **16.9.1939** wurde der Waffenstillstandsvertrag unterzeichnet. Insgesamt fielen in der Schlacht über 30.000 Soldaten; zwei Drittel davon waren Japaner. Die ernüchternde Niederlage in der **Schlacht am Chalchyn gol** ließ die Japaner von ihrer ursprünglichen, auf das asiatische Festland orientierten Kriegsplanung Abstand nehmen und sich dem pazifischen Raum zuwenden.

Der Beistandspakt mit der Sowjetunion zog die Mongolei automatisch mit in den **Zweiten Weltkrieg** hinein, ohne daß das Land selbst in Kampfhandlungen verwickelt worden wäre. Die Mongolei lieferte in den Kriegsjahren große Mengen Nahrungsmittel, Winterbekleidung und Reitpferde an die Rote Armee. Erst als der Weltkrieg in Europa zu Ende war und die Rote Armee innerhalb weniger Monate starke Verbände nach Nordostchina verlegte, um die zweite Front gegen Japan zu eröffnen, beteiligten sich auch mongolische Soldaten an Kampfhandlungen.

Formal verstand die Mongolei nach dem Krieg unverändert der Suzeränität Chinas. **Ende 1945** strebte *Stalin* eine Änderung des für die Sowjetunion unbefriedigenden Status quo an und ließ mit Zustimmung Chinas in der Mongolischen Volksrepublik ein **Referendum** zur Frage durchführen, ob das Land lieber unabhängig werden oder weiter unter chinesischer Oberhoheit bleiben wolle. Nahezu 100 % der mongolischen Bevölkerung entschieden sich für die **Unabhängigkeit.**

In der **Nachkriegszeit** wurden verstärkte Anstrengungen unternommen, den **sozialistischen Aufbau** zu beschleunigen. Im Mittelpunkt stand im ländlichen Bereich die zweite Phase der *Kollektivierung* des Herdenviehbestandes und die Zusammenfassung der Nomaden in *Genossenschaften* sozialistischen Typs. Dieser Prozeß war *Anfang der 60er Jahre* im wesentlichen abgeschlossen. Parallel dazu wurde die *Industrialisierung des Landes* vorangetrieben. Im Ergebnis dessen entstanden zahlreiche Betriebe der Leicht- und Lebensmittelindustrie sowie der Baumaterialproduktion. An diesem industriellen Aufbau beteiligten sich neben der Sowjetunion zunehmend auch die nach dem Krieg in Osteuropa entstandenen sozialistischen Länder. Zur DDR nahm die Mongolei noch 1949, also bereits wenige Tage nach ihrer Gründung, diplomatische Beziehungen auf. *1962* wurde die Mongolei *Mitglied des RGW* (*Comecon*) und erhielt neben Kuba und Vietnam den Status eines besonders förderungswürdigen Landes. Befruchtend für den wirtschaftlichen Aufschwung in dieser Zeit wirkten sich auch die *guten Beziehungen zur Volksrepublik China* aus. Chinesische Bauarbeiter errichteten, bis sie mit dem Ausbruch der Kulturrevolution abgezogen wurden, zahlreiche Infrastrukturobjekte; so wurde 1956 z. B. die Eisenbahnlinie Ulan Bator-Peking eingeweiht.

Der rasche Aufbau der Industrie führte zu tiefgreifenden *Umbrüchen in der mongolischen Gesellschaft.* Die Nomaden, die

Das Panzerdenkmal in Ulan Bator erinnert an die Zeit der Mongolischen Volksrepublik

über Jahrtausende ungebunden in der Steppe lebten, wurden nun in sozialistischen Genossenschaften verwaltet. Massenhaft wurden aus den ländlichen Gebieten Arbeitskräfte abgezogen und in Industrie- und Verwaltungsberufen ausgebildet. Die *Comecon*-Länder wetteiferten regelrecht darum, die Mongolei mit Wohltaten zu überhäufen. Ob diese von den Menschen tatsächlich gewollt wurden, wurde nicht hinterfragt. Die *MRVP* als Staatspartei war schon lange zum reinen Erfüllungsgehilfen der Anordnungen aus Moskau degradiert. Trotz zahlreicher ideologischer Offensiven und der Anwendung eines breiten Instrumentariums der „Mobilisierung der Werktätigen" geriet das **wirtschaftliche Wachstum in die Stagnation** oder hing **am Tropf der Zuwendungen des Comecon.** Nach der Vergenossenschaftlichung stagnierte der Viehbestand über 30 Jahre lang und war trotz aufwendiger veterinärmedizinischer Betreuung, Zucht und Heubevorratung niedriger als vor der Kollektivierung. Die Industrie funktionierte nur solange, wie ausländische Facharbeiter und Ingenieure die Aufsicht ausübten und selbst an wichtigen Stellen massiv mit Hand anlegten. Der Ackerbau, der in den 80er Jahren die Selbstversorgung mit Getreide garantierte und sogar einen Exportüberschuß erwirtschaftete, war ein teures Zuschußgeschäft.

Die Partei- und Staatsführung, die über 40 Jahre unter Führung des mit einer Russin verheirateten *Ju. Zedenbal* stand, beschränkte sich im wesentlichen darauf, hin und wieder rote Bänder durchzuschneiden, wenn eine neue Fabrik oder Schule übergeben wurde. Starrsinniger Dogmatismus, Selbstüberschätzung und der Glaube an die eigene Unfehlbarkeit hatten der Parteiführung jeglichen realen Blick für die dringend zu lösenden Probleme abhanden kommen lassen. Deshalb fiel auch in der Mongolei die von *Michail Gorbatschow* eingeleitete Politik von **Glasnost und Perestroika** auf einen für die Parteiführung überraschend fruchtbaren Boden. Die alte Führung sah sich gezwungen, auf das allerorts zu beobachtende Bröckeln in der Gesellschaft mit **halbherzigen Reformen** zu reagieren, die freilich in der täglichen Praxis von der trägen Verwaltung untergepflügt wurden.

Infolgedessen erwuchs aus dem anfänglichen Vertrauensverlust eine zunehmend energisch auftretende **Oppositionsbewegung,** die nicht mehr aus der Partei kam, sondern eine echte Bürgerbewegung war. In der **ersten Hälfte 1990** überschlugen sich dann die Ereignisse. Am **18. Februar** gründete sich die *Mongolisch Demokratische Partei* und beendete die fast 70 Jahre währende Einparteienherrschaft der *MRVP*. Kurz darauf bildeten sich weitere **demokratische, antikommunistische Parteien. Anfang März** fiel das alte Staatsgebilde wie ein Kartenhaus zusammen, das **Politbüro trat geschlossen zurück,** nachdem ein langandauernder **Hungerstreik** von namhaften Oppositionspolitikern auf dem Suchbaatar-Platz die politische Konfrontation auf den Höhepunkt getrieben hatte. Der große Volkshural, das „Jubelparlament" der *MRVP* löste sich auf. Der Generalsekretär der *MRVP, Sh. Batmunk,* konnte gerade noch verhindern, daß der orthodoxe Zweig der *MRVP* ein Blutbad unter den knapp 100.000 Demonstranten anrichtete, die auf dem Suchbaatar-Platz Freiheit und Demokratie forderten.

Die ersten Jahre der Transformation der Mongolei nach 1990

Am **29. Juni 1990** fanden erstmals in der Geschichte der Mongolei **freie Parlamentswahlen** statt. Schon seit dem Sturz des Politbüros war die junge Opposition über den Runden Tisch mit an der Machtausübung beteiligt. In den Wahlen gelang es der *MRVP*, die sich inzwischen vom Schock des massenhaften Aufbegehrens gegen sie erholt hatte, noch einmal die Mehrheit zu erringen. Die Opposition hatte vor allem in den ländlichen Regionen nicht genug Zeit, sich zu etablieren. Gebildet wurde eine **Regierung der großen Koalition,** die **bis 1992** zahlreiche energische Maßnahmen hin zu **Demokratie und Marktwirtschaft** einleitete.

Gesellschaft

Schwerpunkt im wirtschaftlichen Bereich war die Privatisierung des Herdenviehbestandes auf dem Land und kleinerer Dienstleistungs- und Produktionsbetriebe in den Städten. Die politische Bewegung fand im *Februar 1992* mit der Verabschiedung einer *demokratischen Verfassung* ihren vorläufigen Höhepunkt. Unmittelbar nach der politischen Wende öffnete sich das Land auch der Internationalen Gemeinschaft. Die Bundesrepublik trat 1990 die Rechtsnachfolge der DDR an und übernahm die Botschaft in Ulan Bator. *1991* wurde die Mongolei *Mitglied des Internationalen Währungsfonds, der Weltbank und der Asiatischen Entwicklungsbank.* Im gleichen Jahr berieten in Tokio erstmals Vertreter der Geberländer über ein umfassendes Hilfsprogramm für die Reformprozesse in der Mongolei.

Der radikale Umbau in allen Bereichen der Gesellschaft führte das wahre Ausmaß *kommunistischer Mißwirtschaft* vor Augen. Die industrielle Produktion brach in kurzer Zeit zusammen, Massenarbeitslosigkeit und galoppierende Inflation stießen große Teile der Bevölkerung ins *Elend* (Einzelheiten sie-

Plattenbauten prägen das Bild Ulan Bators

he auch unter „Wirtschaft"). Die Regierung mußte, um die Versorgung halbwegs zu gewährleisten, Lebensmittelkarten ausgeben. Dies führte zu **Unmut in der Bevölkerung** und vielfach auch zu der Überzeugung, daß es in der alten Zeit besser gewesen sei. Diese Grundstimmung machte sich die *MRVP* zunutze und konnte in den **Parlamentswahlen 1992,** begünstigt durch das Mehrheitswahlrecht, wieder 71 der 76 Parlamentssitze erringen und ihre **Einparteienherrschaft reaktivieren.**

In den folgenden vier Jahren kam der **Reformprozeß nahezu zum Stillstand.** Die Lösung von Kernfragen, wie z. B. die entschlossene Fortsetzung der Privatisierung in Industrie und Landwirtschaft, wurde immer wieder herausgeschoben oder halbherzig angegangen. Die in viele kleine Parteien zersplitterte Opposition brauchte geraume Zeit, um sich von der für sie schockierenden Wahlniederlage zu erholen und wieder das politische Tagesgeschäft aufzunehmen. Erst **Anfang 1993** konnte die Zersplitterung des konservativen Flügels der demokratischen Kräfte mit dem Zusammenschluß von vier Parteien zur *Mongolischen Nationaldemokratischen Partei (MNDP)* überwunden werden. Zu den **Präsidentschaftswahlen im Juni 1993** traten die beiden großen Ooppositionsparteien, die *MNDP* und die *Mongolische Sozialdemokratische Partei (MSDP),* mit einem gemeinsamen Kandidaten an. Da zum Wahltermin keine der führenden Persönlichkeiten aus diesen Parteien das durch die Verfassung festgelegte Mindestalter von 45 Jahren hatte, gewannen sie den amtierenden, als reformfreudig geltenden Präsidenten *P. Otschirbat* als Kandidaten. Dieser gehörte selbst zwar bei ruhender Mitgliedschaft der *MRVP* an, war aber in den eigenen Reihen angesichts seiner Kritiken an der amtierenden Regierung in Verruf geraten. Die *MRVP* stellte als Gegenkandidaten den kommunistischen Hardliner *L. Tudew* auf. Die Wahl endete mit einem deutlichen **Votum für** *P. Otschirbat* und die **Fortsetzung des Reformkurses.**

Die Zeit bis zu den Parlamentswahlen 1996 nutzten die Oppositionsparteien für eine systematische Festigung ihrer Basis, nunmehr nicht nur in den Städten, sondern auch in den ländlichen Regionen. Innerhalb des Parlaments fand die Stimme der Opposition kaum Gehör. Sie konnte nicht einmal eine Fraktion bilden und damit Anträge an das Parlament stellen, da die dafür erforderliche Zahl von 8 Abgeordneten nicht gegeben war. Deshalb konzentrierten sich die Oppositionsparteien, unterstützt von der nach wie vor aktiven Bürgerbewegung des *Mongolischen Demokratischen Bundes (MDB)* auf den **außerparlamentarischen Widerstand.** Im **Frühjahr 1994** unternahmen einzelne Persönlichkeiten aus der *MNDP, MSDP* und dem *MDB* einen erneuten **Hungerstreik,** der den Rücktritt des Kabinetts und Neuwahlen bewirken sollte. Dieser zweite Hungerstreik traf bei der Bevölkerung auf wenig Resonanz. Kritisiert wurde vor allem, daß die angebotenen Alternativen zur aktuellen Regierungspolitik zu allgemein gehalten seien.

Die Opposition zog aus dem **Mißerfolg des Hungerstreiks** den Schluß, sich langfristig auf die Parlamentswahlen im Juni 1996 vorzubereiten. Bereits **1995** stand fest, daß *MNDP* und *MSDP* unter der populären Bezeichnung *Demokratische Union* ein **Wahlbündnis** eingehen würden. Die erste Hälfte des Jahres **1996** nutzten die Spitzenpolitiker von *MNDP* und *MSDP,* um durch alle Aimaks zu reisen und ihr Wahlprogramm vorzustellen. Kernaussagen des Programms waren die Reaktivierung des wirtschaftlichen Reformkurses, die Bekämpfung von Korruption und Amtsmißbrauch sowie die mittelfristige Verbesserung der sozialen Lage der Bevölkerung.

Die *MRVP* lehnte alle Versuche der Opposition ab, das Wahlgesetz zu ändern und ein Verhältniswahlrecht einzuführen. Die Partei mißachtete die Ergebnisse aller Meinungsumtragen im Vorfeld der Wahlen, die ihr von Monat zu Monat schlechtere Chancen auf eine Wiedererlangung der absoluten Mehrheit im Parlament voraussagten. Entgegen der Opposition, die einen gut organisierten landesweiten Wahlkampf führte, verzichtete die *MRVP* fast vollkommen darauf, um die Gunst der Wähler zu werben.

Aktuelle Politik

Das mit Sicherheit herausragendste Ereignis in der Geschichte der Mongolei der letzten sechs, wenn nicht der letzten 75 Jahre war die erdrutschartige **Niederlage der Mongolischen Revolutionären Volkspartei in den Parlamentswahlen am 30.6.1996.** Die *MRVP* fiel von 71 auf nur noch 25 Sitze im aus 76 Sitzen bestehenden Großen Staatshural (GSH), dem Parlament der Mongolei, ab. Damit endete die Herrschaft der kommunistischen Partei leninscher Prägung, die sich mit 75 Jahren weltweit am längsten ununterbrochen an der Macht behaupten konnte. Die Wahlniederlage wird damit erklärt, daß es den Wählern in den Jahren nach der ersten politischen Krise (1989/90), in deren Ergebnis das erzkommunistische Politbüro zurücktreten mußte und die 2. Reihe der *MRVP*-Funktionäre sich dem Druck aus der Bevölkerung beugend geläutert zu zeigen bemühte, immer augenscheinlicher wurde, daß der Partei nicht ernsthaft an der Fortsetzung und Vertiefung der nach 1990 begonnenen demokratischen Veränderungen lag. Es ging ihr vielmehr darum, alte Machtpositionen zu behaupten und nach Möglichkeit wieder zu festigen.

Funktionsmuster des Staates blieb weiterhin die **permanente Kriminalisierung der Bevölkerung** durch eine Flut von Richtlinien, die jegliche freie Aktivität verhinderte und die es dem Apparat erlaubte, seine Bürger ungestraft zu schikanieren und im Zuge einer ausufernden Korruption ihrer Einkommen zu berauben. Hierin liegt zweifelsohne der Hauptgrund dafür, daß die Mongolei trotz großer Reichtümer an natürlichen Ressourcen und einer gut ausgebildeten Bevölkerung heute **zur Gruppe der ärmsten Länder der Welt** zählt.

Die im Ergebnis der Parlamentswahlen 1996 gebildete **neue Regierung** setzt die vor der Wahl gebildete Koalition zwischen der *Mongolischen Nationaldemokratischen Partei* und der *Mongolischen Sozialdemokratischen Partei* fort. Beide Parteien verfügen zusammen über 50 Parlamentssitze. Den 76. Platz nimmt ein Abgeordneter von einer extreme Positionen vertretenden Partei ein.

Das neue Kabinett trat ein schweres Erbe an. Eines der **Hauptprobleme** besteht darin, den **öffentlichen Dienst** von in der Regel zutiefst korrupten, von den guten alten Zeiten träumenden, demokratischen Veränderungen direkt oder indirekt ablehnend gegenüberstehenden Funktionären, denen zudem vielfach die Qualifikation für das Amt fehlt, zu befreien und ihn an die Erfordernisse eines modernen Staates anzupassen.

Auch die Lösung der **wirtschaftlichen Probleme** (siehe Kapitel „Wirtschaft") und die daraus resultierenden **sozialen Spannungen** stellen eine gewaltige Herausforderung dar. Dennoch sind sich die jungen, dynamischen und hoch motivierten demokratischen Kräfte sicher, innerhalb kurzer Zeit die gröbsten Fehlentwicklungen korrigieren und das Land schnell auf den Weg des wirtschaftlichen Aufschwungs führen zu können.

Unmittelbar nach dem Wahlsieg haben Vertreter von internationalen Organisationen und Organisationen der bilateralen ***Entwicklungszusammenarbeit*** signalisiert, daß sie ihr Engagement in der Mongolei auf eine neue Stufe zu heben bereit seien.

Unter den Parlamentariern der Regierungsfraktion und den Kabinettsmitgliedern gibt es eine große Gruppe, die in den letzten Jahren zu Weiterbildungsmaßnahmen von unterschiedlicher Länge in Deutschland weilten und an einem vordringlichen Ausbau der Beziehungen zur Bundesrepublik und der EU besonders interessiert sind.

Zu Pferde im Sonntagsstaat

Am ***6. Oktober 1996*** fanden auch erstmals demokratische, d. h. freie, direkte, allgemeine und geheime ***Kommunalwahlen*** statt. Bislang waren die Aimak- und Somonversammlungen sowie die Verwaltungen zu 95 % in der Hand der *MRVP*. Die *Demokratische Union* konnte sich auch hier auf über 40 % der Mandate verbessern. Die Erwartung der *Demokratischen Union,* auch in den Kommunalparlamenten allerort die absolute Mehrheit zu erringen, erfüllte sich nicht. Die sofort nach der Regierungsbildung erfolgte Freigabe aller Preise hatte zu einem großen Inflationssprung geführt, der von der Bevölkerung mit Besorgnis aufgenommen wurde und die Stimmabgabe bedeutend beeinflußt haben dürfte.

Der Ministerpräsident machte in allen Fällen, in denen von den Aimak-Parlamenten Mitglieder der *MRVP* als Gouverneure vorgeschlagen worden waren, von seinem ihm durch die Verfassung gewährten Vetorecht Gebrauch und lehnte die nominierten Kandidaten ab. Besonders heftig entbrannte der Streit um den Posten des Gouverneurs von Ulan Bator. Er wurde schließlich mit einem Kandidaten der *MNDP* besetzt.

Die ersten Monate der Arbeit des neu gewählten Großen Staatshurals ließen erkennen, daß die *MRVP* eine Politik des massiven ***Boykotts der Arbeit der Regierung*** anstrebt. Plenarsitzungen wurden regelmäßig verlassen, Gesetzentwürfe zur Privatisierung des Bodens, der staatlichen Wohnungen, des Umbaus des Sozialversicherungssystems oder des Staatshaushalts u. a. m. immer wieder in die Ausschüsse verwiesen. Parallel dazu wurde seitens der *MRVP* unter der Bevölkerung die Angst vor einem weiteren Abbau der Sozialleistungen und des Lebensstandards geführt.

Bei den **Präsidentschaftswahlen zum 18. Mai 1997** kam es zu einem **Erdrutschsieg des MRVP-Kandidaten** *Nazgijn Bagabandi,* bis Juni 1996 Parlamentspräsident, der 60,81 % der Stimmen bereits im ersten Wahlgang auf sich vereinigte. Das ist ein erschreckendes Ergebnis für die Koalitionsregierung aus *MNDP* und *MSDP, (Demokratische Union)* deren eigener Kandidat, der bisherige Präsident *Punzalmaagijn Otschirbat,* nur auf 29,81 % der Stimmen kam. Die Koalition verlor damit innerhalb nur eines Jahres erheblich an Rückhalt in der Bevölkerung, die den radikal-liberalen Wirtschaftskurs in weiten Teilen nicht mitträgt und sich mit dem ex-kommunistischen Präsidenten (wohl zu Unrecht) Mäßigung erhofft.

Massenmedien

MONZAME – die einzige Nachrichtenagentur des Landes, das *Mongol-TV* und das *Mongolradio* **unterstehen** bislang noch immer **der Regierung.** Ihre Privatisierung soll über die dringliche Verabschiedung eines Mediengesetzes geregelt werden. Da sie bisher äußerst regierungsnah arbeiten, kann noch nicht davon gesprochen werden, daß die Medien die vierte Gewalt im Staat sind.

Vor der Wende

Vor der politischen Wende 1990 standen die Print- und elektronischen Medien unter strenger Kontrolle und Zensur durch den **Propagandaapparat** der *MRVP.* Es gab nur einen auf Mongolisch sendenden Fernsehkanal, eine Radiostation, die über Kabel in allen städtischen und über Kurzwellenempfänger in allen ländlichen Haushalten empfangen wurde. Wichtigste **Zeitung** war das Zentralorgan der *MRVP,* die *Unen,* an deren Meinung sich auch alle anderen Blätter zu orientieren hatten. Kritische Meinungsäußerungen zum System wurden über diese Medien nicht verbreitet. Erste **regimekritische Ansichten** fanden 1989 über Flugblätter und heimlich geklebte, kleine, z. T. von Hand geschriebene Plakate den Weg an die Öffentlichkeit.

Unter der Koalitionsregierung

Unter der Koalitionsregierung von 1990 bis 1992 kam es zur Entstehung zahlreicher **freier Zeitungsredaktionen.** Dominierende Themen der Blätter waren Politik und Unterhaltung; letztere spielte bis dahin in den Medien so gut wie keine Rolle und fand deshalb guten Absatz. Private Fernsehsender und Radiostationen entstanden zunächst noch nicht.

Nach 1992

Nach 1992 schlug die *MRVP*-Regierung im Medienbereich wieder eine **härtere Gangart** ein. Die staatsnahen Zeitungen *Dsasgijn Gadsryn Medee* (Regierungsnachrichten) und *Ardyn Erch* (Volksrecht) wurden ebenso wie das staatliche Fernsehen und das landesweit sendende *Mongolradio* weiter subventioniert. Anregungen, ein Gesetz über die Medien und den Status der Journalisten zu verabschieden, wurden durch das Parlament immer wieder hinausgezögert. Im durch die Subventionierung verschobenen Wettbewerb auf dem Medienmarkt konnten sich eine Reihe von Zeitungen nicht dauerhaft behaupten. Dafür etablierten sich nach 1992 eine Reihe von **privaten UKW-Sendern** in Ulan Bator und anderen Städten, sowie **private Fernsehstationen.**

Radio und Fernsehen

Der wichtigste **private Nachrichtensender** ist das *Eagle-TV*, ein Unternehmen der CNN-Gruppe, das täglich 30 Minuten nationale und internationale Nachrichten in Mongolisch sendet. Innerhalb kurzer Zeit wurde auch das **Kabelnetz** in den Städten ausgebaut, an das inzwischen so gut wie alle Haushalte in Neubauwohnungen angeschlossen sind. Über Kabel können über 15 Fernsehsen-

der empfangen werden, darunter *CNN* und *BBC-World News.*

In den **ländlichen Regionen** können bislang nach wie vor nur sehr wenige Haushalte Satelliten-Fernsehen empfangen. Den meisten Nomadenhaushalten fehlt ein Fernsehgerät. Selbst der Ausstattungsgrad mit Kurzwellenempfängern ist in den letzten Jahren rückläufig.

Mongol-TV sendet landesweit auf einem Kanal an 6 Tagen in der Woche insgesamt 25 bis 30 Stunden.

Mongolradio sendet auf dem ersten Kanal täglich 17 und auf dem zweiten Kanal 8 Stunden. Neben Sendungen in Mongolisch gibt es auch ein Angebot in Englisch, Japanisch, Russisch und Chinesisch für ausländische Hörer.

Zeitungen und Zeitschriften

Im Sommer 1996 waren landesweit 480 Zeitungen, 120 Zeitschriften und 28 Medienanstalten beim Justizministerium registriert, von denen tatsächlich jedoch nur 60 Zeitungen, ca. 20 Zeitschriften und mehr als 10 Medienanstal-

ten regelmäßig publizieren bzw. senden. Als **echte Tageszeitungen** gelten nur die *Ardyn Erch,* die *Dsasgijn Gadsryn Medee* und die *Ulaanbaatar,* die jeweils an 5 Tagen in der Woche erscheinen. Die *Ardyn Erch* gibt seit 1996 die *UB POST* heraus, die sicherlich die für Ausländer informativste **in Englisch erscheinende Wochenzeitung** ist.

Über 70 % der registrierten Printmedien sind private, freie Blätter. Dennoch gibt es kein privates Blatt, das als Tageszeitung landesweit erscheint. Die unter den unabhängigen, **freien Zeitungen** als Spitzenblatt rangierende *Il Towtschoo* erscheint beispielsweise nur einmal in 10 Tagen.

MONZAME gibt in englischer Sprache den *Mongol Messenger,* in Russisch die *Nowosti Mongolia* und in Altmongolisch *Chmuun bitschig* heraus.

Auf Englisch erscheint einmal wöchentlich **The Mongol Messenger.** Das Blatt, das neben politischen auch wirtschaftliche Nachrichten vermittelt, kann aus dem Ausland aboniert werden (Fax Nr. 00976-1-327857). Das Jahresabonnement kostet für Europa 78 US$. **The UB Post** ist eine Wochenzeitschrift, die die wichtigsten Beiträge aus einer Reihe von mongolischen Veröffentlichungen in der englischen Übersetzung abdruckt. Sie kann bestellt werden unter der Fax Nr. 00976-1-314021. Das Jahresabonnement kostet für Europa 78 US$.

Wirtschaft

Überblick

Wirtschaftliche Entwicklung

Über Jahrhunderte bildete die extensive **Nomadenviehwirtschaft** die einzige und ausschließliche wirtschaftliche Grundlage der Mongolei, wobei die Subsistenzwirtschaft dominierte und Produkte tierischen Ursprungs nur partiell als Handelsware dienten. **Ackerbau** wurde nur in verschwindend kleinem Umfang zumeist von Chinesen und anderen nichtmongolischen Minderheiten betrieben. **Handwerk** existierte im wesentlichen nur im Umfeld der buddhistischen Klöster.

Um die **Jahrhundertwende** existierte eine Reihe von Handelsniederlassungen und kleinen Verarbeitungsbetrieben (Wollwäschereien, Gerbereien, Ziegeleien usw.), die von Chinesen, Russen, Engländern, Amerikanern und Deutschen betrieben wurden. Diese Unternehmer wurden nach der Volksrevolution verjagt.

Erst in den **30er Jahren dieses Jahrhunderts** wurde unter starker sowjetrussischer Beteiligung damit begonnen, einfache Betriebe der **Leichtindustrie** und des Handwerks zur Verarbeitung tierischer Rohstoffe aufzubauen (siehe auch „Ulan Bator, Geschichte").

Mit dem Beitritt der Mongolei zum **Comecon** im Jahr **1960** beteiligten sich im Rahmen eines **Sonderförderungsprogramms** nahezu alle europäischen RGW-Länder an der Errichtung weiterer industrieller Standorte. Neben Betrieben der Leicht- und

Lebensmittelindustrie sowie Bergbaubetrieben (Kupfer/Molybdän, Flußspat, Phosphorit, Wolfram, Zinn, Zink, Gold), die stark exportorientiert waren, wurden auch die Baustoffindustrie und das Energiewesen soweit entwickelt, daß der relativ geringe nationale Bedarf weitestgehend gedeckt werden konnte.

Die **Industrie** konzentrierte sich dabei im wesentlichen auf die Standorte Ulan Bator, Darchan und Erdenet. Produkte der Landwirtschaft und Industrie wurden, soweit sie nicht auf dem nationalen Markt abgesetzt wurden, fast ausschließlich in die Länder des *RGW* und hierbei wiederum vor allem in die UdSSR exportiert. Handelsbeziehungen zu westlichen Industriestaaten existierten, von ganz wenigen Ausnahmen abgesehen, bis 1989 de facto nicht. Die gesamte Wirtschaft der Mongolei war und ist stark von Zulieferungen von Ersatz- und Verschleißteilen sowie Brenn- und Treibstoffen aus dem Ausland angewiesen. Inzwischen ist auch die **Selbstversorgungsrate** mit Getreide – neben Fleisch das wichtigste Nahrungsmittel – auf nur noch ca. 50 % des nationalen Bedarfs gefallen. Diese Sachzwänge werden von der mongolischen Regierung als ernsthafte Probleme bei der Gewährleistung der nationalen Sicherheit und Unabhängigkeit gewertet, ohne daß eine diesbezügliche Lösung abzusehen wäre.

Inzwischen gibt es Anfänge des Aufbaus einer eigenen **petrochemischen Industrie.** Auf diesem Gebiet engagieren sich besonders amerikanische Unternehmen. Probleme der Mongolei, ihren finanziellen Beitrag zu diesen Gemeinschaftsprojekten zu leisten, haben die Zeitpläne ins Wanken geraten lassen. Insgesamt ist die industrielle **Infrastruktur** nur unzulänglich ausgebaut und technisch dringend überholungs- und modernisierungsbedürftig.

Probleme nach der Wende

Ende der 80er, Anfang der 90er Jahre gingen die ehemaligen Staatshandelsländer dazu über, erbrachte Lieferungen und Leistungen in frei konvertierbarer Währung zu verrechnen. Dies führte in der Mongolei, dem von allen sozialistischen Ländern trotz aller bis dahin erbrachten Förderung mit Abstand am wenigsten entwickelten Gebiet, alsbald zu massiven Problemen in allen Bereichen der Wirtschaft, die sehr schnell auch auf den sozialen Bereich ausstrahlten.

1990/91 kam es zu einem **dramatischen Niedergang** der nationalen Industrie, der sich in abgeschwächter Form bis 1994 fortsetzte. Erst 1995 kam es wieder zu einem leichten Anstieg des Bruttosozialprodukts, von einem äußerst niedrigen Niveau ausgehend.

Die Haushaltslage

Der Staatshaushalt litt in den Nachwendejahren unter einem **permanenten Defizit,** das trotz massiver Interventionen der Weltbank und des *IWF* nicht beseitigt werden konnte.

Auf Drängen der Geberländer wurde das **Steuersystem** grundlegend reformiert. Dennoch fällt es den Steuerbehörden schwer, besonders

Gesellschaft

Staatshaushalt in Mrd. Tugrik		
1993	*1994*	*1995*
Einnahmen 54,84	86,13	136,27
Ausgaben 61,66	101,03	147,73

aus dem großen informellen, also halblegalen Sektor der Wirtschaft Steuern einzutreiben.

Die Inflation

Im Jahre *1992* erreichte die Inflation mit 325 % im Gesamtjahr ihren bisherigen **Höhepunkt.** Der Halbjahresbericht des Amtes für Statistik für die erste Hälfte 1996 spricht von einer Teuerungsrate in Höhe von 15,5 % seit Jahresanfang.

Am 1. September 1996 verkündete die erst seit wenigen Wochen im Amt befindliche neue Regierung die Freigabe der Basispreise. Im Ergebnis dessen stiegen die Preise für Treib-

stoff, Energie, Verkehr, Wohnraum u. a. m. beträchtlich, so daß für das Jahr 1996 mit einer Inflationsrate von um die 50 % gerechnet wird.

Die Löhne und Gehälter hinken permanent hinter der Preisentwicklung hinterher. Dies führt zu einem **realen Kaufkraftverlust,** der ca. ein Drittel der mongolischen Bevölkerung in die Schicht der Armen und sehr Armen abgleiten ließ.

Die Kursentwicklung der nationalen Währung zum US-Dollar

Parallel zur Hyperinflation verlor der Tugrik seit 1991 kontinuierlich an Wert. Bis zum 1.1.1993 wurde im offiziellen Geldverkehr an einem starren Kurs von 1 US$ zu 150 Tugrik festgehalten. Auf dem Schwarzmarkt lag der Kurs dagegen bereits im April 1992 bei 1:170 und stieg bis März 1993 auf 1:480. Seit Ende 1993 hat sich der **Wertverfall** des Tugriks ab-

Die Inflation läßt karge Gehälter gigantisch wirken

geschwächt. Im Juli 1996 erreichte er gegenüber dem US$ einen Kurs von 1:560, nach dem 1. September 1996 sprang er auf einen Wert von über 1:600.

Die Auslandsverschuldung

In den Jahren der Mitgliedschaft der Mongolei im *RGW* sind bei allen **Ostblockländern,** die Leistungen für die Mongolei erbracht haben, Kredite aufgelaufen, über deren Rückzahlung es oft keine genauen Vereinbarungen gab, solange es sich um Hilfen für ein „kleines Bruderland" handelte. Nach der politischen Wende unternahmen die Nachfolgeregierungen unterschiedlich energische Versuche, diese Kredite durch die Mongolei tilgen zu lassen. Allein die GUS als der Rechtsnachfolger der UdSSR habe, so war aus inoffiziellen Quellen zu hören, gegenüber der Mongolei Zahlungsverpflichtungen in der **astronomischen Höhe** von 17,5 Mrd. US$ geltend gemacht. Dies wären, umgelegt auf die Bevölkerung des Landes (Stand 1995) 7550 US$ je Einwohner, bei einem Bruttosozialprodukt pro Kopf der Bevölkerung von nur 355 US$ (1995). Während des Besuches des russischen Außenministers *E. Primakow* am 13./14. November 1996 war indessen nur noch von 9 Mrd. US$ die Rede, deren Tilgung bis in das Jahr 2005 zurückgestellt worden sei. Rußland ist sich bewußt, daß der größte Teil des Geldes unwiederbringlich verloren ist.

1992 bestanden gegenüber **westlichen Gläubigern** Ausstände in einer Gesamthöhe von 360 Mio. US$.

Diese konnten zwischen 1993 und 1995 durch eine bewußte Reduzierung der Importe, die zu einem alljährlichen deutlichen Exportüberschuß führte, **abgebaut** und sogar ein gewisses Polster an Devisenguthaben geschaffen werden.

Nach 1990 hat sich die Mongolei mit insgesamt 261 Mio. US$ neu verschuldet (Stand 1.1.1996). Die Bundesrepublik hat daran Anteil in Höhe von 17,5 Mio. US$.

Zum Stichtag 25.6.1996 hatte das Land Schulden in einer Gesamthöhe von 511,2 Mio. US$. Die aufgenommenen Kredite sind in erster Linie Vorzugskredite der *Weltbank* und des *IWF,* der *Asiatischen Entwicklungsbank* sowie Kredite im Rahmen der bilateralen finanziellen Zusammenarbeit mit den Geberländern. Die Tilgungszeiträume und der Beginn der Rückzahlung sowie der Zinssatz sind äußerst kreditnehmerfreundlich. Dennoch kommen auf das Land ab 1999 und weitaus stärker noch im neuen Jahrtausend **beachtliche Zahlungsverpflichtungen** zu. Sie werden in den nächsten Jahren noch weiter wachsen, denn die finanzielle Abhängigkeit von ausländischen Gebern wird sich in diesem Jahrhundert nicht mehr beseitigen lassen.

Seit 1991 finden jährlich unter Federführung der japanischen Regierung und der Weltbank in Tokio **Mongolei-Hilfskonferenzen** der Geberländer statt, an denen sich von Jahr zu Jahr mehr Länder und Organisationen beteiligen. Das Forum dient in erster Linie der Koordination der Aktivitäten der einzelnen Geber. Wurden die dort bewilligten Gelder zunächst überwiegend für sogenannte Feuerwehreinsätze, also die Finanzierung dringend benötigter Treibstoff-, Ersatzteil- und Lebensmittelimporte verwendet, traten in den Folgejahren stärker Bemühungen in den Vordergrund, die Mittel zur Schaffung günstiger Rahmenbedingungen für den Aufbau der Privatwirtschaft einzusetzen. Dazu zählt vor allem die Finanzierung von Infrastrukturmaßnahmen. Die meisten Mittel fließen in den Energiesektor, den Eisenbahn- und Straßenbau sowie den Ausbau des Telekommunikationsnetzes.

Die Privatisierung

Fast unmittelbar nach der politischen Neuorientierung wurde auch mit der Privatisierung ehemaliger Staatsunternehmen in Industrie, Landwirtschaft und im Dienstleistungssektor begonnen. Innerhalb kurzer Zeit wurden über ein System von *Anteilscheinen,* man könnte auch Volksaktien sagen, viele kleine Geschäfte, Handwerksbetriebe, Dienstleistungseinrichtungen und auch der größte Teil des Viehbestandes der staatlich organisierten Genossenschaften in private Hand überführt. *Ungenügende gesetzliche Regelungen,* die weit verbreitete *Vetternwirtschaft* und ein bewußt oder unbewußt hervorgerufenes Durcheinander in der Buchhaltung zum Zeitpunkt der Überführung der Unternehmen führten dazu, daß es einige wenige Gewinner aus der Wende gab, nicht wenige andere Volksaktionäre jedoch mehr oder weniger leer ausgingen oder auch später

noch um ihren Anteil gebracht wurden. Selbst bei der Verteilung des Viehs an die ehemaligen Zwangsmitglieder der sogenannten Genossenschaften, einer Aktion, von der man meinen sollte, daß sie im Vergleich zur Privatisierung etwa eines großen Lagerhauses für die Betroffenen weitaus verständlicher ist, kam es landesweit zu *Willkürakten.* Einzelne Alt- und meist auch wieder Neufunktionäre bereicherten sich am Viehbestand und an den sonstigen Hinterlassenschaften der alten Betriebe. Viehhalter, die Ende der 50er, Anfang der 60er Jahre unter Zwang mit ihrer gesamten Herde in die Genossenschaft eintreten mußten, wurden in vielen Fällen mit weniger Tieren abgespeist, als sie einst eingebracht hatten. Die Klärung dieser Ungerechtigkeiten wurde von der bis 1996 regierenden ehemaligen kommunistischen Partei bewußt immer wieder hinausgeschoben und war mit einer der Hauptgründe für ihre deutliche Niederlage bei den Parlamentswahlen 1996.

Im Oktober 1996 verabschiedete das Parlament ein Gesetz über die *Privatisierung des staatlichen Wohnraums,* das von der Bevölkerung überrraschend *negativ aufgenommen* wurde. Die Mieter erwarteten, daß ihnen ihr Wohnraum gänzlich ohne Kosten überlassen werden würde. Statt dessen soll eine Bearbeitungsgebühr erhoben werden, die die Kosten der Privatisierung abdecken soll. Veranschlagt sind 2,5 % des Taxwertes der jeweiligen Wohnung. Dieser gering erscheinende Betrag ist immer noch so hoch, daß

Das Parlamentsgebäude

die große Mehrheit der Wohnungsinhaber ihn nicht aufbringen können wird. Der Teil der Bevölkerung, der nach wie vor in Jurten lebt, kritisierte, daß das Gesetz den Gleichheitsgrundsatz verletze, die Wohnungsinhaber beklagten, die Gebühr nicht zahlen zu können.

Die *Schlüsselindustrie,* vor allem die Hauptdevisenbringer Bergbau und Kaschmirverarbeitung, sind weiter fest in staatlicher Hand. Das Programm der Regierung sieht auch für diesen Bereich sowie beim Boden, der noch immer ausschließlich dem Staat gehört, einschneidende Veränderungen in den Besitzverhältnissen vor. Besonders heftig wurde im Herbst 1996 im Parlament die Frage nach der Behandlung von Ausländern diskutiert Es zeichnete sich ab,

daß Ausländer kein Recht erhalten werden, Bodenbesitz in der Mongolei zu erwerben.

Der Außenhandel

Der Fall des Eisernen Vorhangs und der Zusammenbruch des Sowjetimperiums setzte die mongolische Wirtschaft plötzlich *dem internationalen Wettbewerb* aus, dem vor allem Fertigprodukte aus der Leichtindustrie *nicht gewachsen* waren. Selbst der Binnenmarkt sah sich einem plötzlichen aggressiven Verdrängungswettbewerb durch vor allem chinesische Waren minderer Qualität ausgesetzt.

Ferner kam erschwerend hinzu, daß die *Nachfrage nach traditionellen Exportprodukten* aus dem Bergbau

Im- und Export der Mongolei in Mio. US$							
	1989	*1990*	*1991*	*1992*	*1993*	*1994*	*1995*
Export	721,5	660,7	348,0	388,4	382,6	367,8	511,6
Import	963,0	924,0	360,9	418,3	379,0	258,4	388,7

(Kupfer- und Molybdänkonzentrat, Spat, Uran, andere Buntmetalle) auf dem Weltmarkt rückläufig und im Preis schwankend ist. Auch beim Kaschmir, dem nach Kupfer zweitwichtigsten Exportprodukt, ist der Weltmarktpreis, den Launen der Mode gehorchend, besonders großen Unregelmäßigkeiten unterworfen, die eine langfristige Planung erschweren.

Der *Handel,* darunter der Außenhandel, nimmt im Wirtschaftsgefüge inzwischen einen sehr bedeutsamen Platz ein. Zahlreiche, vor allem junge Leute, verdienen ihr Brot heute damit, als sogenannte *Rucksackhändler* entweder im eigenen Land, erfolgreicher aber noch zwischen Rußland und China Waren aller Art zu vertreiben. Waren, die in der Mongolei hergestellt sind, sind allerdings kaum darunter. Vom Außenhandel profitiert der Staat neben der legitimen Einziehung von Zöllen und der Mehrwertsteuer auch indirekt dadurch, daß sich seine schlecht bezahlten Beamten jede Amtshandlung durch eine mehr oder weniger große Gefälligkeit versüßen lassen.

Die Landwirtschaft

Viehzucht

Die *Reprivatisierung* der Viehherden und der deutlich rückläufige Fleischbedarf, der sich aus dem Zusammenbruch des Fleischexports und der kaufkraftbedingten schwachen Nachfrage auf dem Binnenmarkt ergibt, haben den Herdenviehbestand der Mongolei *sprunghaft anwachsen* lassen. Begünstigend kam hinzu, daß die Witterungsverhältnisse in den letzten Jahren so waren, daß überdurchschnittliche Verluste ausblieben.

Dieser auf den ersten Blick positiven Tendenz stehen *wachsende Probleme* mit der Überweidung und Bodenerosion, fehlende Brunnen und der weitestgehende Zusammenbruch der veterinärmedizinischen Betreuung der Herden entgegen.

Insgesamt verfügten zur *offiziellen Viehzählung* 1995/96 283.900 Familien mit 1.213.400 Angehörigen über Vieh, wobei 15,4 % der viehsitzenden Familien bis zu 10 Tiere, 32 % bis 50 Tiere, 40,4 % bis 200 Tiere und 12,1 % größere Herden hielten. 306 Familien hielten 1000 bis 2000 Tiere, 8 Familien sogar über 2000 Tiere.

Die große Mehrheit der Haushalte mit weniger als 100 Tieren sind keine Viehhalter im klassischen Sinne, sondern betreiben die Viehhaltung als *Nebenerwerb* oder hüten das Vieh anderer Leute auf der Grundlage bestimmter Abmachungen mit den eigentlichen Besitzern, die in der Regel verwandtschaftlich mit ihnen verbunden sind.

Die Zahl der *Viehzüchterhaushalte,* das sind die Haushalte, die außer den Einkommen aus der Viehzucht

Viehbestand der Mongolei in Mio. Stück							
1985	*1989*	*1990*	*1991*	*1992*	*1993*	*1994*	*1995*
22,5	24,7	25,9	25,5	25,7	25,2	26,8	28,6

über keine anderen Einnahmequellen verfügen, belief sich 1995 auf ca. 167.000. Viehhalterhaushalte mit weniger als 50 Tieren gelten als arm, solche mit 50-100 Tieren immer noch als ärmlich. Selbst eine Herdengröße von 200 Tieren reicht kaum aus, um die Existenz der Familie, die im Durchschnitt 4,6 Personen umfaßt, zu gewährleisten und gleichzeitig die Herde wachsen zu lassen. Letzteres ist aber zwingend notwendig, um erwachsenen Kindern bei deren Eheschließung eine Mitgift in Form einer Herde als Lebensgrundlage übertragen zu können. Erst bei 300 Tieren und mehr kann eine Familie in halbwegs gesicherten Verhältnissen leben und sich die Herde schneller vergrößern, als sie durch Schlachtung wieder dezimiert wird.

Langfristig muß das Land sicher *Alternativen zur nomadischen Viehhaltung* finden, denn das durch Erosion, Wassermangel, Versalzung, Urbanisierung und andere Faktoren immer knapper werdende Weideland kann nicht die in absoluter Zahl weiter wachsenden Herden und eine stetig steigende Zahl von Familien ernähren. Ein zunehmender Teil der Landjugend wird sein Einkommen nicht mehr aus der Viehhaltung, sondern aus dem verarbeitenden Gewerbe erzielen müssen.

Ackerbau

Es wurde bereits an verschiedenen Stellen erwähnt, daß der Ackerbau so gut wie *keine Tradition* in der Mongolei hat. Erst unter unmittelbarem Einfluß der Sowjetunion und unter dem Druck der Neulandgewinnung in diesem Land wurden seit den *60er Jahren* große Kampagnen entfacht und große Flächen in der Steppe, insbesondere in den Aimaks Bulgan, Tuw, Selenge und Chentij umgebrochen. Parallel dazu entstand eine eigene weiterverarbeitende Industrie. Angebaut wurden und werden vor allem Hartweizen, Kartoffeln, Kohlsorten und Rüben.

Wie die Statistik verdeutlicht, ging die Gesamterzeugung von Ackerbauprodukten nach 1989 rapide zurück. Im gleichen Zeitraum wuchs die Bevölkerung aber von 2,04 Mio. auf 2,31 Mio. an.

In der Perspektive wird der Ackerbau in dieser Form kaum wieder seine alte Bedeutung zurückerlangen können. Bedingt durch die klimatischen Verhältnisse kann die Mongolei mit ihrer Getreideproduktion nicht gegen ihren südlichen Nachbarn konkurrieren, begibt sich aber mit dem *Verlust der Fähigkeit zur Eigenversorgung* der Bevölkerung mit Grundnahrungsmitteln in ein potentiell gefährliches Abhängigkeitsverhältnis.

Gesellschaft

Produktion ausgewählter Erzeugnisse des Ackerbaus (in 1000 t)									
	1970	*1980*	*1989*	*1990*	*1991*	*1992*	*1993*	*1994*	*1995*
Getreide	326,5	286,8	839,1	718,3	593,0	493,9	479,5	330,7	261,2
Kartoffeln	22,0	39,3	155,5	131,1	97,5	78,5	601	54,0	51,1
Freilandgemüse	12,6	26,0	59,5	41,7	23,3	16,4	22,7	22,8	27,1

Das Yak

Der sicherlich typischste Bewohner der Gebirgsregionen der Mongolei ist das Yak *(Bos grunniens)*. Ohne das Yak wäre die Besiedlung der vegetationsarmen unwirtlichen mongolischen Gebirgsregionen und des gesamten Himalajas, insgesamt ein Areal von 1,4 Mio. qkm, undenkbar gewesen.

Etwa 20 Prozent des gesamten **Rinderbestandes** der Mongolei (1995: 3.316.400) sind Yaks – obwohl strenggenommen ein Yak ja kein Rind ist. Nach China hat die Mongolei damit den zweitgrößten Anteil an den weltweit lebenden ca. 15 Mio. Yaks. Der Anteil der Yaks am Gesamtrinderbestand ist allerdings rückläufig. 1941 lag er noch bei über 30 %. Der wachsende Lebensstandard und die zunehmende Urbanisierung hat die Bereitschaft der Viehhalter sinken lassen, den Yakherden folgend in abgelegenen Bergregionen zu siedeln.

Yaks verteilen sich **geographisch** in der Mongolei zu 71 % auf das Changaj-Chuwsgul-Bergland und zu 28 % auf den Mogolischen Altai. In Höhen unter 1.800 m werden sie z.T. auch gehalten, fühlen sich aber nicht wohl. Die einzige nennenswerte Yakherde **außerhalb Zentralasiens** wird übrigens vom Bergsteiger und Publizisten *Reinhold Messner* in gehalten.

Früheste Anzeichen der **Domestikation** sind für die Zeit um 2500 v.Chr. an der Nordseite des Himalaja nachgewiesen worden, also 4000 Jahre später als die des Hausrinds. **Wildyaks** leben nur noch in China in unwirtlichen Höhenlagen zwischen 4.000 und 6.000 m Höhe. Ihr Bestand wird auf 20.000 bis 40.000 Tiere geschätzt.

Die **Kreuzung aus Yak und mongolischem Rind** heißt *Chajnag*. Ist die Mutter eine Yakkuh, nennt man das Kalb Mond-Chajnag, ist die Konstellation andersherum, heißt das Kalb Sonnen-Chajnag. Nur die weiblichen Hybriden sind fruchtbar.

Bullenkälber sind bei Rückzüchtung bis in die dritte Generation immer unfruchtbar. Mond-Chajnags sind sowohl reinrassigen Yaks als auch mongolischen Rinderrassen in allen Nutzungskategorien (Lebendgewicht, Milchleistung, Leder) überlegen. Vor allem Ochsen und männliche Bastarde der Mond-Chajnags sind sehr kräftig und ausdauernd und dem Menschen gefügiger als die unberechenbaren Yakbullen und deshalb gut als Arbeitstier geschätzt. Sie vertragen auch den Aufenthalt in geringeren Höhen besser, als die reinrassigen Tiere.

Yakbullen erreichen ein Gewicht von 250 bis 550 kg, die **Kühe** sind deutlich kleiner und wiegen zwischen 180 und 350 kg. Sie geben in der Laktationsperiode 350-400 l **Milch.** Dies mag im Vergleich zu den viele Tausend Liter Milch gebenden Hochleistungs-Rindern wenig erscheinen. Dafür ist die Milch von einer herausragenden Qualität, denn die Yaks ernähren sich ausschließlich von Bergkräutern und leben in einer von Menschenhand kaum beeinflußten Natur. Die Milch hat mit 6,5 bis 7,5 % fast doppelt soviel Fett wie Kuhmilch.

1993 entstand in der Mongolei die erste kleine **ländliche Käserei,** die in den Sommermonaten sehr aromatische Halbhart- und Hartkäsesorten herstellt. Das Projekt geht auf deutsche und schweizerische Entwicklungshilfe zurück. Inzwischen sind eine ganze Reihe von ländlichen Käsereien entstanden. Die Betreiber sind ausschließlich Nomaden, die somit einen neuen „Berufsweg" eingeschlagen haben.

Wesentlich häufiger wird allerdings aus der Yakmilch **Butter** hergestellt, die aus technologischen Gründen gesalzen wird und für den europäischen Gaumen etwas gewöhnungsbedürftig ist. Ende der 80er Jahre erreichte die jährliche Butterproduktion 4.500 bis 5.000 t. Mit ihr wurden ca. 16.500 saisonale Arbeitsplätze geschaffen. Für die Yakbesitzer war die Ablieferung der Milch eine der wesentlichsten Einnahmequellen. 1992 drängte erstmals in bedarfsdeckender Größenordnung als „Nothilfe" **amerikanische Butter** auf den mongolischen Markt, die zu stark subventionierten Preisen verkauft wurde. Diese und zwei weitere Lieferungen in den Folgejahren entzogen der einheimischen Butterindustrie, die mit dem geschenkten Produkt natürlich nicht konkurrieren konnte, schlagartig die Existenzgrundlage – ein trauriges Beispiel für die bisweilen zerstörerische Wirkung von Lebensmittelgeschenken aus Industrieländern. Erst seit 1996 gibt es wieder bescheidene Bemühungen, die Butterproduktion zu reaktivieren.

Neben der Milch ist auch die **Yakwolle** ein interessanter Rohstoff. Der Flaum ist auf den ersten Blick kaum von Kaschmir zu unterscheiden, aber etwas langfasriger und stärker als der Flaum der Ziege, wodurch er sich leichter spinnen läßt. Die Fasern lassen sich leicht einfärben, allerdings läßt sich der graue Grundton nicht mehr aufhellen, so daß aus Yakwolle vor allem Schlafdecken oder auch Polstermaterial hergestellt werden

In den hohen Gebirgsregionen mit ihren steilen Hängen und langen rutschigen Geröllfeldern ist der Yak ein besseres, da ausdauerndes und trittsichereres **Reittier,** als das Pferd. Er durchschwimmt klaglos eisige, reißende Gebirgsflüsse und gerät auch in Sumpfgebieten nicht in Panik.

Bergsteigerexpeditionen schätzen die **Tragleistung** der Yaks. Ein dreijähriger Ochse kann mit einem Packgewicht von 65-80 kg im Hochgebirge eine Strecke von 25-30 km zurücklegen. Die Tiere können mehr als eine Woche durchmarschieren, wenn sie nachts gefüttert werden.

Am häufigsten werden Yaks zum Ziehen von einfachen **Holzkarren** eingesetzt. Die Wagen sehen mit ihren Holzrädern und der aus einem kräftigen Baumstamm bestehenden Starrachse sehr urtümlich aus. Die Ladefläche liegt direkt auf der Achse auf. Je mehr geladen wurde, desto stärker ist die Bremswirkung. Das ist bergauf mühevoll, wenn es bergab geht, fährt der Wagen den Tieren dafür aber nicht in die Hacken. Das könnte dem Führer wie für die anderen Tiere in der Karawane gefährlich werden, wenn sich die temperamentvollen Tiere erschrecken und durchgehen.

149

Der Tourismus

Der Tourismus soll in diesem Abschnitt nur unter dem Gesichtspunkt des Wirtschaftsfaktors für die Mongolei beleuchtet werden.

In den letzten 10 Jahren **vor dem Beginn der Reformen** besuchten die Mongolei durchschnittlich jährlich etwa 10.000 Touristen, die ausnahmslos vom damals staatlichen Reisebüro *Juulchin* empfangen und auf wenigen Standardrouten durch das Land geschleust wurden. Sie kamen zum allergrößten Teil aus den „Bruderländern". Touristen aus Japan, den USA oder Westeuropa blieben äußerst selten. Der Staat erzielte aus dem Tourismus jährlich Einnahmen in Höhe von 6 bis 7 Mio. US$. Eine Erhöhung der Urlauberzahlen scheiterte nicht nur an der Kapazitätsgrenze der Hotels und Touristencamps, mangelndem Marketing, schlechtem Service und einer allgemein unzureichend ausgebauten Infrastruktur sowie dem inflexiblen Verhalten in der Programmgestaltung. Tourismus, insbesondere für Ausländer aus den entwickelten Ländern, kollidierte mit der herrschenden Ideologie und Propaganda, die den Westen als der Verwesung anheimgefallen und in den letzten Zügen liegend darstellte.

Erst mit dem **politischen Wandel** kam auch in die Tourismusbranche Bewegung. **Neue Touristencamps** entstanden u. a. im Gebiet Gurwannuur, der Geburtsheimat *Tschingis-Khans*, im Chowd, Chentij und in der Ostgobi. In Ulan Bator wurden in kürzester Zeit zahlreiche **neue Hotels** errichtet. Inzwischen besteht bereits ein augenscheinliches Überangebot an Hotelbetten.

Dennoch sind die **Besucherzahlen** in den Nachwendejahren **kaum gestiegen.** Vor allem die Zahl der Touristen aus den westlichen Industrieländern blieb weit unter den Erwartungen. Einige europäische Reiseveranstalter, die unmittelbar nach der Wende die Mongolei in ihre Angebotspalette aufgenommen hatten, haben sich inzwischen enttäuscht zurückgezogen. 1996 kam es zu einem erneuten Einbruch in den Besucherzahlen, weil von den internationalen Nachrichtenagenturen im April/Mai durch eine alarmierende Berichterstattung vielfach der Eindruck entstand, die Mongolei sei durch Wald- und Steppenbrände in Schutt und Asche gelegt worden und als Reiseland deshalb unattraktiv. Jeder, der im Sommer 1996 in der Mongolei war, wird das Gegenteil berichten.

Dem Charakter nach ist der Tourismus orientiert auf das Erleben der Natur, das Kennenlernen der Nomadenkultur, des Lamaismus und der Schauplätze der bewegten Geschichte des Landes. Einen besonderen Platz nimmt der Jagdtourismus ein.

Mittelfristig wird der Tourismus zweifelsohne einen gewichtigeren Platz in der Wirtschaft des Landes einnehmen. Dennoch wird sich das generelle Problem nicht ausräumen lassen, daß die klimatischen Verhältnisse dem Fremdenverkehr enge zeitliche Grenzen setzen.

Menschen und Kultur

Bevölkerung

Die Mongolei ist ein Land mit einer seit Jahrzehnten schnell wachsenden Bevölkerung. Der insbesondere in den 60er bis 80er Jahren zu beobachtende *Geburtenboom* klang nach der Wende rapide ab und findet erst in jüngster Zeit wieder einen leichten Anstieg. Das rasche Wachstum führt dazu, daß 76 % der Bevölkerung jünger als 35 Jahre sind.

Bevölkerungswachstum	
Jahr	**Bevölkerung**
1918	648.100
1925	484.000
1940	743.800
1950	772.400
1960	968.100
1970	1.265.400
1980	1.682.000
1985	1.900.600
1990	2.149.300
1995	2.317.500

Die Industrialisierung der Mongloei führte in den 60er, 70er und 80er Jahren zu einer *raschen Urbanisierung* des Landes. Noch 1956 lebten 78,4 % aller Mongolen auf dem Land, wobei auch die Somon- und Aimakzentren hier nicht als Stadt verstanden werden. Die Stadtbevölkerung wuchs, insbesondere in den 60er Jahren, schneller als die Gesamtbevölkerung. 1989 wurde mit 42,9 % der bisher geringste Anteil der ländlichen Bevölkerung an der Gesamtbevölkerung erreicht. Danach stieg der Anteil der nicht in urbanen Zentren Lebenden wieder

kontinuierlich an und lag 1996 bei 48,1 %. Die Tendenzumkehr in der Verschiebung des Verhältnisses zwischen ländlicher und urbaner Bevölkerung ist daraus zu erklären, daß mit den politischen und ökonomischen Neuorientierungen nach 1990 in den Zentren in großem Umfang Arbeitsplätze abgebaut wurden, ohne daß die Betroffenen von sozialen Netzen aufgefangen wurden. Ein Teil dieser Gruppe ging zurück auf das Land und lebt heute von der Viehzucht.

Die *starken Unterschiede in den Lebensumständen* der Bevölkerung in den urbanen Zentren und der in den weitläufigen ländlichen Gebieten stellt ein generelles politisches und soziales Problem dar. Wer heute von der Mongolei spricht, assoziiert im Regelfall das, was wir auch mit diesem Buch zu vermitteln versuchen – Nomadentum und Steppenleben. In der gesellschaftlichen Praxis geht die Entwicklung aber zunehmend an den Steppennomaden vorbei.

Auf die *ethnische Zusammensetzung* der Bevölkerung wurde bereits im Zusammenhang mit der Sprache umfänglich eingegangen. Ethnische Konflikte bzw. augenscheinliche Benachteiligungen oder Diskriminierungen von Minderheiten gibt es nicht.

Eine gewisse *Sonderstellung* nehmen durch ihre andere Sprache, Religion und Kultur die *Kasachen* im äußersten Westen des Landes ein. Zwischen 1991 und 1993 nutzten insgesamt 10.380 Familien mit 54.539 Angehörigen die neuen Freiheiten und siedelten nach Kasachstan über. Das war etwa ein Viertel der gesamten Bevölkerung des Bajan-Ulgij-Aimaks. Etwa 10 % der übergesiedelten Familien hatten Probleme damit, in Kasachstan, das ebenfalls unter großen Transformationsschwierigkeiten leidet, Fuß zu fassen und sind inzwischen wieder in die Mongolei zurückgekehrt.

Sitten und Bräuche

Das Naadam

Auf das Naadam-Fest wurde bereits an verschiedenen Stellen des Buches eingegangen. Es ist zweifelsohne das aktionsgeladenste, die Nomadenkultur am deutlichsten zum Ausdruck bringende Fest der Mongolen, das zudem noch in der schönsten Jahreszeit stattfindet (11.-13.Juli.).

Seine Wurzeln gehen zurück bis in die Zeit der Alttürken oder gar Hunnen. Spätestens unter *Tschingis-Khan* und seinen Nachfolgern mutierte es dann zur kurzweiligen Wehrübung für die Krieger des Imperators. Seinerzeit fand es nicht zu einer bestimmten Zeit statt, sondern immer dann, wenn sich Gelegenheit dazu bot. Heute wird es in Erinnerung an die Revolution von 1921 am 11. und 12. Juli jeden Jahres als *Staatsnaadam* gefeiert. Parallel dazu bzw. um wenige Wochen zeitlich versetzt finden auch in allen Aimaks und zu bestimmten Anlässen auch in den Somonen kleine Naadam-Feste statt, die für Besucher mitunter reizvoller

Kleiner Junge bereitet sich auf das Pferderennen vor

sein können als die großen Veranstaltungen in Ulan Bator.

Im Kern besteht das Fest aus drei Veranstaltungen, dem Ringen, Reiten und Bogenschießen. Sie werden zum Staatsnaadam umrahmt von Fallschirmspringen, Motorsportvorführungen und viel Musik und Tanz.

Ringkampf

Am Ringen, das zum Staatsnaadam über 2 Tage läuft, nehmen 512 bzw. 1024 Kämpfer teil. Die eigenartige Teilnehmerzahl kommt dadurch zustande, daß der Wettkampf streng nach dem K.O.-System abläuft, sich die Zahl der Ringer also mit jeder Runde halbiert, bis nur noch zwei zur Endrunde übrig bleiben. Die *Regeln*

153

Erfolgreiche Ringkämpfer gelten als Helden und genießen großes Ansehen

sind denkbar einfach: Verloren hat der, der mit einem anderen Körperteil als mit seinen Schuhsohlen die Erde berührt. Der Kampf ist zeitlich nicht begrenzt. Es hat wiederholt Fälle gegeben, daß der Endkampf sich über vier und mehr Stunden hinzog, so daß alle Termine der Zuschauer, ja selbst Staatsempfänge verschoben werden mußten.

Die **Wettkampfkleidung** sind aus sehr reißfestem Material gefertigte Slips und eine an der Brust offene Weste. Der Sage nach hatte die Weste früher einen geschlossenen Schnitt. Eines Tages soll aber ein bis dahin unbekannter Ringer angetreten sein, der alle namhaften Rivalen schlug. Wie sich später herausstellte, soll dies eine beherzte Frau gewesen sein. Nach diesem peinlichen Vorfall sei die Westenform in der heute üblichen Weise verändert worden.

Ringen ist in der Mongolei unbestritten **Nationalsport** Nr. 1 und findet im kleineren Rahmen auch zu zahlreichen anderen Anlässen statt. In Ulan Bator ist sogar eine gewaltige spezielle Ringerhalle im Bau. An Tagen, an denen ein Ringkampf läuft, sind die Straßen und Plätze wie leergefegt, weil alle mongolischen Männer und nicht wenige Frauen dem Ereignis am Bildschirm oder am Radioapparat folgen.

Die Mongolei kann im olympischen Ringkampf und anderen Kampfsportdisziplinen auf beachtenswerte Erfolge verweisen. Bei den Olympischen Spielen in Atlanta 1996 errang ein mongolischer Judoka eine Bronzemedaille.

Spitzen-Ringer genießen in der Mongolei eine ungemeine Popularität. Um gute Ringer zu einer bestimmten Veranstaltung unter Vertrag zu nehmen, müssen die einladenden Firmen oder Organisationen sehr tief in die Spesenkasse greifen. In den letzten Jahren verstärkt sich die Tendenz, daß das Ringen zum Profi-Sport wird und damit viel von seinem volkstümlichen Charakter verlieren könnte.

Pferderennen

Auch das Pferderennen ist ein nicht weniger beeindruckendes Spektakel. Zum *Staatsnaadam* donnern bisweilen mehrere Hundert Pferde gleichzeitig über die Steppe. Auch die große Masse der Zuschauer geht natürlich nicht, wie es die ausländischen Besucher tun, zu Fuß, sondern verfolgt den Einlauf hoch zu Roß. Gestartet wird je nach Altersklasse der Pferde 12 bis 35 km Entfernung vom Ziel. Unterschieden werden die Altersklassen vom Zweijährigen bis Sechsjährigen. Tiere, die älter als sechs Jahre sind, starten in einer Gruppe. Den Höhepunkt bildet das Rennen der Hengste. Ansonsten werden nur Wallache geritten; Stuten starten nicht.

Die *Jockeys sind Kinder* zwischen 6 und 12 Jahren, darunter auch viele Mädchen. Oftmals benutzen sie nicht einmal einen Sattel. Der Ruhm des *Siegers* fällt allerdings in erster Linie auf den Züchter und auf das Pferd. Erfolgreiche Pferde werden, setzt man das Pro-Kopf-Einkommen in Relation, zu Traumpreisen gehandelt. Die Zucht und das Training der Tiere sind eine Wissenschaft für sich, in der sich die über Jahrhunderte gesammelten Erfahrungen der Nomaden und der Krieger erhalten haben. Da dies naturgemäß nur in den Weiten der Steppe, nicht aber in der Stadt passiert, ist das Pferderennen eine noch nicht zur Kommerzialisierung drängende Sportart. Ein erfolgreicher Züchter könnte u. U. vom Verkauf erlesener Renner sehr gut leben. Dennoch kann er sich nicht von seinem noma-

Menschen

Das Pferderennen wird von 6-7jährigen Mädchen und Jungen bestritten

dischen Umfeld verabschieden und in der Stadt niederlassen, wenn er weiter erfolgreich sein will.

Bogenschießen

Das Bogenschießen steht ein bißchen im Schatten beider obiger Wettkämpfe und wird zu kleineren Veranstaltungen bisweilen gar nicht mehr in das Programm aufgenommen.

Verwendet werden traditionell aus Knochen, Sehnen, Schlangenhaut u. a. Materialien hergestellte Bögen sowie Holzpfeile mit abgerundeten Spitzen. Gezielt wird nicht auf Scheiben, sondern auf auf dem Boden stehende Ziele aus Leder in der Dimension einer Getränkedose. Sie stehen für Frauen und Männer in unterschiedlich großer Entfernung. Das Treffergebnis zeigen neben den Zielen stehende Kampfrichter an, indem sie in einer bestimmten Art zu hüpfen anfangen.

Wer es irgend einrichten kann, sollte seinen Besuch in der Mongolei terminlich so legen, daß er am großen Staatsnaadam oder einem Aimaknaadam teilnehmen kann. Ringer- und Reitwettkämpfe finden auch zu anderen Anlässen statt, ihnen fehlt dann aber die festliche Atmosphäre, die von der Veranstaltung insgesamt ausgeht.

Zagaan Sar – das Neumondfest

In der touristenschwachen Wintersaison findet das buddhistische Neumondfest statt, der Termin schwankt zwischen Mitte Januar und Anfang März und wird nach dem Mondkalender bestimmt. Das Zagaan Sar ist

Sommertracht der Chalcha-Männer

Wintertracht der Chalcha-Männer

seinem Charakter nach eher ein Fest der Familie, in dem sich buddhistische und animistische Glaubensvorstellungen mischen. Es gilt als Geburtstag aller Mongolen.

Wer als Gast an einer solchen Feier teilnimmt, muß auf zwei Formen der **Höflichkeit** achten: Den **kulinarischen Mittelpunkt** bildet der *Uutz,* ein unzerteilter, möglichst großer und fetter, gekochter oder gedünsteter Hammelrücken. Dieser wird einschließlich seines Fettschwanzes als Blickfang auf dem Jurtentisch im *Chojmor* oder an entsprechend würdiger Stelle in der Wohnung plaziert. Dem höchsten Gast kommt die Ehre zu, ihn anzuschneiden. Dazu wird der Körper mit dem Schwanz in die eigene Richtung gedreht und an den Flanken von vorn nach hinten wechselseitig jeweils dreimal dünn tranchiert und die Fleischstreifen im Uhrzeigersinn an die Anwesenden verteilt. Zuvor müssen jedoch, wenn in der Jurte ein Buddha aufgestellt ist, ihm zu Ehren von den beiden Hälften des Fettschwanzes und von beiden Flanken des Tieres jeweils zwei, also insgesamt acht sehr dünne Stücke abgetrennt werden, die in die Opferschale vor der Statuette gelegt werden. Andernfalls wird das Fleisch dem Feuergott gewidmet, indem man es in die Ofenöffnung wirft.

Am **Neujahrsmorgen,** dem *Schinij negen,* besuchen sich die Familien gegenseitig, wobei die Jüngeren sich zu den Älteren auf den Weg machen. Dort angekommen, **begrüßt** man sich – nur an diesem Tag – mit *Amar bajna uu?,* worauf der älteste Anwesende die jüngeren segnet. Da-

Menschen

zu hält er seine beiden Unterarme schräg vor den Körper. Die Jüngeren führen ihre Unterarme unter die des Ältesten. Gleichzeitig "beschnuppern" sich beide, wie die zugegeben unelegant klingende Übersetzung dieser Zeremonie heißen müßte. Gemeint damit ist ein gegenseitig ausgeführter Wangenkuß, bei dem nicht der Mund, sondern die Nase an die Wage des Partners geführt und deutlich hörbar eingeatmet wird. Man beginnt mit der linken Seite.

Wichtig dabei ist noch, daß jeder der Anwesenden zumindest für das Küssen eine Kopfbedeckung trägt, welche, ist nicht vorgeschrieben.

Sonstige Feiertage und Feste

Es wurde bereits erwähnt, daß Mongolen gern und viel und zu allen sich bietenden Anlässen feiern. Das Begehen von *Geburtstagen* hat in der Mongolei indes kaum eine Tradition und wird bestenfalls in den Städten von jungen Leuten gepflegt.

Hochzeiten sind natürlich auch hier ganz besondere Ereignisse im Leben zweier junger Menschen. Zu den Hochzeitsriten lassen sich schlecht generelle Aussagen treffen, da das Spektrum hierbei von einer Trauung ganz in Weiß im Hochzeitspalast von Ulan Bator bis zu einer "Verjurtung" und der Segnung durch einen Lama oder gar Schamanen, also dem Beziehen einer neuen Jurte, wie das Ereignis von den Nomaden genannt wird, reichen kann.

Eine besonders in den Städten beliebte Form, die Freizeit zu verbringen sind *Betriebsausflüge* an die frische Luft und *Jahrestage* aller Art. Betriebsausflüge laufen im Grunde immer auf das gleiche heraus. Einige Kilometer vor der Stadt wird ein Feuer entfacht, ein Schaf oder besser noch eine Ziege geschlachtet und hemmungslos getrunken, bis auch der letzte Gast die Hunde dreifach sieht, wie es in einer in der Mongolei verbreiteten Redewendung heißt.

Beerdigungen finden in der Mongolei nur montags, mittwochs und freitags statt. Dann sieht man in den frühen Vormittagsstunden langsamfahrende Fahrzeugkolonnen durch die Städte prozessieren. Das wichtigste Fahrzeug ist ein Lastwagen, auf dem der Sarg aufgebahrt ist. Im vorderen Teil der Ladefläche steht eine Gruppe von jungen Leuten, die das von einem hellblauen Trauerflor gezierte Porträt des Verstorbenen hält. Zwischen dem Todestag und dem Tag der Beerdigung vergehen mehrere Tage, in denen der Verstorbene an einem besonderen Platz – in einer Stadtwohnung kann das auch das Wohnzimmer sein – aufgebahrt wird. Die Angehörigen haben so Gelegenheit, Abschied zu nehmen. Da es bislang keine professionellen Bestattungsunternehmen gibt, müssen sich die Angehörigen des Verstorbenen um alle Einzelheiten einer standesgemäßen Beerdigung kümmern. Wenn der Verstorbene eine bekannte Persönlichkeit des öffentlichen Lebens war, kann die Familie auf dessen letzte Arbeitsstelle oder gar auf behördliche Hilfe zurückgreifen. Diese organisieren das Ausheben des Grabes, die Bereitstellung von Fahrzeugen, das Schalten von Anzeigen etc. In den Wintermonaten ist der Grabaushub eine langwierige Angelegenheit. Der gefrorene Boden muß scheibchenweise aufgetaut werden, indem über der Grabstätte ein Feuer entzündet wird. Dennoch kommt man nicht sehr tief ins Erdreich. Das erklärt, warum über den Gräbern aufwendige Konstruktionen aus gegossenem Beton errichtet werden.

Für "einfache Leute" sind die Problem weitaus größer. Nicht nur, daß Ihnen die nötigen finanziellen Mittel für eine standesgemäße Zeremonie fehlen, auch das Überwinden bürokratischer Hindernisse ist nicht einfach. Eine spezielle Sterbeversicherung ist nicht bekannt.

Auf dem Land wird, obwohl es behördlich nicht gestattet ist, bisweilen auch wieder *nach alter Sitte beerdigt.* Die Leiche wird, eingenäht in ein Leinentuch, an einem seit Generationen als Beerdigungsstätte genutzten Platz frei ausgelegt. Innerhalb weniger Tage ist von der fleischlichen Hülle des Verstorbenen nichts mehr übrig, und sein Geist hat den Weg in das Reich der Ahnen gefunden.

Religion

Die meisten Europäer verbinden mit Ostasien ganz automatisch die Vorstellung, daß der Buddhismus dort als Religion vorherrsche. Weiträumige Tempelanlagen, Mönche in gelben oder roten Kutten und die eintönige Litanei von meditativen Gesängen gehören zu den Bildern, die wir von der Religiosität Asiens in uns tragen. Und tatsächlich gab und gibt es auch in der Mongolei den Buddhismus als Religionsform. Er ist aber nicht die ursprüngliche Religion der Mongolen, sondern dorthin "importiert" bzw. "exportiert", je nachdem, welchen Standpunkt man vertritt.

Buddhismus

Die **erste Begegnung** der Mongolei mit dem Buddhismus war politischer Natur. Im Rahmen der Ausweitung des mongolischen Großreiches auf chinesisches und tibetisches Staatsgebiet *im 13. Jh.* kam die mongolische Führungsschicht zunächst am Hofe *Khublai Khans* in Datu – dem heutigen Peking – mit tibetischen Mönchen in Kontakt. Beeindruckt von deren Bildung und Fertigkeiten schickten sie diese auch ins Zentrum des mongolischen Reiches, nach Kara-Korum, wo sie wenige Jahrzehnte lang die Religiosität der Mongolen bestimmten. Eine nachhaltige Buddhisierung fand jedoch nicht statt, und die gelben Kutten der Mönche gerieten bald wieder vollends in Vergessenheit.

Erst **Mitte des 16. Jh.** kam es zu einer *zweiten Buddhisierungswelle* der Mongolei, diesmal allerdings mit einer weit nachhaltigeren Wirkung: Innerhalb von nur einer Generation wurden die alten Religionen der Mongolen weitestgehend verdrängt, und der Buddhismus avancierte zur wichtigsten Glaubensform.

Es war der aus Tibet stammende *Lamaismus,* auch Vajrayana-Buddhismus (Diamantfahrzeug) genannt, mit dem die Mongolen in Berührung

Menschen

Die acht Inkarnationen des Bogd Dshawsandamba

Der *Dshawsandamba* oder auch *Bogd Gegeen* ist das Oberhaupt der mongloischen Buddhisten. In der Geschichte hat es insgesamt acht Inkarnationen gegeben. Nachdem der achte *Bogd Gegeen* 1924 gestorben war, haben die kommunistischen Machthaber die Auffindung einer neuen Inkarnation verhindert. (Nach tibetischer Tradition kann die Wiedergeburt eines hohen Lamas anhand bestimmter Zeichen erkannt werden, die teilweise von dessen letzer Inkarnation vor dem Tod vorhergesagt werden.)

Momentan übt der Abt des Gandanklosters, der Chamba-Lama *Tschojdshamz,* die Funktion des Oberhauptes der mongolischen Buddhisten aus. Der *Dalai Lama* besuchte nach der politischen Wende bereits mehrfach das Land. Inwieweit während der Besuche erörtert wurde, den neunten Bogd zu suchen, ist nicht bekannt.

1. Luwsandambijdshalzan
(1635-1723)

Er wurde 1639 auf einer Versammlung der Chalcha-Fürsten als fünfjähriger Sohn des *Tuscheet Khan Gombodordsh* zum Oberhaupt der mongolischen Buddhisten erklärt. Besser bekannt ist er unter dem Namen *Undur Gegeen Dsanabadsar.* Als Fünfzehnjähriger reiste er nach Lhasa und wurde Schüler des 5. *Dalai Lama.* Er war maßgeblich daran beteiligt, daß sich der Lamaismus Ende des 17., Anfang des 18. Jahrhunderts in der Mongolei schnell ausbreitete. Er wählte den Standort zahlreicher Klöster aus und überwachte die Bauarbeiten oft persönlich. Er galt nicht nur als herausragender Gelehrter, sondern auch als **talentierter Bildhauer.** Das Symbol, das die mongolische Nationalflagge schmückt, ist der erste Buchstabe der Sojombo-Schrift, die von *Dsanabadsar* geschaffen wurde. Seine Leistungen trugen ihm den Ehrentitel *Undur Gegeen,* der „Hohe Erleuchtete", ein.

2. Luwsandambijdonmi
(1724-1757)

Er war der Sohn des *Darchan Tschin Ban* des *Tuscheet Chan* der Chalcha und wurde im Alter von vier Jahren als Inkarnation entdeckt. Er war der letzte Bogd, der aus der Mongolei stammte. Die Qing-Kaiser befürchteten, daß der Bogd, der inzwischen eine sehr geachtete Stellung in der Gesellschaft einnahm, zur Symbolfigur einer mongolischen Unabhängigkeitsbewegung von den Mandschuren werden könnte. Deshalb waren alle folgenden Bogds Tibeter.

kamen. Sein religiöses Oberhaupt ist der *Dalai Lama.* Der Titel *Dalai Lama* wurde vom südmongolischen Khan *Altan* gestiftet, als er Mitte des 16. Jahrhunderts von den verschiedenen Schulen der tibetischen Buddhisten das Oberhaupt der Gelbmützen-Schule in die Mongolei einlud. Der jetzige *Dalai Lama* gilt als vierzehnte menschliche Inkarnation des Bodhisattva Avalokiteshvara, der Verkörperung von Mitgefühl, Liebe und Barmherzigkeit.

Der **Vajrayana-Buddhismus,** die bislang letzte große Entwicklungsrichtung des Buddhismus, ist in der Hauptsache aus dem Mahayana-Buddhismus (Großes Fahrzeug) entstanden. Wie dieser betont er ein Ideal, in dem die Befreiung aus dem Leiden und das Erreichen von Erleuchtung nicht nur für sich selbst

3. Ischdambijnjam
(1758-1773)

Er kam 1763 als Fünfjähriger in die Mongolei, verstarb aber bereits im Alter von 15 Jahren.

4. Luwsantuwdenwantschig
(1775-1813)

Er war des Sohn von *Sodnomdsch*, Onkel des 7. *Dalai Lama*. Er kam erst 8 Jahre nach dem Ableben seines Vorgängers in die Mongolei.

5. Luwsantschultemdshigmid
(1815-1842)

Er war der Sohn eines hohen Lamas aus dem Budalin-Palast in Lhasa und kam 1820 in die Mongolei. Er hat sich besonders um die Festigung des Glaubens verdient gemacht und aus Tibet hohe Lamas als Berater zu sich gerufen.

6. Luwsantuwdentschojdshialzan
(1842-1848)

Zu seiner Amtseinführung kamen eigens 500 mongolische Gesandte nach Tibet. Er verstarb aber bereits 58 Tage nach seiner Berufung.

7. Agwaantschojdshiwantschig-perenlajdshamz
(1850-1868)

Er erreichte die Mongolei, ausgestattet mit dem Segen des Abtes des Galdan-Klosters in Tibet, im Jahre 1855. Bis zum 12. Lebensjahr widmete er sich dem Studium der buddhistischen Lehre, verfiel dann aber berauschenden Getränken und der Unzucht und verlor so das Ansehen seiner Untergebenen.

8. Agwaanluwsantschojdshinjam
(1870-1924)

Der seinerzeit amtierende *Dalai Lama* erkannte den Sohn eines engen Vertrauten als Inkarnation. Das Kind kam 1874 zusammen mit seinen Eltern in die Mongolei. Im Dezember 1911 bestieg er als Khan der Mongolei auch den Thron des weltlichen Herrschers der autonomen Mongolei. Nach dem Sieg der Volksrevolution mußte er sich wieder auf rein geistliche Belange beschränken. Er verstarb im Mai 1924.

Menschen

---

gesucht wird, sondern auch allen anderen Wesen dienen soll. Im Zuge seiner Ausbreitung von Indien aus über Tibet in die Mongolei wurden Ideen, Rituale und Gottheiten aus Hinduismus und Volksreligion und Schamanismus mit übernommen und integriert. Religiöse Verdienste, die der eigenen Erlösung dienen sollen, werden nicht nur durch tätiges Mitgefühl, sondern auch durch meditative Praktiken und Rituale erworben.

Da diese Handlungen auch von anderen für einen selbst ausgeführt werden können, erhielt das **Mönchswesen** ein enormes Prestige. Das führte schließlich dazu, daß Anfang dieses Jahrhunderts jede mongolische Familie in der Regel einen Sohn als Mönch in ein Kloster schickte, um in Vertretung für sämtliche Angehörige "die Gebetstrommel zu rühren".

Im Gegenzug versorgten die Angehörigen das Kloster mit Lebens- und Geldmitteln und erwarben sich dadurch religiöse Verdienste.

Ende der dreißiger Jahre wurden in einer landesweiten Aktion fast sämtliche Klöster des Landes zerstört, die Mönche nach Hause geschickt oder umgebracht. Nach einer über 50jährigen Unterbrechung der buddhistischen Praktiken wird seit wenigen Jahren wieder an alte Tradition angeknüpft und bestehende Klosterruinen – wo vorhanden – wieder restauriert und *neue Klöster* in großer Zahl errichtet. Einen alteingesessenen buddhistischen Klerus gibt es indes nicht mehr, und so sind die neuen Lamas der Mongolei entweder alte Männer, die als ganz kleine Jungen noch vor der sozialistischen Zeit ins Kloster eingetreten waren, aber nie praktiziert haben, oder es sind die kleinen Jungen von heute, die von der Familie bereits wieder in guter alter Tradition ins Kloster geschickt werden.

So ist es nicht verwunderlich, daß der Buddhismus in der Mongolei nunmehr ein *drittes Mal* seine wesentlichen Impulse von außen erfahren muß. Der *Dalai Lama* bereist seit einiger Zeit in regelmäßigen Abständen die Mongolei und hält Zeremonien im großen Sportstadion von Ulan Bator ab. Tibetische Mönche verbringen lange Monate in den neuen Klöstern und lernen die neuen Lamas an, und selbst ein französischer Rinpoche, eine hohe buddhistische Reinkarnation, bot der Mongolei religiöse Hilfestellung bei der *Rebuddhisierung.*

Der größte Botschafter für den Buddhismus im ausklingenden Sozialismus war in der Mongolei übrigens tatsächlich buchstäblich ein Botschafter: Indien schickte für lan-

Besuch des Dalai Lama in der Mongolei (1994)

ge Jahre eine hohe buddhistische Reinkarnation als Diplomaten nach Ulan Bator, wo seine große allgemeine Verehrung sicherlich nicht auf seiner politischen Funktion beruhte. Bei Drucklegung dieses Buches war der immerhin schon weit über achtzigjährige Mönch noch immer der amtierende Botschafter Indiens in der Mongolei.

Schamanismus

Der Buddhismus war, wie bereits erwähnt, nicht die ursprüngliche Religion der Mongolen. Vielmehr waren dies zum einen eine animistische Volksreligion, auf die wir gleich noch zu sprechen kommen werden, und zum anderen der Schamanismus. Ähnlich wie der buddhistische Mönch ist auch der Schamane (oder die Schamanin) der religiöse Spezialist seiner Gemeinde. Im Unterschied zum Buddhismus gibt es im Schamanismus jedoch keine Klöster und auch keine Gemeinschaft der Schamanen untereinander, sondern eine Konkurrenz, die sich sogar in psychorealen sogenannten Schamanenkämpfen manifestieren kann, bei denen nicht selten einer der beiden Schamanen stirbt.

Doch was nun ist genau Schamanismus im eigentlichen Sinn? Diese Frage ist wichtig, da der Begriff Schamane in den verschiedensten esoterischen Auslegungen Eingang in unser modernes Leben gefunden hat, die nichts mit dem eigentlichen Schamanentum mehr zu tun haben.

Das **schamanistische Weltbild** besteht ursprünglich aus einer dies-

seitigen Welt und einer jenseitigen Gegenwelt, zwischen denen der Schamane als Mittler auftritt. Er kann mit Hilfe von verschiedenen, ihm zu Gebote stehenden Ahnen- und Tiergeistern in Ekstase zwischen den Welten wechseln, also eine Jenseitsreise antreten. Wieso sollte er dies tun? – Nach schamanistischem Glauben beruhen beispielsweise Krankheiten auf einer Verirrung, einem Verlorengehen der Seele. Der Schamane **heilt Menschen,** indem er seine eigene Seele auf **Jenseitsreise** schickt, um die Seele des Erkrankten wiederzufinden und zur Rückkehr zu bewegen. Diese seelischen Jenseitsreisen sind nicht ohne Gefahr und strengen den Schamanen körperlich ungemein an, und so ist ihnen selten ein langes Leben beschert.

Dies erklärt auch, weshalb Schamanen in der Regel **nicht freiwillig zu Schamanen** werden. Sie werden vielmehr zur Zeit ihrer Pubertät zum Schamanen "berufen", was in der Regel mit einer schweren Krankheit einhergeht, in deren Verlauf der oder die Berufene wider Willen eine erste, recht traumatische Jenseitsreise antreten muß. Dabei wird er von seinen späteren Hilfsgeistern zunächst getötet und kann erst dann wieder ins Leben zurückkehren, wenn die Berufung zum Schamanen angenommen wird. Es folgt eine langjährige Ausbildung bei einem erfahrenen Schamanen, die mit der sogenannten Schamanenweihe endet. Erst dann kann der junge Schamane seine Aufgabe als Heiler wahrnehmen.

Dies ist – wie gesagt – eine Beschreibung der reinen Form des Schamanismus, wie er ursprünglich in der Mongolei vorkam. Die **Buddhisierung im 16. Jahrhundert** hat mit dem Schamanismus freilich gründlich aufgeräumt: Er wurde per Dekret verboten, die Schamanen mit Hundekot ausgeräuchert und die nach außen sichtbaren Teile des Schamanismus, wie etwa der Schamanentanz oder die Schamanentracht, in modifizierter und uminterpretierter Form *in die mongolische Variante des Buddhismus integriert.*

Ganz gelang die Ausrottung des Schamanismus jedoch nicht. Vor allem in der Taiga und der Gebirgswaldsteppe des undurchdringlichen Nordens der Mongolei *lebt* er in kleinen Nischen *bis heute fort.* Im Chuwsgul-Aimak praktiziert eine Handvoll alter Schamanen und Schamaninnen – und es gibt sogar schamanistischen Nachwuchs. Zwei – oder waren es drei – Jugendliche haben die Berufung zum Schamanen angenommen und bereiten sich derzeit auf die Schamanenweihe vor.

Der Grund, warum wir so Genaues über ein so kleines und unzugängliches Phänomen wissen, ist einfach: Im Sommer 1995 bereiste eine junge **Schamanin aus Burjatien** (Sibirien) die Mongolei. Sie war – man höre und staune – von der burjatischen Union der Schamanen geschickt, um die wenigen Schamanen der Mongolei zu besuchen und in einen größeren Kontext einzubinden. Zwei Wochen lang hielt sie "Sprechstunden" in der Universität für Mongolische Sitten und Gebräuche in Ulan Bator und führte Wegezauber, Reinigungszeremonien und ähnliche Segens- und Heilhandlungen aus. Mit ihr reiste ein 15jähriges Mädchen: eine junge Schamanin, die sich auf ihre Schamanenweihe vorbereitete.

Die Schlange der Wartenden vor dem kleinen Universitätshörsaal, in dem die Schamanin praktizierte, war lang. In schlechten Zeiten öffnet sich eben manch einer – auch in der Mongolei – den ungewöhnlichsten Wegen zur Besserung. Der großen Mehrheit der Mongolen ist der Schamanismus heute indes unheimlich. Für sie ist er gleichbedeutend mit Gefahr und Magie. Doch davor hätte sich keiner fürchten müssen, im Sommer 1995 in Ulan Bator. Denn für die burjatische Schamanin waren die Zeremonien und Zauber, die sie in Ulan Bator anbot, nur kleine, segensreiche Hilfestellungen. Die großen Jenseitsreisen, so meinte sie im Gespräch, könne sie nicht in der Stadt antreten. Wir seien aber herzlich eingeladen, sie am Baikalsee zu besuchen …

Volksreligion

Die Volksreligion der Mongolen ist die einzige Religionsform, die eine ungebrochene, jahrhundertealte Tradition aufweist. In ihr gibt es im Gegensatz zum Buddhismus und zum Schamanismus keine religiösen Spezialisten, wie etwa Mönche oder Heiler. Wohl aber gibt es Götter und Geister, die es zu verehren gilt und die die Menschen im Gegenzug be-

Auch der „Highway No. 1" – die Hauptausfallstraße nach Norden – hat einen Owoo

schützen können.

An oberster Stelle ist hier der **Ewige Himmel** *(Munk Tenger)* zu nennen, der als oberste Gottheit verehrt wird. Ihm folgen diverse **Berg- und andere Naturgottheiten,** die ebenfalls durch Zeremonien und Kulthandlungen besänftigt und den Menschen wohlgeneigt gestimmt werden können.

Weithin sichtbarstes Zeichen der Volksreligion sind die sogenannten **Owoos.** Das sind **Steinsetzungen,** die auf Bergen oder Passhöhen errichtet werden. Jeder sie Passierende hält an und fügt drei neue Steine hinzu, wobei er den Owoo dabei dreimal im Uhrzeigersinn umschreiten muß. Auch **Opfergaben** wie

Münzen, Geldscheine, Butter, Fett, Tee und ähnliches finden sich häufig an Owoos; in neuester Zeit auch Wodkaflaschen und Bierbüchsen – leergetrunkene, wohlgemerkt. Selten geworden sind hingegen Pferdeköpfe als Opfergaben.

Owoos finden sich überall in der Mongolei, und auch Sie als Gast werden unweigerlich diese Verehrung der Berggottheiten hautnah miterleben, denn **an allen Ausfallstraßen** Ulan Bators befinden sich Owoos. Sie werden keinen mongolischen Reisebegleiter finden, der dort nicht anhält und seine drei Runden um die Steinsetzung dreht. Fotografieren ist hier erlaubt; das Entfernen von Opfergaben als Souvenir jedoch nicht. Eine einzige Ausnahme bilden hier Krücken, die von Geheilten an Owoos abgelegt werden und die, wer immer Krücken braucht, dort auch wegnehmen darf. Im Übrigen tun Sie nichts Falsches, wenn auch Sie bei diesem kurzen Halt, anstatt eine Zigarette zu rauchen, einen kleinen Gang um den Owoo machen. Sammeln Sie wie Ihre mongolischen Reisebegleiter drei Steine auf und werfen Sie diese, den Owoo umschreitend, auf den bereits vorhandenen Steinhaufen. Damit zeigen Sie Ihren Gastgebern nicht nur, daß sie sich in Ihren Augen nicht lächerlich machen. Manch einer Ihrer Begleiter wird die Weiterreise auch deutlich entspannter antreten, da die meisten Mongolen nach wie vor ein ungutes Gefühl mit auf die Reise nehmen, wenn einer der Mitreisenden dieses kleine Opfer belächelt und nicht mitmacht.

Wenn Sie Ulan Bator auf der Teerstraße Richtung Norden verlassen, können Sie wenige Kilometer nach dem eigentlichen Owoo rechterhand noch einen neuen, kleineren Owoo bemerken. Es ist dies der sogenannte **Deutsche Owoo.** Hier verunglückten einige Ostdeutsche in den achtziger Jahren tödlich mit ihrem Auto: selbstredend nachdem sie opferlos am ersten Owoo vorbeigefahren waren.

Ein zweites kleines Ritual aus dem Bereich der Volksreligion können Sie unterdessen auch in jedem städtischen mongolischen Haushalt beobachten – und mitmachen. Wenn Ihnen ein Gastgeber ein Glas Wodka anbietet, so wird er eventuell nach seinem Trinkspruch mit dem Ringfinger der rechten Hand ins Glas stippen und dreimal etwas Wodka in die Luft schnippsen. Nach oben (für den Ewigen Himmel); geradeaus (für die Steppe) und nach unten (für die Erde). Diese **Getränkeopfer** nennt man Libation. Sie werden damit vielleicht auch noch in einem Souvenirgeschäft in Berührung kommen. Dann nämlich, wenn Sie ratlos vor einem reich geschnitzten, quadratischen, flachen Holzlöffel mit neun Vertiefungen stehen. Diese Löffel wurden früher von Nomaden verwendet, um den abreisenden Angehörigen oder Gast mit einem Libationsopfer zu verabschieden. Der Löffel wurde in Milch getaucht und – ähnlich den Wodkatröpfchen – nicht in alle vier Himmelsrichtungen, sondern in alle drei Ebenen versprüht. Heute tut bei manch einem armen Nomaden der Blechlöffel oder die Aluminiumschöpfkelle den gleichen Dienst. Sollte also jemals einer Ihrer Gastgeber beim Abschied vor seiner Jurte mit einem Blechlöffel Milch versprühen, so lächeln Sie nicht darüber. Lächeln Sie höchstens aus Dankbarkeit, denn hier meint es jemand wirklich gut mit Ihnen.

Alltagsleben

Das Alltagsleben in den wenigen mongolischen **Städten** unterscheidet sich kaum von dem anderswo in der Welt. Das Leben der **Nomaden** hingegen wird stark von der Abfolge der Jahreszeiten und den Eigenheiten der Herdentiere bestimmt.

Am stärksten beschäftigt ist die **Nomadenfrau.** Sie steht als erste auf und ist es auch, die abends, wenn sich alle in der Jurte auf dem Nachtlager ausgestreckt haben, das Licht löscht. Der Tag einer Nomadenfrau beginnt im Morgengrauen mit dem Anheizen des Jurtenofens. Wenn das Teewasser kocht, stehen auch der Mann und die Kinder langsam auf. Gefrühstückt werden zumeist kalte Fleischstückchen, die im Tee aufgewärmt werden, oder aufgewärmte Reste der abendlichen Mahlzeit. Wenn die Sonne langsam zu wärmen beginnt, melken die Frauen und großen Mädchen die Kühe und bisweilen auch die Schafe und Ziegen. In den Sommermonaten werden zudem in manchen Gegenden die Pferde und in der Gobi auch die Kamele gemolken. Nach dem Melken bringt die Frau die Jurte in Ordnung und beschäftigt sich mit der

Schlachten ist Männersache

wesenheit bei der Herde nicht erforderlich ist, d. h. die Kamelstuten nicht paarungsbereit sind, mehrere Tagesritte vom Lagerplatz weg. Die Männer sind oft Tage oder gar Wochen unterwegs, um sie wieder einzufangen.

Die Männer sind es auch, die die Familie nach außen repräsentieren. Sie nehmen an Versammlungen und anderen Veranstaltungen teil, sie unternehmen, um die Produkte ihrer Herden zu vermarkten, ausgedehnte Reisen oder begeben sich über Wochen auf die sogenannte Fernweide.

Die Frauen hingegen verlassen in ihrem Leben kaum einmal die unmittelbare Umgebung ihrer Jurte. Die Hausarbeiten und die Kinderaufsicht beschäftigen sie nahezu rund um die Uhr.

Verarbeitung der Milch.

Die **Männer** sind zuständig für die groben Dinge des Lebens. Dazu zählen das Einreiten von Pferden, das Schlachten und Zerlegen von Tieren, die Jagd, das Bauen und Instandhalten von Unterständen usw. Eine der langwierigsten und vor allem im Winter körperlich anstrengendsten Arbeiten für die Männer ist das *Hüten der langbeinigen Tierarten,* d. h. der Rinder bzw. Yaks, der Pferde und Kamele. All diese Tierarten bewegen sich nicht nur in unmittelbarer Nähe zur Jurte, sondern legen auf der Suche nach Futter täglich große Entfernungen zurück. Vor allem Kamelhengste entfernen sich in der Zeit, in der ihre An-

Die **Kinder** helfen je nach Alter und Geschlecht ihren Eltern. Schon die ganz Kleinen werden, sobald sie laufen können, zum **Dungsammeln** herangezogen. Getrockneter Dung ist in vielen Gegenden das einzige verfügbare Brennmaterial für das Herdfeuer. Die Kinder haben dafür zu sorgen, daß immer eine ausreichende Menge trockenen Dungs vor der Jurte liegt, damit auch einige Regentage, an denen kein trockenes Brennmaterial gesammelt werden kann, überstanden werden. Wenn die Kinder größer werden, wird ihnen auch das **Wasserholen** übertragen. Die größeren Kinder sind ferner damit beschäftigt, die Herden der kurzbeinigen Tiere zu hüten. **Gespielt** wird, wenn überhaupt, draußen mit den Tieren, oder, wenn es das Wetter nicht zuläßt, drinnen am Jurten-

Menschen

ofen mit buntbemalten Knöchelchen. Die vielfach zu hörende Behauptung, mongolische Kinder könnten eher reiten als laufen, ist nicht ganz richtig, aber mit 3 oder 4 Jahren sitzen sie fest im Sattel, auch wenn sie noch nicht auf- und absteigen können.

Alte und gebrechliche Menschen bleiben bis zu ihrem Tod in der Obhut der Großfamilie. Sie leben entweder in ihrer eigenen Jurte im Lager des ältesten Sohnes oder aber, wenn sie pflegebedürftig sind, direkt in der Jurte eines ihrer Kinder.

Der Tag klingt aus mit dem gemeinsamen *Abendessen* der Nomadenfamilie, meist einer fetten Hammelsuppe mit selbstgemachten Teigstreifen. Tagsüber wird in der Regel nur dann gekocht, wenn Gäste zu Besuch sind. Das Licht erlischt in der Jurte schon sehr früh am Abend. Nur die wenigsten Familien verfügen über einen Generator, oder gar über ein Windrad oder einen Sonnenkollektor, die elektrischen Strom erzeugen. Nach wie vor spenden in den meisten Jurten Kerzen oder Öllämpchen ein spärliches Licht. In entlegenen Gebieten ist selbst das Mangelware, so daß sich manche Familien ganz ohne den Luxus künstlichen Lichts behelfen müssen. Auch Streichhölzer und Feuerzeuge sind nicht immer erhältlich, und so kann man in einsamen Regionen noch manchen Alten mit Flintstein und Zunder Feuer schlagen sehen.

Auch die meisten Bewohner der Verwaltungszentren und Städte leben nach wie vor in Jurten. Im Unterschied zu den Nomaden, deren einzige Einnahmequelle die Produkte der Viehhaltung sind, sind diese Menschen aber in der Regel in der Industrie oder dem öffentlichen Dienst beschäftigt. Dennoch verfügt der allergrößte Teil auch dieser Familien über eine kleine Herde, um sich selbst mit Milch und Fleisch versorgen zu können.

Die Frau in der Gesellschaft

Die aus vielen asiatischen Gesellschaften bekannte Benachteiligung der Frau muß für die Mongolei, zumindest in Bezug auf die Nomadengesellschaft, relativiert werden. Die oben beschriebene *Arbeitsteilung* in der Nomadenfamilie bestimmt den Platz aller Familienangehörigen, darunter auch den der Frau und Mutter. Sicher, der Frau obliegt auch in der Mongolei der ganze Haushalt, das Melken, der Umgang mit den kurzbeinigen Tieren und der größte Teil der Kindererziehung. Dies wird von den Nomadenfrauen selbst jedoch nicht als gesellschaftliche Benachteiligung empfunden. Die mongolische Volkskunst bringt den Frauen und Müttern auf ihre eigene Art ihre Wertschätzung entgegen. Lieder, Gedichte und Lobpreisungen über die Mutter sind mindestens genauso häufig zu hören wie solche über Pferde und natürlich auch die Liebe. Keine gemütliche abendliche Runde in einer Jurte ist zu Ende, ohne daß jemand voller Rührung und Inbrunst ein Loblied auf die Mütter anstimmt.

Mongolische Frauen sind in der Regel
selbstbewußt und stark

Menschen

ist in der Mongolei für junge Frauen kein Makel, vor der Ehe bereits ein Kind zu haben – im Gegenteil, eine Frau, die auf diese Art ihre Fruchtbarkeit bewiesen hat, ist für mongolische Männer als mögliche Ehepartnerin besonders interessant. Nur in der Gobiregion stößt man auf sehr viele Haushalte, denen *alleinstehende* Frauen vorstehen, die oft eine große Zahl von Kindern haben, d. h. zehn oder mehr, deren unterschiedlichstes Aussehen auf verschiedene Väter schließen läßt. Den Begriff Alimente kennt auch das mongolische Zivilrecht, Gebrauch gemacht wird davon indes kaum. Bigamie gibt es offiziell nicht.

Während der Zeit des Sozialismus bekamen darüber hinaus Mütter mit vier oder mehr Kindern den Mütterorden und konnten vorzeitig in Rente gehen. Sicher stand hier auch der politische Wunsch dahinter, die Bevölkerung des Landes möglichst rasch zu mehren.

Aber auch *Randgruppen* wie Witwen und alleinstehende Mütter finden in der Regel wieder einen neuen Partner oder bleiben gleichberechtigt integriert in ihrer Großfamilie. Es

Die Situation der Frauen *in den Städten und Siedlungen* hat sich in den Jahren nach der politischen Wende *zusehends verschlechtert.* Frauen werden als erste arbeitslos und haben das Problem, daß sie mit immer weniger Geld ihre Familien versorgen müssen. Verarmung, um sich greifender Alkoholismus und Gewalt führen zur Zerrüttung der städtischen Familien. Die von ihren Männern verlassenen Frauen bleiben mit ihren Kindern in wachsender Armut und Verelendung zurück. In den Nachwendejahren ist leider auch die massenhafte *Prostitution* immer jüngerer Frauen und Mädchen zum gesellschaftlichen Problem geworden. Frauen in Führungspositionen sind die Ausnahme. Erstmals in der Geschichte der Mongolei überschritt der Frauenanteil im 1996 gewählten Parlament die 10-%-Marke. Ministerinnen und Gouverneurinnen gibt es indes bis heute nicht.

Architektur

Als Nomadenvolk waren die Mongolen historisch kaum am Aufbau urbaner Zentren interessiert. Bei der Beschreibung der Reiseziele ist eine Reihe von Relikten aus der Hunnen-, Kitan- und Alt-Türken-Zeit zu finden, die auf eine umfängliche Bautätigkeit hinweisen, die aber zumeist als *"importierte" Architektur* gelten muß. Das gleiche trifft auf die nicht erhalten gebliebenen Palastanlagen von **Kara-Korum** zu, mit deren Errichtung 1265 unter *Munk Khan* begonnen worden war. Auch hier waren es vielfach ausländische Baumeister aus zahlreichen Ländern, die von verschiedenen Kriegszügen der Mongolen mitgebracht worden waren, um den Herrschaftssitz am Orchon zu errichten. Das höchste Gebäude in Kara-Korum soll 90 m gemessen haben. Zwischen 1342 und 1346 wurde es gründlich renoviert. An das Ereignis erinnert ein in Kara-Korum gefundener Gedenkstein.

Neben immobilen Palästen nutzte der mongolische Hochadel im 13. Jahrhundert auch **Jurtenwagen.** Das waren übergroße, zweiachsige, hölzerne Gefährte, die von mehreren Dutzend Ochsen gezogen wurden und auf denen die Palastjurte des Herrschers fest montiert war. Ähnliche Wagen wurden bereits von den Skythen verwendet. Ein anschauliches Modell eines solchen Wagens befindet sich im ethnographischen Teil des Zentralmuseums in der

Das Dach dieses kleinen Art Shop ist ein Kunstwerk für sich

Hauptstadt. Ein Wagen in Originalgröße gehört zur Ausstattung des Restaurantkomplexes am Stadtrand von Ulan Bator.

Nach der Zerstörung von Kara-Korum 1371 wurde die Bautätigkeit über 300 Jahre nahezu gänzlich eingestellt. Die Hauptstadt hatte keinen festen Standort mehr, sondern nomadisierte. Als Paläste benutzten die Khans und Fürsten große Wanderjurten, die dem extremen Klima besser angepaßt sind als feste Häuser.

Das erste nennenswerte Gebäude entstand erst wieder 1586 in Kara-Korum, wo unter der Aufsicht tibetischer Lamas der Aufbau des Klosters Erdenedsuu begann. Die gesamte **Klosterarchitektur des 17. bis 19. Jahrhunderts** steht unter deutlich chinesischem und tibetischem Einfluß. Das einzige größere Gebäude dieser Epoche mit nichtreligiöser Besimmung ist die "weiße Ruine" des Zogt Chun Taidsh (Цогт хун тайжийн цагаан балгас) bei Daschintschilen im südlichen Bulgan-Aimak.

Neben Chinesen waren es Russen und seit dem **Ende des 19. Jahrhunderts** auch andere Europäer, die insbesondere in der Hauptstadt Wohn- und Lagerhäuser aus Holz und aus gebrannten Ziegeln errichteten. Zeugnisse aus dieser Zeit findet man in Ulan Bator noch hinter dem ehemaligen Lenin-Museum (Чандманъ тъвийн ар талын модон байшин), und nördlich des Lebensmittelmarktes des 13. Stadtbezirkes (13-р хороололын хүнсний захын хойд талд орших хуучин хийцтэй тоосгон байшин). Auch das Stadtmuseum von Ulan Bator (Улаанбаатар хотын музей) ist in einem hübschen Holzhaus russischen Stils untergebracht.

Die **Architektur des 20. Jahrhunderts** steht unter stark sowjetrussischem Einfluß. In der Planwirtschaft zählten nur die gebauten Quadratmeter Wohnfläche. Architektonische Feinheiten traten in den Hintergrund. Dennoch bemühten sich mongolische Architekten da und dort, eigene Stilelemente, z. B. an Balkonverkleidungen, Dachbegrenzungen oder Durchfahrten, einzubringen. Recht gut gelungen ist dies bei der Dachkonstruktion des Kulturkomplexes (Соёлын Тьв Ьргьь) an der Ostseite des *Suchbaatar*-Platzes, der 1989 als Geschenk der Sowjetunion an die Mongolei übergeben wurde. Auch dem Flughafengebäude ist dieses Bemühen anzusehen.

Seitdem sich russische Architekten und Bauarbeiter aus der Mongolei zurückgezogen haben, werden im Stadtbild von Ulan Bator immer mehr Gebäude errichtet, die eindeutig die Handschrift mongolischer Architekten tragen, darunter auch eine gewisse Zahl von Eigenheimen. Neu errichtete Bushaltestellen, kleine Pavillons oder auch nur nachträglich an bestehende Häuser angebaute Schleppdächer sind willkommene Farbtupfer im Stadtbild.

Dennoch werden die größten Bauaufträge noch immer von ausländischen Firmen ausgeführt. Chinesen sind überwiegend mit der Rekonstruktion bestehender Gebäude beschäftigt, Russen konzentrieren sich auf den Industriebau.

Die Jurte: Nomadenkultur in Vollendung

In vielen Veröffentlichungen über die Mongolei wird die Jurte (mong.: *ger*) der Steppennomaden auch als Filzzelt oder filzbedecktes Rundzelt bezeichnet. Diese Kategorisierung ist sicher nicht falsch, ignoriert aber die über viele Generationen erfolgte Entwicklungsarbeit, die in den heutigen Jurten steckt. Chinesische Quellen berichten zum ersten Mal im 6. Jh. n. Chr. über Jurten bei Nomaden. Es ist anzunehmen, daß die Jurte auf eine **über 2000jährige Entwicklungsgeschichte** zurückblickt. Sie ist nicht nur die traditionelle Behausung der Mongolen, sondern auch der nomadisch lebenden Völker in Mittelasien, Südsibirien und nördlich der Großen Mauer. Jurten bieten vor allem da, wo sie in malerischer Landschaft stehen, mit ihren weißen Leinenüberzügen einen äußerst ästhetischen Anblick.

Konstruktion der Jurte

Die Konstruktion der Jurte ist ebenso einfach wie genial . Aus Weiden oder anderem biegsamem Holz gefertigte **Scherengitter** (mong.: *chana*), deren einzelne Streben nicht mit Nägeln, sondern mit Lederstreifen zusammengehalten werden, bilden die **Jurtenwand,** die in jüngster Zeit meist auf einem Holzfußboden (mong.: *schal*) sitzt. Der Durchmesser der Jurte richtet sich nach der Zahl der verwendeten Scherengitter. Die kleinsten Jurten, die zumeist als

Vorratsraum oder als temporäre Behausung während der Fernweidewanderung benutzt werden, bestehen aus nur 4 Scherengittern. Am verbreitetsten sind 5wandige Jurten, wobei hier zwischen großen und kleinen Fünfwändern unterschieden wird. Möglich, wenngleich in letzter Zeit kaum noch in Gebrauch, sind 6- bis 12wandige Jurten. Letztere heißen dann nicht mehr Jurte, sondern *Urgöö,* was vielfach mit Palastjurte übersetzt wird. Die Stadt Ulan Bator hieß bis 1924 auch Urgöö. Der Name wird aber in der europäischen Mongolei zu Urga verstümmelt.

Abhängig vom Durchmesser der Jurte erhebt sich genau in der Mitte der Jurte auf zwei etwa 2 bis 3 m hohen Säulen (mong.: *bagana)* der **Dachkranz** (mong.: *toono*). Sein Durchmesser beträgt 1 bis 2 m. Am äußeren Rand sind quadratische Öffnungen eingearbeitet. Im Zentrum des Dachkranzes ist ein Seil (mong. *tschagtaga*) befestigt, das nur von Bedeutung ist, wenn die Jurte bei Sturm einzustürzen droht. Dann wird an diesem Seil etwas Schweres, z. B. ein großer Stein, ein Sack Mehl, eine Holztruhe oder ähnliches, befestigt und der Jurte dadurch zusätzliche Stabilität verliehen.

Die Verbindung zwischen dem Scherengitter und dem Dachkranz bilden **Dachstangen** (mong.: *un')*. Sie werden bei der Montage oben in die Aufnahmeöffnungen des Dachkranzes geschoben und unten mit Lederriehmen mit dem Scherengitter verzurrt. Die Zahl der Dachstangen hängt von der Anzahl der Scherengitter ab. Eine große 5wändige Jurte

Scherengitter und Gestänge bilden das flexible Gerüst der Jurte

verfügt z. B. über 81 Stangen. Der Steigungswinkel beträgt ca. 30°. Mittelalterliche Zeichnungen stellen die Jurten z. T. mit wesentlich steilerem Dachwinkel dar. Solche **Spitzdachjurten** haben sich bis heute bei den Kirgisen gehalten, sie trotzen aber dem Wind wesentlich schlechter als die flachen Jurten der Mongolen. Jede Jurte ist also ein Kompromiß zwischen dem Wunsch nach viel Wohnraum und der Notwendigkeit, dem Wind trotzen zu müssen. Die Regel ist ganz einfach: je größer die Jurte wird, desto schwieriger ist sie zu stabilisieren und im Winter auch zu heizen.

Eingelassen in die Jurtenwand ist eine gerahmte **Holztür** (mong.: *chaalga*), die immer nach Süden schaut. Früher bildete die Türöffnung nur ein dickes Stück Filz. Auch auf dem Türrahmen liegen Dachstangen auf.

Über das auf diese Weise entstandene stabile und dennoch elastische Holzgerüst werden **Filzmatten** gespannt. Bisweilen wird auch erst, um den grauen Filz zu verdecken, dünner Leinenstoff darüber gezogen. Eine Lage Filz ist etwa 3 cm dick und hat die Isolierfähigkeit einer 6 cm dicken Ziegelwand. Im Winter werden über die Jurte 3 oder gar 4 Lagen Filz gespannt. Beim Filz unterscheidet man minderwertigen industriell gefertigten und hochwertigen handgefertigten Filz. Die Minderwertigkeit des industriell erzeugten Filzes rührt daher, daß große Mengen von nicht filzenden Deckhaaren aus den Abfällen der Spinnereien und Wollwäschereien mit unter die Wolle gemischt werden. Die Wolle ist zudem gewaschen und dadurch nicht mehr wasserabweisend, wie es ungewaschene, lanolinhaltige Wolle ist. Nach traditionellen Methoden herge-

Menschen

stellter Filz besteht dagegen ganz aus ungewaschener Wolle, die gut verfilzt. Solche per Hand hergestellten Filze übertreffen die Lebensdauer von Fabrikprodukten um ein Vielfaches.

Im Sommer werden die Jurten nur mit einer Lage Filz belegt und die unteren Ränder hochgeschlagen, damit der Wind durch die Jurte streifen kann und so ein angenehmes Raumklima entsteht. Im Winter wird am unteren, äußeren Rand des mehrlagigen Filzüberzugs noch ein **zusätzlicher Abschluß** (mong. *chajaawtsch*) zur Erde aus Holz, Sackleinen oder anderen Materialien befestigt. Solange der Jurtenofen geheizt wird, herrscht in der Jurte eine angenehme Wärme, die freilich alsbald nachläßt, wenn das Feuer erlischt.

Die äußere Hülle der Jurte bilden heute **Leinenstoffe,** die ansonsten zur Herstellung von Zelten oder Lastwagenplanen dienen. Sie lassen sich leicht waschen und schützen den Filz zusätzlich vor Regen. Das Ganze wird außen mit aus Pferde- und Yakhaaren geflochtenen Seilen fest verzurrt. Über den Dachkranz wird ein weiteres in Leinen eingeschlagenes Filzstück (mong.: *urch*) gezogen, mit dem in der Nacht oder bei Regen die Dachöffnung geschlossen werden kann. Tagsüber wird der Bezug in Dreiecksform zurückgezogen. Mitunter werden die Jurten heute an der Innenseite der Wand auch noch einmal mit Stoff verkleidet, das die Scherengitter verdeckt.

Zwischen den beiden Stützen des Dachkranzes steht der **Jurtenofen,** dessen Schornstein durch den Dachkranz geschoben wird, ohne daß das Rohr das Holz oder den Filz berührt.

Eine Jurte kann von einer 4- bis 6köpfigen Familie in deutlich weniger als einer Stunde **zerlegt** und auch wieder aufgebaut werden. Die Jurte selbst paßt auf 2, das Mobiliar auf weitere 2-3 Kamele. Die Truhen und Betten sind so dimensioniert, daß sie bequem auf ein Kamel oder Yak geladen werden können.

Ältere Mongolen ziehen bis heute ein Leben in der Jurte dem in Steinhäusern vor. Daß die Jurte auch in den Städten noch lange nicht ausgedient hat, beweist die Tatsache, daß über 61 Prozent der Mongolen nach wie vor in Jurten wohnen. Es ist anzunehmen, daß dieser Anteil in den nächsten Jahren weiter wachsen wird.

Literatur

Trotz oder vielmehr gerade wegen das Lebens in der Steppe haben die Mongolen, wie auch die anderen Völker der eurasischen Steppen, eine **reiche und vielfältige Literatur** hervorgebracht. Zeremonial- und Brauchtumsdichtung, volksreligiöse Beschwörungsriten, Gebete, Märchen, Schelmengeschichten, Lieder und Epen wurde über Jahrhunderte nicht schriftlich festgehalten, sondern mündlich tradiert. Diese Funktion übten umherziehende **Epensänger und Märchenerzähler** aus, die in jeder Jurte gern willkommen geheißen wurden. Lieder und Zeremonialdichtungen überliefert bis heute eine Generation an die andere. Reisende sind immer wieder überrascht, daß Mongolen Abend um Abend liedersingend und geschichtenerzählend zubringen können, ohne daß sich ein Stück wiederholen würde.

Zur **schriftlich fixierten Literatur** gehören neben Familienchroniken und ersten Versuchen einer Nationalgeschichtsschreibung die Übersetzungsliteratur aus dem Chinesischen, dem Tibetischen, dem Sanskrit und den Sprachen der westlichen Nachbarvölker. Die Sitte, literarische Schöpfungen schriftlich festzuhalten und zu reproduzieren verbreitete sich erst mit dem Fußfassen des Buddhismus und der Vorstellung, daß das Abschreiben oder Vervielfältigen von Texten mittels Holzdruckstock als gute Tat gilt. Deshalb nimmt es nicht wunder, daß die übergroße Mehrheit der **zwischen Ende des 16. und Anfang des 19. Jh.** entstandenen Büchern und Schriftsammlungen **religiösen Inhalts** ist.

Das Verfassen von **Prosaromanen** ist erst seit der Mitte des letzten Jahrhunderts bekannt und stand anfangs unter starkem chinesischen Einfluß. In diese Zeit fällt auch das Entstehen einer oft satirischen sozialkritischen Literatur, die den Verfall der Sitten geißelt. Mit der engen Bindung der Mongolei an die Sowjetunion fanden dann auch adaptierte Formen der vornehmlich Propagandazwecken dienenden **sozialistischen Literatur** Eingang in das mongolische Literaturschaffen.

Das überhaupt **erste Zeugnis** schriftlich fixierter mongolischer Literatur ist die schon oft erwähnte **Geheime Geschichte der Mongolen** aus dem Jahre **1240,** die nicht nur eine gewöhnliche Familienchronik des Herrscherhauses ist, sondern die Ereignisse in phantasievoller, lebendiger, bildhafter Prosa darzustellen weiß. Dieses **Denken in Bildern,** das wegen der engen Beziehung der Nomaden zur Natur bis heute typisch ist für ihre Sprachkultur, macht auch den poetischen Reiz der mongolischen Volksliteratur aus.

Übersetzungen mongolischer Literatur **in die deutsche Sprache** sind nicht zahlreich. Einige Empfehlungen dazu finden sich im Anhang.

Kunsthandwerk

Das Leben als Nomaden bringt es mit sich, daß Mongolen nicht zum Anhäufen materieller Reichtümer neigen. Wer regelmäßig seine gesamten Besitztümer inklusive der eigenen Behausung auf Pferde und Kamele lädt, um zu einer neuen Weide zu wechseln, hat zwangsläufig wenig Interesse daran, Kunstgegenstände anzufertigen, die zwar schön anzusehen sind, aber keinen praktischen Nutzen haben. So beschränkt sich das mongolische Kunsthandwerk mit Ausnahme von **religiösen Gegenständen** im wesentlichen auf das **Ausschmücken und Verzieren von Gebrauchsgegenständen.** Filzteppiche und Wandbehänge werden durch Applikationen reich verziert, Stiefel in verschiedenen Farben und Mustern abgesteppt, Musikinstrumente bunt bemalt und reich beschnitzt.

Silberarbeiten

Die augenfälligsten Schätze der Nomadenkultur sind indes die Silberarbeiten. Das **Pferdegeschirr** ist prächtig geschmückt, der **Sattel** mit schweren Silberbeschlägen verziert, Frauen wie Männer tragen als **Schmuck** silberne Fingerringe und Armreifen, die mit Korallen, Türkisen und Malachit bestückt sind; es gibt Ohrgehänge, Gürtel, Ketten und Kopfschmuck aus Silber, Süßwasserperlen und Edelsteinen; scharfe **Messer in** silberbeschlagenen Scheiden. Stählerne **Feuerzeuge** mit silberver-zierten Feuertäschchen hängen an schweren Ketten vom Gürtel herab. Die Krönung bilden die individuell gestalteten, schweren **Silberschalen,** die in verschiedenen Größen und Qualitäten in jedem Haushalt vorhanden waren. Die komplette traditionelle Silberausstattung für einen Mann (Pferdegeschirr, Messergehänge, Feuerzeug und Silberschale) wiegt mehrere Kilogramm; die Ausstattung für eine Frau mag feiner, aber keineswegs leichter sein: Hier wiegt der Schmuck buchstäblich das auf, was die Größe des Messers nimmt.

Hergestellt wurden die Silbersachen in der Regel von chinesischen **Wanderarbeitern,** die entweder rohes Silber und Steine mit sich brachten, oder die von Nomaden andernorts erworbenen Rohstoffe verarbeiteten. Obwohl es einen Grundstock

Traditionell mongolische Messer haben oft alte chinesische Silberbarren als Gürtelgehänge. Zu den Kuriositäten gehört ferner ein in die Messerscheide eingearbeiteter silberner Zungenbelagschaber, dessen Griff gleichzeitig als Salzlöffelchen dient.

Mongolisches Pferdegeschirr ist reich mit Silber beschlagen und geschmückt

an beliebten Ornamenten und Formen gibt, bleiben viele der Schmuckstücke und Silberschalen letztlich Unikate, die nach dem persönlichen Geschmack und den Wünschen des Auftraggebers im engen Gespräch mit dem Silberschmied entstanden. Dieser führte stets nur einen Auftrag auf einmal aus, zog also von Jurte zu Jurte und lebte mit den jeweiligen Familien, bis deren Silberarbeiten erledigt waren.

Regionale Unterschiede gab es nur im Groben: Die Silberarbeiten aus den südlichen Aimaks galten als die besten; hier sind in der Regel alle Teile geschmiedet – auch die kleinsten. In der übrigen Mongolei wurde viel mit getriebenem Silber und Silberdraht gearbeitet, was zu einem ziselierfreudigen Stil führte, der zwar feinere Arbeiten zuließ, aber der Wertschätzung von gewichtigen

Schmuckstücken und Gebrauchsgegenständen nicht nachkam. In der Tat wurde in die Silberschalen bisweilen ein Bleifuß eingegossen, damit sie schwerer in der Hand wogen. Diese Wertschätzung des Gewichtes mag es im Übrigen sein, die dazu führte, daß in einigen westlichen Regionen Schmiedearbeiten aus Stahl denen aus Silber vorgezogen wurden.

Mit ***Anbruch der sozialistischen Ära*** in der Mongolei wurden die Silbersachen der Nomaden als dekadent verschrieen und ihr Besitz zeitweilig sogar unter Strafe gestellt. Viele Familien lieferten ihre Silberschätze ab, manche gaben sie in Museen, andere verkauften sie auf dem Markt an Ausländer. Manch einer aber versteckte sie auch und rettete sie so über 70 Jahre Sozialismus hinweg als das, was sie waren: Tradition und Familiensparstrumpf zugleich. Und

177

so kam es, daß nach der politischen Wende in der Mongolei 1989/90 die alten Silbersachen wieder auf dem Markt erschienen und so manch einer Familie durch ihren Verkauf das Überleben gesichert wurde.

Interessant war hier vor allem ein Umschwung ab ungefähr 1995. Davor boten die Nomaden auf dem Markt ihre alten Silberschalen, Messer und Schmuckgegenstände in erster Linie Ausländern feil; ab 1995 begannen sich aber auch immer mehr reiche Stadtmongolen für den Erwerb alter Silbersachen zu interessieren, und manch ein Nomade, der gerade für gutes Geld sein Vieh oder seine Wolle in der Stadt verkauft hatte, brachte seiner Frau vom Markt nunmehr eine handgeschmiedete alte Silberhaarspange mit und keinen glassteingeschmückten Ring aus der staatlichen Goldschmiede.

Im Straßenbild Ulan Bators ist Silberschmuck indessen fast verschwunden. Nur zum Naadam-Fest, wenn viele Nomaden das Stadtbild beleben, kann man erahnen, wie sehr der reiche und schwere Silberschmuck früher zum Aussehen der Mongolen beigetragen haben mag.

Malerei

Neben religiösen Malereien – in erster Linie ist hier die Herstellung von **buddhistischen Thankhas** (Rollbildern) zu nennen – wird jeder Tourist, der auch nur einen einzigen Souvenirladen betritt, mit mongolischer Malerei in Berührung kommen. Man

kann zwei Bildtypen unterscheiden. Das eine sind **Aquarelle,** die zumeist Landschaften oder ein Idyll mit Jurte und Pferden bzw. Kamelen abbilden; zum anderen sind es **Bilder im naiven Stil,** die detailreich und zum Teil extrem humoristisch das Nomadenleben darstellen.

Die nichtreligiöse Malerei hat in der Mongolei keine Tradition. Lediglich das Bemalen von Jurtenmobiliar und Musikinstrumenten ist ursprünglich mongolisch. Unter ausländischem Einfluß entstand Anfang dieses Jahrhunderts eine eigene Schule **mongolischer Malerei.** Wichtigster Vertreter war *B. Sharav,* dessen Gemälde bis heute prägend für die einheimische Künstlerszene sind. An erster Stelle ist hier sein Monumentalwerk **Ein Tag im Leben der Mongolei** *(Monglyn neg udur)* zu nennen. Auf 135 mal 170 cm Fläche tummeln sich über dreihundert Personengruppen, die all das vorführen, was das mongolische Nomadenleben an Tun und Treiben zu bieten hat: Den Aufbau einer Jurte, Filzherstellung, Schlachten und Zubereiten von Speisen, Viehwirtschaft, Jagd, und buchstäblich ganz am Rande des Gemäldes, Ackerbau. Die Menschen werden im Alltag gezeigt, man sieht Brautwerbung und Hochzeit, schließlich die schwangere Frau und ihre Niederkunft. Aber auch die diversen Weisen der "Schwangerwerdung" sind nicht ohne Humor und ziemlich offen dargestellt. Dies war einer der Gründe dafür, daß das Bild lange Zeit nicht ausgestellt wurde. Heute kann man es jedoch wieder im Museum der Schönen Künste in Ulan Bator betrachten, und hier lohnt es sich auch, die Museumsführung speziell um eine Erläuterung eben diesen Bildes zu bitten. Die verschiedenen Lebensweltzyklen und vor allen Dingen der Humor der untereinander verwobenen Darstellungen ist wirklich ein halbes Stündchen extra wert.

Interessant ist eine genaue Betrachtung dieses Bildes auch noch aus einem anderen Grund: Der aufmerksame Besucher wird forthin in den Souvenirläden erstaunt feststellen, daß fast alle der Bilder im mongolischen Stil Szenen aus eben diesem einen Bild kopieren. Entweder werden nur ein bis zwei Personengruppen herausgenommen und groß dargestellt, oder ganze Teilausschnitte werden mehr oder minder orginalgetreu wiedergegeben. Damit kommen wir auf ein weiteres Kennzeichen der mongolischen Malerei zu sprechen. Kreatives Malen ist hier nicht unbedingt gefragt; *Vorlagen möglichst genau zu kopieren,* hat eine weitaus ältere Tradition, und so sind auch wenige der Bilder namentlich signiert. Das Signieren ist vielmehr erst in den letzten Jahren in Mode gekommen.

Wer sich für andere Kunst interessiert, der sollte diejenigen Kunstausstellungen besuchen, die Bilder junger Künstler, bzw. Diplomarbeiten von der Kunsthochschule ausstellen. Diese oft erstaunlichen Arbeiten sind für unsere Verhältnisse sehr preisgünstig zu erwerben. Beim Ausführen von Malerei gibt es bisher zudem keine Zollbeschränkungen. Ausnahme bilden hier lediglich antike Thankas.

Musik und Theater

Musik

Die Nomadenkultur der Mongolen hat eine die Atmosphäre in der Steppe trefflich widerspiegelnde Musik hervorgebracht. Unterschieden wird zwischen sehr rhythmischen und langtonigen *Liedern.* Letztere sind für europäische Hörgewohnheiten recht ungewohnt und entfalten ihre Stimmung am besten, wenn die Vorführung in der Steppe selbst erfolgt. Die Lieder beschreiben die Schönheiten der Natur, die Liebe und Ehrerbietung für die Eltern, die Vorzüge einzelner Herdentierarten und natürlich auch das wohl weltweit wichtigste Thema – die Liebe. Für Besucher immer wieder bemerkenswert ist, daß eigentlich jeder Mongole nicht nur singen kann, sondern auch über ein unerschöpfliches Repertoire an Liedern verfügt. Im Mittelalter und auch heute noch sorgten *Epensänger* an langen Winterabenden für Kurzweil in den Jurten.

Obertongesang

Eine besondere Eigenart der mongolischen Gesangskunst ist der sogenannte Obertongesang (mong. *chömij*). Die *Technik* des Obertongesanges (sonst nur noch in Tibet und im benachbarten Tuva verbreitet) stellt dabei höchste Ansprüche an Stimmbänder, Kehlkopf und Zwerchfell – das Ergebnis ist jedoch phänomenal: Neben einem schwingenden tieferen Grundton produziert ein einziger Sänger gleichzeitig eine *zweite*

Menschen

Kleines traditionell mongolisches Musikensemble

Stimme, meist in Form einer höheren Melodie, die **als Oberton** den Grundton überspielt. Für "Uneingeweihte" hört sich das so an, als verstecke der Sänger eine Art Pfeife im Mundraum – in Wirklichkeit singt er tatsächlich eine Melodie und seine eigene Begleitung gleichzeitig.

Es liegt auf der Hand, daß dies sehr anstrengend ist – der pfeifende, instrumentell anmutende Ton des Gesanges kann nur durch extrem hohen Druck erzeugt werden. Deshalb leben dem Volksmund nach Obertonsänger auch kürzer als andere Menschen. Angeblich erzeugt der hohe Druck im Kopf diverse Krankheiten, die zum frühen Tod führen, u. a. Schlaganfälle und Krebs. Umso mehr werden begabte Oberton-Sänger verehrt, und nur mit einem leisen Schaudern der Bewunderung geht die Sage von jungen Männern, die selbst im Galopp zu Pferde noch ihren Obertongesang erklingen lassen. In der Mongolei ist der Obertongesang übrigens reine Männersache – ebenso, wie bestimmte Musikinstrumente nur von Frauen oder nur von Männern gespielt werden. Herausragendes Beispiel ist hier die Pferdekopfgeige, deren Entstehungsgeschichte dazu führte, daß ihr Spiel den Männern vorbehalten ist (siehe Exkurs).

Die mongolische Pferdekopfgeige

Die Pferdekopfgeige ist das vielleicht **typischste Instrument** der Mongolen. Es ist eine zweisaitige Kniegeige mit dunklem, vollem Klang, die nur von Männern gespielt wird, und das hat seinen Grund in der Geschichte der Entstehung dieses Instruments.

Einst lebte im fernen Osten der Mongolei ein junger Mann mit dem Namen *Chöchuu Namdshil*, der weit und breit als Sänger berühmt war. Als er eines Tages fernab seiner Heimat am Ufer eines Sees seine Pferde weidete und dabei sang, kam ein schönes junges Mädchen in einem grünen Gewand aus dem Wasser geritten und sprach ihn an. Sie überredet *Chöchuu Namdshil*, ihr zu ihren Eltern zu folgen, wo er mehrere Tage blieb und die Familie mit seinem Gesang erfreute. Schnell wurde die Hochzeit der schönen Unbekannten mit dem begabten Sänger beschlossen.

Doch obwohl er einige Zeit glücklich bei der Familie des Mädchens lebte, zog es ihn eines Tages zurück zu seiner eigenen Familie und seiner – man höre und staune – bisherigen geliebten Frau. Das schöne Mädchen im grünen Gewand willigte ein und gab *Chöchuu Namdshil* ein fahlgelbes Pferd zu Geschenk, von dem sie sagte, es könne ihn in einem Tag zu seiner Familie tragen und abends wieder zu ihr zurückfinden. Er müsse lediglich beachten, daß das Pferd eine Meile vor seiner eigenen Jurte angehalten werden müsse, damit es vor der eigentlichen Ankunft zu Atem kommen könne.

Ausgestattet mit diesem fahlgelben Zauberpferd ritt *Chöchuu Namdshil* also heim zu seiner Familie. Abends weidete er fortan die Pferde und kehrte auch immer erst im Morgengrauen zu seiner Frau zurück. Drei Jahre verbachte er so: tagsüber bei seiner Familie, nachts bei der fernen Geliebten. Erst als er eines Tages vergaß, sein Zauberpferd rechtzeitig zu Atem kommen zu lassen, schöpfte seine Frau Verdacht und tötete das Pferd – ganz in Frauenmanier mit einer Schere.

Drei Monate lang nahm *Chöchuu Namdshil* in seiner Trauer daraufhin keine Nahrung zu sich – der Weg zurück zu seiner Geliebten war ihm durch den Tod des Pferdes für immer verwehrt. Schließlich schnitzte er aus den Knochen des Tieres dessen Kopf nach und baute sich eine Geige, die er mit Saiten aus Pferdehaar bespannt. Fortan begleitete er seine traurigen Lieder mit dem Klang dieser Geige.

Selbst heute noch sind die Pferdekopfgeigen mit Saiten aus Pferdehaar bespannt, was ihnen tatsächlich einen besonderen Klang gibt. Gute Instrumente haben auch ein Stückchen Pferdeknochen in Form einer Blesse in dem sie zierenden Pferdekopf eingelassen – eine Erinnerung an das traurige Schicksal *Chöchuu Namshils* und seines Zauberpferdes. Von der Geschichte der Entstehung der Pferdekopfgeige gibt es heute ein langes Lied – schwermütig gesungen von einer tiefen Männerstimme, begleitet vom warmen Ton der *Morin chuur*, wie das Instrument auf Mongolisch heißt.

Menschen

Theater und Oper

Eine klassische Theaterkunst entstand erst unter europäischem Einfluß in diesem Jahrhundert. Als **Nationaloper** gilt *"Drei traurige Hügel"*. Inzwischen gibt es aber auch eine Reihe weiterer Opern- bzw. Operettenstücke mit nationalen Themen, die alle schon durch ihre Farbenpracht in der Kulisse sehenswert sind. Das Staatstheater führt auch **klassische** *europäische Opern* auf, um die zu sehen man aber nicht unbedingt in die Mongolei kommen muß.

Neben der sehr vielfältigen und populären Volksmusik hat sich in den letzten 20 Jahren auch eine eigenständige *mongolische Rock- und Pop-Szene* herausgebildet. Wurden anfänglich zumeist nur westliche Ohrwürmer nachgesungen, hat sich im Laufe der Zeit eine eigene mongolische, inzwischen recht facettenreiche Stilrichtung entwickelt.

Auf einzelne, für Mongolei-Besucher *empfehlenswerte Kulturveranstaltungen* wird ausführlicher im Kapitel "Ulan Bator" eingegangen.

Bildungswesen

In der Mongolei gibt es eine *allgemeine Schulpflicht.* Der Unterricht ist kostenlos. Die *Ausgaben für das Bildungswesen* waren 1991 mit ca. 22,9 % der mit Abstand größte Einzelposten im Staatshaushalt. 1995 gingen die Ausgaben für Bildung auf 15,8 % der Staatsausgaben zurück.

Die Kinder werden mit sieben oder acht Jahren eingeschult und beenden in der Regel die *10. Klasse,* wobei ein vorzeitiger Abschluß in einer niedrigeren Klasse möglich ist. Der Abschluß der 10. Klasse gilt, ähnlich wie in den Staaten der GUS, gleichzeitig als Hochschulreife. Vor 1989 verfügte die Mongolei über eine bemerkenswerte *Alphabetisierungsrate* und einen beachtlichen

Anteil von Bürgern mit Hoch – oder Fachschulabschluß.

Seit der Wende müssen die Eltern für Lehrmittel und – wenn erforderlich – die Internatsunterbringung ihrer Kinder aufkommen. Letzteres hat dazu geführt, daß insbesondere in den ländlichen Gebieten *immer weniger Kinder zur Schule* geschickt werden. Der Anteil der schulpflichtigen Kinder, die nicht mehr oder noch nie zur Schule gehen oder gegangen sind, erreicht lokal bisweilen schon beängstigende 50 %. Die Nomaden begründen diese Erscheinung oft damit, daß ihre Kinder in der staatlichen Schule nichts lernen würden, was sie als Viehzüchter wissen müssen. Tatsächlich liegt die wahre Ursache aber darin, daß die Eltern nicht für jedes ihrer Kinder eine komplette Schulausrüstung, Kleidung, Schuhe und die Internatsverpflegung finanzieren können. Zumindest ein Teil der Kinder wird auch als Arbeitskraft im Nomadenhaushalt benötigt.

1990 hat es auf dem Land noch 403 *Schulinternate* gegeben, in denen 64.342 Nomadenkinder untergebracht waren. Bis 1995 war ihre Zahl auf 338 zurückgegangen. Sie beherbergten nur noch 18.867 Schüler.

Das System der *Berufsausbildung* ist nur schwach ausgebaut. Es dominiert, wenn überhaupt eine Ausbildung erfolgt, das direkte Anlernen nach dem System *learning by doing,* wobei die theoretische Unterweisung natürlich zu kurz kommt. Folglich *fehlt* der Wirtschaft in allen ihren Zweigen ein qualifizierter *Facharbeiterstamm.* Das berufliche Niveau droht immer weiter hinter dem internationalen Standard zurückzubleiben. Die langfristigen Gefahren, die analphabetische oder nicht beruflich ausgebildete Jugendliche für das Land darstellen, wurden bislang von der politischen Führung weitestgehend ignoriert.

Die **universitäre Ausbildung** hat stark unter den Problemen des Transformationsprozesses zu leiden. Die Haushaltslage der staatlichen Hochschulen ist sehr angespannt. Das Studienangebot und die Lehrinhalte zielen vielfach noch am realen Bedarf der potentiellen Arbeitgeber vorbei. Nicht wenige der nach 1990 entstandenen privaten Hochschulen erfüllen nicht die vom Bildungsministerium geforderten Qualitätskriterien für die Ausbildung. Zudem verschließen die hohen Studiengebühren, die leicht ein Halbjahreseinkommen eines mittleren Angestellten ausmachen können, vielen Schulabsolventen den Zugang zu höherer Bildung.

In jüngster Zeit formiert sich im Bereich der Bildung für Kinder und Jugendliche auch ein **informeller Sektor.** Insbesondere in den entlegenen Gebieten entstehen wieder sogenannte **Jurtenschulen,** in denen Kinder verschiedenen Alters von arbeitslos gewordenen Lehrern oder anderen Personen mit gehobener Bildung zumindest eine Grundausbildung erhalten. Diese Schulen sind reine Selbsthilfeeinrichtungen und werden staatlich nicht anerkannt. Andererseits ist der Staat immer weniger in der Lage, das Schulsystem landesweit zu finanzieren.

Gesundheitswesen

Das Gesundheitswesen der Mongolei galt **vor der Wende** als eines der **vorbildlichsten** Asiens. Mit 12,3 Krankenhausbetten und 29 Ärzten je 1000 Einwohner (1990) konnte das Land quantitativ sogar mit den Sozialstaaten des Westens konkurrieren. Ausgaben für das Gesundheitswesen machten 1990 12,4 % des Staatshaushalts aus, 1995 waren es nur noch 12,0 %. Die finanziellen Engpässe der letzten Jahre, verbunden mit einer Kostenexplosion für Medikamente und klinische Geräte, haben im Gesundheitswesen zu einem noch heftigerem **Kahlschlag** geführt als im Bildungswesen. Das System der Krankenkassen befindet sich erst im Aufbau und kann die tatsächlich entstehenden Kosten nur partiell abdecken.

Die **tägliche Praxis** in den Krankenhäusern und sonstigen medizinischen Einrichtungen sieht so aus, daß der Patient, egal ob versichert oder nicht, seine Behandlung de facto selbst bezahlt. Die Ärzte verschreiben Medikamente, die die Patienten, bzw. deren Angehörige aus der Apotheke, öfter jedoch auf dem Schwarzmarkt erwerben müssen. Die Familie des Kranken kümmert sich auch um seine Ernährung und die Beschaffung sonst erforderlicher Heilmittel.

Besonders kritisch ist die Lage in den Bags und Somonen, in denen vielfach die Infrastruktur weitestgehend zusammengebrochen ist.

Menschen

Ulan Bator

Ist Ulan Bator die Mongolei? Ganz sicher nicht. Die Stadt unterscheidet sich in ihrer Architektur bis auf drei buddhistische Klosteranlagen und einige andere Gebäude in kaum einer Weise von sibirischen Großstädten und deren verhaltenem Charme.

Welche Errungenschaft sie dennoch für das Land darstellt, wird der ausländische Besucher noch nicht am Tag seiner Ankunft, wohl aber nachdem er einige Tage oder gar Wochen durch Wüste und Steppe gereist ist, zumindest erahnen.

Geschichte der Stadt Ulan Bator

Im Jahre *1639* setzte die Versammlung einflußreicher Chalch-Fürsten den 5jährigen Sohn des *Tuscheet Khan Gombodordsh* namens *Daramdadsar* als Oberhaupt aller mongolischen Buddhisten ein und gab der **Nomadensiedlung,** in der sein **Kloster** stand, den Ehrennamen **Urgöö** (mong. Bezeichnung für Palastjurte, in der westlichen Literatur wird oft von Urga gesprochen, was einer entstellen Transliteration zuzuschreiben ist). In ihrer Geschichte **wechselte** die Stadt mehrfach ihren **Namen.** So hieß sie *Nomyn Ich Churee, Da Churee, Bogdyn Churee* und nach der Erringung der nationalen Unabhängigkeit 1911 *Nijslel Churee.* In den ersten 140 Jahren ihrer Geschichte verlagerte sie sich auch wiederholt ihren Standort, vor allem dann, wenn klimatische Probleme die Ernährung der Ansammlung großer Viehherden nicht mehr garantierten.

Erst *1778* bezog die Stadt endgültig ihren **heutigen Platz** in der Tula-Aue, nördlich des Bogd-Uul-Gebirges. Der Standort war mit Bedacht gewählt, garantierte er einerseits genügend Wasser und lag andererseits windgeschützt, da von allen Seiten von hohen Bergen umgeben. Letzteres ist heute

Der Charme Ulan Bators erschließt sich dem Fremden meist erst, wenn er nach einigen Tagen oder Wochen in der Steppe erschöpft zurückkehrt und allein die Existenz von fließendem kaltem und warmen Wasser ausreichen, um in Entzücken auszubrechen

vor allem in den Wintermonaten ein Problem, wenn der ungefilterte Rauch der Kraftwerke und der Qualm aus unzähligen Jurtenöfen sich in der Stadt bodennah festsetzt und den Talkessel nur verlassen kann, wenn ein starker Wind weht. Die Stadt **entwickelte sich rasch** zum religiösen, wirtschaftlichen und administrativen **Zentrum des Landes.** In der Qing-Dynastie saß hier der mächtigste mandschurische Amban (Gouverneur).

Um die **Jahrhundertwende** gab es in der Hauptstadt zwölf *Dazan,* das sind große **Tempelanlagen,** in denen entweder eine bestimmte Gottheit verehrt wird oder die sich mit einem bestimmten religiösen oder wissenschaftlichen Thema befassen. Bereits Mitte des 19. Jahrhunderts lebten etwa 10.000 Lamas in der Stadt.

1910 lebten in der Stadt erst 50.000 Menschen, daOvon ca. 13.000 Lamas, fast ausschließlich in Filzjurten. Die wenigen festen Häuser waren den staatlichen und religiösen Würdenträgern sowie einer Reihe von **Niederlassungen ausländischer Handels- und Produktionsfirmen** vorbehalten. Chinesen, Russen, Amerikaner und auch Deutsche kamen seit Mitte des 19. Jahrhunderts in die Mongolei und hatten jeweils ihr eigenes Viertel in der Stadt. Sie betrieben Handelsunternehmen und kleine Verarbeitungsbetriebe für tierische Rohstoffe. Das höchste Gebäude in dieser Zeit war mit 60 Ellen (19 m) der Tempel des *Dshanrajsig,* der heute in restaurierter Form im nordwestlichen Teil des Geländes des Gandan-Kloster bewundert werden kann.

Eine kommunale Infrastruktur war nur in Rudimenten entwickelt.

Den **heutigen Namen Ulan Bator** oder richtiger *Ulaanbaatar* (Roter Recke) erhielt die Stadt nach dem Sieg der **„Volksrevolution"** von der ersten Sitzung des Großen Volkshurals **1924,** der gleichzeitig die Gründung der Mongolischen Volksrepublik proklamierte.

Die Stadt nahm anschließend eine **Schlüsselstellung** eines bis ins kleinste Detail streng **zentralisierten kommunistischen Verwaltungs- und Machtapparates** ein. Hier liefen alle Fäden zusammen,

was auch heute noch auffällt, wenn man den Aufbau des Telefonnetzes beobachtet.

1934 bauten Russen in Ulan Bator das erste größere Werk zur Verarbeitung von Produkten tierischer Herkunft. Das erste, heute nicht mehr arbeitende Kohlekraftwerk der Stadt nahm 1939 den Betrieb auf. **Anfang der 50er Jahre** erreichte eine Stichbahn der Baikal-Amur-Magistrale Ulan Bator. **1959** wurde begonnen, eine zentrale Kanalisation zu legen. Die **Wohnsiedlungen** um das Kaufhaus entstanden **zwischen 1958 und 1961** mit „finanzieller und materiell-technischer Hilfe der Sowjetunion", wie es in der damals üblichen Sprachregelung hieß.

Eine große Welle der **Industrialisierung** und eine damit einhergehende Bautätigkeit setzte **in den 60er Jahren** ein. Entstanden sind in dieser Zeit vor allem Betriebe der Leichtindustrie, in der Regel aber immer nur ein Großbetrieb einer Branche, also eine Wollwäscherei, eine Spinnerei, eine Gerberei , ein Schlachthof usw. Daneben fallen viele, inzwischen ungenutzte oder als Verkaufsfläche umfunktionierte Kulturhäuser und -paläste sowie Ausstellungshallen auf.

Die **Plattenbausiedlungen** der Außenbezirke sind erst **Ende der 70er** und **in den 80er Jahren** entstanden und sind „Geschenke des sowjetischen Brudervolkes".

Orientierung

Adressen

Daran, daß sich in Ulan Bator Adressen **nur sehr schwer finden lassen,** muß man sich erst einmal gewöhnen. Grund ist, daß es **keinen Postzustelldienst** gibt – und es folglich nie einen Grund gab, Straßen und Hausnummern einzuführen. Die Anschriften, die die großen Hotels angeben, müssen offenbar extra erfunden werden, damit

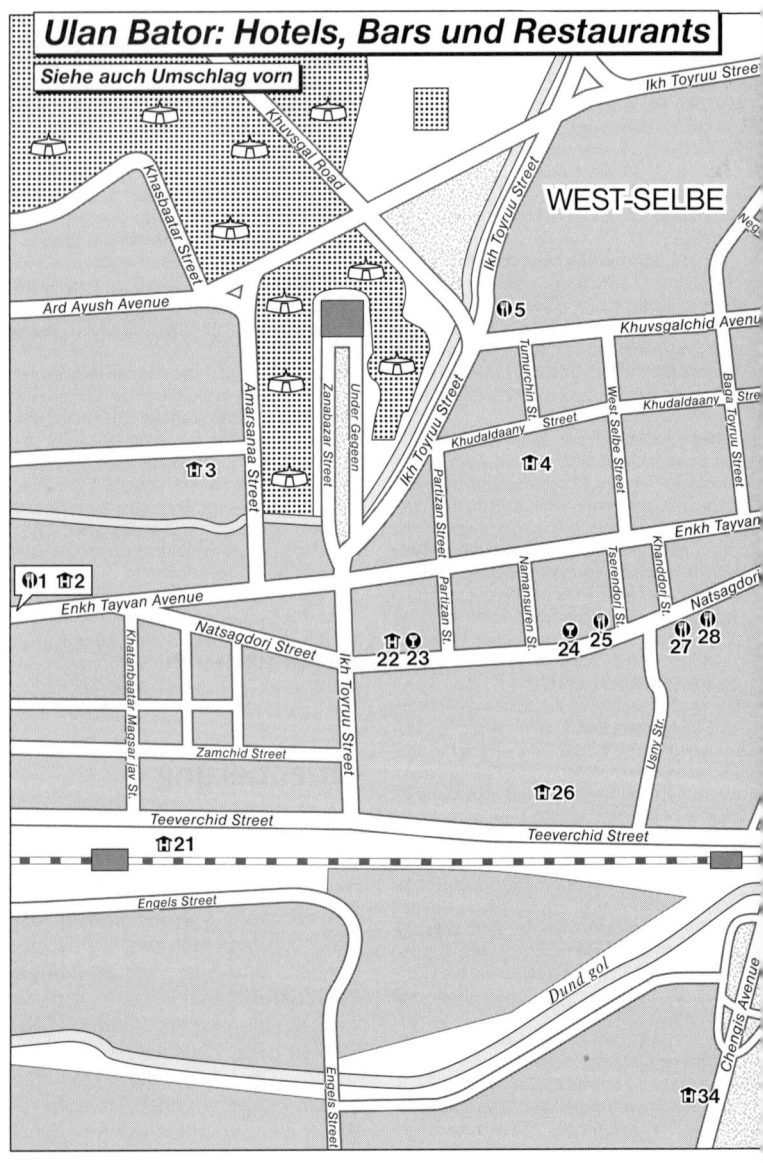

Ulan Bator: Hotels, Bars und Restaurants

Siehe auch Umschlag vorn

WEST-SELBE

Ikh Toyruu Street

Khuvsgal Road

Khashbaatar Street

Ard Ayush Avenue

Amarsanaa Street

Zanabazar Street

Under Gegeen

Ikh Toyruu Street

Tumurchin St.

West Selbe Street

Khudaldaany Avenue

Baga Toyruu Street

Khuvsgalchid Avenue

Khudaldaany Street

Partizan Street

Enkh Tayvan

Tserendorj St.

Khandorj St.

Natsagdorj

Enkh Tayvan Avenue

Natsagdori Street

Ikh Toyruu Street

Khatanbaatar Magsar Jav St.

Zamchid Street

Partizan St.

Namansuren St.

Usny Str.

Teeverchid Street

Teeverchid Street

Engels Street

Engels Street

Dund gol

Chengis Avenue

🏨5
🏨3
🏨4
🏨1 🏨2
🏨22 23
🏨24 25
🏨27 28
🏨26
🏨21
🏨34

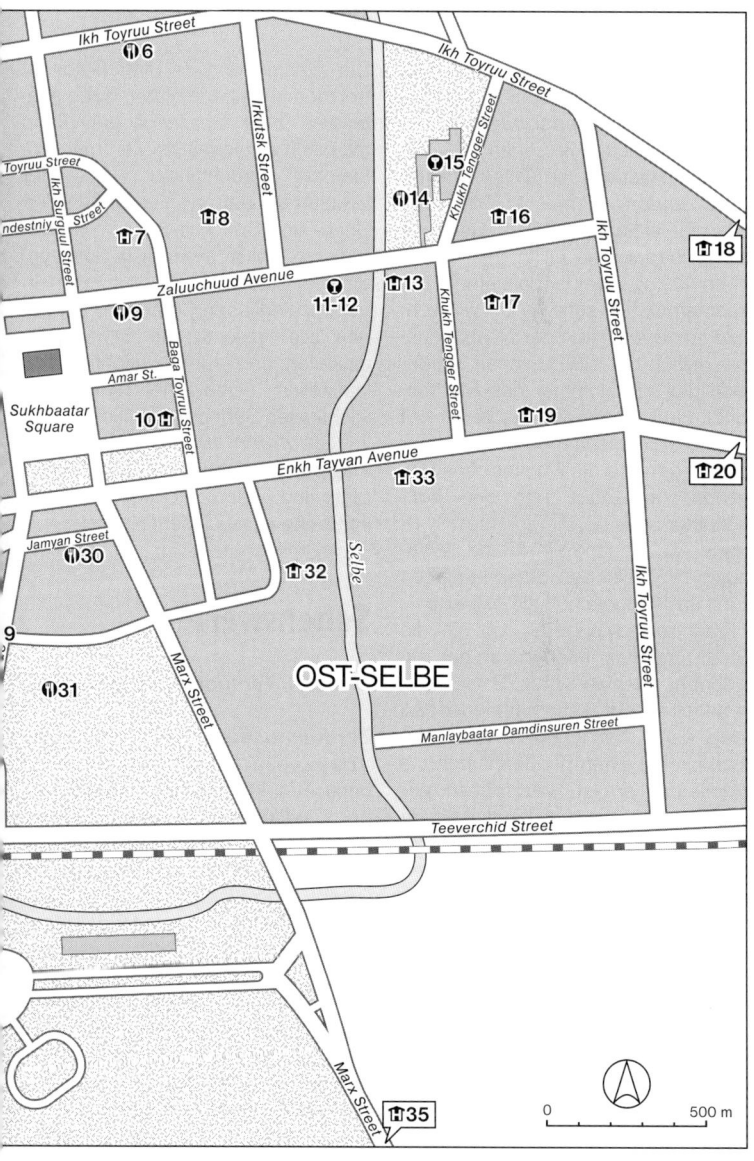

die ausländischen Reisebüros etwas haben, was sie in ihre Karteien schreiben können. Erst seit kurzer Zeit werden zumindest einige Hauptstraßen mit **Straßenschildern,** zum Teil zweisprachig, versehen.

In der Stadt werden **Ortsangaben** ganz anders gemacht. Man beschreibt einfach, wo das Gebäude steht, indem man es in den räumlichen Bezug zu einem allgemein bekannten Objekt setzt (z. B. "wir wohnen im nördlichsten der Neubauhäuser östlich der US-Botschaft"), oder man gibt die Nummer des Stadtbezirks, die Nummer des Hauses (nicht aber die Hausnummer, die zu einer Straße gehört), die Nummer des Eingangs, der Etage und der Wohnungstür an (z. B. 1. Wohnbezirk, 3. Haus, 6. Eingang, 4. Etage, Wohnung 199). Bei den Etagenangaben zählt das Erdgeschoß als 1. Etage.

Fragt man Mongolen, ob sie die Straße nennen können, in der sie wohnen, oder wo sich z. B. das Parlament befindet, kann zwar jeder den Weg dahin beschreiben, aber niemand kennt einen Straßennamen.

Weil das so ist, **verzichten wir auf** die ebenso umständliche wie sinnlose Angabe von **Postanschriften.** Statt dessen finden sich an den entsprechenden Stellen im Buch einige erklärende Worte und Wegbeschreibungen in Mongolisch, die man ganz einfach seinem Taxifahrer oder Begleiter zeigen kann. Ein kurzer Text bedeutet dabei, daß das Ziel stadtbekannt ist, längere Anweisungen für den Fahrer beschreiben den Weg zu einer unbekannteren Örtlichkeit.

Orientierung

Die Orientierung in Ulan Bator ist trotzdem denkbar einfach. Nach spätestens zwei Spaziergängen kann man sich zumindest im Zentrum problemlos zurechtfinden. Auf der Hauptpost (Төв шуудан) und in den Buch- und Souvenir-Shops (номын дэлгүүр, бэлэг дурсгалын дэлгүүр) gibt es Stadtpläne (хотын схем) in unterschiedlichen Sprachen, auf denen alle wesentlichen Sehenswürdigkeiten und andere wichtige Anlaufstellen verzeichnet sind. Die wichtigsten Sehenswürdigkeiten sind im **Stadtplan in der Umschlagklappe** verzeichnet, Hotels, Restaurants und andere wichtige Adressen im Stadtplan zu diesem Kapitel.

Sehenswertes

Museen, Tempel und Klöster

Zentralmuseum

Das Zentralmuseum (Төв музей) zu besuchen, lohnt vor allem wegen seiner **völkerkundlich-historischen Abteilung,** die einen guten Eindruck vom Nomadentum und der mittelalterlichen Geschichte der Mongolen gibt. Blickfänger sind ein Modell einer von Dutzenden von Ochsen gezogenen, wohnwagenähnlichen Jurte *Tschingis-Khans*, farbenprächtige Nationaltrachten der verschiedenen mongolischen Stämme und eine komplett eingerichtete Jurte.

Im **paläologischen Teil** imponiert ein ganzer Saal von **Saurierskelet-**

ⓘ	1	Country Side Restaurant
ⓘ	2	Astra-Hotel
ⓘ	3	Hotel Zagaan Urgöö (White House)
ⓘ	4	Hotel Mandchaj
ⓘ	5	Hanamasa
ⓘ	6	Sakura-Harvest
ⓘ	7	Hotel Dsaluutschuud
ⓘ	8	Hotel Marco Polo
ⓘ	9	Flamingo
ⓘ	10	Hotel Ulan Bator
❷	11	Rainbow-Club
❷	12	Hollywood-Bar
		(im gleichen Gebäude wie Rainbow)
ⓘ	13	Tschingis-Khan-Hotel
ⓘ	14	Palastjurte des Fürsten Abtaj-Khan
❷	15	Falkon-Club
ⓘ	16	Flower-Hotel
ⓘ	17	Gegee-Hotel
ⓘ	18	Hotel Urgöö
ⓘ	19	Hotel New Capital
ⓘ	20	Star-Hotel
ⓘ	21	Hotel Gan Dsam
ⓘ	22	Hotel Altan Od
❷	23	Emon-night-club
		(im Gebäude von Nr. 22)
❷	24	Matisse-Art-Cafe
		(im Keller des Theaters)
ⓘ	25	Bogd-Changaj-Restaurant
ⓘ	26	Hotel Sarora
ⓘ	27	Jurtenrestaurant
		des Tschin Wan Chanddordsh
ⓘ	28	Pizzeria in der Station junger Techniker
ⓘ	29	Hotel Bajangol
ⓘ	30	Journalistencafé
ⓘ	31	Seoul-Restaurant
ⓘ	32	Hotel Amarbayasgalant
ⓘ	33	Negdeltschin-Hotel
ⓘ	34	Zuchi-Hotel
ⓘ	35	Gästehauskomplex der Regierung

ten, die alle aus der Gobi stammen. Hier beeindrucken nicht nur die großen Exponate, sondern auch verschiedene **Sauriereier,** die zum Teil in vollständigen Gelegen erhalten sind. Einzigartig in der Welt ist ferner ein Fundstück, das zwei im Todeskampf verbissene Saurier unterschiedlichen Typs zeigt. Kurioserweise muß man dieses so berühmte Stück zwischen staubigen Vitrinen etwas suchen. Die Saurierexponate des Zentralmuseums wurden bereits mehrfach in Sonderausstellungen im Ausland gezeigt.

Der Rundgang durch das Museum wird abgerundet durch einen **heimatkundlichen Teil,** in dem etwa die wesentlichen Wildtier- und Pflanzenarten zu finden sind.

Wie in allen anderen Museen in Ulan Bator sind die Erläuterungen zu den Exponaten bislang leider noch immer in keiner in Europa verbreiteten Sprache abgefaßt.

Nationales Historisches Museum

Ein Teil der völkerkundlich-historischen Exponate des Zentralmuseums wurde ausgelagert in das Nationale Historische Museum der Mongolei (Үндэсний түүхийн музей, хуучин Хувьсгалын музей), das sich unmittelbar gegenüber des Zentralmuseums direkt an der Westseite des Regierungspalasts befindet.

Bogd-Khan-Museum

Das sogenannte Bogd-Khan-Museum (Богд хааны музей) bietet einen guten ersten Einblick in die Welt des mongolischen Buddhismus. *Bogd Khan* war der Titel des mongolischen Staatsoberhauptes zwischen 1911 und 1924. Der letzte *Bogd Khan* der Mongolei, dessen **Winterpalast** jetzt das Museum ist, vereinte in seiner Person das Amt des staatlichen und religiösen Führers *(Bogd Gegeen)*. Nicht nur die Architektur des Museum ist ein Zeugnis des Buddhismus, auch die in seinen Räumlichkeiten befindlichen Exponaten gebem **Einblick in das religiöse Leben der Mongolen.**

Ulan Bator

191

Nennenswert ist hier neben einer Ausstellung persönlicher Gebrauchs- und **Zeremoniengegenstände** des 8. *Bogd Khan* besonders auch die umfangreiche Sammlung von **Bodhisattva-Skulpturen.** Sie stammen aus der Schule des ersten *Bogd Gegeen Dsanabadsar,* der als begnadeter Bildhauer und Poet in die religiöse Geschichte des Landes einging. Einzelheiten zum Palast kann man während einer Führung erfahren oder Prospekten entnehmen, die an der Kasse ausliegen.

Tschojdshin-Lamyn-Klostermuseum

Nicht weniger imposant ist das 1904 erbaute Tschojdshin-Lamyn-Klostermuseum (Чойжин Ламын сүм музей), vor der Revolution Sitz von *Tschojdshin Lama Luwsanchajdaw,* "Trägers des Staatsorakels" und Bruder des *Bogd Gegeen.* Seine Aufgabe bestand u.a. darin, aus den Rissen von ins Feuer geworfenen Hammelschulterblättern die Zukunft vorauszusagen, z. B. dann, wenn der Bogd eine größere Reise unternehmen wolte. In den **fünf Tempeln** wurden auch andere wichtige Zeremonien praktiziert, zu denen gewöhnliche Gläubige keinen Zugang hatten.

Einzigartig in der Tempelarchitektur des Buddhismus sind die an der Decke des Eingangs zum Haupttempel befindlichen umfassenden Darstellungen buddhistischer **Höllenqualen,** die sich auch im Tempelinnern aufs drastischste wiederholen. Äußerst sehenswert ist eine umfangreiche Präsentation **buddhistischer Tanzmasken,** darunter eine mit 7000 Korallenstückchen besetzte Maske des wilden Gottes *Dshamsran.*

Das Kloster gehört zu den wenigen, die den **Exzessen der 30er Jahre entgangen** sind. Angeblich hat der damalige mongolische Diktator *Tschojbalsan* es persönlich wieder von der Liste der zu vernichtenden Gebäude gestrichen. An der Bausubstanz wurden in den über 90 Jahren des Bestehens noch keine nennenswerten Reparaturen durchgeführt. Vor allem fehlt – wie generell in der mongolischen Denkmalpflege – das Wissen über die Zusammensetzung der Mineralfarben, die innen und außen zum Einsatz kamen. Repariert und rekonstruiert wurden nur einzelne Exponate der Ausstellungen.

Avalokiteshvara (mong. *Dshanrajsig*) in seiner elfköpfigen Form

Gegensätze

In der Mongolei überspringt eine Nomadenkultur sämtliche Entwicklungsschritte und findet an manchen Stellen direkt Anschluß an eine hochtechnisierte Zivilisation. Berührungsängste gibt es keine. So findet man in der Steppe immer wieder überra-

schende Kontraste zur traditionellen Kultur. Da steht vielleicht ein Sonnenkollektor neben einer Jurte, die sich am Straßenrand gerade zu einem Imbiß gemausert hat, *„Drive in"* auf mongolisch, und der Kamelhirte trinkt deutsches Dosenbier.

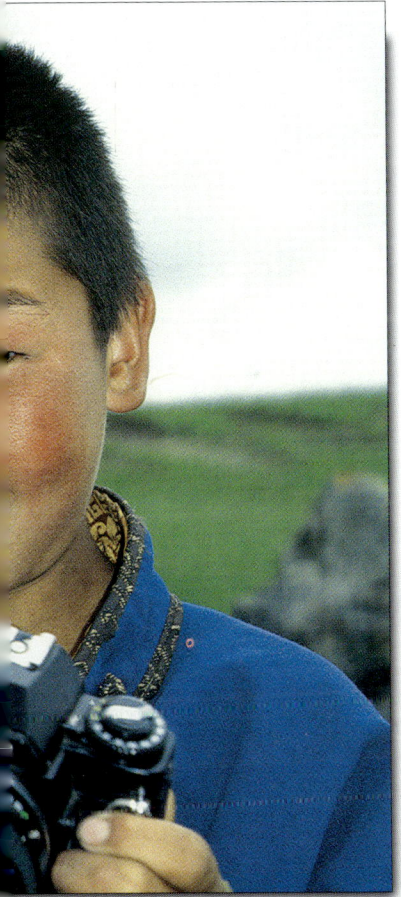

Die Jurte

Die Jurte, mongolisch *Ger* genannt, hat eine schätzungsweise zweitausendjährige Geschichte hinter sich. Über sechzig Prozent der Mongolen leben in der traditionellen Behausung aus Holz und Filz. Sie dient nicht nur den Nomaden auf dem

Land als Unterkunft, sondern auch in Ulan Bator wohnen etwa ein Viertel aller Bewohner in Jurten. Für die Mongolei und ihr extremes Klima ist sie die optimale Behausung – im Gegensatz zu den Plattenbauten sind die Jurten im Winter warm.

Außerdem ist die Jurte der nomadischen Lebensweise fast perfekt an-

gepaßt. Eine Jurte kann von einer vier- bis sechsköpfigen Familie in deutlich weniger als einer Stunde zerlegt und auch wieder aufgebaut werden. Die Jurte selbst paßt auf zwei, das traditionell eher spärliche Mobiliar auf weitere zwei bis drei Kamele.

Lamas

In den dreißiger Jahren wurden alle buddhistischen Lamas, deren man habhaft werden konnte, hingerichtet. Es sollen mehrere Zehntausend gewesen sein. Überlebt haben nur ein paar junge Mönche, Kinder-Lamas. Nach der politischen Wende in der Mongolei lebte auch der Buddhismus

wieder auf. Die letzten der überleben-
den Kinder – inzwischen alte Männer
– bauen nun den Buddhismus in der
Mongolei neu auf. Die hier abgebildeten Mönche haben das Kloster
Mandschir in der Nähe Ulan Bators
wieder eingeweiht, in dem sie als Kinder gelebt hatten. Die Aufnahmen
stammen vom Tag ihrer Rückkehr.

Eine Karawane

Es gibt sie noch, aber sie sind
äußerst selten geworden: die echten
Karawanen. Als ich diese Gruppe
traf, waren sie schon viereinhalb Monate unterwegs: eine handvoll junger
Burschen, ein altes Ehepaar und ihre
Schwiegertochter. Vom äußersten

Westen der Mongolei waren sie auf-
gebrochen, mit über tausend Schafen, ein paar Dutzend Pferden und
Kamelen, um ihr Vieh in Ulan Bator
zu verkaufen. „Wie lange braucht ihr
zurück?", fragte ich den alten Noma-
denführer. „Achteinhalb Stunden mit
dem Flugzeug", kam es zurück.

Der Ringkampf

Wohl keiner genießt in der Mongolei ein so hohes Ansehen, wie berühmte Ringkämpfer. Der mongolische Nationalsport ist allein den Männern vorbehalten. Bei kleinen Naadam-Festen auf dem Land kann man diese Tradition noch weitaus besser mit-

verfolgen, als im großen Stadion von Ulan Bator. Das Bild oben rechts zeigt *Bayanmunk,* den berühmtesten Ringkämpfer der Mongolei, der zwölfmal das Staatsnaadam gewann. Auf dem großen Bild hat er gerade wieder gesiegt und läuft auf die Flagge zu, um sie zu umrunden.

ЗУУНМОД 198
АТАР 65
ЗААМАР 9

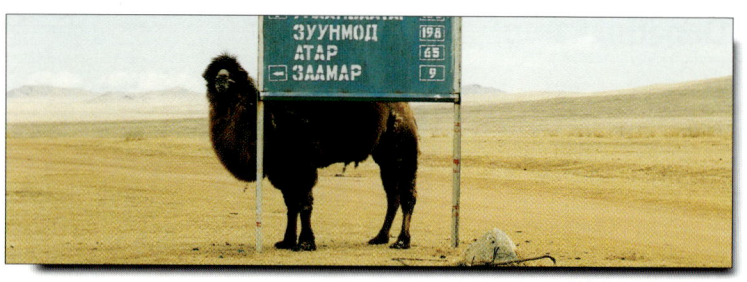

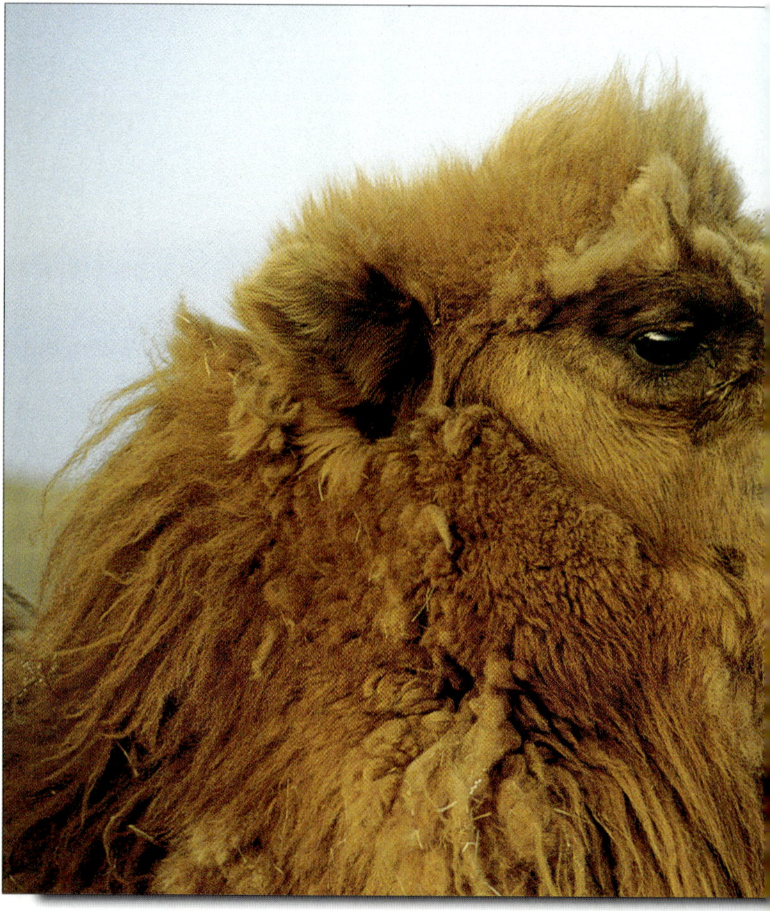

Kamele

Die zweihöckrigen bactrianschen Kamele, auch Trampeltier genannt, sind als Pack- und Lasttiere unentbehrlich, vor allem in kargen Gegenden. Sie legen mit maximal 280 kg Gepäck etwa 40 km am Tag zurück und können, je nach Belastung, bis

zu 10 Tage ohne Wasseraufnahme auskommen.

Auch als Lieferant feiner Wolle sind sie von unschätzbarem Wert, zudem liefern sie Fleisch und Milch. Selbst ihr Dung ist ein geschätztes Brennmaterial in baumlosen Regionen.

Kamele sind ein Identifikationstier für die Mongolen, sie zu besitzen steigert das Prestige. Trotzdem waren die Bestände lange rückläufig und haben sich seit 1954 mehr als halbiert; erst seit 1995 steigen sie wieder leicht.

Kamele gelten übrigens als besonders gefühlvoll. Und tatsächlich fangen sie beim Klang der traurigen Melodien der Pferdekopfgeigen zu weinen an.

Wo einst Dinosaurier

Nicht alle Teile der Gobi entsprechen dem, was wir uns unter Wüste vorstellen. Große Teile sind graue Kies- und Schotterwüsten, durchsetzt von silbergrünem Gras. Doch die Südgobi hält, was sie verspricht: Sanddünen, Wüstengefühl – und Dinosau-

lebten: die Wüste Gobi

riergräber. Die Mongolei zählt zu den bedeutendsten Fundstätten von Dinosaurierknochen und -eiern weltweit. Die Abbildung oben rechts zeigt den Schädel eines Protoceratops, dem wohl häufigsten Saurier im Gebiet der Mongolei.

Der Norden

Dem Norden der Mongolei wohnt ein ganz eigener Zauber inne. Hier liegt der Schnee bis in den Sommer, und die Vegetationsperiode ist noch kürzer als im Rest des Landes. Die Stille der Taiga, Birkenwälder auf mit Moos und Flechten bewachsenen Hängen,

der Einfluß Sibiriens – hier stehen Jurten neben sibirischen Blockhäusern –, all das schafft eine ganze eigene Atmosphäre.

Einsamer geht es nicht mehr, Touristen gibt es fast keine. Und dennoch wird man hier besonders freundlich aufgenommen. Wer Lust hat, tagelang niemandem außer den einheimischen Nomaden zu begegnen und Mut zum Abenteuer mitbringt, ist hier richtig.

Auch wer gern angelt, wird im Paradies sein. Die Flüsse und Seen sind voller Fisch, der begehrte mongolische Weißfisch aus dieser Gegend – von Natur aus schockgefrostet – wurde früher bis weit nach Rußland hinein exportiert.

Die Acht Seen
Naiman Nuur

Die Acht Seen liegen völlig unberührt im Archagaj-Aimak, in einem Hochtal, dessen vulkanischer Ursprung deutlich zu sehen ist. Nicht nur geologisch Interessierte dürfte der seit Jahrtausenden von Menschenhand

unbeeinflußte langsame Zerfall der Lavaströme zu Felsbrocken faszinieren. Hier liegt zugleich der Grund für die Einsamkeit des Gebietes. Es ist mit dem Auto nur von einer einzigen Seite über einen Paß aus unbefestigtem Basaltschotter erreichbar.

Doch die Anfahrt lohnt sich. Acht kristallklare Seen locken mit grünen Ufern und beeindruckendem vulkanischen Szenario ringsum.

Der Schwarzmarkt

Schwarz im Sinne von illegal ist dieser Markt schon lange nicht mehr. Es gibt ihn schon seit Jahrzehnten, und er mag einmal ein Schwarzmarkt gewesen sein, heute bleibt ihm nur der Name. Die Stadt verlangt Eintritt von den Besuchern und Steuern von den Verkäufern.

in Ulan Bator

Ein Abenteuer ist der Markt freilich geblieben, und das Fotografieren ist hier noch immer fast unmöglich. Was es zu kaufen gibt? Alles: Glühbirnen, Handwerkszeug, Kleidung, Möbel, Teppiche, selbstgebastelte Teesiebe und Messer, Draht, Waschbretter, Sättel, Kosmetika und Fliegenklatschen.

Besonders interessant ist, was die Nomaden zu Markte tragen. Oft sind es echte Raritäten wie alte silberbeschlagene Trensen, Korallenschmuck oder Schnupftabakflaschen. Ausführen darf man die angebotenen Antiquitäten allerdings nicht!

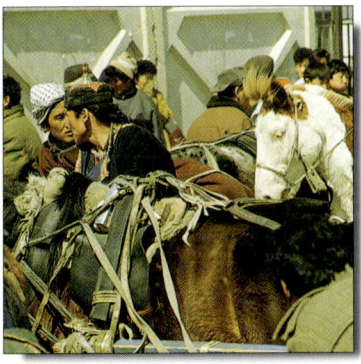

Tschojdshin-Lamyn-

Das 1904 erbaute Kloster gehört zu den wenigen, das den Exzessen der 30er Jahre entgangen ist. Bis 1921 war das heutige Museum Sitz des *Tschojdshin Lama Luwsanchajdaw*, dem „Träger des Staatsorakels". Seine Aufgabe war es, die Zukunft vor-

Kloster in Ulan Bator

herzusagen. Weltweit einzigartig in der Tempelarchitektur des Buddhismus sind die an der Decke des Eingangs befindlichen umfassenden Darstellungen buddhistischer Höllenqualen, die sich im Haupttempel selbst auf drastische Weise fortsetzen.

Kloster Gandan

Obwohl es kein Museum ist, empfehlen wir unbedingt auch einen Besuch im **größten aktiven Kloster** Ulan Bators, dem Kloster Gandan (Гандантэгчилэн хийд). Es wurde 1838 gegründet. Zwischen 1939 und 1944 war es gänzlich geschlossen. Heute sind hier wieder ca. 300 Lamas aktiv. Hinzu kommen über 100 Klosterschüler und mehr als 40 Studenten an der **buddhistischen Hochschule,** die sich mit auf dem Gelände des Klosters befindet.

Der **Baustil** der Tempelanlage läßt deutlich die tibetischen Wurzeln des mongolischen Buddhismus erkennen. Neben dem Haupttempel gibt es auch kleinere Anlagen, in denen

Das Gandan-Kloster ist einer der touristischen Höhepunkte

das religiöse Leben pulsiert. Wer hier vor allen Dingen in den frühen Vormittagsstunden, zur Zeit der religiösen Zeremonien, herumschlendert, wird nicht nur junge und alte Lamas in ihren farbenprächtigen Gewändern bewundern können, sondern auch zahlreiche Laien bei der Ausübung ihres Glaubens erleben.

Unmittelbar nördlich des Gandan-Tempelkomplexes und östlich der buddhistischen Hochschule befindet sich ein weiterer **einzelstehender Tempel,** der eine **Statue des Megdshid Dshanrajsig** (Мэгжид Жанрайсиг, der Bodhisattva Avalokiteshvara, tibet. *Tschenresig,* Schutzherr Tibets, dessen Inkarnation der *Dalai Lama* ist), beherbergt. Mit der Errichtung der ursprünglichen Skulptur wurde am 20.7.1911 auf Geheiß des *Bogd Gegeen* begonnen. Am 13.8.1913 wurde sie geweiht. Die Skulptur symbolisierte die errungene Unabhängigkeit der Mongolei. Gleichzeitig waren mit ihr Wünsche verbunden, daß nachlassende Augenlicht des Bogd möge sich wieder verbessern, wodurch er im Volksmund vielfach auch Buddha des Augenlichts genannt wird.

Im Zuge der antilamaistischen Ausschreitungen wurde der Buddha **1938** von Russen **demontiert** und an einen unbekannten Ort verschleppt. Vermutet wird, daß die Einzelteile in den Fundus der Eremitage gebracht wurden. Andere Zeitzeugen behaupten, der Buddha sei eingeschmolzen und das Material zur Waffenproduktion verwendet worden. Nachdem alle Bemühungen der mongolischen Seite, das Kunstwerk

Ulan Bator

193

Das Kloster Gandantegtschinlen

Die **Gründung** des Klosters im Jahre 1838 und der Bau des ersten noch aus Holz und Lehm errichteten Tempels gehen auf die fünfte Inkarnation des *Bogd Gegeen* namens *Luwsantschultemdshigmid* (1815-1842) zurück. Der **Name** des Klosters bedeutet „Das Freudevolle". Ihm angegliedert waren ein **theologisches Seminar** und **Fakultäten für Astrologie und Medizin.** Bedingt durch seine Lage in der Hauptstadt entwickelte sich das Kloster alsbald zu einem der größten und bedeutendsten Zentren des Buddhismus in der Mongolei.

Seine **Grundarchitektur** lehnt sich an tibetische Vorstellungen an, die Pagodendächer sind typisch für die chinesische Baukunst. Dennoch haben sich die Erbauer bemüht, auch Stilelemente mongolischer Architektur einfließen zu lassen. Ungewöhnlich ist z. B. das goldbelegte Dach des östlichen Haupttempels.

Die **Tempelbibliothek** im Innenhof der weitläufigen Anlage beherbergt insgesamt 50.000 Bücher und Handschriften, darunter auch eine komplette, 108 Bände umfassende Ausgabe des *Gandshuur*, des Standardwerkes des tibetischen Buddhismus. Die Texte sind mit Goldfarbe auf schwarzem Papier verfaßt.

Im **nordwestlichen Teil des Innenhofes** befindet sich eine übermannsgroße **Figurengruppe**. Die größte der Statuen stellt *Tsongkapa* (tib. *Tsong-kha-pa),* den Reformator des Buddhismus in Tibet und Begründers der Gelugspa-Sekte (tib. *dge-lugs-pa,* besser bekannt als Gelbmützensekte, das Wort bedeutet soviel wie „tugendhaft") dar. Ihn zum Motiv hat auch eine ca. 15 kg schwere **Silberstatue im Haupttempel,** die im 16. Jh. von westoiratischen Künstlern gegossen wurde.

In der Zeit **zwischen 1939 und 1944** mußte das Kloster seine Arbeit einstellen. **Heute** sind in ihm wieder ca. 300 Lamas aktiv, davon etwa 100 als Lama-Schüler und 40 als Studenten der dem Kloster angegliederten buddhistischen Hochschule. Die Hochschule wurde 1970 gegründet. In der Geschichte ihres Bestehens absolvierten sie ca. 80 Lama-Studenten.

Insgesamt gibt es nach Angaben des *Ich Chamba D. Tschojdshamz,* amtierendes Oberhaupt der mongolischen Buddhisten, wieder über 120 Klöster, in denen über 2.000 Lamas aktiv seien. Neben dem Wiederaufbau alter Anlagen werden aus Spendenmitteln auch neue Klöster und Gebetsstätten gebaut.

---

zurückzuerhalten, Anfang der 90er Jahre gescheitert waren, wurde am 13. Februar 1991 beschlossen, eine **Kopie der Statue** anzufertigen. An der Finanzierung des Projekts, dessen Kosten sich auf fast 1 Mio. DM belaufen, waren alle Gläubigen der Mongolei und auch ausländische Geber beteiligt. Nach fünfjähriger Bauzeit wurde die Skulptur am 26. Oktober **1996** feierlich vom Staatspräsidenten und dem Chamba-Lama des Gandan **eingeweiht.** Sie ist 26,5 m hoch und über 90 t schwer.

Verarbeitet worden sind u. a. 2100 Edelsteine, 8,6 kg Gold, 25 kg Silber, 20 t Kupfer, 27 t Stahl, 15 t Gips und 30 t Zement.

Museum der Schönen Künste

Das Museum der Schönen Künste (Дүрслэх урлагийн музей) bietet eine reichhaltige Auswahl **klassischer und moderner mongolischer Malerei** und des **Kunsthandwerks.** Zeitweilig sind in ihm auch befristete Sonderausstellungen untergebracht. Besuchermagnet ist das großformatige, im naiven Stil gehaltene Gemälde "Ein Tag aus dem Leben der Mongolei" (Монголын нэг өдөр), das in charmanter Weise einen Einblick in die Vielgestaltigkeit des Nomadenlebens gibt. Es hängt nach dem Treppenaufgang im rechten Saal an der hinteren Wand links.

Galerie des mongolischen Künstlervereins

Die Galerie des mongolischen Künstlervereins (урчуудын эвлэлийн хорооны үзэсгэлэн) befindet sich an der großen Kreuzung südlich des *Suchbaatar*-Platzes, schräg gegenüber der Hauptpost. Gezeigt werden hier regelmäßig wechselnde Ausstellungen *traditioneller und moderner Malerei und Bildhauerkunst.* Die Kunstwerke stehen zumeist auch zum Verkauf.

Staatsbibliothek

Nur *auf Voranmeldung* kann man in einem speziellen Raum der Staatsbibliothek eine kleine *Ausstellung wertvoller Bücher* (Улсын номын сангийн эртний номын үзэсгэлэн) besichtigen, die einen großen Schatz mongolischer Nationalkultur repräsentieren.

Mongolische Bücher haben die sogenannte *Ponti-Form*, d. h. sie bestehen aus einzelnen, im Querformat übereinandergelegten Blättern. Das Verhältnis Höhe zu Breite ist etwa 1:3. Diese Papierform geht offenbar auf altindische Palmblattmanuskripte zurück, die auch in diesem Verhältnis zugeschnitten wurden. Besonders bedeutsame Schriften wurden mit einer Tinte geschrieben, die die neun Kostbarkeiten des Lamaismus – Gold, Silber, Koralle, Türkis, Perle, Lasurit, Perlmutt, Kupfer und Stahl – enthält.

Die Bücher in der Ausstellung sind z. T. überdimensioniert oder winzig klein. Sie bestehen bisweilen aus ziseliertem Silberblech, das buddhistische Motive aufweist und zusätzlich mit Blattgold und Edelsteinen verziert wurde.

Die *Staatsbibliothek selbst* wurde 1921 mit damals nur 2000 Bänden gegründet. Heute beherbergen ihre Archive über 3 Mio. Bücher und Handschriften. Das berühmteste Werk ist sicher eine komplette, 108 Bände umfassende Ausgabe des *Gandshuur,* das klassische Lehrtexte des tibetischen Buddhismus enthält, weiterhin eine 226 Bände umfassende Ausgabe des *Dandshuur,* einer Kommentarsammlung dazu.

Stadtmuseum

In einem kleinen, reich verzierten Blockhaus untergebracht ist das Stadtmuseum von Ulan Bator (Улаанбаатар хотын музей), das eine Reihe interessanter *Exponate und Fotos aus der vorrevolutionären Zeit* der damals noch *Ich Churee* heißenden Stadt enthält. Das Gebäude allein ist schon einen Besuch wert.

Jagdtrophäenmuseums

Für Interessierte sei schließlich noch die Existenz eines Jagdtrophäenmuseums (Ан олзворын музей, Гандангийн урд талд) erwähnt.

Nazagdordsh-Museum

Nazagdordsh gilt als der *berühmteste Schriftsteller* der mongolischen

Ulan Bator

195

Moderne und Autor des sogenannten Nationalgedichtes der Mongolen. Für deutschsprachige Besucher ist er besonders deshalb interessant, weil er als einer von rund 30 mongolischen Studenten bereits in den 20er Jahren in Deutschland studiert hat. Die prowestlichen, aufgeklärten Ideen, die er aus Deutschland mit in seine Heimat brachte, wurden ihm in den finsteren Jahren der stalinistischen Reinigungskampagnen, die auch unter den mongolischen Intellektuellen der dreißiger Jahren wüteten, zum Verhängnis. Er starb aus bis heute ungeklärten Ursachen. Das ihm gewidmete kleine Museum (Нацагдоржийн нэрэмжит музей) befindet sich unmittelbar neben dem Tschoijdshin-Lama-Museum.

Schukow-Museum

Marschall *Schukow* leitete im August 1939 eine in Europa weitgehend unbekannte, ***große militärische Aktion,*** in der im äußersten Osten sowjetrussische und mongolische Truppen mit der japanischen Kwantung-Armee, die im "Kaiserreich Mandschukuo" stationiert war, zusammenstießen. Der japanische Generalstab hatte zu diesem Zeitpunkt noch keine endgültige Entscheidung über die hauptsächliche Stoßrichtung der japanischen Aggressionen im 2. Weltkrieg getroffen. Die empfindliche Niederlage, die die infanterieschwachen Japaner am Chalchyn gol hinnehmen mußten, führte im Verlauf des Krieges dazu, daß sie sich überwiegend auf den pazifischen Raum konzentrierten und nie eine sibirische Front gegen die Sowjetunion eröffneten. Marschall *Schukow* ist den Deutschen besser bekannt als der Befreier von Berlin 1945.

Das ihm gewidmete Museum (Жуковын нэрэмжит музей) befindet sich etwas außerhalb des Zentrums an der Ausfallstraße nach Osten. Es ist leicht durch zwei das Haus flankierende Schützenpanzer zu erkennen.

Mongolisches Militärmuseum

Unweit nördlich des Schukow-Museums befindet sich das Mongolische Militärmuseum (Монгол Цэргийн музей). Es wurde erst 1996, etwas verspätet zum 50. Jahrestag des Endes des 2. Weltkriegs, eingeweiht. Zu sehen sind Exponate aus allen Epochen der belebten ***mongolischen Militärgeschichte,*** beginnend mit der Neusteinzeit. Außerhalb des Museums selbst sind Kanonen, Panzer und anderes ***militärisches Großgerät*** der letzten 50 Jahre zu bestaunen.

Musik und Theater

Nationales Tanz- und Gesangsensemble, Nationaloper

Man sollte Ulan Bator nicht verlassen, ohne zumindest eine Vorstellung eines nationalen *Tanz- und Gesangsensembles* (Tel.: 323490, 323861; Монголын дуу бүжгийн чуулга) oder die *Nationaloper* (Учиртай гурван толгой) gesehen zu haben. Die Farbenpracht der Kostüme, der Sänger und Tänzer und die Eigentümlichkeit langtoniger Balladen und feuriger Reitergesänge hat bisher noch jeden Kulturmuffel in Begeisterung versetzt.

Theater für Volkskunst

Der wirklich bereichernde Besuch des *Theaters für Volkskunst* (дуурь бүжгийн улсын чуулга) kostet für Ausländer etwa 3 US$ Eintritt, die auch tatsächlich in Dollarscheinen bezahlt werden müssen.

Oper

Bisweilen führt das *Opernhaus,* das 1943, also während des II. Weltkriegs gebaut wurde (Tel.: 322854; Монгол улсын дуурь бүжгийн академик театр), auch klassische Opern auf. Die Aufführungen sind aber eher dazu gedacht, dem einheimischen Publikum die Weltkultur nahe zu bringen. Das Programm erfährt man am besten bei einem Bummel über den Suchbaatar-Platz. Gehen Sie einfach an der Oper vorbei, die linkerhand das große, rosarote Gebäude mit weißen Säulen ist, wenn Sie Richtung Berge schauen. Neben dem Eingang hängt eine Anzeigentafel aus: links auf Mongolisch, rechts auf Englisch. Karten vorzubestellen, ist außer bei Premieren nicht nötig. Auch finanziell kann sich dieses Vergnügen jeder leisten. 1996 lagen die Preise auch für Ausländer bei 350 Tugrik, also bei etwas mehr als 1 DM.

Varieté

Sehenswert sind auch Varieté-Veranstaltungen (Варьете), wie sie im zentralen **Kulturpalast** (Tel.: 329173; Соёлын Төв Өргөө) oder in der **Varieté-Halle** (Варьете чуулга) von Zeit zu Zeit aufgeführt werden. Die Programme sind nach dem Für-jeden-etwas-Prinzip gestaltet, bieten also ein buntes Spektrum zwischen Klassik und neuerdings auch Erotik. Die Eintrittspreise liegen zwischen 10 und 15 US$. Achten Sie auf entsprechende Aushänge in der Stadt.

Ulan Bator

Das Theater für Volkskunst bietet Aufführungen traditioneller mongolischer Musik und Tänze

197

Das Gebäude des mongolischen Staatszirkus ist leicht zu finden

Unterhaltungsmusik

Für europäische Ohren durchaus eingängig ist auch die moderne mongolische Unterhaltungsmusik, wobei das Angebot zwischen Heavy Metal und Schlagern alles bietet. In den Sommermonaten finden **Konzerte** nicht nur in den großen Kulturhäusern, sondern oft auch open air im Stadtzentrum statt. Auch hier ist man auf Mund-zu-Mund-Propaganda oder öffentliche Aushänge angewiesen, um einen Veranstaltungstermin zu erfahren.

Die meisten Kulturveranstaltungen finden im Sommer nur unregelmäßig und in großen zeitlichen Abständen statt.

Mongolischer Staatszirkus

Die Künstler des mongolischen Staatszirkus (Tel.: 320795; Улсын цирк) feierten in den letzten Jahren auf Gastspieltourneen durch mehrere europäische Länder Erfolge. Die Zahl äußerst talentierter Nachwuchsakrobaten scheint unbegrenzt zu sein. Überzeugen Sie sich bei einem Besuch des Zirkus selbst davon. Weltweit einzigartig sind unter anderem die Nummern mit dressierten Yaks und Kamelen. Vorstellungen finden häufig Samstag und Sonntag nachmittags gegen 17.00 Uhr statt. Die besten Vorstellungen bietet der Zirkus im Winter, wenn die Starensembles von Gastspielen aus aller Welt zurück sind. In den Sommermonaten greift man auf die jüngeren Talente zurück.

Den Zirkus findet man leicht, wenn man vom Suchbaatar-Platz aus der Peace-Avenue nach Westen bis zum großen Kaufhaus folgt und sich dann nach Süden wendet. Der große Kuppelbau mit hellblauem Dach wird bis heute von einer roten Fahne geziert.

Parks und Plätze

Suchbaatar-Platz

Den zentralen Punkt Ulan Bators bildet der Suchbaatar-Platz (Сухбаатарын талбай), in dessen Mitte das **Reiterdenkmal** des mongolischen Nationalhelden der modernen Geschichte steht. General *Suchbaatar* gilt als der Anführer der Partisanenverbände, die 1921 den Befreiungskampf gegen chinesische Okkupanten einleiteten. Der Platz wird im Norden vom **Parlamentsgebäude** (Засгийн газрын ордон) begrenzt, dem ein nicht zu besichtigendes **Mausoleum** der Revolutionshelden *Suchbaatar* und *Tschojbalsan* vorgelagert ist. Im Osten steht der **Zentrale Kulturpalast** (соёлын төв өргөө), das größte Gebäude der Stadt. Er ist das letzte Geschenk der Sowjetunion an das damals noch brüderlich verbundene mongolische Volk. An die Schenkung erinnert eine Gedenktafel, die sich am Eingang zum Sitz der *Mongolischen Sozialdemokratischen Partei* an der südlichen Flanke des Gebäudes befindet. Der zum Komplex gehörende, augenfällige "Elfenbeinturm" beherbergt Teile der **Akademie der Wissenschaften** und die meisten Künstlerverbände des Landes. Südlich daneben befindet sich das im klassizistischen Stil erbaute **Opernhaus** (s. o.) (дуурийн театр).

Die **Westflanke** des Platzes bilden Verwaltungsgebäude, darunter das **Haus des Oberbürgermeisters** (хотын захиргаа). Blickfang in dieser Häuserzeile ist das im russischen Zuckerbäckerbaustil gehaltene rosa

Ulan Bator

Den zentralen Punkt Ulan Bators bildet der Suchbaatar-Platz

und weißfarbene Gebäude der *Börse.* Bevor das Geld eine Rolle spielte, war das Haus das bestbesuchte Kinderkino.

Die *südliche Seite* des Platzes ist offen. Die Begrenzung bildet hier die Hauptmagistrale der Stadt, die *Peace-Avenue* (энх тайвны гудамж).

Nordöstlich des Regierungspalastes erhebt sich das imposante, halbrunde *Hauptgebäude der Mongolischen Nationalen Universität* (Монголын Үндэсний Их Сургууль). Vor dem Gebäude befindet sich noch immer das *Denkmal für Tschojbalsan.* Er gilt als der mongolische Handlanger *Stalins* und war in den dreißiger Jahren maßgeblich an den bereits an anderer Stelle erwähnten Vernichtungszügen gegen das eigene Volk beteiligt.

Das Denkmal war in den Wochen vor dem politischen Umbruch des Landes im März 1990 fast täglich Farbbeutelattacken ausgesetzt, die jeden Morgen wieder übertüncht wurden. Deshalb sind heute die Gesichtszüge des Diktators von einer dicken Schicht "Schminke" überdeckt.

Kinderpark

Unmittelbar gegenüber des *Bajangol-Hotels* befindet sich der Eingang in den Kinderpark (хүүхэд залуучуудын парк). Wie der Name andeutet, bietet er vor allem Kindern Vergnügen. Im Sommer arbeiten *Karussells,* ein Riesenrad und andere Jahrmarktgeräte. Auf einem künstlich angelegten *Teich* kann man Tretboot fahren. Auf dem Gelände gibt es

Schon allein die Anfahrt zum Stadt-Owoo im Jurtenviertel ist abenteuerlich. Wir sind noch immer mitten in der Hauptstadt!

auch noch ein kleines **Trachtenmuseum, Jurten** mit Märchenerzählern und Balladensängern sowie verschiedene **Sportstätten.** Auch wenn man als Erwachsener keine Lust auf eine Karussellfahrt haben mag, lohnt sich ein Spaziergang durch den Kinderpark sicher, wenn man sich ein Bild von der Kinderliebe der Mongolen machen möchte.

Im Winter, wenn der Park naturgemäß kaum aufgesucht wird, kommen ganze Rudel von prächtigen **Maralhirschen** aus den Bergen herab in die Grünanlagen. Auch im Sommer lassen sich in der Nähe des Kinderparks vereinzelt Hirsche sehen. Da sie seit buchstäblich Jahrhunderten unter Naturschutz stehen, sind sie ganz zahm und haben keine Angst vor den Menschen. Schlendern Sie in der Abenddämmerung einmal durch den Park: Vielleicht entdecken Sie einen der riesigen 18-Ender.

Aussichtspunkte

Ulan Bator wird von allen Seiten von hohen Bergen umgeben. Deshalb ist es relativ einfach, von einem erhöhten Standpunkt aus einen Überblick über die gesamte Stadt zu bekommen. Besonders gut geeignet, da auch mit dem Bus leicht zu erreichen, ist eine Kuppe **am südlichen Stadtrand,** auf der ein **Ehrenmal für russische Soldaten** (Зайсан толгой) thront. Bereits von der halben Höhe aus ist die gesamte Stadt auf spektakuläre Weise überschaubar.

Wer einen Geländewagen oder ein geländegängiges Taxi zur Verfügung hat, kann darüber hinaus auch weitere Berge in anderen Himmelsrichtungen erklimmen, etwa im Bereich des sogenannten **Schwarzmarktes** (Дэнжийн мянгын барааны захын хажууд буй овоо), von wo aus man einen wirklich atemberaubenden Rundblick in alle Himmelsrichtungen hat, weit über die Stadt und die Berge hinaus in die Steppe. Hier lohnt sich die Mitnahme eines Picknickkorbes und das Verweilen und Genießen der Aussicht.

Unterkunft

Die politische Öffnung des Landes und seine Orientierung auf marktwirtschaftliche Verhältnisse haben gerade dem Hotel- und Gaststättenwesen – zumindest in der Hauptstadt – deutliche Impulse verliehen.

Neben den noch aus der Vorwendezeit stammenden, inzwischen aber gründlich renovierten beiden großen Hotels *Ulan Bator* und *Bajangol* haben sich in etwa dieser Preisklasse oder etwas darunter liegend eine Handvoll kleinerer privater Häuser auf dem Markt etabliert.

Hotels und Pensionen in international übliche **Kategorien** einzuordnen, ist schwierig, Anstelle von Sternen soll hier eine Einteilung in die Klassen "gehoben", "mittel" und "einfach" ausreichen.

Gästehauskomplex der Regierung

Ein Hotel der Sonderklasse, das außerhalb der Konkurrenz läuft, ist der **Gästehauskomplex der Regierung** (Их тэнгэрийн ам) (Tel.: 322 061). Auf demselben Gelände befindet sich auch die Residenz des Staatspräsidenten. Ehemals schwer bewacht und nur hochoffiziellen Gästen zugänglich, wird der Kreis der als angemessen würdig empfundenen Nutzer inzwischen ewas lockerer

Ulan Bator

gesehen. Die Unterbringung in einem der Gästehäuser muß immer von einem mongolischen Gastgeber, etwa einem Ministerium oder einer ähnlich hochrangigen Behörde organisiert werden. Der Komplex liegt am Rand eines großen Naturparks und gilt als angenehm ruhig und beschaulich.

Gehobene Klasse

● *Hotel Ulan Bator*
(Улаанбаатар зочид буудал)
Tel.: 325081, 320237, 320620
Fax: 324485

Im momentan gediegensten Haus im unmittelbaren Stadtzentrum nächtigen vornehmlich Geschäftsleute, Vertreter internationaler Organisationen und sonstige Dienstreisende sowie Touristen mit gehobenen Ansprüchen. Die Zimmerpreise liegen bei 60 US$ für einen kleinen Raum, 90 US$ für ein gewöhnliches Zimmer, das etwa westlichen Vorstellungen von einem Hotelzimmer entspricht, und 120 US$ für Suiten. Alle Zimmer haben einen internationalen Telefonanschluß. Vom Business-Center aus lassen sich auch Faxe verschicken oder empfangen.

Die *Restaurants* sind auf Ausländer eingestellt. Das Essen ist sicher nahrhaft, der Geschmack orientiert sich bei den meisten der wenigen und sehr selten wechselnden Gerichten an den ortsüblichen Vorstellungen. Die *Hotelbar* gehört zu den wichtigsten Treffpunkten der Ausländergemeinde.

● *Hotel Bajangol*
(Баянгол зочид буудал)
Tel.: 326781, 328632, 312255
Fax: 326880, 329067

Ein typisches Pauschalreisen-Hotel mit japanischem Management, das ebenfalls sehr zentral gelegen ist. Das Leistungsangebot und die Preise sind ähnlich wie im Hotel Ulan Bator. Der Hauptmangel des Hauses liegt in seiner Höhe. In den oberen Stockwerken bleibt oft das Wasser weg. Bei Stromausfall kann das Treppensteigen recht anstrengend werden, vor allem, wenn man gerade dann passiert, wenn man mit seinem Koffer unterwegs ist.

● *Star-Hotel*
(Стар зочид буудал; кино үйлдвэрийн баруун талд)
Tel.: 358137
Fax: 358103

Ein ordentlich geführtes, kleineres, privates Haus, das nicht mehr in Fußnähe zum Stadtzentrum liegt. Das *Restaurant* zählt zu den besten der Stadt, die Karte ist reichhaltig und abwechslungsreich, man bekommt sogar einen guten Wein. An warmen Tagen sind auf der Terasse einige Tische unter Sonnenschirmen aufgestellt. Für ein komplettes Menü einschließlich der Getränke muß man mit 10-15 US$ pro Person rechnen. Eine zünftige Pizza gibt es auch schon für weniger.

Preise für Einzelbelegung/Doppelbelegung: kleines Zimmer 60/80 US$; großes Zimmer 80/100 US$$, Suite (Aufenthaltsraum und Schlafzimmer 100/120 US$.

● *New Capital-Hotel*
(Зэт зочид буудал)
Tel.: 358211, 358235
Fax: 358228

Das Haus ist eines der ersten privaten Hotels der Stadt und dennoch (oder gerade deshalb?) in jeder Hinsicht *als dubios verschrien*. Auch wenn die Zimmerpreise mit 55 $ für das Einzel- und 72 $ für das Doppelzimmer noch gemäßigt erscheinen müssen, sollte man sich das Haus nicht antun. Die Rezeptionsdamen weigern sich kategorisch, den Gästen Auskünfte zu erteilen, die Kellner können Saftgläser nicht von Weingläsern unterscheiden, das Restaurant wurde bereits mehrfach aus lebensmittelhygienischen Gründen geschlossen, selbst einen Salmonellentoten hat es schon gegeben. Die Bar ist ein Treffpunkt des Rotlichtmilieus, und es ist anzunehmen, daß auch die Zimmer vor allem von diesem Publikum frequentiert werden.

● *Hotel Amarbayasgalant*
(Амарбаясгалант зочид буудал, 1-р эмнэлэгийн зүүн талд байрладаг)
Tel.: 312413, 312427, 312451
Fax: 312 391

Das Haus unterscheidet sich äußerlich und auch in seiner Innengestaltung angenehm dem sonstigen Einerlei in der Ho-

Die Architektur des Dschingis Khan Hotels ist einzigartig

telarchitektur. Der Name des Hotels geht auf eine gleichnamige Klosteranlage im Norden der Mongolei zurück. Das Haus liegt mitten in der Stadt und dennoch etwas abseits von den Hauptmagistralen. Die Ausstattung und der Service (Telefon für selbstgewählte Ferngespräche, TV und Minibar in jedem Raum, Sauna, Billard) sind so, wie man es von einem Hotel in dieser Kategorie erwarten darf, wobei dennoch immer der Eindruck bleibt, daß dem Personal die Gäste letztlich lästig sind.

Die ***Zimmerpreise*** sind in der Zeit vom 1.5. bis 30.9. um 10 US$ höher. Je nach Ausstattung und Größe reicht der Preis von 40 bis 80 US$ bei Einzelbelegung, bei Doppelbelegung ist es 20 US$ teurer. Alle Preise schließen das Frühstück ein.

● ***Hotel Marco Polo***
(хөгжим бүжгийн коллежийн ар талд орших шинэ буудал)
Tel.: 310783,
Fax: 311273

Eine weitere aus der Reihe der neu errichteten, kleineren, privat geführten Pensionen.

Das Haus hat alles, was in ein Hotel gehört (einschließlich Business-Center und Übersetzungsservice) und liegt fast im unmittelbaren Zentrum der Stadt. Die Preise sind dennoch insgesamt unangemessen. Die ***Bar*** arbeitet bis um 1.00 Uhr. Die Zimmerpreise reichen von 55 bis 88 US$, bei Doppelnutzung sind es jeweils 22 US$ mehr.

● ***Tschingis-Khan-Hotel***
(Чингис-Хаан зочид буудал)
Tel.: 313380, 313402
Fax: 358067, 312788

Nach mehr als 10jähriger Bauzeit nahm das mit Abstand größte Hotel des Landes im November 1995 seinen Betrieb auf. Bald darauf wurde das Haus von den Hygienebehörden wegen arger Mängel in der Küche wieder geschlossen. Im Dezember 1995 kam es zu einem größeren Brand im Konferenzteil der Anlage. In der Saison 1996 ging das Haus dann endlich eingeschränkt in Betrieb. Ein Teil der technischen Anlagen, so u. a. die Klimaanlage, funktionieren jedoch immer noch nicht. Geschäftsführung und Personal sind sehr unerfahren. Das Restau-

Ulan Bator

rant arbeitet extrem langsam, auch der sonstige Service wird dem Rang des Hotels nicht gerecht. Das Haus kann insgesamt nicht als gute Empfehlung gelten, es sei denn, man plant die Durchführung eines Seminars oder einer Konferenz. Dafür sind geeignete und gut ausgestattete Räumlichkeiten vorhanden.

● *Hotel Zagaan Urgöö* oder *White House*
(Чоно компаниийн Цагаан Өргөө зочид буудал, Од кинотеатрын урд талд)
Tel:. 367872
Fax: 365158

Das Haus gehört mit insgesamt nur 14 Zimmern ebenfalls zur Reihe der neu errichteten, kleineren, privaten Hotels. Geboten wird ein recht guter und umfangreicher Service. Die Gäste können Dolmetschervermittlung, Mietwagenverleih (mit Fahrer), einen Konferenzraum, Geldwechselservice und internationale Telekommunikationsmöglichkeiten nutzen. Das *Restaurant* öffnet für Hotelgäste um 7.00 Uhr. Für die Öffentlichkeit steht es zwischen 11.00 Uhr und 1.00 Uhr zur Verfügung. Auf der Speisekarte stehen nicht nur mongolisches Einheitsmenü, sondern auch südostasiatische Spezialitäten. *Die Bar* arbeitet von 22.00 Uhr bis früh um 4.00 Uhr.

Nachteilig ist, daß das Gebäude etwas außerhalb des Zentrums, in einem Wohnviertel liegt, ca. 30 Fußminuten vom Suchebaatar-Platz entfernt.

Die Kosten für Einzelbelegung/Doppelbelegung betragen für Luxuszimmer 98/120 US$, normale Zimmer 60/90 US$. Die Zimmerpreise verstehen sich inclusive Frühstück.

● *Zuchi-Hotel*
(Зуч зочид буудал, 19-р хорооллын гэр хэлбэртэй бэлэг дурсгалын дэлгүүрийн баруун талд)
Tel.: 343001, 342671, 342271, 343589
Fax: 343001

Die Zugehörigkeit dieses Hotels zur gehobenen Klasse resultiert einzig aus der Preisliste, der Qualität nach gehörte es eher in den mittleren Bereich. Die Innenausstattung der Zimmer (Luxusappartements verfügen über 2 Räume, Telefon, Fernsehapparat, Balkon, Kühlschrank sowie Dusche und

WC) und das Serviceangebot (Restaurant, Bar, Souvenirshop, Konferenzräume, Roomservice, Mietwagenvermittlung, Geldwechsel) hören sich ordentlich an, in der Tat ist das Haus aber sichtlich überfordert, und der Service läßt zu wünschen übrig.

Die Preise variieren von 20 (30) bis 45 (60) US$ bei Einzelbelegung und 25 (50) bis 70 (100) US$ bei Doppelbelegung. Alle Preise verstehen sich inklusive Frühstück, die Angaben in Klammern sind für Vollverpflegung.

Mittlere Klasse

● *Hotel Sarora*
(Сарора зочид буудал, циркийн баруун тал, далай ээж зах, орос III сургуулийн урд талд, таван давхар шинэ байшин)
Tel.: 327831, 327217
Fax: 313564

Das Hotel ist ein Neubau in einer unscheinbaren Wohngegend, die noch zum Stadtzentrum gerechnet wird. Es steht erst seit November 1996 für den Publikumsverkehr offen. Geboten wird alles, was die großen Häuser auch haben, einschließlich einer Geldwechselstelle und eines Business-Centres. Die Zimmer sind geräumig und ordentlich. Die Ausstattung und damit der Preis ist für alle gleich: 75 $ bei Doppelbelegung und 45 $ für eine einzelne Person. Das *Restaurant* öffnet bereits um 7.00 Uhr, so daß man als Gast auch schon ein Frühstück bekommt, wenn das Flugzeug einmal etwas eher gehen sollte. Nach 21.00 Uhr darf man allerdings auch hier keinen Hunger mehr bekommen. Die Speisekarte enthält keine Überraschungen. Die Bar ist bis 4.00 geöffnet.

● *Hotel Gan Dsam*
(Ган зам зочид буудал; Вокзалын хашаанд)
Tel.: 744942, 744945

Das Haus gehört allein durch seine Lage unmittelbar auf dem Gelände des Hauptbahnhofes zu den wenig empfehlenswerten Adressen. Hinzu kommt, daß die Zimmerpreise selbst für mongolische Verhältnisse maßlos überteuert sind. Ein Luxuszimmer kostet inklusive Frühstück 55 US$, ein normaler Raum bei Doppelbelegung 70 US$, bei Einzelbelegung 50 US$. Das **Restaurant** hat laut Aushang von 8.00 Uhr bis 21.00 geöffnet, die Bar arbeitet vom 21.00 bis 2.00 Uhr.

● *Flower-Hotel*
(хуучин Алтай, одоогийн Фловер зочид буудал)
Tel.: 358330 (Empfang), 52709
Tel./Fax der Direktion: 358467

Ehemals unter der Bezeichnung *Altai-Hotel* als Schmuddelunterkunft mit ominöser Kundschaft verschrien, wurde das kasernenartige Gebäude, das nicht mehr ganz im Zentrum der Stadt liegt, von einem japanischen Investor und chinesischen Bauarbeitern einer bemerkenswerten Kur unterzogen. Der größte Fortschritt wurde sicher im sanitären Bereich erzielt. Anderen Details, etwa den Fenstern, merkt man die Eile an, mit der der Umbau vorangetrieben wurde. Angenehm hebt sich das Bemühen des Personals um die Gäste vom allgemeinen Niveau der Konkurrenz ab. Insgesamt erscheint die Preisliste für die Zimmer auch hier jedoch wieder überteuert; vor allem weil die Zimmer in den preiswert erscheinenden Kategorien C und D nur noch über eine Waschgelegenheit, aber kein eigenes Bad mehr im Zimmer verfügen. In den Klassen A und E bekommt man für das gleiche Geld in den Hotels im Zentrum Besseres geboten.

Immerhin verfügen alle Zimmer über einen Fernseher, eine Minibar und Telefon mit Direktwahl ins Ausland. Die Restaurants haben japanisch perfekten Service und bieten japanische, chinesische und westliche Gerichte.

Die Zimmerpreise bei Einzel-/Doppelbelegung: A, Halbluxus: 85/120 US$; B, Standard: 65/85 US$; C, Double: 45/70 US$; D, Single: 40 US$; E, Luxus: 105/140 US$.

● *ASTRA-Hotel*
(Хөлөг зочид буудал, 10-р хороолол спортын цогцолборын баруун талд)
Tel.: 363207

Eine ordentliche, kleine Pension mit angemessenem Service zu annehmbaren Preisen und nettem, aufmerksamem Personal. Alle Zimmer sind Doppelzimmer mit Toilette, Dusche bzw. Badewanne. Das einzige Luxusappartement verfügt über einen Schlaf-

und einen Aufenthaltsraum mit Fernsehgerät und Telefonanschluß. Die "Halbluxus"-Zimmer unterscheiden sich von den normalen lediglich durch das Vorhandensein eines Fernsehgerätes. Nachteil dieses Hotels ist seine Lage: etwa 7 km vom Stadtkern entfernt.

Die Zimmerpreise bei Einzel-/Doppelbelegung: Luxus 35/50 US$, Halbluxus 23/30 US$; Normal 18/25 US$.

● *Hotel Altan Od*
(Алтан Од зочид буудал, чихэр боовны үйлдвэрийн баруун талд)
Tel. und Fax: 312071

Ein sicher auch nicht gerade zur Kategorie "preiswert" zählendes, dafür aber allein durch seine Puppenstubengröße angenehm auffallendes Haus in zentraler Lage. Die Preise liegen bei 68 US$ für die besten und bei 56 US$ für die normalen Zimmer. Zwischen Einzel- und Doppelbelegung wird nicht unterschieden. Die **Bar** arbeitet unter dem Namen *Emon* bis 4.00 Uhr und gehört zu den Treffpunkten für Freunde moderner Musik mit einem starken Unterhaltungsbedarf. Der Eintritt ist für Damen frei, die Herren zahlen 5 US$.

Einfache Klasse

● *Gegee-Hotel*
(Гэгээ зочид буудал, 12-р хороололын үйлчилгээний төвийн баруун талын 5 давхар байшин)
Tel.: 350775, 358885

Es handelt sich um ein als Pension umgebautes Wohnhaus, das auch vom Stadtzentrum aus noch zu Fuß zu erreichen ist. Je nachdem, ob man nur ein Zimmer oder eine ganze Wohnung möchte, liegen die Preise zwischen 15 und 30 US$. Für seine Preisklasse ist das Haus recht gut in Schuß. Die Küche bietet zu Tiefstpreisen ordentliche Hausmannskost.

● *Mandchaj-Hotel*
(Мандухай зочид буудал)
Tel.: 322204, 324938, 320746

Das Hotel liegt verkehrsgünstig mitten im Zentrum und ist durch seine Nachbarschaft zum einzigen großen Kaufhaus der Stadt einfach zu finden, zählt allerdings zu den eher

Ulan Bator

etwas anrüchig-schmuddeligen Herbergen. Die Preise sind jedoch moderat. Das billigste Bett kostet nur 6 US$, ein einfaches Vierbettzimmer 11 US$. Dafür müssen sich jedoch immer drei Zimmer eine Dusche und Toilette teilen. Wer 44 US$ ausgibt, bekommt ein Luxuszimmer mit Schlaf- und Aufenthaltsraum, Küche, Dusche, Toilette und Telefon. Ein Halbluxuszimmer kostet 27,50 US$.

Das zum Hause gehörende *Restaurant* bietet chinesische Küche.

● *Negdeltschin-Hotel*

(Нэгдэлчин зочид буудал ХХААЯ-ны урд талд)

Tel.: 355060, 353230, 353073

Das Haus wurde einst vor allem zur Unterbringung von Gästen des Landwirtschaftsministeriums genutzt, das genau gegenüber liegt. Vom Stadtzentrum aus ist es in etwa zehn Minuten zu Fuß zu erreichen. Die billigsten Zimmer kosten 10 US$. Sie sind sehr klein, aber recht sauber und ordentlich eingerichtet. Immer drei Zimmer teilen sich eine Toilette und ein Bad. Die Preise der größeren "Luxus"-Zimmer bewegen sich zwischen 25 und 35 US$, dafür bekommt man ein eigenes Bad und z. T. auch noch ein Wohnzimmer. Das *Restaurant* bietet mongolische Kost. Neuankömmlinge sollten sich zum Essen besser in eines der größeren Hotels begeben, wo das Essen nicht sehr viel mehr kostet, den Magen aber weniger strapaziert.

● *Hotel Urgöö*

(Барилгын цэргийн удирдах газар, Өргөө зочид буудал)

Tel.: 350634, 351441

Das Hotel gehört zur Verwaltung der Bautruppen der mongolischen Armee und wurde ehemals zu dienstlichen Zwecken verwendet. Dennoch ist die Ausstattung recht ordentlich. Das Personal ist an den Besuch von Ausländern gewöhnt. Preise sind Verhandlungssache.

● *Hotel Dsaluutschuud*

(Залуучууд зочид буудал)

Tel.: Empfang 324594,

Direktion 324231, 329149

Bereits der Name "Jugendhotel" deutet auf die ehemalige Bestimmung des Hauses hin. Hier wurden in unmittelbarer Nähe zur Nationalen Universität und zum Hauptquartier des kommunistischen Jugendverbandes in- und ausländische Schüler und Studenten zu Jubelfeiern aller Art untergebracht. Seitdem dies nicht mehr zur beliebtesten Freizeitbeschäftigung zählt, bröckelt der Putz. Allerdings sollen die Zimmer zur Saison 1997 den Gästen gründlich renoviert zur Verfügung stehen. Inwieweit von der Sanierung auch das mufflige Personal betroffen sein wird, bleibt abzuwarten. Alle Zimmer verfügen über einen Telefonanschluß für das Stadtnetz. Ferngespräche sind nicht möglich. Im Winter 1995 kosteten die A-Luxuszimmer 44 US$, egal ob man sie allein oder in Begleitung mietete. Dafür bekam man einen Schlaf- und einen geräumigen Aufenthaltsraum. Die B-Luxuszimmer, etwas bescheidener ausgestattet, kosteten zwischen 33 und 26,40 US$. Die einfache Klasse kann ein, zwei oder drei Betten im Zimmer haben und kostet dann zwischen 33 und 15,40 US$. Der letzte Preis steht für ein kleines Einzelzimmer. Alle Zimmer haben eine Toilette im Zimmer, A-Luxus hat eine Badewanne, B-Luxus eine Dusche. Die Gäste der einfachen Klasse müssen auf eine Gemeinschaftsdusche ausweichen.

In den Preisangaben ist das Frühstück nicht enthalten. Man sollte dazu auch besser in ein anderes Hotel der gehobenen Klasse gehen oder sich selbst versorgen und auf dem Zimmer essen.

Studentenwohnheime

In den Sommermonaten, wenn die jeweils zentral gelegenen *Studentenwohnheime der Nationalen Universität* (МУИС-ийн оюутны байр) und der *Pädagogischen Hochschule* (Багшийн Их Сургуулийн оюутны байр) überwiegend ungenutzt sind, werden bisweilen auch einzelne Zimmer oder Etagen für die Aufnahme von Ausländern hergerichtet. Konkrete Angaben zu machen, fällt indes schwer, weil sich das Angebot von Jahr zu Jahr ändert. Die Preise pro Bett sollten sich bei ca. 5 US$ bewegen, wobei oft auch Landeswährung akzeptiert wird. Geboten wird dafür dann nur noch die reine Unterkunft. Die Toiletten und Waschräume werden gemeinschaftlich genutzt. Ihr Pflegezustand hängt von der Lust des Personals ab. Wen man in ein solches Haus zieht, sollte man seine Sachen nicht unbeaufsichtigt im Zimmer zurücklassen.

Restaurants und Bars

Die aus dem Nomadenleben überlieferte Sicht auf das Essen als Akt der Nahrungsaufnahme, verbunden mit dem eingeschränkten Angebot auf dem Markt, ist auch den Restaurants der Hauptstadt anzumerken. Die großen Hotels sind redlich bemüht, ihre ausländischen Gäste zufriedenzustellen. Das Resultat dieser Bemühungen entspricht jedoch selten den sowieso schon niedrig gesteckten Erwartungen der Touristen.

Hotel-Restaurants

● Fast allen Hotels ist ein Restaurant angeschlossen. Die Gaststätten dieser Kategorie, die von Nicht-Hotelgästen am häufigsten frequentiert werden, sind das Restaurant im **Hotel Bajangol** und das im *Hotel Ulan Bator*. Im **Hotel Ulan Bator** gibt es sowohl ein in Landeswährung zu bezahlendes Restaurant im Erdgeschoß, das sich auch für große Empfänge eignet, als Speisegaststätte in seiner Dimension aber etwas gewöhnungsbedürftig ist, als auch kleinere Restaurants auf verschiedenen Stockwerken, in denen man mit US$ bezahlen muß. Die Gerichte sind identisch, nur die Preise im Erdgeschoß sind entsprechend niedriger und die Wartezeiten manchmal etwas länger. Die Auswahl der Speisen ist gering, aber nicht unattraktiv. Wer ganz großen Hunger hat, bestellt Хуйцай, eine Suppe mit verschiedenen Sorten Fleisch, Fett und Gemüse, die schier über den Tellerrand quillt.

In der Palastjurte am Ufer des Dund-Gol-Flusses befindet sich ein Restaurant

Ulan Bator

●Die Speisenauswahl und -zubereitung, die am ehesten den europäischen Vorstellungen von einem gepflegten Restaurant entspricht, ist im *Star-Hotel* zu finden. Hier gibt es verschiedene Salate, Pizza und Pasta, eine große Auswahl an Hauptgerichten, die nicht nur Hammelfleisch als Basis haben, sondern auch Rind und Schwein. Darüber hinaus bietet das *Star-Hotel* als einziges eine Auswahl an vegetarischen Speisen an. Abgerundet wird die reichhaltige Speisekarte durch ein bescheidenes, aber ausgewogenes Angebot an Softdrinks, Weinen und Spirituosen.

Restaurants

●Wer gerne im Ambiente einer der Zeit des mongolischen Großreichs nachempfundenen Umgebung speisen möchte, dem empfehlen wir den Besuch eines Jurtenrestaurants. Den stattlichsten Eindruck macht die *Palastjurte* (Оросын шинжлэх ухаан, соёлын ордоны баруун талд, дунд гольин зүүн эрэгт орших Баруун Өргөө) am Ufer des Dund-Gol – eines Nebenflusses der Tula –, zu Fuß etwa 5 min. vom Hotel *Tschingis Khan* entfernt. Die Jurte geht auf den Fürsten *Abtaj-Khan* (1554-1588), den Erbauer des Klosters Erdenedsuu, zurück. Sie ist 7,5 m hoch und mißt im Durchmesser 23,5 m. Wie *Tschingis-Khan* persönlich kann man sich hier zwischen Silberschalen und Leopardenfellen verwöhnen lassen – allerdings nur zur Vorbestellung und sinnvollerweise in einer größeren Gruppe (die Palastjurte faßt 250 bis 300 Gäste). Das Erlebnis eines solchen Essens kann man noch erhöhen, indem man um eine Darbietung mongolischer Musik bittet. Man wird auf Ihren Wunsch hin sicherlich einen Pferdekopfgeigen-Spieler oder Obertonsänger einladen. Kleinere Gruppen, die sich in dem großen Raum verlieren würden, können zum Essen auch auf eine kleinere Jurte unmittelbar daneben ausweichen. Tel.: 353118, 353129, Fax: 358539

●Ca. 25 km außerhalb von Ulan Bator befindet sich am Wege nach Dsuun Mod ein *Touristencamp*, das mit Kulissen aus einem Monumentalfilm über die *Tschingis-Khan*-Zeit ausgestattet ist. Im Zentrum steht eine als Restaurant dienende Palastjurte, die innen über und über mit Fellen von Raubtieren ausgekleidet ist. Bedient werden auch campfremde Gäste. Um den Weg dorthin nicht umsonst zu machen, sollte man sich unter Tel. 322079 voranmelden. Ansprechpartner in der Firma *Tsagaan Tschonchor* (Цагаан Чонхор компани) ist Herr *Naranbaatar*.

●Einen ähnlichen Service bietet das **Jurtenrestaurant**, das zwischen der russischen Botschaft und dem *Hotel Bajangol* (Есөн Эрдэнэ компани, залуу техникчдийн ордны зүүн талд орших Чин бан Ханддоржийн өргөө-ресторан) liegt. Seine eingeklemmte Lage zwischen neunetagigen Häusern und die deutlich geringere Größe lassen es zwar zunächst weniger attraktiv erscheinen. Sein Vorteil liegt jedoch gerade in der geringeren Dimension, die auch den einzelnen Gast nicht vollkommen verloren wirken läßt. Ein Menü ohne Getränke kostet zwischen 3,5 und 15 US$. Auch hier sind Vorbestellungen erwünscht, gegebenenfalls mit der Bitte um folkloristische Darbietungen des hauseigenen Ensembles. Tel.: 320763

●Freunde *chinesischer Küche* können nur wählen zwischen dem **Bogd-Changaj-Restaurant** (Богд-Хангай хятад зоогийн газар) und dem Restaurant des **Manduchaj-Hotels** (Мандухай зочид буудлын ресторан). Für alle, die bereits in China gegessen haben, sind beide Häuser sicher enttäuschend – es fehlt einfach an der Versorgung mit frischem Material. Wer jedoch die Abwechslung vom sonst landesüblichen Einerlei sucht, sollte ruhig einen Blick hineinwerfen.

●Im Rahmen der Städtepartnerschaft zwischen Ulan Bator und Seoul entstand im Sommer 1996 das **Seoul-Restaurant** im Kinderpark (хүүхдийн парк дахь солонгос ресторан), Tel. 329709. Das Speisenangebot und die Art der Bedienung genügen auch gehobenen Ansprüchen. Das Haus macht insgesamt einen gediegeneren Eindruck. Hierher kann man auch einen wichtigen Geschäftspartner einladen.

●Das auch weiter unten beschriebene **Journalistencafé** (Чөлөөт сэтгүүлчдийн холбооны байр; Чойжин ламын сүмийн ар талд орших шовгор дээвэртэй модон байшин) bietet neben Getränken auch Speisen an.

Selbst der Anbau des kleinsten Jurtenrestaurants der Hauptstadt verliert sich zwischen den Hochhäusern

Es ist von der Atmosphäre her das Café oder Restaurant, das unserer Vorstellung von einer Kneipe am nächsten kommt. Gegen Vorbestellung kann man hier auch **Fisch** essen. Unter Tel. 310538 (es wird englisch gesprochen) kann man erfahren, ob das einzige Fischrestaurant Ulan Bators noch arbeitet.

● Im Sommer 1995 haben außerdem zwei *japanische Restaurants* in der Stadt eröffnet.

Das *Hanamasa* (Нарны титмийн баруун жигүүрт орших Ханамаса япон ресторан) ist 11.00-15.00 und 16.00- 22.00 Uhr geöffnet. Es gibt nur Selbstbedienung, man kann sich das Menü selbst an seinem elektrisch beheizbaren Tisch zubereiten. Ein Essen kostet pauschal zwischen 8 und 12 US$. Die Bar arbeitet von 22.00 bis 3.00 Uhr.

Das *Sakura-Harvest* (монгол-японы хамтарсан Сакура-Харвест ББХК, Ардын Эрх сонины байр), Tel. 325316, 311968, gehört zu einem Verkaufskomplex mit Supermarkt, Möbelgeschäft und Bar.

● Das *Country Side Restaurant* (Кантри сайд, хуучин нэрээр "Цамбагарав" зоогийн газар, I хороолол) ist die erste Gaststätte mit einem Investor aus Singapur. Der Qualitäts-sprung in Ausstattung und Service gegenüber den mongolischen Konkurrenten könnte augenfälliger nicht sein. Die Karte bietet eine reichhaltige Auswahl zünftiger Western-Menüs. Vorbestellungen für geschlossene Gesellschaften werden unter Tel. 381224 entgegengenommen. Geöffnet ist Sonntags von 12.00 bis 20.00 Uhr, an allen anderen Tagen zwischen 12.00 und 22.00 Uhr.

● Das *Flamingo* (Фламинго ресторан, МУИС-ийн хичээлийн 2-р байрны урд талд), Tel. 312236, ist das einzige Café in Ulan Bator, das auf der Karte ausschließlich Pizza und Hot Dogs führt, die immer frisch und schmackhaft sind. Verkauft wird auch außer Haus.

● Einen *Lieferservice* frei Haus bietet die *Pizzeria in der Station junger Techniker* (Залуу техникчдийн ордон). Unter Tel. 310538 kann man sich, plus 2 US$ Transportkosten (Innenstadtbereich), für 9 US$ eine kuchenblechgroße Pizza mit Fleisch, Salami oder Fischauflage kommen lassen. Einen Dollar weniger kostet die gleich große Vegetarierausgabe. Eine kleine, runde Pizza kostet zwischen 5 und 6 US$. Allerdings wird es schwer sein, eine Bestellung aufzu-

Ulan Bator

209

geben, wenn man kein Mongolisch kann. Auch muß man sich bis spätestens 21.30 Uhr entschieden haben, ob man noch einmal Hunger bekommen könnte.

Straßencafés

Wer in den Sommermonaten gerne im Freien in Straßencafés sitzen möchte, dem bietet Ulan Bator unterdessen auch dazu Gelegenheit. Halten Sie einfach nach bunten Sonnenschirmen Ausschau, auch wenn Sie kein Gebäude sehen, das dazu gehört. Ihre Getränke werden in der Regel in einem kleinen Kiosk in der Nähe zubereitet und zu Ihnen gebracht. Die Straßencafés sind nicht an feste Örtlichkeiten gebunden und auch nicht an Öffnungszeiten. Im Stadtzentrum finden Sie sie jedoch ganz von alleine.

Bars

Als die Mongolei sich 1990 entschloß, sich marktwirtschaftlich zu orientieren, war das Wort Bar gewissermaßen das Synonym für den westlichen *Way of Life* schlechthin. Obwohl seitdem einige Jahre vergangen sind, und obwohl der westliche Lebensstil als durchaus begehrenswert empfunden wird, gibt es bis heute kaum Bars, Discos oder gar Nachtclubs in Ulan Bator. Die hier aufgeführte Liste an Örtlichkeiten, die Abendbetrieb haben, muß bedauerlicherweise trotz ihrer Kürze als nahezu vollständig gelten. Abgesehen davon öffnen immer wieder kleine Bars oder Klubs, die sich aber oft nicht viel länger als einige Wochen oder Monate halten. Die hier beschriebenen Einrichtungen sind wohl etabliert und aller Wahrscheinlichkeit nach auch die nächsten Jahre hindurch noch in Betrieb.

Auch die meisten Hotels verkaufen alkoholische Getränke und bieten auch einen Platz an, wo man diese konsumieren kann. Den Namen Bar im Sinne eines Treffpunktes, der nicht nur von Hotelgästen besucht wird, die von der Zeitverschiebung wachgehalten werden, haben sich nur wenige Einrichtungen.

●An erster Stelle unter den Hotelbars ist hier die **Bar des Hotels Ulan Bator** zu nennen,

die sich trotz der Konkurrenz als Treffpunkt schlechthin für ortsansässige Ausländer behaupten konnte. Dies macht die Bar gerade auch für Touristen interessant, die nicht nur andere Reisende kennenlernen wollen.

●Auch im **Bayangol-Hotel** läßt sich der Abend in angeregter Atmosphäre verbringen. Es verfügt über eine Bar im Erdgeschoß, die eher für Tanzpublikum gedacht ist und über eine kleine Bar mit gemütlichem Tresen im ersten Stock, die sogenannte *Hunter Bar,* wo man über einem frischen Bier Erlebnisse austauschen kann.

●Wer tanzen und nebenbei vielleicht auch ein Häppchen essen will, dem sei der im deutschen Besitz befindliche **Falkon-Club** (Оросын шинжлэх ухаан, соёлын ордны 1 давхарт), Tel. 353100, empfohlen. Der Eintritt ist frei, die Preise sind angemessen, und Freunde melodiöser Rhythmen können hier bis 2.00 Uhr früh das Tanzbein schwingen.

●Wer im Anschluß daran noch irgendwo hin "weiterziehen" möchte, der kann in ungefähr 5 min. zu Fuß weiter Richtung Stadtmitte den **Rainbow-Club** (рейэнбоу-клуб) oder die **Hollywood-Bar** (холливуд-бар, залуучуудын соёлын төвийн 3 давхарт оршидог) erreichen, die sich im selben Gebäude befinden. Die *Hollywood-Bar* kostet für männliche Besucher 5 US$ Eintritt, Frauen können kostenlos die Tür passieren. Obwohl die Bar um 22.00 Uhr öffnet, füllt sie sich in der Regel erst nach Mitternacht. Dann wirft auch ein Discjockey seine Scheiben auf den Teller und heizt den Gästen mit den neuesten Hits aus der Techno-Szene ein – bis 3.00 Uhr früh. Auch der *Rainbow-Club* schließt um 3.00 Uhr, doch sein musikalisches Angebot ist wesentlich anders zugeschnitten. Zwischen Disco-Phasen treten immer wieder Live-Künstler auf, die aus der einheimischen Rock- und Popszene kommen und die sowohl mongolische Hits als auch internationale Evergreens singen.

●Immer die neuesten Scheiben im CD-Laufwerk, eine High-Tech-Lichtanlage, nach 24.00 Uhr Livemusik und an den Wochenenden dürftig bekleidete Balett-Damen bietet der **Emon Night-Club** (ЭМОН шөнийн баар) (Tel. 311179, geöffnet von 22.00 bis 4.00 Uhr) im Hotel *Altan Od,* unmittelbar neben der Aeroflot-Fliale. Das dazugehörige Restaurant arbeitet – bemerkenswert für mongolische Verhältnisse – auch von 19.00 bis 3.00 Uhr.

● Im Frühjahr 1996 eröffnete das *Matisse-Art-Cafe,* (Хүүхэд залуучуудын театр киноны хүрээлэнгийн подвалд), Tel. 327871, das sich sogleich zur Szene-Kneipe für die Mittdreißiger bis junggebliebenen Endvierziger entwickelte. Die Inneneinrichtung des Cafés, das sich im Keller eines Kindertheaters befindet, wird dem Anspruch seines Namens durchaus gerecht. Die hauseigene Live-Band spielt Classic-Rock, Jazz und Blues zum Tanzen. Es hat täglich außer dienstags von 20.00 Uhr bis 4.00 Uhr geöffnet. Der Eintritt kostet für Herren 5 US$. Stammgäste können sogar eine Mitgliedskarte erwerben, mit der auf alle Getränke ein Rabatt von 30 % gewährt wird und mit der auch Herren kostenlos hereinkommen.

● Die sicher skurrilste *Bar* befindet sich *im Lenin-Museum* (хуучин Лениний музей, одоо Чандмань төв), direkt unter einer gewaltigen Büste des großen sowjetischen Vordenkers, die so schwer ist, daß zu ihrer Entfernung das gesamte Gebäude abgetragen werden müßte. Sie sollte allein schon wegen ihres Kusiositätswertes auf Ihrer persönlichen Hitliste nicht fehlen, ebensowenig wie die *Bar im Friedens- und Freundschafts-Palast* (энх тайван найрамдлын ордон), in der es anstelle von Türen Vorhänge aus Röhren- und Gelenkknochen gibt.

Treffpunkte

In jeder Stadt gibt es eine Reihe von Treffpunkten, an denen man andere Touristen und Reisende oder auch "Langzeiter" leicht treffen kann, um Informationen zu aktualisieren oder sich über Erlebtes oder Geplantes auszutauschen.

● Ein beliebter Treffpunkt ist seit Jahren neben der bereits mehrfach erwähnten *Bar des Hotels Ulan Bator* auch der *Mittagstisch* dort, und zwar im Hauptrestaurant im Erdgeschoß. Gegen 12 Uhr kommen viele "Langzeiter" dort regelmäßig zum Essen, und da oft alle Tische belegt sind, wird man häufig gebeten, sich an einen nur zum Teil belegten Tisch mit dazuzusetzen. Ein einfacher Weg, Leute kennenzulernen. Man kann aber auch gezielt nach anderen Reisenden Ausschau halten und fragen, ob man sich

Ulan Bator

Das sogenannte Journalistencafé ist einer der interessanten Treffpunkte der Stadt

dazusetzen kann. Ein Gespräch mit anderen, die im selben Boot sitzen, ist meist sehr informativ und nützlich.

● Ebenfalls seit Jahren beliebt als Treffpunkt ist der sogenannte **Steppe Inn,** eine Art Happy Hour, die in einem zum urgemütlichen Pub umgebauten Container auf dem Gelände der Britischen Botschaft (Английн Элчин Сайдын Яам) jeden Freitag von 18.00 bis 19.30 Uhr stattfindet. Da der *Steppe Inn* im Verlaufe der Jahre jeweils ganz unterschiedlichen Personenkreisen offenstand, sollte man in jedem Fall vorher bei der Britischen Botschaft anfragen (Tel. 358133), ob derzeit Touristen als Gäste geladen sind, um zu verhindern, daß man vor dem Gelände steht und nicht eingelassen wird.

● Dem *Steppe Inn* nachempfunden und allen Interessierten offenstehend ist seit dem 7. Juli 1995 ein von den Amerikanern organisiertes wöchentliches Treffen, **Twin Peaks,** benannt nach dem augenfälligen Baustil des Gebäudes, in dem es stattfindet. Das sogenannte **Journalistencafé** (Чөлөөт сэтгүүлчдийн холбооны байр; Чойжин ламын сүмын ар талд орших шовгор дээвэртэй модон байшин) befindet sich links neben dem Tschojdshin-Lamyn-Museum und ist an seinem Doppelgiebel leicht zu erkennen. Von

der Atmosphäre her ist es das Café oder Restaurant, das unserer Vorstellung von einer Kneipe am nächsten kommt. *Twin Peaks* findet jeden Freitag von 18.30 bis 21.00 Uhr statt. Außer preisgünstigen Drinks gibt es Pizza und mongolische Leckereien.

Öffentliche Verkehrsmittel

Taxi

Innerhalb der Hauptstadt ist man als Tourist mit einem Taxi sicher am schnellsten unterwegs. Mit etwa 0,25 US$/km ist das Vergnügen dazu auch noch erschwinglich. Wer ein Auto benötigt, kann sich jederzeit an den Straßenrand stellen und den Arm heben. Innerhalb kürzester Zeit wird ein **Privatwagen** anhalten und einen zum Ziel bringen. Wer dennoch auf Nummer sicher gehen will, weil er morgens zum Flughafen muß, den Wagen für eine längere Tour oder den ganzen Tag benötigt, kann sich an eines der folgenden **Taxiunternehmen** wenden.

Dieser kesse Schlitten hat schon manch einem unserer Freunde als Taxi gedient

Kleine *Delguurs* erkennt man oft nur an der Aufschrift an einer Häuserwand.

● **Taxi Ulaanbaatar:** Tel. 355355,
ausschließlich *Wartburgs*
● **Zendme 3:** Tel. 353103,
verfügt über kleine und mittelgroße Busse
● **MON-KOR:** Tel 313450,
koreanische *Hundai*-Limousinen
● **KHUN:** Tel. 343319, Skoda-Kombi
(mit Golfmotor), 24-Stunden-Service

Bus

Wer sich bereits etwas sicherer fühlt oder immer den gleichen Weg zurücklegt, kann auch das recht gut ausgebaute Busnetz benutzen. Fahrscheine erwirbt man nach dem Einsteigen bei einem "Konduktor". Deshalb wird grundsätzlich hinten ein- und zur mittleren oder vorderen Tür wieder ausgestiegen. Die **Fahrpreise** sind aus westlicher Sicht kaum der Rede wert. Familien,- Wochenend,- Ausflugs- oder Monatsfahrscheine sind unbekannt. Bei jedem Umsteigen muß neu bezahlt werden.

Der größte Teil des Fuhrparks der Verkehrsbetriebe befindet sich in einem äußerst klapprigen Zustand. 1995/96 haben die großen Städte der Mongolei allerdings einen Teil ihres Busparks durch Fahrzeige aus Korea *(Hundai)*, Japan *(Nissan)* und Tschechien *(Karosa)* ersetzen können.

Der **Busverkehr** wird nur zwischen 7.00 und etwa 22.30 Uhr aufrechterhalten. Wer ganz sicher gehen will, sollte nicht auf den "Lumpensammler" spekulieren, sondern gegen 22.00 Uhr in Richtung Nachtquartier aufbrechen. In Stoßzeiten, d. h. kurz vor 9.00 Uhr und zwischen 16.00 und 18.00 Uhr sind die Busse immer recht überfüllt.

Einkaufs- möglichkeiten

Es versteht sich sicher von selbst, daß man in einem Land, das überwiegend von der Viehzucht lebt und kaum über ein eigenes, nennenswertes verarbeitendes Gewerbe verfügt, **keine Einkaufstempel** erwarten kann. Da nahezu alle angebotenen **Waren Importprodukte** sind und beschwerlich über weite Entfernungen herbeigeschafft werden müssen, sind ihre Preise mitunter deutlich höher als zu Hause. Dennoch lohnt sich ein Blick in die Geschäfte durchaus.

Für den ersten Eindruck gehen Sie am besten vom Suchbaatar-Platz aus in westlicher Richtung entlang der Peace Avenue ca. 700 m zum **Großen Kaufhaus** (Их дэлгүүр). Es

Ulan Bator

Hier liegt ein *Delguur* offensichtlich im Keller eines Wohnhauses

vermittelt den besten Überblick über das Warenangebot, das den Mongolen feilgeboten wird. Für Touristen ist besonders das oberste Stockwerk von Interesse, in dem die oben erwähnten Kaschmirhersteller und Kürschnereibetriebe anbieten. Bezahlt werden muß hier in Dollar. Wir empfehlen, sich hier nur einen Überblick über Preis und Qualität der Artikel zu verschaffen und sie dann in Landeswährung in den unteren Etagen des gleichen Hauses oder aber in kleinen privaten Geschäften zu deutlich niedrigeren Preisen zu erwerben. Auch kunsthandwerkliche Souvenirs erhalten Sie in gleicher Qualität anderswo meist billiger.

Weitere 500 m in gleicher Richtung liegt etwas zurückgesetzt von der Straßenzeile der ehemals nur Diplomaten und einheimischen Größen zugängliche sogenannte *Dip-Shop* (мэргэжилтний хорь). Hier finden Sie die landesweit größte Auswahl an *Alkoholika und Weinen* zu fairen Preisen. Ferner finden Sie hier eine durchdachte Auswahl an kleinen *Reisebedarfsartikeln* wie Batterien, Filmen, Hygieneartikeln etc.

Souvenirs

Um die großen Hotels und um den Suchbaatar-Platz herum haben sich zahlreiche, *Art-Shop* genannte Souvenirläden (бэлэг дурс-галын дэлгүүр) etabliert, die nette Mitbringsel für jeden Geldbeutel anbieten.

Kaschmir- und Lederwaren

Neben Artikeln des Kunsthandwerks – besonders hübsch sind u. a. die Silberschmiedearbeiten – werden Sie aus einheimischer Produktion Kaschmirprodukte und Lederwaren in reicher Auswahl finden. Achten Sie beim Kauf genau auf die Qualität. *Kaschmir* neigt bisweilen zum Fusseln, vor allem wenn es sich um Produkte der Staatsfirma *Gobi* handelt. Ferner stimmen die Größenangaben nicht mit den europäischen überein. Nehmen Sie das Kleidungsstück also unbedingt aus der Verpackung und in Augenschein. Beim *Nappaleder* haben die einzelnen Teilstücken u. U. eine andere Schattierung, und die Nähte sind nicht exakt. *Wildlederartikel* sind sehr oft durch Zeckennarben gezeichnet, die sich hell vom Rest des Leders abheben. Die Innenseiten von *Pelzmänteln* verlieren in den ersten Tagen des Tragens sehr viele Haare.

Unter Betrieben, die Kaschmir und Kamelhaar verarbeiten, hebt sich die Firma *Buyan* deutlich positiv ab. Ihre Produkte (Schals, Pullover, Jacken, Röcke, Leggings u. ä.) werden jedes Jahr als neue Kollektion von französischen Designern entworfen, so daß die Schnitte, Farben und Machart in jeder Hinsicht topmodisch sind. Die Konkurrenzbetriebe bieten seit Jahren die gleichen zwei Standardmodelle in Standardfarben an, die den europäische Geschmack in der Regel nur eingeschränkt treffen.

Mongolische Musik

Ein nettes Mitbringsel sind auch, wenn Sie Gefallen an der mongolischen Volksmusik gefunden haben, Musikkasetten oder CDs. Hierbei sollten Sie beachten, daß nur diejenigen Musikkasetten, die es auch als CDs gibt, von guter Tonqualität sind. Die anderen zum Verkauf stehenden Kasetten stammen von bereits tausendmal überspielten Originalaufnahmen und sind entsprechend durch Rauschen gedämpft, was Ihnen aber auch das ganz typische Mongolei-Flair in Erinnerung rufen kann, wenn Sie erst einmal wieder zu Hause sind. Die reichhaltigste **Auswahl** finden Sie an einem Kiosk am Rande des Lebensmittelmarktes neben dem Zirkus. Er ist nicht zu überhören, da er den ganzen Vorplatz beschallt.

Postkarten und Bildbände

Wegen ihrer typisch mongolischen Motive lohnenswert sind auch Postkarten, die man am besten gleich auf der Hauptpost (төв шуудан) ersteht, oder verschiedene Bildbände, die in den Hotel-Shops und in Museen zum Verkauf angeboten werden.

Aquarelle und Ölbilder

Besondere Erwähnung sollte finden, daß man in Ulan Bator hervorragend Aquarelle und Ölbilder kaufen kann, zu Preisen, für die in Europa nicht einmal ein anständiges Poster zu bekommen ist. Das übliche Angebot umfaßt in erster Linie sehr gegenständlich gemalte mongolische Landschaftsmotive. Anlaufstellen sind wiederum die *Art-Shops.* Darüber hinaus werden vor den großen Hotels, in der Hauptpost und vor Museen, vor allen Dingen vor dem Bogd-Khan-Museum (Богд хааны музей), Bilder von den Künstlern direkt zum Verkauf angeboten. Der Preis liegt hier in der Regel deutlich niedriger.

Ein ganz besonderer *Art-Shop* ist der, in dem die **Kunstakademie** Werke ihrer Studenten und Absolventen verkauft (хуучин пионерийн ордны зүүн талд орших уран зургийн дэлгүүр). Das Angebot unterscheidet sich deutlich von dem anderer Läden, man kann hier wirklich inspirierte Arbeiten verschiedener Stilrichtungen erwerben. Zudem sind die Werke der jungen Künstler in der Regel billiger als die Bilder in den normalen Souvenirläden. Ein Aquarell im DIN A4-Format kostet etwa 15 US$; ein Ölbild in DIN A3 etwa 50 US$.

Kleine "Delguurs"

Im Rahmen der wirtschaftlichen Privatisierung versuchen neben den großen, staatlichen Kaufhäusern und Geschäften auch zunehmend Klein- und Kleinstunternehmer, sich durch die Eröffnung eines Ladens den Lebensunterhalt zu sichern. Diese **privaten Geschäfte** sind oft in Wohnhäusern, Heizungskellern oder ähnlichen Räumen untergebracht und bieten auf kleinstem Raum ein Sammelsurium an Waren an. Allein die Atmosphäre in solch einem *Delguur* lohnt den Besuch. Zu finden sind sie meist durch die mit großen Pinselstrichen auf eine Häuserwand oder über eine Haustür gemalte Aufschrift "Delguur" – "ДЭЛГҮҮР". Immer häufiger sind ähnlich unprofessionell ausgeführte Aufschriften "Shop".

Kioske

Seit Sommer 1994 gibt es in Ulan Bator außerdem eine Unmenge von kleinen Kiosken, die den Straßenrand säumen. Dort werden in der Regel Süßwaren, Zigaretten, Knabberzeug und Limonade verkauft. Alkoholika stehen nicht zum Verkauf. Manche dieser Kioske sind 24 Stunden geöffnet und arbeiten in der Nacht bei Kerzenschein.

Den besten **Hot-Dog-Stand** in ganz Ulan Bator (МУИС-ийн хичээлийн 2-р байрны урд талд орших хот дог зардаг ТҮЦ) finden Sie ebenfalls in Form eines Kiosks schräg gegenüber des Haupteingangs der chinesischen Botschaft.

Ulan Bator

215

Schwarzmarkt

Wohl kein anderer Platz ist geeigneter, sich einen Eindruck von den Lebensnerven der mongolischen Wirtschaft zu machen, als der sogenannte Schwarzmarkt (дэнжийн мянгын зах) am nördlichen Stadtrand. Er ist allerdings schon lange nicht mehr illegal.

Mittwochs, donnerstags und an den Wochenenden quält sich eine nicht abreißende Lawine aus Bussen, Lastwagen und anderen Fahrzeugen die steile Straße zum Markt herauf, um irgendwann in einem heillosen Durcheinander von kreuz und quer parkenden Wagen anzulangen. Wer nicht vorhat, solange zu warten, bis sich das Knäuel von Autos am Abend wieder entflochten hat, sollte mit Bedacht etwas abseits parken oder gar nicht erst mit dem eigenen Auto fahren. Der Markt selbst ist nur zu Fuß zu begehen.

Der Einlaß kostete 1996 zehn Tugrik. Um den Markt begehen zu können, muß man sich eine spezielle Art von Bewegungstechnik angewöhnen. Wichtig ist dabei, kräftig die Ellenbogen einzusetzen und zu versuchen, nicht aus der allgemeinen Strömung zu geraten.

Verkauft wird hier bis auf frische Lebensmittel und Kfz-Technik (für beides gibt es gesonderte Märkte) wirklich alles, was man sich nur vorstellen kann – vom rostigen Nagel über eine durchgebrannte Birne und Goldfische im Gurkenglas bis zum Designerkleid. In den letzten Jahren haben Industriewaren und lange lagerbare Lebensmittel aus China die einheimischen Produzenten komplett verdrängt. Waren mongolischen Ursprungs finden Sie nur noch bei Artikeln des Kunsthandwerks, nationaler Kleidung und Pelzartikeln.

Obwohl der Besuch auf dem Markt überaus spannend sein kann, empfehlen wir insbesondere Neuankömmlingen nicht, das umzäunte Gelände zu betreten. Die Gefahr, Opfer eines *Raubüberfalls* zu werden, in eine Schlägerei verwickelt zu werden oder sich im Gedrängel die Knöpfe vom Hemd reißen zu lassen, ist extrem hoch. Auf dem Markt gibt es eigentlich auch nichts, was es nicht anderswo auch geben würde, nur daß hier die Preise deutlich niedriger sind als in der Stadt, wo die Händler stolze Pacht für ihre Stände zahlen müssen. Für den ersten Eindruck reicht sicher ein Blick von oben auf den Markt von einem der ihn umgebenden Berggipfel aus.

Lebensmittel

Die Zeiten der absoluten **Lebensmittelknappheit,** wo es Brot, Fleisch und Mehl nur auf Lebensmittelkarten gab, sind in der Mongolei vorbei. Unterdessen können Sie in einer Vielzahl von Geschäften, Märkten und Kiosken alles mögliche Eß- und Trinkbare kaufen. Jedes einzelne Geschäft aufzulisten, ist indes müßig, weshalb hier nur die Hauptanlaufstellen genannt sein sollen.

Angebot

Lebensmittelfachgeschäfte wie Metzgereien, Milchgeschäfte oder Bäckerläden gibt es im ganzen Land nicht. Auch Einkaufswagen sind in der ganzen Mongolei noch unbekannt.

Manchmal werden auch auf der Straße oder vor Häusern private Lebensmittel verkauft. Hier bietet ein Nordmongole gefrorene Fische aus seinem Kofferraum feil

Mongolen kaufen ihre Fleischvorräte in handlichen Stücken, die im Winter auf dem Balkon gelagert werden.

Man kann sich heute, wenn man nicht ein ganz bestimmtes Produkt bevorzugt, aus dem **Sortiment,** das die Märkte bieten, gut ernähren. Bemerkenswert ist der hohe Anteil **europäischer Lebensmittel** – von Würstchen im Glas über Ketchup, Salatdressing, Tütensuppen bis zur *Schwartau*-Konfitüre. Beim Kauf sollte man darauf achten, daß die Ware nicht überlagert ist oder irgendwelche äußerlich sichtbaren Schäden aufweist. Viele der Artikel stammen aus der Konkursmasse von europäischen Firmen oder werden aus verunfallten Lastwagen geborgen und ganz billig nach Osteuropa weitergereicht.

Kartoffeln, Kohl, Rüben, Zwiebeln und ein bescheidenes Sortiment an Küchenkräutern kommen aus dem einheimischen Anbau oder aus China. **Obst** stammt bis auf Sanddorn in der Regel auch aus China. Im Angebot sind verschiedene **Wurst- und Käsesorten,** letztere überwiegend aus Rußland oder aus Europa.

Fleisch gibt es indes nur in großen Stücken oder für den Bedarf einer mongolischen Großfamilie dimensioniert als Keule, Schafshälfte oder als ganzes Tier.

● Wer eine spezielles Stück Fleisch oder Schinken kaufen möchte, wie er es von zu Hause kennt, muß sich direkt an die **Fleischerei Chatan Sujch** (Хатан суйх хэмээх махны цех) wenden. Tel. 361271. Die Chefin, Frau *Uldsijbajar,* spricht gut deutsch. In dieser Metzgerei hat im Mai und Juni 1996 ein Metzgermeister aus Berlin gearbeitet und das mongolische Personal entsprechend ausgebildet.

● In der **Fleischerei Delger Changaj** (Дэлгэр хангай хэмээх махны цех, ХАА-н хуучин ямны ард) begann Ende 1996 ein weiterer deutscher Metzgermeister, der einen Dreijahresvertrag der Deutschen Gesellschaft für Technische Zusammenarbeit besitzt, zu arbeiten. Es ist anzunehmen, daß sich diese Fleischerei zum Marktführer bei der Herstellung von sich an deutscher Technologie orientierenden Fleisch- und Wurstwaren entwickeln wird. Diese Fleischerei ist die einzige in der ganzen Mongolei, die auch über ein eigenes Geschäft verfügt.

Das **Getränkeangebot,** darunter die Auswahl an Bier, ist üppig, die Preise allerdings gepfeffert. Eine kleine Büchse *Carlsberg* oder *Becks* kostet umgerechnet ca. 1,50 DM.

Ulan Bator

Auch eine No-Name-Cola bekommt man nicht unter einer Mark. Das mongolische Bier ist, solange es frisch und kalt serviert wird, sehr schmackhaft und deutlich billiger als die importierte Konkurrenz

Märkte

●Der wichtigste *Lebensmittelmarkt*, der auch von der Ausländergemeinde stark frequentiert wird, befindet sich in der Nähe des Zirkus, wobei man vor dem Zirkus stehend lediglich dem Zustrom der Menge folgen muß, um den Markt zu finden (далай ээж хүнсний зах). Er ist etwa 100 m entfernt hinter einem Hausblock in einer großen Halle untergebracht.
●Für Autofahrer interessant ist der *Vier-Berge-Markt* (дөрвөн уул хүнсний зах), weil er über einen Kundenparkplatz verfügt. Das Angebot unterscheidet sich kaum von dem auf dem oben genannten Markt.
●Auf dem sogenannten *Chinesenmarkt* (урт заганы хажуу талын шар дэлгүүр) gibt es vor allem im Sommer auch ausgefallene *Kräuter, Gewürze und Früchte*.

Gebrauchsgüter

Bis auf einige Baumaterial- und Kfz-Ersatzteilgeschäfte kennt man in der Mongolei *keinen Fachhandel*. Jeder Laden führt alles, von dem die Besitzer meinen, es würde gerade gut gehen. Wir haben sogar schon gesehen, daß in der Apotheke Motorkettensägen und in der Bücherei Spritzen zu haben waren. Wer also einen bestimmten Artikel benötigt, wird sich auf die Suche machen müssen, indem er die ganze Stadt durchstreift. Wenn das nichts bringt, hilft nur noch der Weg auf den *Markt*. Eine andere Möglichkeit, etwas ganz besonders Ausgefallenes zu finden, besteht noch darin, mit Hilfe mongolischer Freunde eine *Anzeige* in einem Anzeigenblatt, den großen Tageszeitungen, dem Rundfunk oder Fernsehen zu schalten. Eine Kleinanzeige kostet kaum mehr als eine Mark, eine postkartengroße Annonce in den großen Blättern ca. 150 DM, eine kurze Durchsage im TV mit mehrfacher Wiederholung ca. 75 DM.

Autos und Zubehör

Autozubehör findet man, wenn überhaupt, nur auf dem *technischen Markt* (шар хадны техникийн зах). Hier versammeln sich an den gleichen Tagen, an denen auch die anderen Märkte arbeiten, Hunderte von Händlern, die auf der Erde oder auf kleinen Tischen alles ausgebreitet haben, was man in oder an ein Auto ein- oder anbauen kann. Dominierend sind natürlich Teile für Wagen russischer Produktion.

Öle, Fette und Frostschutzmittel werden hier ohne Verpackung verkauft. Der Verkäufer füllt seine Ware direkt in das Fahrzeug des Käufers.

Neue oder gebrauchte Fahrzeuge sollte man indes nicht vom Markt kaufen. Die Preise liegen erheblich über denen für vergleichbare Wagen in Europa. Auch was neu aussieht, muß nicht unbedingt neu sein. Wie wollen Sie als Käufer feststellen, ob das blitzende Getriebe von innen genauso gut aussieht?

Informationen zum *Kauf von Neuwagen* finden sich im Kapitel "Auf in die Steppe".

Post und Telekommunikation

In der Mongolei gibt es keinen *Postzustelldienst*. Wer sich also Post nach Ulan Bator kommen lassen möchte, muß sich auf der Hauptpost (Төв шуудан) oder einem anderen Amt (шуудангийн салбар) ein *Postfach* (шуудангийн хайрцаг) mieten oder das eines Bekannten angeben und von Zeit zu Zeit nachfragen, ob etwas angekommen ist.

Eine andere, wenngleich nicht unbedingt zuverlässige Methode ist, sich als *Selbstabholer* (өөрөө хүлээн авагч) deklarieren zu lassen. Man schreibt auf den Umschlag nur den Namen des Empfängers, Ulan Bator, Mongolia und darunter das in Klammern stehende mongolische Wort für Selbstabholer. Der Brief kommt dann auf der Hauptpost in einen großen Haufen und wird auf Nachfrage herausgesucht.

Siehe auch „Praktische Reisetips von A bis Z".

Auf in die Steppe – Vorbereitungen zur Weiterreise

Reisebüros und organisierte Reisen

In den letzten Jahren hat sich in der Mongolei neben staatlichen Reisebüros auch eine Reihe von kleineren, **privaten Unternehmen** etabliert, die seit etwa zwei Jahren zumeist auch über Telefon- und Fax-Anschlüsse verfügen, so daß man sie bereits im Vorfeld kontaktieren kann. Dies ist vor allem nützlich im Hinblick auf die Visabeschaffung und den Abholservice am Flughafen in Ulan Bator, von dem aus es in die Stadt nach wie vor keine öffentlichen Verkehrsmittel oder regulären Taxis gibt. Im folgenden sollen also einige Adressen von möglichen Ansprechpartnern in Ulan Bator genannt werden, die zwar in erster Linie nützlich sind, wenn man eine organisierte Reise buchen will, die aber auch helfen können, wenn man auf eigene Faust in die Steppe ziehen will und nur die Vermittlung eines Fahrers, Wagens und Dolmetschers wünscht.

Die folgende Liste erfaßt **nur einen Teil der registrierten Reisebüros.** Wir haben nur solche Anbieter aufgenommen, von denen wir meinen, daß sie auch in den nächsten Jahren noch existieren oder bei denen es gute Resonanzen von Urlaubern gab.

Juulchin

Juulchin ist der aus dem ehemaligen staatlichen Reisebüro hervorgegangene, nach wie vor **größte Tourismus-Anbieter,** wobei **Pauschalreisen** das Kerngeschäft ausmachen. Einzelreisende und Kurzentschlossene können sich nicht ganz voll gewordenen Gruppen anschließen. Eine weitere Säule des Geschäfts bildet die Jagd. Das Unternehmen hat die am besten ausgebaute Infrastruktur in Ulan Bator und in verschiedenen Regionen des Landes. Auch im Managementbereich hat es in den Jahren nach der Wende Impulse in die richtige Richtung gegeben. Eine *Juulchin*-Reise ist sicher etwas für all diejenigen, die die Schönheit der Mongolei genießen möchten, aber nicht mehr das ganz große Abenteuer suchen und vor allem nicht so sehr auf den Pfennig bzw. den Hundertmarkschein achten müssen.

● *Juulchin*
Foreign Tourism Corp.
Chingis Khaan Avenue 5 B
Ulaanbaatar 210534
Mongolia
Tel.: 328428, 312095, 322884
Fax: 00976-1-320246
E-Mail: jlncorp@magicnet.mn
● *Repräsentanz für Europa*
Juulchin
Arnold-Zweig-Str. 2
D-13189 Berlin
Tel. (030) 4742484
Fax: (030) 4718833

ECOTOURISM & Co. Ltd. GOBIIN ÖGLUU

Dieses kleine, aber feine Reisebüro ist seit 1994 etabliert. *ECOTOURISM & Co. Ltd.* hat sich neben einer begrenzten Anzahl **fester Reiserouten** besonders auch auf die **Vermittlung von Individualreisen** zu Fuß, zu Pferd, zu Kamel und mit dem Jeep spezialisiert und dies zu äußerst fairen Preisen. Die Einzelreisen werden je nach Vorgabe individuell kalkuliert, wer eine der festen Touren bucht, muß je nach Gruppenstärke mit etwa 100 US$ pro Tag rechnen. Inbegriffen in den Preisen sind Inlandsflüge, sämtliche Transfers, Unterkunft in Hotels und Jurten, Fahrzeuge, Fahrer, Dolmetscher und Koch/Köchin für unterwegs sowie Kosten für Pferde und Kamelanmietungen und die gesamte Verpflegung.

Die angebotenen Touren sind wohldurchdacht und bilden das richtige Verhältnis in der Mischung zwischen Abenteuer und Ausruhen: Übernachtungen im Zelt wechseln mit Jurten und Hotels; die Tagesetappen bieten interessante Zwischenstops und viel Gelegenheit, Land und Leute kennenzulernen. Insgesamt neun ein- bis dreiwöchige Touren führen in Taiga, Steppe, Gebirge oder Gobi. Doch nicht nur die wirklich außergewöhnlich konzipierten Reiserouten, sondern vor allem auch das freundliche Personal zeichnen *ECOTOURISM* aus. Hier ist man keine „Nummer", sondern der persönlich erwartete Gast, und man kann darauf zählen, daß einem entgegengekommen und geholfen wird, wo es nur möglich ist. Außerdem kann man sich bei den Leuten von *ECOTOURISM* darauf verlassen, daß nicht mehr versprochen wird, als gehalten werden kann – nicht immer eine Selbstverständlichkeit in der Mongolei. Unter der angegebenen Adresse gibt es aktuelle Infos und einen Farbprospekt mit den verschiedenen Angeboten.

●*ECOTOURISM & Co. Ltd.*
GOBIIN ÖGLUU
P.O.Box 1014
Ulan Bator 13, Mongolia
Tel.: 00976-1-357329
Fax: 00976-1-359003
Ansprechpartnerin: Frau *Oyungerel*

Zolmon & Co. Ltd.

Eines der kleinen, aber seriös und zuverlässig arbeitenden Büros. Seine Stärken liegen vor allem in der **Vermittlung** von weltweiten Hotelbuchungen und **Flügen.**

●**Ansprechpartnerin** in UB ist Frau *Nawtschaa* (Навчаа), die hervorragend deutsch spricht, oder ihr Ehemann, Herr *Batdelger* (Батдэлгэр). Beide haben ihr **Büro** in der Staatsbibliothek (Улсын Номын сан) im Zimmer 213.
Tel./Fax: 00976-1-310323
Telex 79232 ZOLRN MH

Blue Sky Travel

Blue Sky Travel ist ein privates Reiseunternehmen, das eine Reihe von **Touristenpaketen** anbietet, unter anderem ein Ulan-Bator-Paket. Auch **Individual- und Gruppenreisen** in die Steppe kann man sich von diesem Unternehmen organisieren lassen. *Blue Sky Travel* hat sich außerdem in einer Reihe von **Naturerlebnisreisen** spezialisiert, unter anderem für ornithologisch Interessierte das Beobachten von Vögeln *(birdwatching)* und für den Hobbybotaniker das Durchstreifen von blumenübersäten Sommerwiesen *(flower watching)*. Diese Naturerlebnisreisen werden auch in Kombination mit einer **Fahrradtour** angeboten, wobei man ein eigenes Fahrrad mitbringen muß.

In die Steppe

●Das **Büro** befindet sich unweit des Such-baatar-Platzes im Zentralen Kulturpalast (Соёлын төв Өргөөний 306 тоот), und zwar in der 3. Etage, wenn man den östlichen Seiteneingang benutzt. Allerdings ist *Blue Sky Travel* nur über ein Gewirr von Gängen zu finden, und es empfiehlt sich, das Büro von der Pforte aus anzurufen, um abgeholt zu werden. Es ist immer englischsprechendes Personal da. Sollten man selbst die Pforte nicht finden, verabredet man sich beispielsweise in der Eingangshalle des Ulan Bator Hotels, das keine fünf Minuten entfernt von *Blue Sky Travel* liegt.
Tel./Fax: 00976-1-312067

Mongolia Tour O.K. Company

Das Unternehmen organisiert vorwiegend **Kara-Korum-Reisen** per Flugzeug oder Autobus, wobei vor allem Kurzentschlossene mit wenig Zeit angesprochen werden sollen.
●Tel. 00976-1-311411

Nature Tours

Das Büro vermittelt, wie der Name verrät, Touren durch die **Natur** für Einzelpersonen und Gruppen. Das Programm kann flexibel gestaltet werden. Im Angebot sind Touren **zu Pferd oder zu Fuß.** Zu den Standard-Routen gehören Bus- oder Jeep-Fahrten nach Kara-Korum, Chugun Chaan (großes Touristencamp ca. 280 km von Ulan Bator in einer Sanddüne) und in das Camp der Südgobi. Viel Zuspruch finden die angebotenen **Angeltouren.**
●Tel.: 312392, 311801
Fax: 00976-1-311979
E-Mail: Nattour@magicnet.mn

Newmon Travel

Das Büro am Suchbaatar-Plat offeriert vor allem **Individualreisen** und Reisen für **kleine Gruppen,** die viel Einfluß auf die Gestaltung der Unternehmung haben möchten. Mit im Angebot sind Hubschrauberflüge, Reiten und Wandern.
●*Newmon Travel*
Sukhbaatar Square
Ulaanbaatar 210646
Tel.: 00976-1-320728, 55323, 358128
Fax: 00976-1-320728 oder 310612
Ansprechpartner: Frau *D. Zezegdari,*
Frau *Ojungerel*

Chuwsgul Juulchin

Das Unternehmen ist in Murun, der Hauptstadt des Chuwsul-Aimaks ansässig und vermittelt ausschließlich **Reisen in ein Touristencamp** 60 km nördlich von Chatgal an der Südspitze des **Chuwsgul-Sees.** Das Camp diente ehemals der Unterbringung von Geologen, ist aber dennoch eine solide Anlage. Allein die Anfahrt entlang des Ufers ist ein tolles Erlebnis. Es geht durch wilde Schluchten und abenteuerliche Abhänge herauf und hinunter.
●**Ansprechpartner** ist in Murun Herr *Purewdordsh.*
Tel. in Murun: 00976- 41-3141

MIAT TOUR

Miat Tour ist eine Tochter der mongolischen Zivilluftfahrtgesellschaft *MIAT.* Die Ausdehnung des Services auf die Vermittlung von Reisen innerhalb der Mongolei begann erst 1996. Die Firma ist vor allem ein kompetenter Ansprechpartner, wenn es um **internationale und Inlandflugreisen** geht.
●*MIAT TOUR*
Jumyan Gunij Gudamj -6
Ulaanbaatar 48
Mongolia
Tel.: 00976-1-310729

Weitere Ansprechpartner und Reisebüros

- **Dsaluu Ajalagtsch**
(Залуу аялагч компани)
Ansprechpartner Herr *B. Dshodshoo*
(захирал Б. 'ожоо)
Монголын Залуучуудын Холбооны байр
310 тоот
Tel.: 00976-1-328802
Fax: 00976-1-329495
- **Narlag Tal** (Нарлаг Тал компани)
Ansprechpartner Frau *B. Tuul*
(захирал Б. Туул)
Урт цагааны байр 01 тоот өрөө
Tel.: 00976-1-325624
Fax: 00976-1-325624
- **Reisebüro Tuwschin**
(Төвшин жуулчны компани)
Ansprechpartner Herr *N. Batmunk* (захирал
Н. Батмөнх)
Монголын Залуучуудын Холбооны байр
318 тоот
Tel.: 00976-1-326419
Fax: 00976-1-326419
- **Reisebüro Schuren** (Шүрэн ББХК)
Ansprechpartner Frau *B. Galtmaa*
(захирал Б. Галтмаа)
Соёлын төв өргөө 707 тоот
Tel.: 00976-1-323363
Fax: 00976-1-323363

Dolmetscher und Begleiter

Die Frauenbewegung *Frauen für Demokratie* (Эмэгтэйчүүд Ардчилалын төлөө хөдөлгөөн, Монголын Ардчилсан Холбооны байр, 207 тоот, дарга нь Г. Цогзолмаа) betreibt unter der Bezeichnung „guter, schneller und zuverlässiger Service" (Чанартай, шуурхай найдвартай тусламж) ein *privates Arbeitsvermittlungsbüro* (Tel.: 357591), das noben den klassischen Angeboten für Studenten wie Kinderbetreuung, Einkaufen, Saubermachen usw. auch *Dolmet-schen und Begleiten* auf Spaziergängen und Ausflügen als Service anbietet. Vermittelt werden hierfür vor allem Studenten mit einer fremdsprachenorientierten Ausbildung, die gerne ihre bisher erworbenen Kenntnisse an „echten" Ausländern ausprobieren möchten, zumal es dafür – wenn auch vergleichsweise wenig – auch noch Geld gibt. Erwarten Sie von einem Studenten, den Sie für einen Spaziergang durch die Stadt oder einen Wochenendausflug mieten, keine Wunderdinge, was die sprachlichen Fähigkeiten und auch die konkreten Kenntnisse über die Stadt oder die Mongolei allgemein betrifft. Dafür kommen Sie kaum direkter mit dem Leben der Mongolen in Berührung als in Begleitung eines jungen Menschen.

Öffentliche Verkehrsmittel

In den Städten kann man sich recht gut mit öffentlichen Verkehrsmitteln bewegen, ein generell anderes Problem ist es, auch auf das Land zu fahren.

Wir möchten grundsätzlich auf die **Risiken** hinweisen, die man in Kauf nimmt, wenn man sich einfach in einen Überlandbus oder einen Vorortzug setzt. Gemeint sind hier nicht so sehr die Gefahren für Leib und Leben, sondern die große Ungewißheit, was passiert, wenn man an seinem Zielort angekommen ist – und wie man wieder zurückkommt.

In die Steppe

Nahbereich

Aufgenommen wurden nur Fahrziele im Umkreis von ca. 250 km um Ulan Bator, die innerhalb von weniger als 10 Stunden erreicht werden sollten. Eine **Rückfahrt** ist bis auf die Strecken nach Nalajch und Dsuunmod am selben Tag nicht möglich.

Richtung	Tag	Abfahrtszeit	Preis in Tugrik
Darchan	tgl.	8.00	2600
Baruun Charaa	tgl	8.00	1839
Baganuur	Mo. bis Fr. tgl.	16.00	1720
Nalajch	alle 30 Minuten	8.00-22.00	400
Dsuunmod	stündlich	8.00-22.00	500
Erdenesant	Mo., Mi., Fr.	7.30	2700
Lun	Mo., Mi., Fr.	7.30	1600
Altanbulag	Mi., Sa., So.	10.15	650
Bornuur	Mi., Fr., So.	8.00	1300
Bajantschandmani	Mi., Fr., So.	8.00	990
Dshargalant	Mo., Do., Sa.	8.00	1685
Bajanzogt	Mo., Mi., Fr.	8.00	1200
Ugtaal	Di. Do., Sa.	8.00	1672
Atar	Di. Do., Sa.	8.00	1366
Dsaamar	Mo., Do.	8.00	2000
Nuchurlul	Di. Fr.	8.00	1135
Oktjabr	Mi., Sa.	7.30	1960
Dsaluutschuud	Di. Do.	7.30	2100
Undurschireet	Mo., Mi., Sa.	8.00	2068

Aimakzentren sowie Kara Korum und Chudshirt

Fahrziele, die mehr als 5000 Tugrik kosten, werden erst nachts, wenn nicht am nächsten Tag erreicht. Die Reise bis nach Dsawchan und den Gobi-Altai dauert mindestens drei Tage. Der Bus hält nur zum Tanken und zum Fahrerwechsel. Übernachtet wird nicht.

Richtung	Tag	Abfahrtszeit	Preis in Tugrik
Archangaj	Mo., Do.	8.30	5600
Bulgan	Mo.	8.30	3700
Chentij	Di., Fr.	8.30	3800
Uwurchangaj	Mo. bis Sa. tgl.	8.30	4900
Kara Korum	Di., Do., Sa.	8.30	4200
Chudshirt	Mo., Do.	8.30	4820
Mittelgibi	Mo., Do.	8.30	3000
Suchbaatar	Mo., Fr.	8.30	6400
Dornod	Mo., Do.	8.30	7400
Gobi-Altai	Mo., Fr.	8.30	11200
Chuwsgul	Mo., Mi., Do., Fr.	8.30	7600
Bajanchongor	Mo. bis Sa. tgl.	8.30	8500
Südgobi	Mo.	8.30	6300
Dsawchan	Mo.	8.30	11030

Busse

Überlandbusse in Ulan Bator fahren vom Busbahnhof, ca. 300 m östlich des Hauptbahnhofes (тээврийн товчоо) gelegen. Benutzt werden in der Regel Busse russischer Produktion (ПАЗ-автобус), die für 23 Fahrgäste ausgelegt sind, aber nie mit einer so lächerlichen Zuladung losfahren. Es wird erst gestartet, wenn auch der letzte Kubikzentimeter mit Kisten und Koffern gefüllt ist. Touren in die entlegendsten Aimaks sind selten.

Die **Preise** in der Tabelle gelten für die einfache Fahrt für einen Erwachsenen ohne sperriges Gepäck. Letzteres wird extra berechnet. Für Ausländer gibt es keine speziellen Tarife. Die Preise galten im Frühjahr 1997, können aber wegen der starken Inflation nur als Anhaltspunkte dienen. Damaliger Wechselkurs: 1 DM= 500 Tugrik.

Zug

Eine Fahrt mit dem Zug kann ganz beschaulich sein, vor allem dann, wenn man die allerbilligste „Holzklasse" nimmt, in der die Bänke tatsächlich noch aus Holz sind. Theoretisch kann man mit Vorortzügen von der russischen bis an die chinesische Grenze fahren und auch einen Abstecher nach Erdenet machen. Billig ist das Vergnügen außerdem.

Inlandsflüge

MIAT

Die mongolische Fluggesellschaft *MIAT* betreibt theoretisch regelmäßige Inlandsflüge zu allen Aimakzentren. „Theoretisch" deshalb, weil zumindest die Charterflüge unter diesen **Flugverbindungen in der Regel sehr unzuverlässig** sind. So kann es beispielsweise bei Inlandsflügen nach wie vor passieren, daß man von Ulan Bator aus zwar einen Hinflug buchen kann, aber ein offenes Rückflugticket besitzt. Im Klartext heißt das: Wenn man abfliegt, weiß man nicht, ob und wann man zurückkommen wird. Möglicherweise ist der anvisierte Rückflug ausgebucht, wird verschoben oder findet

---

Inland-Eisenbahnverkehr der Mongolischen Staatsbahn

Ziel	Abfahrt	Ankunft (1)	Preise harte Klasse	weiche Klasse
Erdenet (2)	tgl. 18.20	7.30	2040	5060
Darchan (3)	tgl. 15.50	6.30	1520	3940
Dsamyn-Uud (4)	tgl. 12.20	10.45	2890	6860

(1) Ankunft am nächsten Tag
(2) hält an jeder Station, Zug fährt nicht über Darchan
(3) hält an jeder Station
(4) über Tschojr

Die angegebenen **Preise** in Tugrik gelten für die einfache Fahrt. Eine Platzreservierung kostet 20 Tugrik, ein Umschreiben des Fahrscheines 400 Tugrik, eine Bahnsteigkarte 1000 Tugrik.

In die Steppe

225

Sommerflugplan der MIAT, Inland

Richtung	one way	return	Flugtage	Abflug	Landung
UB-Altai	120	210	1,3,5	08.50	10.50
Altai-UB	120	210	1,3,5	11.35	12.50
UB-Bajanchongor	82	143	1,4	11.20	12.50
Bajanchongor-UB	-	143	1,4	13.35	15.05
UB-Ulgij	161	281	2,4,6	08.00	12.00
Ulgij-UB	-	281	2,4,6	12.45	16.45
UB-Ulaangom	144	252	1,3,5	08.00	11.50
Ulaangom-UB	-	252	1,3,5	12.35	16.25
UB-Chowd	146	256	2,4,6,	08.50	12.30
Chowd-UB	-	256	2,4,6	13.15	16.55
UB-Bulgan (1)	54	95	3	07.30	
Bulgan-UB	-	95	3		19.00
UB-Tschojbalsan	90	158	1,3,5	09.40	11.20
Tschojbalsan-UB	-	158	1,3,5	12.05	13.45
UB-Dalandsadgad	81	142	2,5	11.20	12.50
Dalandsdgad-UB	-	142	2,5	13.35	15.05
UB-Tosonzengel	100	176	2,4,6	10.30	12.20
Tosonzengel-UB	-	176	2,4,6	13.05	14.55
UB-Uliastaj	124	217	2,4,6	09.40	11.40
Uliastaj-UB	-	217	2,4,6	12.25	14.25
UB-Murun	82	143	1,3,5	10.30	12.00
Murun-UB	-	143	1,3,5	12.45	14.15
UB-Baruun-Urt	82	144	1,5	09.20	11.20
Baruun-Urt-UB	-	144	1,5	12.05	14.05
UB-Teschig (2)	69	121	1,4	08.30	
Teschig-UB	-	121	1,4		16.40
UB-Zezerleg	68	119	3,6	10.00	11.50
Zezerleg-UB	-	119	3,6	12.35	14.25
UB-Mandalgobi	41	71	5	11.00	12.00
Mandalgobi-UB	-	71	5	12.45	13.45

(1) kein Weiterflug mehr bis nach Chowd
(2) Zwischenlandung in Bulgan gestrichen.

Preisangaben in US$, **Ende der Abfertigung** stets 40 Min vor Abflug. Für Flüge nach **Kara-Korum** werden 53/92 US$, für Flüge nach **Chudshirt** 54/95 US$ als Orientierung angegeben. Dies sind aber keine regulären Linienflüge.

gar nicht statt. Und selbst wenn man – einmal am Zielort angekommen – gleich eine Reservierung für den Rückflug bewerkstelligen konnte, heißt das nicht notwendigerweise, daß man mit einem gültigen Ticket auch tatsächlich fliegen kann. Vor al-len Dingen *in den Sommermonaten,* wenn die Flugverbindungen aufs Land wochenweise zusammenbrechen und sich in den kleinen Provinzstädten viel zu viele Fluggäste mit gültigen Tickets aufgestaut haben, hilft oft nur der Spurt ins Flugzeug,

vorbei an all den anderen spurten-
den und drängenden Flugscheinbe-
sitzern.

In der *MIAT*-Zentrale in Ulan Bator
hängt seit etlichen Jahren ein Schild
an der Wand, daß Fluggäste, die ihre
Tickets in US$ bezahlt haben (das
sind Sie), eine bevorzugte Behandlung erfahren. Vergessen Sie dieses
Schild – auf dem Land hat keiner je
davon gehört.

Changardi

Neben der *MIAT* bietet auch die
Firma *Changardi* Linienflüge in den
Westen der Mongolei und nach Ruß-
land an. Es fliegen Maschinen vom
Typ AN-24.

● *Fluggesellschaft Changardi*
Zentrales Haus der *MRVP*, Raum 210
Tel.: 320138, 311333
Агаарын тээврийн Хангарьд компани
МАХН-ын Төв байрны 210 тоот

Flugplan der Gesellschaft Changardi			
Richtung	*Flugtag*	*Abflug*	*Preis in US$*
Ulan Bator-Irkutsk	1	9.00	90
Irkutsk-Ulan Bator	1	12.00	90
Ulan Bator-Murun	2	9.00	70
Murun-Ulan Bator	2	11.30	70
Ulan Bator-Chowd	3	9.00	120
Chowd-Ulan Bator	3	13.00	120
Ulan Bator-Tosonzengel	4	9.00	85
Tosonzengel- Ulan Bator	4	11.30	85
Ulan Bator-Uliastaj	5	9.00	105
Uliastaj-Ulan Bator	5	11.00	105

In die Steppe

Am Busbahnhof von Ulan Bator herrscht immer reges Treiben

Eastern Airlines

Im August 1996 nahm auch die Fluggesellschaft *Eastern Airlines* den Binnenflugbetrieb auf. Zweimal wöchentlich werden von Ulan Bator aus Tschojbalsan und je einmal Chowd, Altai, Baruun-Urt und Bajanchongor angeflogen.

● *Tickets* werden in der 2. Etage der Fahrkartenkasse am Hauptbahnhof verkauft (төмөр замын олон улсын галт тэрэгний тасалбар түгээрийн төвийн II давхар).

Tel.: 745443, 369666

Weitere Transportmittel

Charterflüge mit Doppeldecker oder Hubschrauber

Selbstorganisierte Hubschrauber- oder Doppeldeckerflüge sind in der Mongolei eine sehr beliebte Art, das Wochenende zu gestalten – genügend Finanzkraft vorausgesetzt. Die Vorteile liegen auf der Hand: Mit dem „Heli" kommt man weiter als mit dem Auto und kann zudem überall landen. Der üblicherweise zum Einsatz kommende **Hubschrauber** vom Typ MI-8 kann etwa 15-17 Reisende transportieren, und ein Wochende kostet bei voller Belegung ca. 250 US$ pro Person. Eine Flugstunde kostet 1200 bis 1600 US$. Dies gilt für Flüge mit der *Tengerijn Ulaatsch GmbH* wie für die Grenztruppen, die die gleiche Marke fliegen.

MIAT vermietet ebenfalls einen Helikopter; allerdings ist dieser wesentlich teurer.

Doppeldecker eignen sich in erster Linie für **Rundflüge,** da sie nicht im freien Gelände landen können. Im Vergleich zu Helikoptern sind sie wesentlich billiger anzumieten. Sie heben schon für 300 US$ die Stunde ab.

Flüge mit dem Doppeldecker sind spannend und sicher - und sie sind laut! Watte für die Ohren nicht vergessen!

Die Reise auf der Ladefläche eines LKW ist aus vielen Gründen nicht empfehlenswert:
Die Gefahren gehen hier vom Temperament der Mitreisenden bis zum Alkoholkonsum
des Fahrers, der so manche Reise abrupt enden ließ.

Doppeldecker des russischen Typs AN-2 vermietet die Privatfirma *TAS,* die sie überwiegend zur Brandbekämpfung, zum Fallschirmspringen, zur Schädlingsbekämpfung, zur Viehzählung u. ä. m. einsetzt. Rundflüge mit Touristen sind nur ein gelegentliches Zubrot. Entsprechend sporadisch ist die Innenausstattung. Sie erinnert stark an die Ladefläche eines Militärlasters.

Wer sich für eine Tour mit dem Helikopter oder Doppeldecker entscheidet, sollte unbedingt etwas mitnehmen, um sich die Ohren zu verstopfen. Die Fluggeräusche sind nervtötend laut. Auch ein Mittel gegen Übelkeit kann nicht schaden.

LKW

Eines der verbreitetsten Transportmittel in der Mongolei ist der LKW.

Dies nicht ohne Grund, denn mit dem Laster kann man viele Leute auf einmal transportieren, und man kommt in schwerem Gelände häufig auch dann noch weiter, wenn alle anderen Fahrzeuge liegenbleiben.

Sollte man in Erwägung ziehen, eine Tour mit einem LKW zu planen, sollte man bedenken, daß man in diesem Fall *auf der offenen Ladefläche* reisen wird – die Fahrerkabine hat maximal drei Plätze. Viel schlechter läßt es sich in der Mongolei nicht mehr reisen. Man sitzt tage- und nächtelang auf einer steinharten Pritsche und muß Stunde um Stunde die durch nichts abgemilderten *Stöße des Fahrzeugs* ertragen. Man ist *Wind und Wetter* ungeschützt ausgesetzt, wird auch bei Flußdurchfahrten nicht selten klatschnaß, und vor allen Dingen teilt man sich sich seine „Sitzfläche"

In die Steppe

nicht nur mit einer Vielzahl zweibeiniger Mitreisender, sondern in der Regel auch mit einer Handvoll vollkommen verängstigter *Tiere,* deren Exkremente beim nächsten Schlagloch garantiert in die eigene Richtung rutschen oder fließen.

Aber auch aus Sicherheitsgründen raten wir von einem solchen Abenteuer ab. Die *Atmosphäre* hinten auf einem Laster ist unter den Mitreisenden spätestens nach der ersten durchschüttelten Nacht *unfreundlich bis feindselig.* Der Alkohol, der die Stöße ins Kreuz abdämmen soll, trägt das seinige dazu bei, denn so fröhlich gröhlend die Betrunkenen sich eben noch haben durchrütteln lassen, so übellaunig reagiert ein verkaterter Kopf auf die nächsten 100 km Schlaglöcher.

Für solche, die es dennoch probieren wollen: Mitfahrgelegenheiten auf LKWs findet man auf dem Busbahnhof in Ulan Bator. Sie werden auch auf dem Schwarzmarkt ausgerufen (falls man einen mongolischen Bekannten hat, der für einen übersetzt).

Motorrad

Zumindest in der warmen Jahreszeit kann eine Motorradtour durch die Mongolei *sehr reizvoll* sein. In technischer Hinsicht gilt im wesentlichen das, was weiter oben zu den Jeeps gesagt wurde. Mit den richtigen *Off-Road-Bikes* ist man mit Sicherheit deutlich schneller und beweglicher als mit schweren Fahrzeugen. Probleme können eigentlich nur an sehr tiefen Flußdurchfahrten auftreten. Zur Not kann man sich aber von einem Traktor oder Lastwagen übersetzen lassen. Deshalb empfehlen wir Motorradfans, bevorzugt südliche Routen zu wählen.

Bei sehr langen Reisen kann ferner die *Mitführung der gesamten Ausrüstung* und einer ausreichenden *Benzinreserve* schwierig werden. Man kann sich damit behelfen, ein *Begleitfahrzeug* zu chartern. Damit reduzieren sich jedoch deutlich die täglich zurücklegbaren Distanzen.

Mountainbike

Fahrradfahren ist in der Mongolei *vollkommen unüblich.* Wer Bilder von fahrradüberfüllten Straßen vor Augen hat, denkt an China. Falls man in Ulan Bator an einem Tag mehr als eine Handvoll Radfahrer sieht, ist das schon die Ausnahme. Außerhalb Ulan Bators sieht man Fahrräder eigentlich nie.

Das hat *gute Gründe.* Die wenigen Straßen, die es gibt, sind denkbar schlecht, und sobald man die Straße verläßt, wird die Orientierung problematisch. Bei den *weiten Entfernungen* in diesem Land ist eine große Radtour zudem nicht ganz ungefährlich. Sollte einem etwas zustoßen, wird man kaum gefunden werden und befindet sich möglicherweise auch Tagesmärsche von der nächsten Jurte oder Siedlung entfernt. Die *Hunde* der Nomaden gehen Radfahrer mindestens genauso entschlossen an, wie sie es mit Wölfen auch tun würden. Als Biker hat man deshalb kaum eine Chance, sich einer Jurte zu nähern, ohne seine Waden in Gefahr zu bringen.

Einsame Fahrradfahrer – verloren in den endlosen Weiten einer straßenlosen Steppe

In der Stadt kommt das Problem hinzu, daß man sein Fahrrad nicht einfach abschließen und stehenlassen kann, während man beispielsweise eben mal schnell in die Post geht. Die Chance, daß man sein Fahrrad anschließend jemals wiedersieht, ist denkbar gering. Und Europäer mit geschultertem Fahrrad im 5. Stock des großen Kaufhauses beim Einkauf sind zwar für alle ein erheiternder Anblick, aber für die Betroffenen selbst meist nicht sehr angenehm.

Sollte man trotz all dem in der Mongolei radeln wollen, muß man sein eigenes Fahrrad mitbringen, denn einen **Fahrradverleih** gibt es in Ulan Bator nicht. Das gleiche gilt für sämtliches **Flickzeug und Ersatzteile,** die ebenfalls nicht zu finden sind.

Wenn man dann morgens sein Hotel mit unter den Arm geklemmtem Fahrrad verläßt (wenn man nicht gerade im *Bayangol*-Hotel abgestiegen ist, schläft das Fahrrad selbstverständlich aus Sicherheitsgründen mit im Zimmer), kann man außer Erkundungsfahrten in die Stadt eigentlich nur **zwei sinnvolle Touren** nach Tereldsh und Mandshir machen, die unter „Tagesausflüge" in der Version fürs Auto beschrieben sind.

Wer Abenteuergeist besitzt, kann sich auch an eine **Tour in Richtung Sibirien** wagen. Die Strecke ist nicht zu verfehlen. Man fährt von Ulan Bator die einzig durchgängige Teerstraße nach Norden bis Altanbulag (ca. 400 km), der Grenzstadt auf mongolischer Seite. Es ist ein kleines, verschlafenes Nest, aber nicht ohne Flair, der wesentlich vom Blick auf eine russische Kathedrale direkt hinter dem dünnen Drahtzaun, der die Grenze markiert, geprägt ist. Von

In die Steppe

dort läßt es sich theoretisch auch nach Ulan Ude (weitere 250 km) oder den Baikalsee radeln, denn seit April 1995 ist dieser Grenzübergang auch für Staatsbürger von Drittländern geöffnet. Möglicherweise sind aber gerade Sie der erste, der diese Grenze mit dem Fahrrad passieren will, und Sie sollten sich sicherheitshalber zuvor in Ulan Bator bei der Russischen Botschaft erkundigen, ob Sie mit Schwierigkeiten rechnen müssen. Vergessen Sie auch nicht, sich ein entsprechendes Visum zu besorgen, und achten Sie bei einer

solchen Reiseplanung darauf, daß Ihr mongolisches Visum auch für eine Wiedereinreise gültig ist.

Das im Abschnitt „Reisebüros" beschriebene Reisebüro *Blue Sky Travel* in Ulan Bator hat Erfahrung im Organisieren von Fahrradtouren in der Mongolei und sollte Ansprechpartner sein, wenn man die Steppe auf dem Mountainbike erobern will.

Kanu oder Kajak

Theoretisch wäre die Mongolei sicherlich ein Land für Wassersportbe-

Kamelbesitzer sind stolz auf ihre Tiere

geisterte. Aber wenn man nicht schon von Deutschland aus expeditionsmäßig eine entsprechende Reise planen und organisieren kann, raten wir von der Mitnahme von Kanus oder Kajaks ab. Hier vor Ort wird kaum jemand mit der Organisation von Wildwasserfahrten helfen können. Weder ist das Wissen um Flußläufe und aktuelle Wasserstände vorhanden noch sind die interessanten Stellen immer einfach erreichbar. Unseres Wissens hat bisher erst ein Ausländer Kanufahrten in der Mongolei durchgeführt – aber das war jemand, der hier wohnte, über Ortskenntnis und einen eigenen Geländewagen, viel Geld und zuverlässige mongolische Führer verfügte.

Mit dem Kamel

Sich auf dem Kamel durch die Mongolei bewegen zu wollen, hat im Vergleich zu den bisher genannten, eher unüblichen Reiseformen den Vorteil, daß man sich erst vor Ort entscheiden muß, ob man dies nun will oder nicht, denn ein Kamel wird man ja nicht von zu Hause mitbringen.

In die Steppe

Kamele

In der Mongolei lebt der weltweit größte Bestand zweihöckriger (bactrianischer) Kamele, oft aus als **Trampeltiere** bezeichnet. **Bactrianische Kamele** kommen sonst noch in Mittelasien, Nordchina und auf der Krim vor. Insgesamt machen bactrianische Kamele jedoch nur etwa 10 % des gesamten Kamelbestandes auf der Welt aus; 90 % sind die einhöckrigen Dromedare.

Ein lebendes Kamel kann man in der **Gobi** mit einigem händlerischen Geschick bereits für 200 bis 300 US$ erstehen. Die Aimaks mit dem höchsten Kamelbestand (1995/96): Südgobi (92.900), Gobi-Altai (40.200), Bajanchongor (39.600), Ostgobi (31.200), Mittelgobi (30.700).

Wann die Domestizierung aus **Wildkamelen,** die zierlicher im Körperbau sind und auch deutlich kleinere Höcker haben, begann, ist wissenschaftlich nicht eindeutig belegbar. Wildkamele kommen heute weltweit nur noch in kleinen Herden in der Wüste Gobi vor und stehen unter strengem Schutz.

Bis vor wenigen Jahrzehnten waren **Kamelkarawanen** in der Mongolei die einzige Methode, Güter über längere Strecken und durch wasserlose Gebiete zu transportieren. Mit ihren paarhufigen, breitflächigen, federnden Schwielensohlen bewegen sich die Tiere auch im lockeren Flugsand, in dem z. B. Ochsen und Pferde, aber auch alle Arten von Wagen Probleme bekommen, noch sicher vorwärts. Sie legen mit maximal 280 kg Gepäck etwa 40 km am Tag zurück. Sie können, je nach Belastung, bis zu 10 Tage ohne Wasseraufnahme auskommen, indem sie ihre Verdunstung stark einschränken, dadurch daß sie z. B. nur achtmal in der Minute atmen. Nach einer langen Durststrecke saufen sie dann bis zu 100 l, sonst ca. 40 l auf einmal. Sie sind zudem nicht wählerisch in der Nahrung. Als Wiederkäuer mit einem einfachen Magen können sie sich sogar von holzigem Gestrüpp ernähren, das sie mit ihrer gespaltenen Oberlippe abzupfen.

Ihr im Winter eierkohlenartiger, sehr fester **Mist** wird von den Wüstennomaden als das beste, da kaum Rauch entwickelnde und lange die Glut haltende **Brennmaterial** geschätzt. 100 kg Mist sollen den gleichen Brennwert haben wie 82 kg trockenen Saksaul-Holzes.

Im Sommer geben die Stuten 8-12 l **Milch** am Tag. In den Wintermonaten geht die Milchleistung zurück. Die Kamelhalter melken dann nur noch wenige Stuten. Die Laktationsperiode beträgt durchschnittlich 16 Monate. Die Kamelmilch wird bisher nur nach traditionellen Methoden der Nomaden zu getrocknetem Quark und Milchschnaps verarbeitet oder als Teezugabe benutzt. Industriell wird sie nicht verwendet.

Im Herbst wächst den Kamelen ein buschiges **Winterfell,** das sie bestens vor der großen Kälte schützt. Im Frühsommer verlieren die Tiere das Haar in großen Stücken und sehen dann recht zerzaust aus. Im Sommer sind sie ähnlich nackt wie die arabischen Dromedare. Ein Kamel gibt, je nach Größe, 5 bis 18 kg Wolle. Besonders gefragt und teuer ist das sehr feinfaserige Haar der Fohlen. Allerdings erwachte das kommerzielle Interesse der Mongolei an der Gewinnung und Verarbeitung von **Kamelhaar** erst Ende der 70er Jahre. 1977 entstand mit einem japanischen Regierungskredit ein Textilbetrieb, der überwiegend aus Kaschmir, daneben aber auch aus Kamelwolle hochwertige Obertrikotagen und Schlafdecken herstellt.

Das **Reiten auf Kamelen** ist gewöhnungsbedürftig. In etwa zwei Metern Höhe macht sich der Paßgang der Tiere als erhebliche seitliche Schaukelei bemerkbar. Wer zudem ohne Sattel reitet, also direkt auf der Wirbelsäule sitzt, wird es als Ungeübter kaum länger als eine halbe Stunde aushalten.

Mit der Motorisierung ging die **Bedeutung der Kamele als Transporttier** immer weiter zurück. Ihr Bestand hat sich seit 1954 mehr als halbiert. Erst die Vieh-zählung 1995 erbrachte eine Trendwende. Erstmals ist der Gesamtbestand wieder leicht angestiegen. Ursache für den Rück-gang war neben dem erwähnten Wegfall der Ferntransporte in den Zeiten sozialisti-scher Planwirtschaft vor allem auch das Desinteresse der mit der Haltung beauftrag-ten Genossenschaftsmitglieder.

Der **Umgang mit Kamelen** ist körper-lich harte Arbeit und erfordert weitaus mehr Sachverstand als etwa für die Hal-tung von Schafen benötigt wird. Zwischen November und April, wenn die Hengste in der **Brunft** sind, sind sie sehr aggressiv und versuchen, jeden, der sich ihren Stu-ten zuwendet, zu überrennen, zu treten oder schmerzhaft zu beißen. Der Höhe-punkt der Brunft wird im Januar erreicht. In dieser Zeit ist der Kopf der Hengste über und über mit schaumigem, weißem Spei-chel bedeckt. Mit dem Schwanz spritzen sie ihren eigenen Urin gegen die Rücksei-te des hinteren Höckers, wo er zu Eisklum-pen erstarrt. Ein Hengst deckt 20 bis 30 Stuten.

Kamelstuten tragen ihre **Fohlen** 13 Mo-nate aus. Sie können dann erst wieder im nächsten Jahr trächtig werden. Zwillings-geburten sind selten. In ihrerm Leben ge-birt eine Stute 8-11 Fohlen. Sie sind bei der Geburt ca 35 kg schwer, nach 18 Mo-naten erreichen sie 250 kg.

Kamele werden zwischen 35 und 40 Jahre alt. Man bestimmt ihr **Alter** nach dem Abnutzungsgrad der Zähne. Sie errei-chen ein **Lebendgewicht** zwischen 400 und maximal 800 kg. Die Höcker enthalten 29-33 kg reinen Fetts.

In Deutschland gibt es eine **Yak-Kamel-Stiftung.** Wer an weiteren Informationen interessiert ist, wende sich an folgende Adresse:

● *Dr. Dr. Jürgen Lensch*
Postfach 10
Stiftstraße 17
25359 Krempe

Wärmer und weicher kann kein Rastplatz sein: Ein kühles Bierchen, gemütlich zwi-schen den Kamelhöckern sitzend

Außerhalb der **Gobi** gibt es nur sehr wenige Kamele. Sollte man eine Reise zu Kamel planen, müßte diese in der Gobi durchgeführt werden. Wenn man nicht selbst über ausrei-chende Orts- und Sprachkenntnisse verfügt, wird man einen größeren Ausflug nur mit entsprechender Hilfe durch einen Reiseveranstalter in Ulan Bator organisieren können (Adressen siehe unter „Reisebüros"). Plant man sowieso eine Reise mit dem Geländewagen in die Gobi, wird sich sicherlich von alleine die Gele-genheit ergeben, einmal auf einem Kamel zu sitzen und eine kleine Run-de zu reiten.

In die Steppe

Zu Pferde

Sinngemäß gilt das für Kameltouren gesagte auch für Reittouren zu Pferd. Nur, daß Sie hier geographisch nicht so eingeschränkt sind und auch leichter jemanden finden werden, der eine solche Tour für Sie organisiert.

Beachten Sie bitte, daß Mongolen in engen, hochgeschnittenen *Holzsätteln* reiten, die für unsereins extrem unbequem und spätestens ab dem zweiten Tag extrem schmerzhaft sind. Bitten Sie also Ihren Reiseveranstalter, darauf zu achten, daß Sie ein Pferd mit russischem Sattel gestellt bekommen.

Auf Schusters Rappen

Wanderferien in der Mongolei sind aus vielen Gründen *wenig empfehlenswert.* Sie kommen in diesen unendlichen Weiten an einem einzigen Tag nicht eben sehr weit, viel Gepäck werden Sie auch nicht tragen können, und außerdem sind Sie zu Fuß einfach der schwächste Punkt in der Reihe aller sich fortbewegenden Lebewesen. Sie sind angriffslustigen und kompromißlos zuschnappenden Hunden der Nomaden ebenso wehrlos ausgeliefert wie einem ausnahmsweise vielleicht einmal nicht freundlichen Reiter, und in Notfällen bewegen Sie sich viel zu langsam in diesem dünnbesiedelten Land, als daß Sie darauf hoffen könnten, rechtzeitig Hilfe holen zu können.

Wer gerne wandert, sollte sich dennoch nicht entmutigen lassen und seine Wanderstiefel ruhig mitbringen. Schon am Ortsrand von Ulan Bator gibt es Möglichkeiten, kleine *Tageswanderungen* zu unternehmen. Die klassischste Variante wäre hier eine Besteigung der umliegenden Berge, die sich vom Stadtzentrum aus selbst zu Fuß erreichen lassen. Man kann sich aber auch mit dem Taxi an den Stadtrand fahren lassen und von dort den Aufstieg nach Lust und Laune beginnen. Angelegte Wanderwege gibt es nicht, man muß sich schon selbst orientieren, um den Rückweg zu finden. Der Aufstieg belohnt den Wanderer mit einem herrlichen Blick über Ulan Bator und eine spektakuläre freie Sicht in alle Himmelsrichtungen.

Weitere Wanderungen kann man auf jeder Reise mit dem Geländewagen einplanen. Rasten Sie einfach einen Tag, wo immer es Ihnen gefällt, lassen Sie Ihren mongolischen Begleiter beim Wagen (er wird es Ihnen danken), und machen Sie sich auf den Weg. Planen Sie jedoch immer genügend Zeit für den Rückweg ein, denn die Entfernungen täuschen oft.

Jeep mit Fahrer

Wer eine ganz individuelle Reise plant und sich nicht in die Hand eines mongolischen Reiseveranstalters begeben will, hat die Möglichkeit, auch auf eigene Faust in die Steppe hinaus zu ziehen. Allerdings gilt es hier, einiges zu beachten, was die Wahl des Fahrers und des Wagens betrifft.

Nach wie vor gibt es in der Mongolei keine *Autovermietung* im uns

Die Wahl ihres Fahrers ist fast noch wichtiger als die Wahl des Fahrzeugs

bekannten Sinne. Jeeps können **nur mit einem Fahrer** angemietet werden, der meist auch der Besitzer des Wagens ist. Treffpunkt für zur Vermietung freistehende Geländewagen ist der Busbahnhof, an dem auch die Überlandbusse abfahren (тээврийн товчоо). Nehmen Sie sich ruhig Zeit und beobachten Sie Fahrer und Wagen eine Zeit lang, bevor Sie auf jemanden zugehen. Beide sind maßgebend für den Verlauf Ihrer Reise und vor allem auch für Ihre gesunde Wiederkehr.

Was die **Wahl des Fahrers** betrifft, so sollte er nach Möglichkeit aus der Gegend stammen, in die Sie fahren wollen, oder zumindest bereits mehrere Male dort gewesen sein. Das ist nicht nur wichtig, damit er die Strecke kennt bzw. überhaupt findet, es ist auch wichtig, weil er dann auf der Route bei den Ortsansässigen und den Fernfahrern bereits bekannt ist und im Falle von Problemen leichter Unterstützung bekommen kann. Dies ist vor allem von Bedeutung, wenn Sie in entlegenere Gegenden fahren wollen. Hier kann es ungemein hilfreich sein, wenn Ihr Fahrer an der Strecke Leute kennt und im Bedarfsfall mal eben einen Cousin oder Onkel anfahren kann, der Ihnen weiterhilft. In diesem Sinne sollten Sie auch bedenken, daß Stadtmongolen in entlegenen Gegenden nicht immer ein gutes Ansehen haben. Hier kann es Ihnen in Ausnahmefällen sogar passieren, daß Ihnen Hilfe verweigert wird, wenn Ihr Fahrzeug ein Nummernschild aus Ulan Bator (УБ) hat.

Bedeutsam für den Verlauf Ihrer Reise wird sein, wie geschickt sich der Fahrer anstellt. Gehen Sie ruhig von Ihrem eigenen Eindruck aus.

In die Steppe

Wirkt der Fahrer ruhig, gelassen, souverän und eine Spur bescheiden, dann haben Sie eine gute Wahl getroffen. Ist er laut, hektisch und ungeduldig, so werden Sie vermutlich keine Freude auf Ihrer Fahrt haben. Das gleiche gilt, wenn der potentielle Fahrer auf Sie einen zu alkoholfreudigen Eindruck macht.

Lassen Sie sich im Übrigen nicht dazu verleiten, den Fahrer anzumieten, der das modernste *Auto* hat. Gerade die neuesten westlichen Modelle machen auf der Fahrt oft Probleme, weil sie nach Ausfällen, die bei Flußdurchfahrten und ähnlichem immer wieder vorkommen, nicht so einfach repariert werden können. Auch werden Sie für solche Modelle unterwegs keine Ersatzteile kaufen oder „ausborgen" können. Wählen Sie hingegen den guten alten „Russenjeep" (УАЗ 469), dessen Baujahr allerdings jüngeren Datums sein darf, können sie nicht nur davon ausgehen, daß Ihr Fahrer den Motor selbst in kürzester Frist in sämtliche Einzelteile zerlegen und wieder zusammen-

Jeeps sind in der Mongolei häufig mit Teppichen ausgekleidet. Das hilft ausgezeichnet gegen die Kälte.

flicken kann; Sie haben auch eine weit größere Chance, daß einer der vorbeifahrenden anderen Wagen Ihnen die eine kleine Schraube überlassen kann, die Ihnen gerade fehlt.

Bevor Sie jemanden für eine mehrwöchige Tour anheuern, sollten Sie außerdem eine kleine **Probefahrt** machen. Lassen Sie sich dabei nicht davon beeindrucken, wie gut ein Fahrer in der Stadt fährt. Gleich hinter den Stadtgrenzen ist dies vollkommen irrelevant. Bestehen Sie also darauf, etwas aus der Stadt heraus zu fahren und beurteilen Sie die Fahrkünste, denen in den nächsten Wochen ihre Bandscheiben anvertraut sind, auf einer echten Schlaglöcherpiste! Lassen Sie den Fahrer nach Möglichkeit auch ein Stück auf einer ungeteerten Strecke probefahren. Diese Probefahrt kann ja in Form eines Halbtagesausfluges stattfinden, so daß Ihr Fahrer nicht „für umsonst" fährt.

Schließlich sollten Sie sich auch noch die **Reservekanister** zeigen lassen. Sind keine vorhanden, ist die Wahl schon schlecht. Sind Reservekanister vorhanden, so prüfen Sie unbedingt, wie dicht sie schließen! Nichts ist schlimmer, als unterwegs festzustellen, daß die nächsten Wochen im wesentlichen durch ständigen Benzingeruch im Auto gekennzeichnet sein werden!

Noch etwas: Sollten Sie im Geheimen darauf hoffen, daß Sie, erst einmal die Stadtgrenzen hinter sich, Ihr Fahrer auch einmal das Steuer übernehmen läßt, vergessen Sie es. Kein Mongole wird sein Fahrzeug einem Dritten überlassen.

Mit dem eigenen Jeep durch die Steppe

In aller Regel führt, egal was man auch im Einzelnen vorhat, kein Weg daran vorbei, sich in Geländefahrzeugen fortzubewegen. Die Mongolei hat im statistischen Durchschnitt 0,00008 km feste Straßen je qkm. Und selbst diese sind derartig mit Schlaglöchern übersät, daß ein normaler PKW sehr schnell an die Grenze seiner Belastbarkeit stößt. Stellenweise fehlt der Asphalt völlig, etwa durch Frostaufbrüche oder durch die letzte Schneeschmelze oder den letzten heftigen Regenguß. Kaum außerhalb der Stadtgrenzen von Ulan Bator, muß man die Straße ohnehin verlassen, um an sein Ziel zu gelangen.

Transport in die Mongolei

Wer eine Mongoleireise mit dem eigenen Geländefahrzeug vorhat, wird sich gründlich darauf vorbereiten. Das beginnt mit der Frage des Transportes: Wie soll der Wagen überhaupt in die Mongolei kommen? Ein **Containertransport** ist denkbar, jedoch nicht ganz billig, langwierig und umständlich bei der Auslösung auf dem Containerbahnhof. Die Behörden werden von der Annahme ausgehen, daß der Wagen als Verkaufsgut gedacht ist und entsprechend Zoll und Mehrwertsteuer erheben. Anschließend muß der Wagen polizeilich umgemeldet werden, d.h. er bekommt eine mongolische Nummer. Der Verkauf des Fahrzeugs nach Abschluß der Expedition ist ohnehin eine überlegenswerte Variante, um wenigstens die Kosten des Rücktransports zu sparen. **Gebrauchtwagen** westlicher Bauart erreichen in Ulan Bator selbst im Greisenalter und nach langen, strapaziösen Geländeritten noch Traumpreise. Die Frage ist allerdings, ob man genug Zeit hat, sein Fahrzeug auf dem Automarkt von Ulan Bator zu verkaufen. Ohne mongolische Bekannte, die dabei helfen, wird der Eigentümerwechsel nicht ganz einfach sein.

Hin und wieder kommen auch Jeeps **auf eigenen Rädern** entlang der **Seidenstraße** oder auf weiter südlich gelegenen Routen **über China** bis in die Mongolei. Die behördlichen Formalitäten dafür sind in den letzten Jahren auf beiden Seiten der Grenze etwas gelockert worden.

Dennoch sollten die Botschaften beider Länder zu den aktuell geltenden Bestimmungen befragt werden.

Eine Fahrt **durch russisches Gebiet** ist dagegen unter den gegenwärtigen unübersichtlichen Verhältnissen in der GUS **wenig empfehlenswert.** Die Gefahr, Opfer von Wegelagerern zu werden oder behördlichen Schikanen ausgesetzt zu sein, ist sehr groß.

Kauf in der Mongolei

Wer einen russischen Jeep oder Allrad-Kleinbus kaufen möchte, wendet sich am besten an den Fachhandel. Der **Hauptimporteur für Fahrzeuge** des russischen Herstellers *UAS* (УАЗ) ist die Firma *Awtointerservice* (Автоинтерсервис), die 6 Monate oder 10.000 km Garantie bietet. Fahrzeuguntersuchungen sind sehr

Im Gegensatz zur landläufigen Meinung besteht die Hauptschwierigkeit beim Fahren in der Mongolei im Durchqueren von Matsch und Modder - selbst auf dem Weg in die Wüste

preiswert. Tel.: 332760 (Hauptbuchhalterin Frau *Selenge,* sie spricht gut deutsch) oder 331792 (Werkstattmeister *Biraasuren*).

Ein Jeep der Marke *UAS* kostete im Sommer 1996 in der einfachsten Ausführung (Typ 31512, Softtop, unverstellbare Stahlrohrsitze, ungeregelter Vergaser) 8800 US$, in der besten Ausführung (Typ 31514-031, Hardtop, Polstersitze, verstellbar, elektronisch geregelter Vergaser, Portalachsen mit 31 cm Bodenfreiheit und halbautomatischer Differentialsperre an beiden Achsen) 10.500 US$. Angeboten werden auch Kleinbusse und Transporter.

Die **Preise** für diese für die mongolischen Verhältnisse immer noch am besten geeigneten Wagen, die zudem auch noch in der allerletzten Somon-Schmiede repariert werden können, sind sehr niedrig. Für Reisende, die einen mehrmonatigen Aufenthalt in der Mongolei planen und viel unterwegs sein wollen, lohnt sich evtl. die Anschaffung eines solchen Wagens eher, als auf Mietwagen angewiesen zu sein, von denen man nie weiß, wann sie endgültig auseinanderfallen. Ein Mietwagenkilometer mit einem Jeep kostete 1996 bei Fahrten außerhalb von Ulan Bator zwischen 0,40 und 0,50 US$. Ein Wagen, der ca 20.000 km gelaufen ist, läßt sich mit einem Abschlag von 2000 bis 2500 US$ vom Neupreis weiterverkaufen.

Geeignete Wagentypen

Wer sich eigens für eine solche Fahrt in Europa einen Geländewagen zulegt oder einen vorhandenen Wagen aufrüstet, sollte die folgenden Hinweise ins Kalkül ziehen.

In den letzten Jahren ist das Fahren eines Jeeps für mehr und mehr Leute zum **Statussymbol** geworden. Die Hersteller reagierten entsprechend und machten aus dem klassischen Jeep mit eher leistungsschwachen Motoren, brettharten Blattfedern, Starrachsen, Kastenrahmen, Kübelaufbau und einem schmucklosen, funktionalen Innenraum nach dem Vorbild der legendären Jeeps *CJ 5/7* oder *Wrangler* spritzige und an Komfort Limousinen der gehobenen Preisklasse kaum nachstehende High-tech-Ungetüme mit Motoren von oft weit über 100 PS und auf die vorwiegende Nutzung auf guten Straßen abgestimmten Fahrwerken. In Europa kann man mit einem solchen Fahrzeug eine gute Figur machen. Bei Schnee und Eis oder beim Manövrieren auf dem Zeltplatz oder im Wald sind Allrad und Untersetzung sogar recht nützlich.

Wer mit einem solchen Wagen – gedacht wird hierbei an die Typen und Baureihen *Mitsubishi Pajero, Nissan Patrol* oder *Terrano, Opel Frontera* oder *Monterey, Daihatsu-Trooper, Suzuki-Vitra* oder *Samurai, Toyota Land Cruiser, Hilux* oder *4-Runner, Cherokee-Jeep, Landrover* oder *Mercedes G-Reihe* – in der Mongolei fahren möchte, sollte Folgendes bedenken.

Je archaischer und klassischer das Fahrzeug in der Konstruktion ıst, desto besser. Jedes zusätzliche Teil, insbesondere jedes elektrische oder elektronische, erhöht nur die Menge der potentiellen Störquellen.

Im schlimmsten Fall muß man mit einem Totalausfall des Wagens rechnen. Die klassischste Methode, sich von seinem Fahrzeug zu verabschieden, ist es, es im Wasser oder im Sumpf zu versenken, was sehr schnell gehen kann. Nach 3000 km Gelände mongolischen Zuschnitts sieht jeder Wagen aus, als sei er mindestens zehnmal so alt. In Europa ist er so kaum noch zu verkaufen.

Empfehlenswert ist daher, wenn nicht schon ein eigener Geländewagen vorhanden ist, die **Anschaffung eines Gebrauchtwagens,** vorzugsweise mittlerer Laufleistung und ohne Geländeerfahrung.

Ausrüstung des Fahrzeugs

Kurze Radstände sind im Gelände wegen der besseren Bauchfreiheit und kürzerer Überhänge natürlich besser als lange. Sie neigen allerdings dazu, sich in Querrinnen hochzuschaukeln. In die Langversionen paßt außerdem wesentlich mehr Ausrüstung.

Motoren mit wenig Hubraum genügen. Auf den Pisten übersteigt die maximale Durchschnittsgeschwindigkeit kaum 40 km/h. Für Wintertouren sind **Dieselmotoren** ungünstig; ab minus 25 °C helfen auch keine Tricks mehr, es sei dann der Wagen verfügt über eine eingebaute Vorheizanlage, die auch das Leitungssystem einschließt. Als Nachrüstsatz oder vom Hersteller direkt angeboten werden sogenannte Sibirien-Pakete. Saugdiesel sind weniger störanfällig als Turbo- oder gar Intercooler-Motoren.

Bei **Benzinern** muß es kein Einspritzer sein. Besser sind klassische Vergasermotoren mit niedriger Verdichtung, weil Superbenzin nur schwer beschaffbar ist. Außerdem gibt es an nur wenigen ausgewählten Tankstellen bleifreies Benzin (95 Oktan). Deshalb ist ein **Katalysator** wenig nutzbringend. Wer einen in seinem Fahrzeug hat, hat die Wahl, ihn einfach zu vergessen oder ihn vor Antritt der Fahrt ausbauen zu lassen. Letzteres ist nicht ganz preiswert und natürlich nur sinnvoll, wenn der Wagen wieder zurückgeführt werden soll. In der Mongolei werden auf absehbare Zeit weiterhin überwiegend Fahrzeuge ohne schadstoffreduzierende Bauteile eingesetzt werden. Ein durch verbleites Benzin zerstörter Katalysator stellt somit beim Verkauf kein preissenkendes Hindernis dar.

Moderne Fahrwerke haben vorn Einzelradaufhängung, Schraubenfedern mit Drehstabunterstützung, sensible, oft sogar in der Härte verstellbare Stoßdämpfer, aufwendige Stabilisatoren und butterweiche, schlauchlose Reifen mit Straßenprofil. Besser für Geländefahrten in der Mongolei ist in allem genau das Gegenteil.

In die **Reifen** sollten immer Schläuche eingezogen werden. Übermäßig breite Reifen bringen keinen Traktionsgewinn, dafür laufen sie aber hartnäckig jeder Spurrille nach. Es reicht, wenn das Verhältnis von Reifenhöhe zu Reifenbreite einem Verhältnis von etwa 70:100 entspricht. Diese Angabe befindet sich auf der Flanke jeden Reifens. Lautet die Kennzeichnung etwa 215/75 R 15 hat der Reifen von Flanke zu Flanke eine Breite von 215 mm, das Verhältnis Höhe/Breite beträgt 75:100, das R steht für Radialreifen (Gürtelreifen), und die 15 gibt den Felgendurchmesser in Zoll an. Geländewagen fahren in der Regel Felgengrößen ab 15 Zoll. Niedrige Reifen verringern nicht nur die Bodenfreiheit, auch der Federungskomfort nimmt deutlich ab. Sind die Reifen zu hoch, rutschen sie schon mal von der Felge oder schneiden sich auf morastigem Untergrund schnell tief in den Boden ein. Wichtiger als überzogen breite Laufflächen ist ein selbstreinigendes, hochstolliges Geländeprofil für Matsch und Schlamm. Auf Schnee und lockerem Sand gerät ein so bereifter Wagen allerdings schnell aus der Spur, weil das traktorenähnliche Profil nur schlechte Seitenführungskräfte aufweist. Entgegen der landläufigen Ansicht ist das Fahren in der Mongolei nicht von trockenen Sand- und Schotterpisten gekennzeichnet, sondern selbst auf dem Weg in die Gobi vor allem nach der Schneeschmelze oder nach Regenschauern immer wieder durch schwierige Schlamm- und Matschdurchfahrten erschwert.

Das Gehäuse des vorderen Differentials und alle anderen *an der Fahrzeugunterseite montierten Teile* schweben bei Geländefahrten permanent in der Gefahr einer Kollision mit einem Hindernis. Solange es nur der sandige, von Lastwagen ausgefahrene Mittelstreifen zwischen den Spuren oder ein Maulwurfshügel ist, ist die Gefahr für diese essentiellen Bauteile noch gering. Zerstöre-

risch für das vordere Differential kann dagegen die Berührung mit einem Stein sein, vor allem dann, wenn er tief in der Erde verankert ist und bei einer Berührung nicht nachgibt.

Wagen mit *Einzelradaufhängung vorn* haben die Eigenschaft, beim Bremsen und auch durch die Unebenheiten des Weges ihr Vorderdifferential mit abzusenken. *Starrachsen* garantieren dagegen eine gleichbleibende Bodenfreiheit, für die man beim Fahren allmählich einen Blick bekommt. Wer noch kein Auge dafür hat, kann, bevor er den ersten Crash riskiert, auch mit übereinander gestapelten Büchsen oder kleinen Steinchen auf sonst glattem Untergrund üben.

Da das vordere Differentialgehäuse zumeist versetzt von der Fahrzeugmitte liegt, kann man die *Bodenfreiheit* durch eine entsprechende Fahrweise steigern, indem man sichtbare Hindernisse, wenn sie nicht mehr umfahrbar sind, zumindest mit der Fahrzeughälfte überfährt, die das Differential nicht trägt.

Blattfedern stellen sicher insgesamt die zuverlässigste, da einfachste Lösung des Federungsproblems dar und können im Fall eines Bruchs auch unter Expeditionsbedingungen provisorisch geflickt werden, indem man beispielsweise notdürftig eine LKW-Federlage einzieht. Bei einer gebrochenen Schraubenfeder ist dagegen kaum noch etwas zu machen. Je mehr und dünnere Lagen eine Blattfeder hat, desto gefühlvoller federt sie Unebenheiten weg. Allerdings erhöht sich mit jeder Lage das

Fahrzeuggewicht, so daß meist weniglagige, dicke Federn eingebaut werden.

Der Zubehörhandel bietet preiswerte **Höherlegungssätze** für Blatt- und auch für Schraubenfedern an. Durch die Verlängerung der Blattfederschäkel kann der gesamte Fahrzeugaufbau um 4-6 cm angehoben werden, ohne daß Veränderungen am Kardan oder an den Stoßdämpfern vorgenommen werden müssen. An der Bodenfreiheit ändert das freilich nichts, wohl aber an der **Watfähigkeit.** Schon einige Zentimeter mehr Aufbauhöhe können darüber entscheiden, ob ein Fluß noch passiert werden kann oder nicht. Wie solche Höherlegungen die Fahreigenschaften verändern, sollte man ausprobieren, bevor man sich damit ins Gelände begibt.

Sogenannte **Traction-Bars,** die das Springen und Trampeln der Hinterachse bei starker Beschleunigung einschränken und so die Bodenhaftung verbessern sollen, können nicht schaden, sollten aber vielleicht der Verwendung im Motorsport vorbehalten werden. Ein ausbrechendes Heck sollte dem Fahrer einfach das Signal sein, wieder etwas gemütlicher zur Sache zu gehen.

Bei den **Stoßdämpfern** sollte man sich beim Händler die härteste verfügbare (Rallye-) Ausgabe geben lassen. Eine elektrisch verstellbare Härtenregulierung ist dagegen etwa so sinnvoll wie das Angebot an einen Fußballspieler, zum heutigen Spiel doch vielleicht einmal ein Paar Stöckelschuhe anzuziehen. Gasdruckdämpfer sind in der Regel etwas teurer als ölgefüllte. Bei niedrigen Temperaturen braucht das Öl immer eine gewisse Zeit, bis es richtig in die Gänge kommt.

Alle **unter dem Fahrzeugboden liegenden Bauteile** (insbesondere Getriebe und Tanks) sollten, wenn es nicht bereits werksseitig getan wurde, durch starke Bleche oder Gummimatten vor Schlägen geschützt werden. Insbesondere **Tanks,** die hinter der Hinterachse angebracht sind, setzen an Abhängen und Böschungen vor allem bei langen Überhängen leicht auf. Eine andere gängige Art, seinen Tank aufzuschlitzen oder zumindest einzubeulen, besteht darin, über nicht tragendes Eis zu fahren. Wenn das Heck einbricht, liegt das gesamte Fahrzeuggewicht auf dem Tank, was er kaum übersteht.

Zwei kleine Tanks links und rechts unter den Türholmen (wie es bei Geländewagen aus russischer Produktion üblich ist) sind wesentlich besser als ein großer Tank im Heck. Wenn einer doch einmal ein Loch bekommt, was bei einem in der Fahrzeugmitte angebrachten relativ selten vorkommen dürfte, kann man den beschädigten Tank ablassen und verliert so wenigstens nicht permanent Treibstoff.

Solange der Untergrund locker oder schlammig ist, bringt ein **Antiblockiersystem** (ABS), soweit es in ihrem Wagen eingebaut sein sollte, keinen Vorteil, sondern verlängert im Gegenteil den Bremsweg deutlich, weil sich vor den Rädern kein Keil aufbauen kann, wie es bei blockierenden Bremsen der Fall ist.

Gönnen Sie ihrem ABS also während des Aufenthalts im Gelände eine Verschnaufpause, indem Sie es abschalten. Hat der Hersteller dies nicht vorgesehen, ziehen Sie einfach die betreffende Sicherung.

Nützliche Zusatzausrüstungen

Zusatzbeleuchtung

Rallye-Fahrzeuge imponieren durch zahlreiche, vor dem Kühler oder auf dem Dach montierte Fern-, Nebel- und Suchscheinwerfer, Breitstrahler oder gar Flutlichtkanonen. Ferner können auch die serienmäßigen Biluxbirnen 55/60 W durch solche mit 80/100 W oder gar 90/130 W Leistung ausgetauscht werden. Dies darf freilich erst außerhalb des Geltungsbereiches der deutschen StVZO geschehen. Ebenso gibt es einschränkende Bestimmungen für die Dachmontage. Es versteht sich von selbst, daß bei der Installation zusätzlicher Verbraucher – neben stromfressenden Lampen können das auch elektrische Seilwinden

Der Erwerb eines Reifentreibers schont Ihre Kräfte (FF)

In die Steppe

245

oder Kühlaggregate sein – die maximale Leistung der Lichtmaschine und die Kabeldurchmesser berücksichtigt werden müssen.

In der Rangfolge haben **Fernscheinwerfer** Priorität vor Nebelleuchten. Wenn es neblig ist, was in der Mongolei sehr selten vorkommt, nutzen, wenn man den Weg nicht ganz genau kennt, auch die schönsten Scheinwerfer eher wenig. Dann muß man einfach warten, bis es wieder aufklärt. Sehr sinnvoll ist dagegen ein **Suchscheinwerfer.** Einige Modelle lassen sich auch von innen an der Scheibe befestigen und zapfen ihren Strom aus dem Zigarettenanzünder, so daß keine aufwendigen Installationen erforderlich sind. Wichtig ist, daß das Kabel lang genug ist, um notfalls auch bis hinter oder unter den Wagen zu reichen, wenn nachts etwas repariert werden muß.

Zu beachten ist, daß die zusätzlichen Beleuchtungseinrichtungen so an der Stoßstange, dem Rammschutz oder dem Dachbügel befestigt werden, daß sie auch **extreme Erschütterungen über längere Strecken** ertragen. Große und schwere Teile stuckern sich leicht los, oder es brechen einfach die Haltebügel. Gern lösen sich auch die Streuscheiben vom Lampengehäuse. Daß er gerade ein Anbauteil verloren hat, merkt der Fahrer entweder gar nicht oder an einem heftigen Poltern unter dem Wagenboden, obwohl gar kein Hindernis auf dem Weg erkennbar war. Schutzgitter oder Abdeckungen für die Serienbeleuchtung und die zusätzlichen Aufbauten können deshalb in keinem Fall von Schaden sein.

Bergungsgerät

Vollbeladen wiegen Geländewagen leicht 2 t und mehr. Wie schwer das eigentlich ist, merken Sie spätestens dann, wenn Ihr Wagen seine 4-Wheel-Eigenschaften dadurch demonstriert, daß alle vier Räder fröhlich durchdrehen, ohne daß das Fahrzeug auch nur einen Zentimeter in der Waagerechten vorankommt. Jede Radumdrehung läßt das Fahrzeug nur noch tiefer versinken und somit die Bergung weiter erschweren. Solange Sie nur im Schnee sitzen, hilft es oft schon, den oberflächlichen Harsch unter dem Wagen mit einem Spaten zu zerschneiden, um den Rädern wieder zur Traktion zu verhelfen.

Weitaus hartnäckiger sind Schlamm, Sumpf und gebrochenes Eis. Wenn Sie nicht vorhaben, stundenlang im knietiefen Matsch oder im eiskalten Wasser zu posieren, ohne daß sich die Hoffnung auf eine baldige Fortbewegung wesentlich verbessert, führt kein Weg an schwerem Bergegerät vorbei.

Hydraulische Wagenheber mit einer Auflagefläche, die nicht einmal die Größe einer Postkarte erreicht und die Sie in der Regel in der Serienausrüstung Ihres Wagens finden, brauchen Sie erst gar nicht einzupacken. Die Hubhöhe erreicht nur wenige Zentimeter, und die Standfläche ist so klein, daß sie in dem weichen Untergrund, in dem Sie gerade stecken, keinen Halt findet. Vor allem aber werden Sie sich vor die Frage gestellt sehen, wie Sie das Gerät unter das Auto, also unter die gerade im Matsch oder im Wasser steckenden Hebepunkte bekommen und dann noch pumpen sollen. Als Lösung dieses Problems bietet der Fachhandel sogenannte **Hi-Lift-Wagenheber** an, die in einem Zug 120-150 cm ausheben. Das ist keineswegs übertrieben viel, wenn man bedenkt, daß das Gerät zunächst selbst ein gehöriges Stück einsinken wird, bevor es auf tragfähigen Grund trifft. Hinzu kommt, daß als Ansatzpunkt oft nur noch der Schlepphaken oder der Rammschutz in Betracht kommen.

Um ein Absinken des Hebegeräts zu verhindern und den eingesunkenen Rädern wieder zu festem Halt zu verhelfen, sind **Sand- oder Schlammbleche** sehr nützlich. Es gibt sie im Fachhandel in verschiedenen Längen und Breiten, z. T auch gebraucht aus Armeebeständen. Natürlich kann man sich auch mit einfachen Brettern und Steinen als Unterlage behelfen.

Wenn Sie im Konvoi unterwegs sind, reicht es oft auch, sich von einem anderen Wagen, der noch auf festem Grund steht, herausschleppen zu lassen. Hierzu sind **Bergegurte** besser geeignet als Stahlseile, da sie sich bis zu einem gewissem Grade dehnen und somit einen „Schnippgummieffekt" besitzen. Bei der Verwendung von Stahlseilen kommt man entweder heraus, oder es reißt etwas; wenn nicht das Seil selbst, dann der Bergehaken oder sogar gleich die ganze Stoßstange. Herumfliegende Seilenden oder abgerissene Autoteile können sehr gefährlich werden. Man kann sich in gewissem Maße davor schützen, indem man zwischen die Seilenden einen alten Reifen spannt, der zum gleichen Effekt führt wie bei Bergegurten. Nur liegt nicht neben jedem Schlammloch gerade einer bereit.

Hinsichtlich der Dimensionierung der Stahlseile bzw. Gurte gilt die einfache Regel, je länger und hochtonnagiger, desto besser. Ein langer Gurt erhöht die Wahrscheinlichkeit, daß das bergende Fahrzeug noch auf halbwegs festem Grund steht. Mit einer überdimensioniert erscheinenden Bruchlast von 6 oder besser gleich 10 Tonnen können Sie ruhig einmal etwas derber zur Sache gehen und den Gurt richtig schnippen lassen. Achten Sie dann aber darauf, daß schleppendes und geschlepptes Fahrzeug möglichst genau in einer Richtung stehen, um nicht zu riskieren, daß sich der Rahmen verzieht. Eine **hohe Reißfestigkeit** des Abschleppseils macht sich auch dann bezahlt, wenn als Retter in der Not ein Lastwagen vorbeikommt, dessen Fahrer mehr Erfahrungen im Anfahren mit schweren Anhängern hat, denn mit der Bergung von „Kleinwagen", deren Existenz hinter dem Laster kaum zu merken ist. Denken Sie auch an **stabile Schäkel** für die Gurte. Wenn sie zu leicht sind, verziehen sich die Ösen, und Sie bekommen den Bolzen nie wieder aus dem zum Ei verformten Gewinde heraus. Wenn das auf der Seite des Lastwagens passiert, können Sie den Gurt nur noch abschneiden oder ihn samt Schäkel dem freundlichen Helfer als Souvenir überlassen.

Weniger spektakulär, dafür aber in aller Regel zum Erfolg führend sind **mechanische, nicht fest am Fahrzeug installierte Seilwinden.** Ih-

247

nen soll hier gegenüber den fest an der Stoßstange oder dem Rammschutz installierten, elektrisch oder mechanisch über den schweren Nebenantrieb des Getriebes betriebenen Winden eindeutig der Vorzug gegeben werden. Fest montierte Winden sind, wenn sie nicht nur als Dekoration für die Frontpartie des Wagens dienen, sondern wirklich eine hohe Zugkraft aufbringen sollen, nicht nur unverhältnismäßig teuer, sie versanden und verrosten auch leicht, das Seil ist zu kurz und verheddert sich beim Aufspulen gern. Der Hauptgrund aber, sich eher für einen externen Seilzug zu entscheiden, besteht darin, daß die eingebaute Winde just in der Situation, wo kein anderes Mittel mehr weiterhilft, nicht eingesetzt werden kann, weil der Motor auch nicht mehr anspringt, weil er unter Wasser steht oder der Windenmotor selbst einen Kurzschluß bekommt, sobald er zugeschaltet wird. Und was macht man, wenn der einzige Baum weit und breit ausgerechnet hinter dem festsitzenden Wagen steht?

Für **handbetriebene Seilzüge** spricht neben dem zivilen Preis ihr geringes Gewicht, die einfache und hoffentlich auch robuste Mechanik und die vielfältigere Verwendbarkeit. Zur Not kann man mit dem Teil z. B. einen Motor herausnehmen oder den Fahrzeugaufbau insgesamt anheben, wenn ein Federbruch zu reparieren ist. Auf alle Fälle benötigen Sie in der baumarmen Mongolei zur Befestigung aller Windentypen einen **Erdanker.** Auch hier gilt wieder die Regel: Lieber klotzen als kleckern,

also gleich den für leichte Lastwagen bestellen.

In den Regalen für Bergungsgerät findet man auch farbenfrohe **Bergeballons,** deren Reklame suggeriert, einen festgefahrenen Wagen gleichsam von Geisterhand geführt zum Schweben zu bringen und so aus dem Loch zu manövrieren. In der Praxis machen diese nicht gerade preiswerten Spielsachen aber eher eine jämmerliche Figur. Ob sich die Hersteller Gedanken darüber machen, wie schwer sich Grasnabe, Schlamm oder Eis mit einem Spaten hinlänglich weit entfernen lassen, daß der Ballon unter den Wagen geschoben werden kann, und ob sie wissen, daß Jeeps an ihrer Unterseite stärker zerklüftet sind als etwa Schützenpanzer? Wir jedenfalls haben die zunächst monströs anschwellende Kraft der bunten Beutel schon in mehreren Fällen nach lautem Knall oder leisem Zischen kläglich in sich zusammensinken sehen.

Die Philosophie des **Spatens** ist wiederum sehr simpel: Je länger der Stiel, desto weniger schmerzt der Rücken oder desto weniger muß der Schaufelnde selbst mit Armen, Bauch und Beinen in die weiche Masse steigen. Klappspaten, selbst die Original-Spaten der Bundeswehr, geraten oft dann schon an die Grenzen ihrer Stabilität, wenn es nur darum geht, eine kleine Abfallgrube auszuheben.

Für den nicht wünschenswerten Fall, daß die Bremsanlage ausfällt, kann der Wagen nur noch mit einer festen Verbindung geschleppt werden. Die eleganteste Lösung bilden hier *Teleskop-Abschleppstangen,* die leicht zusammenlegbar sind und damit das Gepäck nur wenig vergrößern.

Werkzeuge und sonstiges Zubehör

Beim Erwerb und der Mitführung von Werkzeugen, Ersatz- und Verschleißteilen sowie diversen sonstigen nützlichen Kleinigkeiten muß jeder für sich entscheiden, wieviel Geld er für wieviel zusätzliches Gewicht auszugeben für sinnvoll und erforderlich hält. Die nachstehenden Tips sollen deshalb nicht als Checkliste verstanden werden, sondern nur

unsere Erfahrungen darstellen, und auf Selbstverständlichkeiten wie Öl, Keilriemen, Ersatzsicherungen und Ersatzbirnen wollen wir an dieser Stelle nicht eingehen.

Da die Serienausrüstung moderner Wagen aus kaum mehr als einem Wagenheber, einem Radschlüssel, einem Schraubenzieher und einigen Maulschlüsseln besteht, gehört ganz weit nach oben auf die Liste sicher ein *umfangreicher Werkzeugkasten,* der nicht gerade *Made in China* sein sollte, da das im Reich der Mitte produzierte Werkzeug in der Regel schweren Belastungen nicht standhält.

In die Steppe

Die Philosophie des Spatens ist sehr einfach:
Je länger der Stiel ist, desto weniger schmerzt der Rücken.

Da Ihre Radialreifen, wie weiter oben bereits empfohlen, Schläuche eingezogen haben sollten, benötigen Sie kein teures und in der Handhabung schwer verständliches Reparatursortiment für schlauchlose Reifen; es genügt ein kleines Kästchen mit einigen **Schlauchflicken** unterschiedlicher Größe, etwas Kleber und Gerätschaften zum Aufrauhen der Klebestelle und zum Andrücken des Flickens. Wie ein Schlauch geflickt wird, haben Sie sicher als Kind bereits an ihrem Fahrrad geübt. Vergessen Sie nicht, dem Kästchen auch noch einige Ventile und vor allem eine Ventilkappe zum Herausschrauben des Ventils beizulegen!

Schließlich müssen Sie sich für eine Variante entscheiden, wieder Luft in den geflickten Reifen zu bekommen. Dies kann über eine Hand- oder Fußpumpe geschehen; wer ungern aus der Puste kommt, kann auch einen kleinen **Kompressor** mitführen. In der Regel haben Pumpen heute ein eingebautes Manometer, so daß ein spezieller Reifendruckprüfer nicht mehr erforderlich ist. Wichtig ist bei allen Teilen, daß der Schlauch lang genug ist, auch an das Ventil zu reichen, wenn es am stehenden Auto gerade oben steht, und daß das Mundstück auf gar keinen Fall einen Spannhebel aus Plastik haben darf. Dieser hält meistens genau einmal!

Bevor Sie aber überhaupt soweit sind, müssen Sie den platten Reifen erst einmal von der Felge trennen und nach erfolgter Reparatur auch wieder über die Wulst ziehen. Beides erfordert einige Kraft und Erfahrung.

Zum Lösen von selbst extrem an der Felge klebenden Reifen eignen sich **Reifentreiber,** deren Handhabung man sich beim Erwerb aber am besten im Fachgeschäft vorführen läßt. Natürlich kann man auch einfach den platten Reifen durch ein Ersatzrad ersetzen und dann mit dem wieder flotten Fahrzeug dieselbe Prozedur vom Fahrzeugeigengewicht erledigen lassen. Dazu kurbelt der Fahrer seine Scheibe herunter, lehnt sich aus dem Seitenfenster und fährt mit seinem linken Vorderrad (möglichst langsam mit Allrad und Untersetzung) über den defekten Reifen, den ein Helfer genau so vor dem Rad postiert hat, daß das Fahrzeug zwar die Karkasse, nicht aber die Felge überfährt.

Bei der Montage helfen dann solche Tricks nicht weiter. Man benötigt zwei, besser drei **Montiereisen** (auch Reifenheber genannt), um den Reifen wieder aufzuziehen. Achten Sie darauf, daß keine Verunreinigungen im Reifeninneren zurückgeblieben sind und daß auch der Nagel, der der Auslöser für die Panne war, gefunden und entfernt wurde. Bewährt hat sich, das Reifeninnere einmal mit dem Handrücken auf spitze Gegenstände hin abzutasten.

Zu den **nützlichen Kleinigkeiten** gehören ferner eine Rolle stabilen Klebebandes, ein Satz Schlauchbinden, einige Meter Kabel, eine Ersatzwindschutzscheibe aus Folie und eine Tube Silikonkleber.

Ein **Feuerlöscher** (Pulverlöscher sind zweckmäßiger als mit Flüssigkeiten gefüllte) kann, wenn er an einer leicht zugänglichen Stelle – etwa unter dem Fahrersitz – angebracht ist, unter Umständen das letzte Mittel sein, einen Brand am Fahrzeug zu löschen. Neben elektrischen Schmorbränden, die nach zahlreichen Flußdurchfahrten nicht auszuschließen sind, kann sich auch trockenes Gras am Auspuff verfangen und anfangen zu brennen.

Die Zweckmäßigkeit der Mitnahme eines gut ausgestatteten **Verbandskastens** bedarf keiner Erklärung.

Es versteht sich von selbst, daß die gesamte Ladung – auch die im Innenraum – mittels **Gummibändern oder Spannriemen** anständig verzurrt werden muß. Wenn das Gepäck aus Platzmangel nicht im Wageninneren mitgeführt werden kann, sollte man einem **Dachgepäckträger** den Vorzug vor einem Einachsanhänger geben. Auf das Dach gehören leichte, sperrige Gegenstände, also etwa die Kiste mit den Schlafsäcken, nicht aber Benzinoder Wasserkanister, die den kopflastigen Wagen leicht gefährlich ins Schlingern bringen können.

Anhänger verschlechtern die Geländeeigenschaften eines Jeeps erheblich. Ist der Hänger zu leicht beladen, springt er und droht, sich bei höheren Geschwindigkeiten zu überschlagen. Ist er zu schwer, stößt und schiebt er die Zugmaschine.

Inwieweit die Anschaffung folgender, im Zubehörhandel angebotener, Gerätschaften sinnvoll ist, muß jeder selbst entscheiden.

Über das Bordnetz betriebene **Kühlboxen** funktionieren nur so lange, wie der Motor läuft. Die Batterie wird es sich nicht viele Tage lang ge-

fallen lassen, wenn über Stunden permanent 40 bis 70 W Leistung abgezogen werden. Getränke lassen sich selbst im heißesten Sommer auch gut in Flußwasser kühlen. Fleisch kann man sich in regelmäßigen Abständen frisch von Nomaden besorgen. Wer also ohnehin schon eine Box besitzt, braucht sie nicht zu Hause zu lassen, eine Neuanschaffung ist nicht zwingend erforderlich.

Vollkommen entbehrlich sind nachrüstbare **Neigungswinkelmesser.** Weder der Fahrer noch einer der Mitinsassen wird in dem Moment, wo das Fahrzeug bedrohlich in die Schieflage gerät und zu kippen droht, auch nur einen Blick auf die erreichte Neigungszahl blicken, um festzustellen, daß bis zum Überschlag theoretisch noch 5 Grad Spielraum sind.

Ob der Wagen beim Ausklappen des Dachzelts auch wirklich gerade steht, merkt man am besten, indem man sich einfach mal zur Probe hinlegt.

Außen am Fahrzeug montierbare **Kanisterhalter** reißen schon nach wenigen hundert Kilometern aus den Haltepunkten.

Zusätzlich eingebaute **Drucklufthörner** oder **Mehrklangfanfaren,** die den Druck extra über einen Kompressor erzeugen müssen, klingen immer dann besonders süffisant, wenn der Wagen gerade zuvor ein Wasserhindernis passiert hat. Feuchtigkeit, die sich in den Hörnern gesammelt hat, sollte durch gelegentliches Hupen herausgepumpt werden, bevor es an den Membranen Heiserkeit verursacht.

Fahrtechniken

Die Anforderungen an einen Fahrzeugführer sind bei Off-Road-Touren mit schweren, bis an die Grenze der Nutzlast beladenen Fahrzeugen gänzlich andere als in einem gut ausgebauten, vielbefahrenen Verkehrsnetz. Um Staus, verpaßte Autobahnabfahrten und Parkplatzmangel brauchen Sie sich in der Mongolei keine Sorgen zu machen. Die Probleme liegen in ganz anderen Bereichen und sollen hier kurz skizziert werden.

Navigation in der Steppe

Wer das erste Mal in der Mongolei in der Steppe oder gar in der Gobi unterwegs ist, wird sich wundern, mit welcher Zielsicherheit die mongolischen Fahrer selbst bei Nacht noch ans Ziel gelangen. Die Landbevölkerung orientiert sich nicht nach Wegweisern und Straßennummern, sondern nach **markanten Geländepunkten,** also Bergen und Flußläufen. Recht nützlich sind auch **Telegrafen- oder Stromleitungen.** Verwirrend ist – in der Gobi noch weitaus mehr als in den Steppengebieten – die **große Zahl von Fahrspuren.** Die meisten davon führen in die gleiche Richtung, die jeweils am weitesten links oder rechts gelegenen können aber auch ebensogut die Hauptrichtung verlassen. In Gegenden mit steilen Bergen gibt es ferner noch spezielle Lastwagenspuren, die die Hänge, die die schweren Wagen nicht bewältigen können, weiträumig umfahren.

Ferner werden **Sommer- und Winterwege** unterschieden. Im Winter kann man auch Moorgebiete überfahren, die man im Sommer tunlichst meiden sollte.

Die beste Navigationshilfe ist ein mongolischer Fahrer.
Er kann auch ortskundige Nomaden nach dem Weg fragen.

Die beste Navigation ist also ein Fahrer, der die Strecke schon mindestens einmal öfter gefahren ist als Sie.

Es geht aber auch anders. Wer halbwegs geübt ist im Umgang mit Karte und Kompaß, sollte *auch ohne Wegkundigen* zumindest die großen Ortschaften und vielbefahrenen Stellen finden. Wenn Sie einen Dolmetscher dabei haben, sollten Sie ihn hin und wieder einen *anderen Fahrer,* etwa den eines entgegenkommenden Fahrzeugs *fragen* lassen, ob Sie sich noch auf der richtigen Fährte befinden. Am kompetentesten sind Lastwagenfahrer und unter ihnen wieder die älteren Jahrgänge. Fahrer von Privatwagen (diese haben weiße Nummernschilder) dagegen fahren nicht selten ebenso kopflos in der Gegend herum. Wer sich im Gelände auskennt, ist übrigens auch am Fahrstil bestimmbar. Darauf kommen wir gleich weiter unten noch.

Natürlich können Sie auch einen Reiter oder einen Motorradfahrer ansprechen, bzw. eine Jurte anfahren. Letzteres hat oft zur angenehmen Folge, daß man neben einer Auskunft auch noch einen Tee oder eine Schale Stutenmilch bekommt. Bei den Ortsansässigen sollten Sie sich ebenfalls wieder auf die *Auskunft* von älteren Männern verlassen. Sie sind mit Sicherheit viel weiter herumgekommen als Frauen oder Kinder. Fragen Sie besser immer, ob der beschriebene Weg heute auch mit dem Fahrzeug, in dem Sie gerade sitzen, passierbar sein dürfte. Passierbar meint z. B., daß Brücken vorhanden

und auch befahrbar oder Furten auch für kleine Fahrzeuge überwindbar sind. Uns ist es schon passiert, daß uns Nomaden schnurstracks in einen Sumpf oder über einen mit Autos völlig unpassierbaren Paß schicken wollten, weil sie offensichtlich noch nie in einem Jeep gesessen haben und sich nicht vorstellen können, daß sich ein Motorfahrzeug anders verhält als ein Pferd.

Solange Sie noch weit weg von Ihrem Zielort sind, bleiben Sie am besten *auf vielbefahrenen Wegen,* etwa denen zwischen den Aimakzentren. Vielbefahren heißt hier, daß Ihnen spätestens nach einem halben Tag wenigstens wieder ein Wagen begegnen dürfte, wobei die Fahrzeugdichte mit zunehmender Entfernung von der Hauptstadt immer spärlicher wird. Entlang dieser Pisten verläuft in der Regel auch eine *Telegrafenleitung. Stromleitungen* findet man dagegen im wesentlichen nur im nördlichen und westlichen Teil des Landes. Viele Telefondrähte oder hochvoltige Stromleitungen deuten an, daß Sie sich auf eine große, bedeutsame Ortschaft zubewegen.

Somonzentren haben oft schon Dutzende Kilometer außerhalb der Ortschaft eine Tafel, die man Ortseingangsschild nennen könnte. Aimakzentren verfügen fast immer über ein monumentales Denkmal, das zwischen 10 und 30 km vor der Ortschaft steht. Zumeist werden von da an auch die Wege wieder besser oder sind sogar asphaltiert.

Darüber hinaus deuten auch *Richtfunkstationen,* die auf den höch-

In die Steppe

Wer auf solche Straßen in der Mongolei hofft, darf sich nicht viel weiter als 2 km vom Flughafen entfernen. Von da stammt die Aufnahme.

sten Bergen der Umgebung stehen, auf die Annäherung an eine Ortschaft hin.

Ein Kapitel für sich sind **Ortsdurchfahrten.** In ein Verwaltungszentrum hinein findet man immer, wenn man es erst einmal am Horizont ausgemacht hat. Ungleich schwieriger ist es, auch wieder den Weg heraus zu finden, der zum nächsten Zwischenziel führt. Hier ist auch der Kompaß nicht sonderlich zweckdienlich. Am besten ist es deshalb, einen Ortsansässigen zu fragen. Ein günstiger Anlaufpunkt dafür ist die **Tankstelle** des Ortes, vor allem dann, wenn dort Betrieb ist. Vielleicht steht ja ein Wagen an der Säule, der gerade aus der Richtung kam, in die Sie wollen und kann Sie auf die Tücken der nächsten Kilometer hinweisen.

Nachts sollten Sie, wenn Sie sich des Weges nicht völlig sicher sind, nicht fahren. Wenn Sie sich für heute ein größeres Stück vorgenommen haben, ist es immer sinnvoll, möglichst zeitig loszufahren, auch wenn Ihre mongolischen Begleiter dafür nicht viel Verständnis und Begeisterung aufbringen. Auch von Fahrten bei **Nebel** oder **Schneetreiben** ist dringend abzuraten.

Kompaß und GPS-Geräte

Ein guter Kompaß, möglichst mit Ausgleichung der Ablenkung durch das Fahrzeug selbst, ist zur sicheren Navigation in der weglosen Steppe nötig. Darüber hinaus ist die Mitnahme eines **Satelliten-Navigationsgerätes** sehr sinnvoll, denn nur mit Kompaß und Karte allein läßt sich in merkmalslosem Gelände die eigene

Postion nicht bestimmen. Stets den genauen eigenen Standort festzustellen und damit die genaue Richtung und Entfernung eines geplanten Ziels berechnen zu können, ist in kritischen Fällen sicherlich mehr als Geld wert. Zudem sind die Preise, auch für gute Geräte, inzwischen sehr gesunken. Beim Kauf sollte darauf geachtet werden, daß das Gerät auch aus dem Fahrzeug ausgebaut funktionsfähig bleibt!

Straßenzustand

Die Überschrift ist gut gemeint. Der typische Verkehrsweg in der Mongolei ist nicht die Asphalt- oder Betonstraße, sondern die ausschließlich von Autoreifen und Regenwasser geformte Piste.

Schotterstrecken

Dazwischen liegen in der Qualität die sogenannten verbesserten Straßen. Das sind aus Schotter aufgeschüttete Spuren, die in der Regel durch Sumpfgebiete führen und deren Vorteil ein Blick aus dem Seitenfenster verrät. Zum Teil handelt es sich aber auch um Passagen, die asphaltiert werden sollten und wo nun das Geld zur Fertigstellung des Projekts fehlt. Das Fahren auf ihnen bringt in erster Linie Lastwagen Vorteile. Ihre großen Räder und die langen Radstände federn die Unzahl kleiner Vertiefungen, die das Regenwasser unter der Massage von Reifen in die Oberfläche gefressen hat, recht gut weg. Kleine Räder geben die Stöße furchtbar direkt an die Fahrzeuginsassen weiter. Auf solchen Straßen kann man ein *Stundenmittel* von 40, maximal 50 km/h einplanen.

Feste Straßen

Aber auch feste Straßen sollten Sie nicht dazu verleiten lassen, ihren Wagen voll "auszureizen". Dem stehen zunächst in erster Linie die *Schlaglöcher* entgegen, die es in den Dimensionen klein bis "Bombenkrater" in allen Abstufungen auf ausnahmslos allen Strecken reichlich gibt. Die Krönung bilden *fehlende Kanaldeckel,* was jedoch eher ein auf Ulan Bator und die anderen größeren Städte beschränktes Problem darstellt. Hinzu kommt, daß sich auf der Fahrbahn nicht selten weitere *Hindernisse* wie etwa Teile der Ladung oder der Aufbauten eines Vorausfahrenden, große Felsbrocken, die einem abgestellten Laster als "Handbremse" dienten, oder auch *Tiere* befinden. Besonders dickfellig sind Rinder, die sich auch von Hupkonzerten nicht aus der Ruhe bringen lassen. Pferde erschrecken sich bei der Annäherung eines Wagens und preschen eventuell in der Richtung davon, in die gerade der Kopf zeigt. Auf Asphalt oder kiesigem Untergrund können Pferde leicht ausrutschen und sich, hemmungslos überschlagend, auf ihr Auto zubewegen. Bei Schaf- und Ziegenherden muß man ohnehin warten, bis der Strom vorbei ist.

Mit einem gut motorisierten Wagen können Sie auf festen Straßen von einer *mittleren Geschwindigkeit* von nicht mehr als 80 km/h ausgehen. Geländefahrzeuge aus russischer Produktion bleiben aufgrund ihrer schwachen Triebwerke deutlich darunter.

In die Steppe

Pisten

Solange Sie sich auf einer unbefestigten, "natürlich" entstandenen Piste befinden, werden Sie ohnehin immer vom Schlimmsten ausgehen. Das schwerwiegendste Problem bilden hier *Erosionsfurchen,* die entweder die Fahrspur selbst oft über einen Meter tief weggefressen haben oder plötzlich den Weg seitlich kreuzen. Ein Kontakt der Räder mit solchen Furchen endet entweder in einem Überschlag des Wagens oder mit erheblichen Verformungen an Fahrgestell, Radaufhängung und Lenkung.

Typisch für Pisten ist, daß sich zwischen beiden Spuren durch den Druck der Lastwagen eine *Wulst* gebildet hat, deren Höhe vielfach die Bodenfreiheit kleinerer Fahrzeuge erreicht oder überschreitet. Dann hilft es nur, mit einem Rad auf der Wulst zu fahren, um sich nicht mit einem Ruck von seinem Differential zu trennen. In Kurven bleibt man dabei natürlich auf der Außenbahn, d.h. die Seite, die auf der Wulst läuft, bildet die Kurveninnenseite.

Im Sommer sind diese gewölbten Mittelstreifen zwischen den Rädern mit Gras bewachsen, was die Entscheidung, ob eine Gefahr für den Unterboden besteht oder nicht, weiter erschwert. Am besten ist, man geht einfach davon aus, daß das Gras einen hohen Stein verdecken könnte und bleibt auf der Wulst. Das ganze funktioniert so lange recht gut, wie tatsächlich kein Stein unter dem Gras verborgen ist oder kein Murmeltier den Ausgang seines Baus auf die Straße verlegt hat. Das passiert übrigens nicht selten. Offenbar schätzen die Tiere den hohen Verdichtungsgrad des Bodens im Bereich des Weges. Dadurch fallen die Ausgänge nicht so schnell zusammen. Ein *Murmeltierloch* ist jedoch

Auch die wenigen asphaltierte Straßen haben ihre Tücken

gut an den großen Mengen ausgeworfenen Bodens zu erkennen.

In der Nähe von und in Ortschaften werden Sie oft *Asche* und andere *Abfälle* auf der Fahrbahn finden. Vermeiden Sie, dort hindurchzufahren. Die Gefahr, einen Nagel aufzugabeln, ist mindestens genauso hoch wie beim Überfahren eines auf der Straße liegenden Bretts.

Diese und die weiter unten beschriebenen Probleme führen dazu, daß man bei Pistenfahrten eine *durchschnittliche Geschwindigkeit* von kaum 40 km/h erreicht. Lastwagen, vor allem beladene, kommen kaum auf 30 km/h.

Abseits von Pisten

Es gibt also genügend Gründe, beim Fahren auf der Piste keinen Augenblick das Terrain, das vor einem liegt, aus dem Auge zu lassen. Viel stärker noch gilt das, wenn Sie sich gänzlich abseits der Wege frei in der Steppe bewegen. Im Sommer ist die Vegetation in der Steppe – zumindest da, wo noch keine Überweidung stattfindet – kniehoch und verdeckt somit zuverlässig alle Steine, Rillen, Löcher und sonstige Hindernisse.

Hochmoor, Sumpf und Morast

Wer in der trockenen Jahreszeit auf den Pisten der Mongolei unterwegs ist, wird hin und wieder auf Stellen stoßen, an denen auffällig viele zerrissene Stahlseile, Karkassen und Baumstämme liegen. Passiert man in den feuchten Monaten dieselbe Stelle, haben sich nicht selten schon eine oder mehrere Fahrzeugbesatzun-

Liliengewächse zeigen immer sumpfigen und morastigen Untergrund an.

gen auf eine Übernachtung dort vorbereitet. Sie stehen am Rand eines klassischen *Sumpfes.* Je nach geographischer Beschaffenheit kann das eine großflächige, sattgrüne Wiese oder nur ein wenige Meter breiter Streifen sein, der sich auf beiden Ufern eines kaum oder gar nicht mehr erkennbaren Rinnsals hinzieht. Wer öfter längere Zeit an solchen Stellen verweilen durfte, gewöhnt sich an den Anblick der typischerweise dort wachsenden Pflanzenarten. Dominierend sind Liliengewächse und Sumpfgrasarten.

Bevor Sie in den Sumpf hineinfahren und sich mit großer Wahrscheinlichkeit zu den anderen auf Rettung Wartenden gesellen, sollten Sie aussteigen und die Bodenbeschaffenheit prüfen, am besten mit nackten

In die Steppe

Füßen. Wie tief ist es, bis man auf festen Boden stößt? Ist die Grasdecke fest genug, den Wagen zu tragen? Könnte ich auf der Durchfahrt auf einen Stein oder einen Balken stoßen, den andere dort zurückgelassen haben? Gibt es an der tiefsten Stelle einen Wasserlauf, der deutlich tiefer ist als das umliegende Gelände? Sind die Prüfungen optimistisch ausgefallen, kann man die **Durchfahrt** wagen. Die Entscheidung fällt leichter, wenn sich noch ein anderes Fahrzeug in der Nähe befindet und genügend Meter Abschleppseil dabei hat. In diesem Fall sollte zunächst das leichtere von beiden passieren. Sollte das schwerere Fahrzeug stehenbleiben, hat das leichtere bei der Bergung Mühe. Stimmen Sie alle Eventualitäten mit ihren Mitfahrern und – wenn vorhanden – mit dem Begleitfahrzeug ab. Das erspart Ärger, wenn die Durchfahrt unvollständig verläuft. Jedes Kilogramm weniger Fahrzeugmasse erhöht die Wahrscheinlichkeit, es zu schaffen. Deshalb sollten die Mitfahrer besser aussteigen. Da Sie nur einen Versuch haben, ziehen Sie alle Register, also Allrad (Schließen der Freilaufnaben nicht vergessen), Untersetzung und Sperre(n), bevor Sie losfahren. Schließen Sie die Fenster und schalten Sie evtl. die Scheibenwischer ein. Je länger das zu passierende Stück ist, desto mehr Schwung sollten Sie haben. Aber Vorsicht, daß Sie nicht zu hart auf die Ufer des zumeist in der Mitte der Fläche liegenden Flüßchens prallen. In der Regel ist der 2. untersetzte Gang gerade richtig.

Wenn es dennoch passiert ist und der Wagen stehenblieb, bevor er wieder festen Grund unter die Räder bekam, hat es keinen Sinn zu versuchen, durch hektisches Durchdrehenlassen der Räder wieder in Bewegung zu gelangen. **Wer einmal steht, hat keine Chance, aus eigener Kraft weiterzufahren.** Er wird nur Zentimeter für Zentimeter weiter absinken, bis schließlich der Fahrzeugboden aufsetzt. Je tiefer man sich einbuddelt, desto länger wird man im Morast verweilen. Wenn Ihnen kein Bergungsfahrzeug und keine Seilwinde zur Verfügung steht, werden Sie einige Zeit einplanen müssen, den Wagen wieder frei zu bekommen. Begnügen Sie sich beim Ausbuddeln nicht mit halbherzigen Erfolgen. Ein paar kleine Steinchen oder Äste und einige Millimeter Höhengewinn nutzen nichts. Der Wagen muß mindestens auf die Höhe gebracht werden, die das Gelände hat und einige Meter Spur gelegt bekommen, um wieder in Schwung zu geraten.

Die Gefahr, gar in ein **Hochmoor** zu fallen, besteht nur dann, wenn Sie abseits der bestehenden Fahrspuren im Chentij oder Changaj unterwegs sind. Ein Hochmoor ist eine Art Teich, der mit einem rostbraunen Federgras gänzlich überwachsen ist. Leichte Fahrzeuge trägt die Grasdecke einige Meter, bis sie zerschnitten wird, schwerere kippen gleich mit der Nase bis auf den Grund weg. Unser längster Aufenthalt an solch einem Plätzchen dauerte 4 Tage und endete erst damit, daß unser bis auf die Höhe der Lade-

fläche abgesunkene, 4 t schwere Allradlaster von einem 35 t schweren
Bergepanzer mit Mühe und Not befreit werden konnte.

Flußdurchfahrten

Die sicher gefährlichste Tücke
beim Fahren abseits fester Straßen
sind die Flußdurchfahrten. Wer in der
niederschlagsarmen Jahreszeit durch
die Mongolei reist, wird mit Verwundern bemerken, daß sich selbst in
der Gobi, mehr aber noch in der Ge-
birgssteppenregion z. T. Dutzende
von Metern breite Erosionstäler auf-
tun, in denen große Baumstämme
und Feldsteine von den gewaltigen
Kräften zeugen, mit denen hier Was-
sermassen ins Tal geschossen sein
müssen. Der Regen, der in den

Flußdurchfahrten werden Ihnen nicht
erspart bleiben.

Sommermonaten fällt, hat selten die
Form des z. B. für England typischen
Nieselregens. Vielmehr stürzen oft
urplötzlich – eben war es noch wun-
derschön sonnig – *Sturzbäche
vom Himmel,* so viel, daß die Scheibenwischer es auch in der letzten
Stufe nicht mehr zu bewältigen vermögen. Es dauert kaum 10 Minuten,
bis das Regenwasser sein zerstöreri-
sches Werk beginnt und überall dort
den Boden "anknabbert", wo sich
die Gelegenheit dazu bietet. Nach
ein bis zwei Stunden haben sich kleine Rinnsale, die sonst nur 20 cm tief
und 50 cm breit sind, in tobende, riesige, Geröllmassen mitführende Un-
geheuer verwandelt, plötzlich ein bis
zwei Meter tief und 200 m breit.
Wenn solche Urgewalten toben, wird
natürlich niemand auf die Idee kommen, über den betreffenden Fluß
setzen zu wollen. Es kann passieren,
daß sich eine Wasserfront auch dort
zu Tal bewegt, wo es bislang keine
Anzeichen auf einen Flußlauf gegeben hat. Im Juli/August, wenn es in
kurzen Abständen zu solchen Ergüs-
sen kommt oder es bisweilen auch
einmal mehrere Tage hintereinander
etwas gemäßigter geregnet hat,
führen die Flüsse regelmäßig *"gelbes Hochwasser"* (шар үер буух),
wie die Mongolen sagen, obwohl die
Brühe eher bräunlich-schwarz ist.

Da solide Brücken in der Mongolei
nicht sehr häufig vorkommen, werden Sie sich– sicher auch von Ihrem
Zeitplan getrieben – überlegen müssen, ob Sie eine Durchfahrt wagen
und sich im schlimmsten Fall von
Ihrem Fahrzeug samt Inhalt verabschieden und Gefahren für Leib und

Leben in Kauf nehmen wollen, oder einen *bisweilen tagelangen Umweg über eine noch erhaltene Brücke* fahren wollen. Uns ist es sogar schon passiert, daß wir nach 800 km Fahrt und nur noch 60 km vor unserem Ziel unverrichteter Dinge nach Ulan Bator zurückkehren mußten, weil der Umweg drei Tage gedauert hätte.

Wenn Ihnen aber *keine andere Wahl* bleibt – Sie stehen unter Zeitdruck, weil der Rückflug nicht wartet, oder Sie haben nicht mehr genug Treibstoff für lange Umwege – sollten sie *umsichtig und planmäßig vorgehen.* Fragen Sie Einheimische – die sicher ganz in der Nahe des Flusses siedeln, denn die Sommerlager der Nomaden liegen in der Regel an Flußläufen und mit Vorliebe da, wo auch Furten sind –, ob in den letzten Stunden ein anderer Wagen und wenn ja welchen Typs (d.h. welcher Aufbauhöhe) die Fuhrt passiert hat. Ist der Wasserspiegel seither gestiegen oder gleich geblieben? Oder bitten Sie Kinder, die mit Interesse das Geschehen von ihren Pferden herab beobachten, doch einmal durchzureiten, um sich ein Bild von der Tiefe zu machen. Ein Bonbon oder Kaugummi als Entgelt wird sich sicher finden. Wenn das Pferd über den Bauch hinweg versinkt, wird es kritisch. Noch besser ist, sich auszuziehen und selber mit den Füßen den Untergrund des Flusses auf die allgemeine Beschaffenheit und mögliche Hindernisse abzutasten. Dabei sollten Sie sich unbedingt sichern, um nicht von der Strömung mitgerissen zu werden.

Schnelle Gebirgsflüsse haben einen steinigen Untergrund, wobei die Größe der Steine von der Fließgeschwindigkeit abhängt. Mit Abnahme der Geschwindigkeit werden die Steine zu kleinem Geröll, zu Kies und schließlich in den Ebenen zu Schlamm aus abgesetzten Humuspartikeln. Letztere haben eine überraschende "Saugwirkung". Durchfahrten durch derartige *verschlammte Flüsse* enden meistens genau in der Mitte. Selbst schwere Allradlaster haben kaum eine Chance. Der Schlamm ist weitaus tiefer, als die Bodenfreiheit es hergibt.

An *vielbefahrenen Stellen* dürfte der Untergrund jedoch recht fest sein, und das Problem beschränkt sich auf die Tiefe und Geschwindigkeit des Wassers. Die Hersteller von Geländewagen geben in den Bedienungsanleitungen die *maximale Wattiefe* an, die in der Regel bei 35 bis 50 oder 60 cm liegt, was also Waden- bis Kniehöhe bedeutet. In der Praxis kommen moderne Geländewagen aber auch problemlos durch Wassertiefen, die bis über die Stoßstange oder bis über die Radoberkante reichen. Wenn es noch tiefer wird, gerät der *Lüfterpropeller* ins Wasser. Die Flügel sind nicht dafür ausgelegt, Wasser umzurühren, und brechen alsbald ab. Die Propellerteile bohren sich dann gerne in den Kühler. Wenn Bruchstücke zwischen Keilriemen und Keilriemenscheibe geraten, kann das zu Folgeschäden an der Lichtmaschine, der Servopumpe usw. führen. Ohne Lüfter kann die Fahrt dann nur noch in kurzen Etappen fortgesetzt werden. Jede Etappe ist nur so lang, wie die Kühlflüssigkeit nicht kocht.

Bei *Fahrzeugen russischer Produktion* sind die Lüfterblätter aus Blech, so daß leichte Verformungen per Hand wieder korrigiert werden können. Außerdem sorgt eine Schnellspannvorrichtung an der Lichtmaschine dafür, daß der Keilriemen mit einigen wenigen Handgriffen heruntergenommen werden kann. Der Motor arbeitet dann auf Batteriebetrieb, was für den Augenblick der Flußüberquerung kein Problem darstellt. Deckt man dann noch die Verteilerkappe dafür mit einer Plastiktüte gegen Spritzwasser ab, kann ein ganzes Stück tiefer "getaucht" werden. Tiefer als bis an die Windschutzscheibe sollte es aber nicht gehen. In solchen Situationen verliert der Wagen schnell die Bodenhaftung und fängt an zu schwimmen.

Bei *Wagen aus westlicher Produktion* ist das Herunternehmen des Keilriemens sicher auch möglich, wenngleich mit einiger Fummelei verbunden. Aus Rücksicht auf die elektronischen Bauteile sollte man sich aber besser an den Haken nehmen und bei abgestelltem Motor von einem anderen Fahrzeug zügig *durch den Fluß ziehen lassen.* Zügig deshalb, weil vermieden werden sollte, daß Wasser in die Kabine eindringt. Solange nur die Auslegware feucht wird, hält sich das Kümmernis noch in Grenzen, was aber, wenn der Wasserspiegel die Sitze, den Zigarettenanzünder, das Radio usw. erreicht?

Natürlich sollte man, wenn das Gelände es hergibt, den Fluß *mit der Strömung,* zumindest jedoch nicht dagegen durchqueren, um dem Wagen nicht noch zusätzlich das Überwinden des ganz erheblichen Strömungswiderstandes zuzumuten. Wer einmal durch einen nur knietiefen Gebirgsbach gewatet ist, weiß, welche Kraft das Wasser allein schon auf die Beine ausübt.

Wenig zweckdienlich, ja geradezu gefährlich ist es, das Auto vor dem Passieren der Fuhrt mit Klebestreifen und Plastiktüten (Ausnahme: Zündverteiler) *abdichten* zu wollen. Das Wasser findet trotzdem seinen Weg in den Motor- und Innenraum. Das dauert jedoch ein Weilchen. In der Zwischenzeit dümpelt der Wagen ohne Bodenhaftung auf den Wellen, bis er schließlich doch volläuft und an einer garantiert noch tieferen Stelle "auf Grund setzt". Wenn dann die Türen nicht mehr aufgehen, weil sie zugeklebt sind, und die Fenster nicht mehr bewegbar sind, weil die Elektrik ausgefallen ist, müssen die Insassen nicht nur um ihren Wagen und seinen Inhalt, sondern um das nackte Leben fürchten.

Besser ist es deshalb, das ohnehin unvermeidliche schon bei der Einfahrt in das Wasser zu vollziehen und die *Türen auf beiden Seiten zu öffnen,* damit die Strömung freie Bahn durch den Wagen hat. Hier kommt auch dem Beifahrer eine wichtige Rolle zu.

Alles, was sich retten und ausbauen läßt, sollte man natürlich am anderen Ufer zurücklassen und es dann entweder zu Fuß, zu Pferde oder mit einem größeren Wagen übersetzen lassen. Besonders unangenehm ist es, wenn Schlafsäcke und Zeltutensilien ein Bad nehmen.

Sollte Ihr Wagen dennoch **mitten im Fluß stehen bleiben,** müssen Sie **vermeiden, daß der Motor ausgeht.** In archaischen Modellen gibt es für solche Situationen einen Handgashebel. Geht der Motor aus, springt er natürlich nicht wieder an saugt zudem in der Regel über den Auspuff Wasser an, das sich mit dem Öl in der Ölwanne vermischt. Ein Motor, der im Wasser stehend ausgegangen ist, sollte erst dann wieder gestartet werden, wenn man sich überzeugt hat, daß das Öl nicht mit Wasser vermischt ist. Zur Not hilft nur noch ein kompletter Ölwechsel. In der regenreichen Zeit sollte man deshalb immer reichlich Öl mitführen.

Ein paar Worte zu Brücken

Nach allem, was Sie an wenig anheimelnd klingenden Dingen im Kapitel "Wasserdurchfahrten" gelesen haben, werden Sie sich fragen, warum man nicht einfach über eine Brücke fahren kann. Wenn eine in erträglicher Entfernung liegt, sollten Sie sie natürlich – und sei es um den Preis eines kleineren oder größeren Umwegs – benutzen. Der **technische Zustand** der zum allergrößten Teil aus Holzbalken und dicken Bohlen gebauten Konstruktionen ist allerdings in vielen Fällen **wenig vertrauenseinflößend.** Die die Fahrbahn bildende oberste Bretterschicht ist oft locker, ganze Passagen fehlen gar und erlauben so einen Blick auf die Fluten unter der Brücke. Die Nägel, die die fehlenden Bretter hielten,

In jedem Fall sollten Holzbrücken vor der Überquerung gründlich geprüft werden. Einen guten Fahrer erkennen Sie hier an der Sorgfalt, mit der er eine genaue Route über das Konstrukt plant. Je nachdem, wie die Prüfung ausfällt, sollten Sie Ihren Wagen entladen und gegebenenfalls den Fahrer alleine das Gefährt übersetzen lassen.

halten aber noch die Stellung und warten auf den nächsten Reifen. Die Übergänge zwischen der Fahrbahn und der Brücke sind meist beachtlich. Bisweilen wird auf die Bretterfahrbahn auch noch Kies geschüttet, der dann aber bei Regen durch die Bretter sickert und auf der Brücke tiefe Furchen und Löcher hinterläßt.

Manchmal ist auch ein 2 bis 3 Meter langes Teilstück der Brücke teilweise oder gänzlich durchgebrochen. Betonbrücken, die Sie an den großen Strömen und in Ortschaften finden, sind dagegen meist recht gut in Schuß.

Ob Sie der gerade vor Ihnen liegenden Brücke trauen, müssen Sie letztlich selbst entscheiden. *Orientieren Sie sich daran, was die Einheimischen machen.* Wenn Sie die Brücke meiden und daneben durch den Fluß fahren, sollten Sie es auch tun.

Lava, Stein, Geröll, Waschbretter

Die klassischen Steppenpisten werden je nach der Region, in der Sie sich gerade bewegen, von ausgedehnten Lavafeldern, Gesteinsaufwerfungen aus vulkanischen Bruchspalten oder Geröllstrecken unterbrochen. Solange Sie auf der ausgefahrenen Fahrspur bleiben, werden Sie damit keine übermäßigen Probleme bekommen. Wagen mit Straßenbereifung wird freilich des öfteren die Luft wegbleiben, *Geländereifen* kommen damit gut zurecht, wenn nicht gerade die Flanken aufgerissen werden.

Mit einigem fahrerischen Geschick kommt man auch noch durch *Steinfelder,* wo die Durchschnittsgröße der Brocken der einer liegenden Kuh entspricht. Dann können einige hundert Meter bisweilen aber eine ganze Stunde Arbeit und einige Millimeter Kupplungsbelag kosten. Aber vielleicht hat man ja hinter einem solchen Streifen aus großen Gesteinsbrocken einen romantischen Platz entdeckt, der zum Zelten einlädt. Dann lohnt es sich, sich vom Beifahrer einweisen zu lassen und Zentimeter um Zentimeter über die Brocken zu turnen.

Die dabei angebrachten Fahrtechniken ausführlich zu erläutern, führte in diesem Buch zu weit. Erwähnt sei nur, daß ein Stein, der größer ist, als die Bodenfreiheit des Wagens es hergibt und der auch nicht umfahren werden kann, weil daneben noch viel größere liegen, mit beiden Rädern überfahren werden muß. Im Laufe der Zeit bekommt man einen Blick für die Linie, die der Wagen durch das Gesteinsfeld nehmen kann, ohne aufzusetzen.

Überaus nervend können sogenannte *Waschbretter* sein, die Sie überwiegend im südlichen Landesteil antreffen werden. Ähnlich wie auf Kopfsteinpflaster gibt es Geschwindigkeiten, die zu Resonanzen im ganzen Wagen führen und ihn schier auseinander zu reißen drohen. Wird man etwas schneller, schaffen es die Räder nicht mehr, in jede Rille einzutauchen und hüpfen förmlich von Kuppe zu Kuppe. Bei dieser Geschwindigkeit wird das Auto wieder etwas ruhiger. Allerdings haben die springenden Räder kaum noch Bodenkontakt, so daß der Wagen leicht ausbrechen kann. Von der Wirkung auf die Stoßdämpfer, Radaufhängungen usw. sei hier nicht gesprochen.

Gebirge

Für Off-Road-Begeisterte stellt das Fahren im Gebirge ganz sicher eine besondere Herausforderung dar. Die Ansprüche an die Fahrkünste nehmen in der Reihenfolge Chentij, Changaj, Gobi-Altai zu.

Der relativ flache *Chentij* ist bekannt für seine ausgedehnten Sumpffelder und Moore. Auch in

Flußdurchfahrten kann man sich reichlich üben. In den Wäldern stößt man oft auf über dem Weg liegende umgestürzte Bäume.

Auf wirklich gefährliche Serpentinen stoßen Sie aber erst im *Changaj,* und so richtig wild wird es im *Gobi-Altai.* Bisweilen bleibt Ihnen kein anderer Weg, als kilometerweit einem Flußbett zu folgen, das sich in hoch aufragende Felswände eingeschnitten hat. Die Steigungen können extrem werden, irgendwann merkt man, daß die Luft nicht nur den Insassen, sondern auch dem Motor zu dünn zu werden scheint.

Bevor Sie sich auf ein solches Abenteuer einlassen, sollten Sie unbedingt *Einheimische* nach der Befahrbarkeit befragen oder am besten bitten, ein Stück mitzukommen, um den Weg zu zeigen. Die Gefahr, daß Sie in ein falsches Tal abbiegen, wo Sie dann keiner vermutet und findet, ist einfach zu hoch. Auf eine Orientierung allein nach Karte und Kompaß können Sie hier nicht mehr bauen.

Ganz besondere Aufmerksamkeit wird vom Fahrer gefordert, wenn es im Gebirge geregnet oder geschneit hat.

Regen

Verglichen mit den in Europa üblichen Niederschlagsmengen mögen mongolische Verhältnisse im statistischen Durchschnitt trocken erscheinen. Der größte Teil davon fällt aber in den Sommermonaten. Das Fahren *auf regennassen Wegen* erfordert besondere Umsicht. Für alle drei Fahrbahntypen gilt, daß es sehr schwer abzuschätzen ist, wie tief das

Loch ist, in dem eine *Pfütze* steht, und was außer Wasser noch darin sein mag.

Die *Oberfläche von Pisten* verwandelt sich nach wenigen Regenminuten in eine schlammig glitschige Masse, auf der Fahrzeuge sehr leicht aus der Kontrolle geraten können. Schon bei leichter Seitenneigung der Fahrbahn von ca. 15 % kann es dann passieren, daß das Heck des Wagens in Richtung Abhang ausbricht und das Fahrzeug sich selbst bei eingelegtem Allrad und Sperren nur noch krabbenartig seitlich zur Fahrtrichtung bewegt. Bereits vor dem Passieren von großen Pfützen oder vor der Begegnung mit anderen Fahrzeugen sollten Sie den Scheibenwischer auf volle Kraft stellen, um nicht plötzlich im Dunkeln zu stehen, wenn der Schwall über Sie hereinbricht.

Schnee, Hagel und Eis

Denken Sie nicht, das Thema braucht Sie nicht zu interessieren, weil Sie ohnehin nicht vorhaben, im Winter in die Mongolei zu kommen. Extreme Witterungsverhältnisse können auch sonst im Jahr auftreten.

Im Winter frieren selbst große Flüsse bis auf den Grund zu. Der teilweise mehrere Meter dicke *Eispanzer* beginnt erst im späten Frühjahr zu schmelzen und hält sich, je höher man kommt, *bis in den Sommer hinein.* Besonders kritisch sind die Monate April und Mai, wenn das Eis noch nicht geschmolzen ist, aber auch nicht mehr zuverlässig trägt. Setzt man über solche Flüsse, kann man böse einbrechen und sich schwere Blessuren an der Fahrzeugunterseite zufügen. Besonders empfindlich reagieren die Tanks auf harte Stöße. Das Bergen eines im Eis eingebrochenen Wagens ist wahrlich kein Vergnügen. Sie müssen ihn – selbst im eiskalten Wasser stehend – Stück für Stück freihacken und vor allem das Eis unter dem Fahrzeug systematisch zerkleinern. Das kann dauern, vor allem, wenn man keine Brechstange dabei hat.

Im Herbst passiert das Umgekehrte. Sie fahren z. B. im Chentij morgens problemlos über ein leicht angefrorenes Feuchtgebiet. Am Abend, wenn die Sonne das Eis dahingerafft hat, kommen Sie nur noch wenige Meter, bis der Boden nachgibt.

Bei *Flüssen* ist es schwer zu sagen, ob das Eis schon trägt oder man lieber durch viele Vor- und Rückwärtsbewegungen mit den Vorderrädern in der Manier eines Eisbrechers eine Schneise brechen sollte.

Hagel ist eine in der Mongolei weit verbreitete Erscheinung. Besonders bekannt dafür ist die Gegend um Kara-Korum, wo alljährlich große Schäden an der Ernte verursacht werden. Die Hagelkörner können dabei eine ganz respektable Größe erreichen, die ausreicht, um Lämmer zu erschlagen, Scheiben splittern zu lassen oder deutliche Blessuren am Autolack zu hinterlassen. So ein Naturschauspiel dauert aber nur wenige Minuten, und man hält, solange die Naturgewalten toben, am besten an.

Schnee kann auch noch *im Juli* oder schon wieder *Ende August* fallen, wobei größere Höhen immer auch eine größere Schneegefahr bedeuten. Unbedingt vermeiden sollte man, bei *Schneesturm* zu fahren, wenn alles zu einem einheitlichen Weißgrau verschwimmt, in dem eine Orientierung kaum mehr möglich ist.

Im Frühjahr hat der Schnee in der Ebene eine mehrere Millimeter dicke, eisähnlich verharschte Oberfläche. Darunter verbirgt sich sehr trockener, lockerer Schnee, der an Kunstdünger erinnert. Sobald die Scheehöhe die Bodenfreiheit des Wagens auch nur leicht übersteigt, bleibt man unweigerlich darin stecken. Gelegentliche Schneefälle im Sommer verwandeln sich alsbald in Schmelzwasser und wirken deshalb auf die Fahrbahn kaum anders als Regen.

Bei Nacht und Nebel

Von *Nachtfahrten* haben wir bereits weiter oben abgeraten. Als weiteres Argument dafür sei erwähnt, daß die Beleuchtungseinrichtung an mongolischen Fahrzeugen so gut wie immer unvollständig ist oder gar völlig fehlt. Letzteres gilt besonders für Anhänger, die ganz plötzlich wie eine Wand aus dem Dunkeln auftauchen können. Scheinwerfer funktionieren oft nur auf einer Seite und vermitteln den Eindruck, einem Motorrad zu begegnen. Wenn sie aber funktionieren, werden sie nur sehr selten auf Abblendlicht umgeschaltet. Dies gilt auch für den innerstädtischen Verkehr in Ulan Bator und anderen Städten, wo jede Nacht regelrechte Lichtschlachten toben, ohne daß die Polizei dagegen einschreiten würde.

Nebel dagegen ist in der Mongolei eine eher seltene Erscheinung. Wer

In die Steppe

dann den Weg nicht genau kennt, muß warten, bis es sich wieder aufklärt.

Ein Thema für sich: Die Gobi

Eine Fahrt durch die Gobi birgt **besondere Gefahrenmomente.** Die Gobi umfaßt eine Fläche, die größer ist als die Territorien der Bundesrepublik, der Schweiz und Österreichs zusammengenommen. Ein Blick auf die Karte verrät, daß die **Siedlungsdichte** um ein Vielfaches geringer ist als die in den Steppen- und Gebirgssteppenregionen. Über Hunderte von Kilometern werden Sie kaum nennenswerte Veränderungen in der Landschaft beobachten können. Deshalb ist die **Orientierung** auch so **problematisch** – es fehlen bei einem Gewirr von Wegen und Pfaden die hilfreichen markanten Geländepunkte. Einfach ist es natürlich, wenn man nach Tschojr oder nach Dalandsadgad unterwegs ist. Dann braucht man im wesentlichen nur der mongolisch-chinesischen Eisenbahn bzw. der Telegrafenleitung zu folgen, die über Mandalgobi weiter in das Zentrum der Südgobi führt.

Beängstigend kann es werden, wenn Sie die **Orientierung verloren** haben und sich die Tankanzeige bedrohlich gegen Null neigt oder Ihr Fahrzeug einen Defekt hat und stunden- oder gar tagelang kein Auto vorbeikommt und über hundert Kilometer auch keine Jurte zu erspähen ist.

Wenn sie also vorhaben, tief in die Gobi einzudringen, wird das immer mehrere Tage dauern. Deshalb sollten Sie unbedingt mehr als **ausreichend Treibstoff, genügend Wasser, Nahrungsmittel, einen Kocher und eine gute Zeltausrüstung** mitführen und mit einem **gut**

Dünenfelder in der Südgobi; eines der berühmtesten Saurierfelder

Mongolian Jurassic Park: Dinoplastiken aus Beton

ausgerüsteten Fahrzeug unterwegs sein. Hinsichtlich der Zeit sollten Sie möglichst flexibel sein. Immer wenn sich die Gelegenheit dazu bietet, sollten Sie *nachtanken* – es ist irgendwie schöner, die Orientierung mit vollem Tank zu verlieren als mit leerem.

Fahrtechnisch stellt die Gobi sicher geringere Ansprüche als das Gebirge. Dennoch können Sie auch hier auf ausgespülte Wegestücke, tiefe Rinnen, unendliche Geröllfelder und auch sumpfige Stellen stoßen. *Im Frühjahr* verwandelt sich die Wüste während der Schneeschmelze regelmäßig für einige Tage in ein *unüberwindliches Schlammeer.*

Auf *Brunnen* werden Sie nur sehr selten treffen. Ob der Brunnen noch in Betrieb ist, erkennt man sehr leicht an der Ansammlung von großen Viehherden. Leider hat sich die Wasser-

versorgung in den Jahren nach der politischen Neuorientierung der Mongolei dramatisch verschlechtert. Der übergroße Prozentsatz der einst mit großem Aufwand installiert und gewarteten Brunnen mit mechanisch betriebenen Unterflurpumpen arbeitet heute nicht mehr. Die Nomaden sind deshalb gezwungen, sich um die immer weniger werdenden Brunnen anzusiedeln, was zu einer Konzentration riesiger Viehbestände auf einer relativ kleinen Fläche und damit zu einer gnadenlosen Überweidung in diesem Bereich führt. Hier liegt auch der Grund dafür, daß ausgedehnte Gebiete bar jeden Viehs und jeder menschlichen Siedlung sind. Hinzu kommt, daß die *Wasserqualität* angesichts eines hohen Anteils an Magnesium und Kalzium, bisweilen auch an Jod und Brom auf die Dauer zu einer *Schädigung der Verdauungs-*

In die Steppe

organe führt. Wenn es sich vermeiden läßt, sollten Sie also das Wasser aus Brunnen nicht trinken. Das gleiche gilt natürlich erst recht für Oberflächenwasser, soweit sie überhaupt darauf stoßen.

Hin und wieder kommt es in der Gobi zu *Staubstürmen,* die sich über mehrere Tage hinziehen können. Bei einem solchen Wetter kann man weder fahren noch sonst etwas unternehmen.

Aber auch sonst *staubt* es gewaltig. Fährt man im Konvoi, müssen die einzelnen Fahrzeuge einen, wenn nicht zwei oder drei Kilometer Abstand voneinander halten. Das vorausfahrende Fahrzeug hat kaum eine Chance, die Nachfolgenden im Rückspiegel durch die aufgewirbelte Staubfahne hindurch zu erkennen. Deshalb ist es bei Kolonnenfahrten sehr zweckmäßig, wenn das erste und das letzte Fahrzeug mit *Sprechfunkgeräten* ausgerüstet sind, um sich gegenseitig über besondere Fahrbahnsituationen oder aufgetretene Pannen zu unterrichten oder sich einfach hin und wieder mitzuteilen, daß sie noch da sind. Die Fahrer sollten bei jeder Rast einen Blick auf die Luftfilter werfen und sie gründlich ausklopfen.

Im Grunde gibt es jedoch keinen vernünftigen Grund, sich mutwillig den Strapazen, Gefahren und der tagelangen Tristesse einer Fahrt in die Gobi auszusetzen. Alles, was für die Gobi steht, also spärliche Vegetation, Sanddünen, Kamele und Fata Morganen (зэргэлгээ), kann man auch in anderen Gebieten schon ganz in der Nähe von Ulan Bator oder im Rahmen einer "gemischten Tour" Richtung Westen erleben. Die schönsten Ausgrabungsstätten von Sauriern gibt es allerdings tatsächlich tief in der Südgobi.

Verkehrsverhältnisse

Die *Verkehrsdichte* ist, wie bereits mehrfach angedeutet, außerordentlich gering. Das wird man am deutlichsten spätestens dann merken, wenn der eigene Wagen sich – aus welchen Gründen auch immer – nicht mehr weiterbewegt und Hilfe Fremder benötigt wird. Auf der anderen Seite sind Begegnungen mit anderen oder das Überholen Vorausfahrender *besondere Gefahrenmomente,* wenn Sie außerhalb der Städte unterwegs sind.

Beim *Überholen* müssen Sie davon ausgehen, daß der Vorausfahrende entweder keinen Rückspiegel hat oder ihn auf das hübsche Mädchen eingestellt hat, das hinter ihm sitzt. Auf Pisten ist das kein Problem. Sie wählen einfach rechtzeitig eine andere Spur, die genügend Sicherheitsabstand gewährleistet. Wenn man die Wahl hat, wird man sich natürlich für eine auf der Windseite liegende Spur entscheiden, um nicht von der Staubfahne des anderen erstickt zu werden. Auf festen und verbesserten Straßen dagegen sollten Sie so lange hinter dem Wagen bleiben, bis sie gesehen worden sind oder Ihr Hupen bemerkt worden ist. Dabei sollten Sie freilich außerhalb des Schußfeldes von durch das Reifenprofil aufgewirbelten Steinen bleiben, um nicht einen Schlag auf die Windschutzscheibe zu riskieren. Diese Vorsichtsmaßnahme ist erforderlich, weil jeder mongolische Fahrer immer um die beste Schlangenlinie durch die Schlaglöcher bemüht ist und deshalb durchaus ganz plötzlich voll auf die linke Straßenseite wechseln kann. Das gleiche gilt sinngemäß zunehmend auch für den innerstädischen Verkehr, wobei der "Spielraum" aber in der Regel nicht auf die Gegenfahrbahn ausgedehnt wird. Die Bedeutung von Fahrbahnmarkierungen, etwa Zebrastreifen, Halte- oder Spurlinien ist in der gesamten Mongolei völlig unbekannt.

Es hat sich als zweckmäßig erwiesen, beim Überholen das linke Vorderrad des zu Überholenden und mögliche vor ihm liegende Hindernisse, die Anlaß für ein Manöver nach links sein könnten, im Auge zu behalten.

Entgegenkommende Fahrzeuge, insbesondere Lastwagen, benehmen sich außerhalb der Ortschaften oft so, als seien sie allein auf der Straße. Andere haben voll damit zu tun, ihren uralten und in der Lenkung extrem ausgeschlagenen LKW überhaupt halbwegs in der Spur zu halten. Ein Lenkradspiel von einer halben Umdrehung ist in der Mongolei kein Grund, ein Fahrzeug aus dem Verkehr zu ziehen. Seien Sie also bei jeder Begegnung entsprechend vorbereitet.

Eine besonders gefährliche Gruppe unter den Truckern sind tags wie nachts die Tankwagenfahrer. Unsere Erlebnisse mit ihnen zu erzählen, böte Stoff für viele Abende am Lagerfeuer.

Übernachten in der Steppe

Jede Reise in die Steppe, die eine Gesamtstrecke von 300 km überschreitet, wird zwangsläufig dazu führen, daß Sie irgendwo in der Steppe übernachten müssen. Dafür bieten sich, wenn wir an dieser Stelle die Zwangsübernachtung aufgrund einer Panne im oder auf dem Fahrzeug einmal ausschließen wollen, folgende drei Varianten an.

Im Zelt

Zelten ist zumindest in den Sommermonaten die aus unserer Sicht *empfehlenswerteste Methode,* die Nacht zu verbringen, sofern Sie sich nicht absolut sicher sind, daß Sie am Zielort eine Jurte oder ein wohl präpariertes Hotelzimmer erwartet. Als *Zeltplatz* eignen sich vor allem Flußufer mit Windschutz durch Felsen oder Uferbewuchs. An einem Fluß kann man sich gut waschen, Getränke kühlen und den Abwasch machen. Bei Wind können zusätzlich auch die Fahrzeuge wagenburgähnlich um die Zelte gruppiert werden. Ein Zelt sollte man zur Not sowieso immer dabei haben, denn woher will man sicher sein, daß man jeden Tag das angestrebte Etappenziel tatsächlich erreicht. Wenn man zu dicht in der Nähe von Jurten oder Ortschaften zeltet, kann man sicher sein, daß man schon die ersten Schaulustigen um sich hat, bevor das Lager steht.

In Hinblick auf den *Zelttyp* haben wir keine besonderen Empfehlun-

In die Steppe

gen. Alles, was **wasser- und wind-dicht** ist, ist geeignet. Zelte ohne Boden gibt es heute ohnehin nicht mehr.

Am elegantesten, da auch im feuchten Gelände einsetzbar und in allerkürzester Zeit aufgebaut, sind **Dachzelte.** Hoch oben können sich auch die Ängstlichen sicher fühlen vor allerlei Getier. Die Anschaffung eines Dachzeltes ist allerdings teuer und lohnt sich nur, wenn man es regelmäßig benutzt. Die Nachteile eines Dachzeltes liegen darin, daß es im bergigen Gelände einige Mühe macht, einen geraden Standort für das das Zelt tragende Fahrzeug zu finden. Außerdem läßt sich ein solch

hohes Zelt schlechter vor dem Wind schützen.

Karavans oder **Wohnwagen** haben wir in der Mongolei noch nie gesehen. Die allergrößte Mehrheit der handelsüblichen Modelle dürfte auch für einen harten Geländeeinsatz vollkommen ungeeignet sein.

In der Jurte

In Jurten wird man vor allem dann übernachten, wenn man **mit mongolischen Freunden unterwegs** ist, die ihre Verwandten auf dem Land besuchen. Wenn ein solcher Typ Reise geplant ist, sollten sie wenigstens ihre **Isomatte oder Luftmatratze**

Wer plant, in einer Jurte zu übernachten, sollte dennoch Schlafsack und Isomatte dabei haben – und Geschenke für die Gastgeber

und einen eigenen **Schlafsack** mitbringen, denn es kann nicht immer erwartet werden, daß der Gastgeber genügend Matratzen und Bettzeug zur Verfügung hat. Beim Schlafengehen machen Sie einfach das, was die anderen auch machen. Meistens strecken sich die Mongolen irgendwo aus, ohne sich zu waschen. Achten Sie darauf, daß sie nicht zu dicht am Ofen liegen, damit ihr Schlafsack nicht zu Schaden kommt. Morgens stehen sie erst auf, wenn der Tee bereit ist, damit die Hausherrin genug Zeit hat, sich anzuziehen und Ordnung in der Jurte zu schaffen.

In Hotels

Außerhalb von Ulan Bator, Darchan und Erdenet in einem Hotel zu übernachten, ist die denkbar **schlechteste, teuerste und unsicherste Übernachtungsvariante.**

Funktionierende Hotels, die halbwegs dem entsprechen, was man sich unter diesem Begriff vorstellt, gibt es neben Ulan Bator im Grunde nur noch in den großen Städten Darchan und Erdenet.

Die **Hotels in den Aimakzentren** sind entweder gar nicht mehr in Betrieb oder in einem total heruntergekommenen Zustand. Schlösser schließen oft nicht, die Bäder und Toiletten sind unbenutzbar, oder es gibt gar kein Wasser; auch Strom ist oft genug nicht vorhanden. Empfehlenswert ist, auch in die Hotels einen eigenen Schlafsack mitzunehmen, den man der hauseigenen Bettwäsche vorziehen dürfte. Die Liste der Unzumutbarkeiten, für die man in der Regel 20 bis 30 US$, wenn nicht noch mehr bezahlen soll, könnte beliebig fortgesetzt werden. Hinzu kommt, daß sich in diesen Häusern merkwürdige Gestalten herumzudrücken pflegen und in irgendeinem der Nachbarzimmer garantiert eine Orgie abgeht, die nicht vor dem Morgengrauen zu Ende ist.

In den Somonzentren gibt es inzwischen kaum noch Hotels und selbst wenn, dann ist die Frau, die den Schlüssel haben soll, mit Sicherheit gerade nicht auffindbar. Kurz, es ist in jedem Fall besser, irgendwo in malerischer Landschaft zu zelten und sich selbst zu verpflegen, als sich am Ende eines anstrengenden Tages auf ein Abenteuer mit unbestimmtem Ausgang einzulassen.

Neben dem Ärger mit den Hotels selbst kommt potenzierend hinzu, daß man in einer Ortschaft auch Mühe hat, sein Fahrzeug sicher unterzubringen. Die Abfahrt am nächsten Morgen verzögert sich meist uferlos, weil das Hotelpersonal die Rechnung nicht fertig bekommt, sich Leute an ihrem Wagen drängeln, die unbedingt mitfahren wollen oder der Dorfpolizist beschlossen hat, sich heute den ganzen Vormittag für Sie freizunehmen. Aus diesen Gründen haben wir in unsereren Routenvorschlägen **bewußt darauf verzichtet, Hinweise auf Hotels zu geben.**

Eine qualitativ in der Regel bessere Anlaufstelle sind die **Touristencamps** für Ausländer. Aber auch hier kann man sich nicht sicher sein, ob man auch tatsächlich unterkommt. Eine Nacht in einem solchen Camp kostet selten weniger als 50 US$.

In die Steppe

271

Verpflegung unterwegs

Sobald man in der Mongolei die Hauptstadt verläßt und über Land weiterreist, ist die *Verpflegung,* abgesehen von dem, was man selbst mit sich führt, *sehr unsicher.* Man kann sich im wesentlichen nicht darauf verlassen, unterwegs ausreichend Lebensmittel zukaufen zu können, zumal die Lokalitäten, wo man für Geld tatsächlich etwas bekommen kann, sehr dünn gestreut sind. Dennoch gibt es einige beschränkte Möglichkeiten, sich en route Nahrung oder Vorräte zu besorgen bzw. irgendwo essen zu gehen.

Essen am Straßenrand

Entlang der großen Ausfallstraßen in unmittelbarer Nähe Ulan Bators und an einigen wenigen häufig befahrenen Steppenpisten gibt es schäbig aussehende Jurten, Wohnwagen oder hölzerne Kioske, die durch ein Schild mit der Aufschrift "гуанз" als Imbiß *(Guands)* zu erkennen sind. Entsprechend dem Äußeren des jeweiligen Imbisses kann man Rückschlüsse auf die Hygiene bei der Zubereitung der Speisen bzw. auf die Sauberkeit der Eßgeschirre ziehen. Besonders interessant ist die Frage, wo das Restaurant das Wasser zum Kochen herbekommt. Lassen Sie also ihren Blick schweifen, um zu erkunden, ob es in der Nähe einen

Raststätten *(Guands)* am Straßenrand tragen immer eine entsprechende Aufschrift. Hier einzukehren ist etwas für Abenteuerlustige mit gutem Magen und einem unerschütterlichen Glauben an die eigene Gesundheit

Brunnen gibt oder nur ein schlammi-
ger Tümpel zu sehen ist. Es empfiehlt sich, hier nur einzukehren,
wenn man es besonders eilig hat.

Die **Auswahl der Speisen** beschränkt sich in der Regel auf *Labt-
schaa* – die gute alte Hammelsuppe
(гурилтай хоол) – und *Buuds,* ge-
dämpfte Teigtaschen, mit gehacktem
Hammelfleisch gefüllt (бууз), die
dann als besonders lecker gelten,
wenn das heiße Fett nur so aus ihnen
heraustrieft. Beliebt sind auch *Chuuschuur* (хуушуур), das ist die in Fett
gebackene, flachgedrückte Variante
der *Buuds.*

Abgesehen davon gibt es heißen
Milchtee, der gesalzen ist und eventuell mit etwas geschmolzener Butter
noch nahrhafter gemacht wurde.

Manche dieser *Guands* verkaufen
außerdem lebendige **Schafe zum
Selberschlachten,** eine Verpfle-
gungsmöglichkeit, von der vor allem
Gruppen von Mongolen, die auf der
Ladefläche eines Lasters reisen, gerne Gebrauch machen.

Nach unserem Dafürhalten wird man in der
familiären Atmosphäre einer Jurte hervorragend bekocht. Aber nicht jeder mag unsere
Vorliebe für fette Hammelsuppe und gesal-
zenen Milchtee teilen.

Zu Gast in der Jurte

Der Vorteil, in einer Jurte als Gast
geladen zu sein, besteht darin, daß
die **Hygiene** in familiärer Umgebung
im Vergleich zu der in den *Guands*
zweifelsfrei besser ist. Als nachteilig
mag es hingegen manch einer empfinden, daß man aus Gründen der
Gastfreundschaft in einer Jurte vielleicht das eine oder andere verkösti-
gen muß, das weder schmackhaft
aussieht noch gut riecht. Vor allem
die im Sommer so häufig angebotenen verschiedenen Milchprodukte

sind **europäischen Mägen nicht
immer zuträglich.** In einer Jurte zu
Gast zu sein, verlangt neben einem
strapazierfähigen Magen außerdem eine gewisse Sensibilität für das richtige
Benehmen. Mehr dazu lesen Sie bitte
im entsprechenden Abschnitt nach.

Man schlachte mir ein Schaf

Die meisten Nomaden lassen sich
für Bargeld gerne ein Schaf abkau-
fen und schlachten es mal eben
schnell für Sie. Erwarten Sie aber
nicht, daß das Schaf auf europäische
Weise zerteilt wird und Sie mit Vorrä-
ten an Kotletten, Filetstücken und
ähnlichem weiterreisen. Vielmehr gilt

In die Steppe

273

Das Murmeltier – ein Leckerbissen

Murmeltiere zählen zu den am häufigsten in der Mongolei vorkommenden Nagern. Ihr Verbreitungsgebiet erstreckt sich über die gesamte Steppen- und Gebirgsregion, wobei die Bestandsdichte sehr unterschiedlich sein kann. Ihren Bau errichten Murmeltiere mit Vorliebe in Gegenden mit festen Erdschichten oder starkem Durchsatz mit Pflanzenwurzeln, die ihn vor dem Einsturz schützen. Auf die Weide begeben sie sich vor allem in den frühen Morgenstunden oder gegen Abend. In den kurzen Sommermonaten, in denen die Weibchen 5-12 Junge zur Welt bringen, sind sie ausschließlich damit befaßt, möglichst viel zu fressen, um Fett für den Winterschlaf anzusetzen. Ende September erreicht ihr Körpergewicht 4 bis 5 kg, 1,5 kg davon sind reines Fett. Im Oktober begeben sie sich in ihren Bau, verschließen den Eingang von innen und halten Winterschlaf, indem sie ihre Herzfrequenz und Körpertemperatur deutlich absenken. Den Bau verlassen sie erst wieder im nächsten Frühjahr mit der einsetzenden Schneeschmelze. Der Bau ist 1,5 bis 3 m tief und erreicht eine Länge von 15 bis 20 m. Neben dem eigentlichen Bau haben die Tiere oft noch kleinere Unterstände, in denen sie bei drohender Gefahr kurzfristig verschwinden können, und so-genannte Sommerlöcher, die in ihren Ausmaßen etwa denen des Winterbaus entsprechen.

Jährlich werden in der Mongolei etwa eine Million Murmeltiere erlegt. Ein guter *Jäger* kann an einem Tag weit über 20 Murmeltiere schießen. Zur Jagd trägt er möglichst helle Kleidung. Die Neugier der Tiere wird zusätzlich dadurch geweckt, daß der Jäger eine Mütze mit Schlappohren, Vogelfedern oder anderen auffallenden Details oder einen weißen Yakschwanz oder auch einfach einen weißen Besen trägt. Die Familie eines erfolgreichen Jägers kann die täglich anfallenden Fleischmengen nicht mehr verzehren. Sogar die.nimmersatten Jurtenhunde der Schützen würdigen in der Jagdsaison selbst den besten Happen keines Blickes mehr.

Das *Fell* der Tiere wird, besonders dann, wenn es im August oder September geschossen wurde, als Rohmaterial für die Herstellung von Kragenbesatz sowie Pelzmützen und -jacken geschätzt. Besonders hohe Preise erzielen Felle aus dem Altai-Gebirge, weil die Tiere hier am größten werden und den dichtesten und weichsten Pelz aufweisen. Die Farbe des Fells schwankt zwischen hell sandfarben und dunkelbraun, fast schwarz.

Neben dem Fell findet auch das ausgelassene *Fett* der Tiere einen bedingten Absatz. Es dient als Ausgangsstoff zur Herstellung von Gelenk- und Schmerzmitteln, die besonders im süddeutschen

in der Mongolei, daß ein Schaf dann gut zerteilt ist, wenn jedes handliche Stück auch etwas Knochen mit dabei hat. In den meisten Monaten wird sich die Mitnahme von ungekochtem Fleisch auf die Weiterreise aus Gründen der Haltbarkeit nicht sonderlich empfehlen.

Eine Möglichkeit wäre hier, einen Einheimischen zu bitten, das *Schaf in der Milchkanne* zuzubereiten (хонины хорхог). Dazu begibt man sich an einen Fluß, sucht glatte Steine heraus, erhitzt diese in einem Lagerfeuer und gart anschließend das in Stücke geteilte Schaf in einer großen 40-l-Milchkanne mithilfe der heißen Steine. Das Fleisch wird herrlich zart und schmackhaft und gilt auch unter Mongolen als besonderer Leckerbissen. Laden Sie alle Helfer zum Mitessen ein. Es wird immer

Das Murmeltier wird mit heißen Steinen gefüllt und gart von selbst

Raum sowie in Österreich und der Schweiz traditionell verwendet werden.

Murmeltierfleisch gehört für Mongolen zu den besonderen Delikatessen, vor allem dann, wenn es nach traditioneller Art im eigenen Fell zubereitet wurde. Es ist vielleicht am ehesten mit Kaninchenfleisch vergleichbar, jedoch weitaus fetter. Der Verzehr der rohen Leber soll die Manneskraft stärken. Die *Zubereitung von Murmeltieren* erfolgt auf eine ganz besondere Art. Die Tiere werden im Balg ausgenommen und entbeint, und anschließend werden die Leber und die Nieren mit wilden Zwiebeln umwickelt und zusammen mit dem Fleisch, Kräutern und heißen Steinen wieder in den Balg gefüllt. Am Hals wird dieser dann mit einem Draht verschlossen und das Murmeltier als Ganzes gegart. Das so zubereitete Fleisch ist extrem lecker und eine äußerst schmackhafte Abwechslung auf dem Speiseplan. Zudem wird es immer unter freiem Himmel zubereitet und auch verspeist. Wer also die Chance hat, es zu probieren, sollte unbedingt zugreifen und auch von der starken Brühe, die das Fleisch abgibt, ein Schälchen probieren. Das Fleisch ist zugegebenermaßen recht fett, aber mit einem Schlückchen Wodka, der immer dazu gereicht wird, ist es leicht genug zu verdauen. Selbstredend macht man eine besonders gute Figur, wenn man selber eine Flasche Wodka aus dem Gepäck ziehen und der Runde anbieten kann.

noch genügend gekochtes Fleisch übrig bleiben, daß Sie zur Weiterreise mitnehmen können.

Im Übrigen zeigen Sie sich besonders großzügig, wenn Sie *Innereien, Fettsteiß, Schafskopf und Fell beim Verkäufer zurücklassen.* Sie sind eigentlich im Verkaufspreis inbegriffen, werden Ihnen aber bei Transport und Zubereitung nur Schwierigkeiten machen.

Eine weitere typische Variante der Ernährung besteht darin, sich eine *Ziege schlachten* zu lassen. Sie ist im Preis, wenn sie auf das Fell verzichten, meist billiger, und das Fleisch ist, solange es heiß ist, sehr aromatisch. Auch die Ziege eignet sich zur Zubereitung *in der Milchkanne* (ямааны хорхог). Nur noch wenige Mongolen beherrschen die Kunst, eine Ziege so zuzubereiten,

In die Steppe

275

Vor allem im Frühjahr droht bei offenem Feuer ein Steppenbrand. Hier hilft ein Eisring!

daß sie anstelle in der Milchkanne *in ihrem eigenen Fell* (ямааны боодог) gegart werden kann. Um eine Ziege auf eine solche Art zubereiten zu lassen, müssen sie mindestens eine halben Tag Zeit mitbringen.

Selbst ist der Koch

Kocher

Den größten Teil der Reise über Land wird man sich selbst verpflegen müssen und vornehmlich abends *über dem offenen Feuer* kochen. Schneller, sauberer und bei Regen auch zuverlässiger kocht man indes mit einem *Gaskocher,* den man in Ulan Bator für umgerechnet ca. 30 DM erstehen kann. Eine Gaspatrone brennt ca. drei Stunden und kostet ca. 2,50 DM (Achtung: Gaskartuschen dürfen nicht im Flugzeug transportiert werden). Unsere eigenen Erfahrungen mit *Benzin- oder Dieselkochern,* egal welchen Her-

stellers oder welcher Preisklasse, sind durchweg negativ. Nach einigen Tagen der Benutzung setzen sich die Düsen zu, so daß der Kocher nur noch extrem rußend und später gar nicht mehr brennt. Düsenreinigungen und -wechsel sind eine sehr schmutzige Angelegenheit. Es gibt jedoch auch robustere, leicht zu reinigende und auch mit unterschiedlichen Brennstoffqualitäten betreibbare Kocher.

Lebensmittel

Wenn Sie mongolische Begleiter dabei haben, werden diese vermutlich *Trockenfleisch* mit sich führen und daraus Suppen kochen. Sie selbst können sich in Ulan Bator mit verschiedenen sehr preiswerten *chinesischen Instantsuppen,* die es in diversen Geschmacksrichtungen gibt, eindecken. Sie sind schnell zubereitet und machen satt. – Wer fürs Frühstück Süßes möchte, sollte ebenfalls aus Ulan Bator Marmelade oder ähnliches mitnehmen, das heißt, wenn Sie optimistisch genug sind, unterwegs auch irgendwo **Brot** zu finden. Außerhalb der großen Städte kann man bis auf Fleisch und im späten Sommer hier und da auch Gemüse **kaum frische Lebensmittel** erstehen, so daß man genügend **Konserven**, Kaffee, Tee, Gewürze usw. mitführen muß.

Jäger und Sammler

Abgesehen von den wenigen Lebensmitteln, die Sie unterwegs kaufen können, gibt es natürlich auch die Möglichkeit, hier und da etwas zu sammeln oder zu "jagen", was die

Manch leckerer Fisch endet am Grillstock. Vorne links im Bild übrigens ein fast fertiger Murmeltierbraten.

Natur hergibt. An erster Stelle seien hier **Pilze und Kräuter** sowie **wilde Zwiebeln** und **Rhabarber** genannt. Außerdem lieben die Mongolen es, Pinienkerne zu knabbern, und vor allem im August/September werden Sie die Möglichkeit haben, hier den einen oder anderen naturnahen Snack zu genießen.

Neben den domestizierten Tieren gibt es in der Mongolei auch jagd- und eßbare **Wildtiere.** Ihre Reisebegleiter werden die Fahrt, wo sich Gelegenheit bietet, gerne zu einer kleinen Jagd unterbrechen, um den Speisezettel aufzubessern. Auch **Fische** können so im Topf oder am Grillstöckchen enden: Große Raubfische wie etwa Lachse werden von Mongolen schon mal gejagt, das heißt geschossen statt geangelt. Sollten Sie selbst jagen oder angeln wollen, sollten Sie sich vorher nach den notwendigen Genehmigungen erkundigen, um unliebsamen Überraschungen vorzubeugen.

Verhalten unterwegs

Die Erwartungen an den ausländischen Gast

Ein mongolisches Sprichwort heißt: **Wessen Wasser du trinkst, dessen Sitten befolge.**

Dies beschreibt eigentlich sehr treffend, was Mongolen von Ausländern erwarten. Kleine, ganz offensichtlich unabsichtliche Verletzungen der mongolischen Sitten werden nicht nachgetragen. Übel nehmen wird man es jedoch jedem Besucher,

In die Steppe

wenn er sich ganz bewußt abfällig oder überheblich über die realen Gegebenheiten auf dem Lande äußert.

Versuchen Sie also, sich so zu verhalten, als wären Sie selbst in der Mongolei aufgewachsen oder versuchen Sie zumindest, es sich vorzustellen.

Der Umgang mit mongolischen Begleitern

Für jeden Ausflug aus Ulan Bator heraus benötigen Sie, sofern Sie nicht Mongolisch sprechen, sich in der Landschaft auskennen und gewisse Erfahrungen im Umgang mit Fahrzeugen haben, einen **Stab von Leuten,** die Sie begleiten. Dabei wird es sich fast immer um Mongolen handeln, die diesen Job nur nebenbei machen und entsprechend **unprofessionell** zu Werke gehen. Das muß nicht in jedem Fall schlecht sein, sondern erhöht vielmehr den Realitätsgehalt ihrer weiteren Reiseerlebnisse. Nichts ist aus unserer Sicht schlimmer, als an einer sterilen, seit Jahrzehnten immer im gleichen Stil ablaufenden Gruppenreise eines Reisebüros teilzunehmen, bei der man in der Steppe den Wein zwar fachgerecht serviert, vom Land aber einer höchst verzerrten Eindruck suggeriert bekommt.

Neben einem **Dolmetscher** benötigen Sie einen **Fahrer** und eventuell noch einen **Orts- oder Sachkundigen.** Bei größeren Gruppen kann auch die Mitnahme eines **Kochs** ganz nützlich sein. Bei der Auswahl des Personals können Ihnen vielleicht andere Ausländer, die

Eine Büchse Bier hält nicht nur Ihre Begleiter bei Laune, sondern unterstützt auch die Hilfsbereitschaft Dritter.

sich bereits längere Zeit in der Mongolei aufhalten, behilflich sein.

So viele Leute dazu zu bringen, zu einer bestimmten Zeit mit einer kompletten Ausrüstung an einem bestimmten Sammelpunkt zu erscheinen, hat in den vielen Jahren unseres Aufenthalts in der Mongolei noch nie jemand geschafft. Über **Verspätungen** von weniger als einer Stunde redet man nicht. Die Faustregel lautet, daß man sich um 9.00 Uhr verabredet, um 10.00 Uhr alle da sind und man um 16.00 Uhr aus der Stadt heraus ist. In den dazwischen liegenden 6 bis 7 Stunden wird all das erledigt, was die Begleitmannschaft eigentlich an den Vortagen hätte machen sollen. Dem Auto fehlt Benzin, die verborgten Kanister müssen noch zurückgeholt werden vom anderen Ende der Stadt, der Ersatzreifen ist nur Makulatur, Öl gibt es erst an der 3. Tankstelle usw.

Analog dazu hat jeder andere Mitreisende auch seine Besorgungen zu machen, und Lebensmittel werden ohnehin erst kurz vor der Abfahrt beschafft. Wenn Sie einen solchen Start vermeiden wollen, müssen Sie mit der Vorbereitung rechtzeitig beginnen und *jede noch so kleine Kleinigkeit selbst überwachen und kontrollieren.*

Nicht selten kommt es auch vor, daß man kurz vor der Abfahrt versucht, noch *weitere,* mit der Expedition in keinerlei Zusammenhang stehende *Leute* mit in die Autos zu setzen, nach dem Motto: "Meine Oma wollte schon immer mal an den Chuwsgul. Das werden Sie doch verstehen und sie macht sich auch ganz klein und leicht." Sicher werden Sie die Oma in einem solchen Fall auf Ihre nächste Reise im nächsten Jahr vertrösten.

Analoges passiert mit Sicherheit auch auf der Rückreise, wenn einige der Besuchten plötzlich Lust bekommen, mal einen Einkaufsbummel in Ulan Bator zu machen oder den lieben Verwandten in der Stadt bergeweise Milchspeisen, überschwappende Milchkannen oder lebende Schafe mitgeben wollen. Im Auto verschüttete Milch riecht man noch nach zwei Jahren, und auch ein lebendes Schaf weiß sich selten zu benehmen.

Kaum aus der Stadt heraus, erlangen Zeit und Raum für Ihre Begleiter plötzlich eine ganz andere Dimension. *Reiseroute und Zeitplan* können, wie wir weiter oben aus verschiedenen Zusammenhängen heraus erläutert haben, kein Dogma sein. Dennoch sollten Sie von Anfang an *deutlich zu erkennen geben, daß Sie diese Reise bezahlen* und deshalb auch verlangen können, daß jeder das macht, wofür er angeheuert wurde. Anderenfalls – das haben wir zur Genüge erlebt – kommt der Fahrer plötzlich auf die Idee, mal eben seinen Bruder zu besuchen, der 150 km abseits der vorgesehenen Route wohnt, ein anderer verlangt, an jeder Milchkanne anzuhalten, um Airag zu trinken. Den Weg kreuzende Murmeltiere oder anderes jagbare Getier lassen alle Dämme der Selbstkontrolle brechen. Nun ist es, wenn Sie erst einmal in der Steppe sind, nicht mehr sehr ergiebig, Personalentscheidungen zu überdenken. In Grundsatzdiskussionen haben sie immer dann gute Karten, wenn Sie die *Reise erst dann bezahlen, wenn Sie wieder in Ulan Bator sind.* Lassen Sie sich auf keinen Fall darauf ein, den gesamten Reisepreis im Voraus zu bezahlen. Ein *kleiner Vorschuß* geht in Ordnung, weil die Mannschaft sonst buchstäblich ohne Hosenknopf in der Tasche und die Autos nur mit einem Gurkenglas voller Benzin losfahren.

An den Abenden gibt es in der Steppe eigentlich nur eine Art der Beschäftigung für Mongolen – es wird *hemmungslos getrunken,* so-

In die Steppe

lange der Vorrat reicht. Wenn der Vorschuß nicht zu üppig war, wird der Vorrat klein sein. Um zu vermeiden, daß der Fahrer sich, wenn die eigenen Flaschen leer sind, im unkontrollierten Zustand auf den Weg macht, um aus der nächsten Jurte Nachschub zu besorgen, kann man sich ja den Zündschlüssel in die Tasche stecken.

Die Atmosphäre in der Gruppe

Selbst die besten organisatorischen und technischen Vorbereitungen können nicht garantieren, daß die geplante Expedition zu einem vollen Erfolg wird. Viel hängt, neben dem Wetter, auch von der Atmosphäre in der Gruppe selbst ab. Wir wollen an dieser Stelle nicht versuchen, den Psychologen den Rang abzulaufen. Bemerkenswert ist es jedoch, wie unterschiedlich Leute auf gleiche Dinge reagieren können. So kann der Aufenthalt in den Weiten der Steppe schiere Euphorie, aber auch phlegmatische Verzweiflung auslösen. Verwundern muß dabei, daß die Reisenden in der Regel ja wußten, worauf sie sich einlassen. Und dennoch scheint der eine oder andere Teilnehmer erst unterwegs tatsächlich zu begreifen, daß **Wüste oder Steppe nicht Disneyland** sind. Sicher nicht ganz fair ist es, wenn der Rest der Gruppe einen Unglücklichen oder Tolpatschigen noch zusätzlich hänselt. So kann die Geschichte vom bösen Wolf – an die man ja seit seiner Kindheit nicht mehr zu glauben mein-

Gegen die meisten Anspannungen in der Gruppe hilft ein gutes Essen.
Ein in der Milchkanne mit heißen Steinen gegartes Schaf ist dafür goldrichtig.

te – doch plötzlich wieder denkbar erscheinen, wenn man nachts allein in seinem Zelt liegt. Auch überzogene Prognosen über die Strapazen, die noch bevorstehen, sind keine Massage für die angeschlagene Seele. Der einzige Weg, sich nicht zum Michel in der Gruppe machen zu lassen, ist, seine Schwächen nicht zu Markte zu tragen.

Harte Spiele

Bisweilen trifft man in den Jurten unterwegs auf Mongolen, die den Europäern gerne einmal zeigen würden, **was ein richtiger Mann ist und verträgt.** Unter dem in solch einer Situation scheinheiligen Hinweis, man dürfe den Gastgeber nicht beleidigen und müsse die Gastfreundschaft zu würdigen wissen, werden dem Gast immer neue Getränke dargebracht. Besonders heimtückisch sind der selbstgemachte Milchschnaps und selbstgemischter Alkohol, dessen Rohstoff nicht selten technischer Alkohol ist. In einer solchen Situation sollte man nicht unbedingt den Ehrgeiz haben, gewinnen zu wollen.

Das Benehmen in der Jurte

Wer sich gründlich auf seine Mongolei-Reise vorbereitet, wird sicher auch das eine oder andere völkerkundliche Buch über die Steppennomaden zur Hand nehmen und dort ausgiebige Abhandlungen über die Sitten und Gebräuche der Mongolen finden (siehe auch Literaturhinweise im Anhang). Wer heute als weißhäutiger Ausländer eine Jurte betritt (ge-

Das Innere der Jurten auf dem Land unterscheidet sich deutlich von denen im Touristencamp. Manch einer mag sich hier ein Herz fassen müssen.

meint sind hier natürlich nicht die Jurten, die in Touristencamps stehen), ist in den Augen der Nomaden das, was sie als **gehörnten Hasen** bezeichnen. Das soll heißen, daß man, soweit man sich in den Grenzen des weltweit gepflegten guten Benehmens und der zwischenmenschlichen Beziehungen bewegt, mindestens die **Narrenfreiheit** besitzt, die man Kleinkindern zubilligt. Ein Tourist, der zu deutlich zu erkennen gibt, daß er aus der Großstadt kommt, hat bestimmt für die Einheimischen, vor allem für die Kinder natürlich, einen großen Unterhaltungswert.

In die Steppe

Annäherung an die Jurte

Dennoch kann es sicher nicht schaden, sich zumindest nach den gängigsten Gepflogenheiten im Jurtenlager zu richten. Zu einer anständigen Jurte gehören ein oder mehrere große **Hunde,** die nicht nur gehalten werden, um die Küchenabfälle zu fressen, sondern deren Hauptbeschäftigung im Kampf gegen die Wölfe und im Schutz der Jurte vor Eindringlingen besteht. Diese Aufgaben erfüllen sie mit großem Nachdruck. Ein Wagen, der sich der Jurte nähert, wird bereits aus 200 m Entfernung attackiert. Schlecht beraten sind in einer solchen Situation Radfahrer, es sei denn, sie benutzen ein Hochrad. Auch Pferde reagieren auf derartige Attacken nervös. Die Wahrscheinlichkeit, daß man sich durch einen Hundebiß die Tollwut zuzieht, ist eher gering, dennoch kann ein anständiger Biß das vorzeitige Ende der Reise bedeuten. Wer will schon das Risiko einer Infektion eingehen. Warten Sie deshalb in der Nähe der Jurte, bis die Hunde angebunden sind oder von Kindern festgehalten werden. Vermeiden Sie es, bei der Annäherung an die Jurte von hinten, also von Norden zu kommen oder über auf dem Boden liegende Peitschen, Fangstangen oder Bindestricke für die Jungtiere zu fahren. Parken Sie nicht unmittelbar vor der Jurtenür, sondern in 20-30 m Abstand.

"Etwa drei" mag ein Nomade auf die Frage antworten, wieviele Kinder er hat. In Wirklichkeit mögen es zwei oder vier oder fünf sein.

Eintritt und Begrüßung

Beim Eintritt in die Jurte – Vorsicht, die Tür ist sehr niedrig – sollte man **nicht auf die Schwelle treten.** Dies würde als schlechtes Omen, das vom Gast ausgeht, gewertet. In der Regel weist der Hausherr oder die Hausherrin den Gästen, zumindest den als maßgeblich erscheinenden (am maßgeblichsten erscheinen die Älteren und die Dicken!) **Plätze** zu, indem sie extrem niedrige Hocker bereitstellt. Die **Rangordnung** innerhalb der Gäste bestimmt im klassischen Verständnis der Mongolen auch, wie sie untereinander in der Jurte Platz nehmen. Derjenige, der an weitesten im *Chojmor,* dem Ehrenplatz genau gegenüber der Eingangstür, Platz nimmt, wird mit Sicherheit als der Boss angesehen. Gäste nehmen immer auf der Westseite des Jurteninneren Platz. Die Westeite ist die linke Seite, weil die Eingangstür traditionell nach Süden zeigt. Rangniedere Gäste bleiben im Bereich der Tür. Wir wollen damit andeuten, daß Sie, wenn Sie in einer Gruppe unterwegs sind, in der Art, wie sie sich plazieren, automatisch ihre Rangordnung untereinander verdeutlichen. Schwierig ist die **Einordnung von Frauen.** Die Damenwelt gehört eigentlich in den östlichen, d.h. rechten Teil der Jurte. Das hat offenbar den praktischen Grund, daß die Ofenöffnung auch nach rechts zeigt. Gerade am Ofen, der in der einschlägigen Literatur als absolutes Kultobjekt beschrieben wird, wird jedoch deutlich, daß es mit den jahrtausendealten Traditionen nicht mehr überall weit her ist. Im Uwurchangaj-Aimak z. B. wird man nur schwerlich auf eine Jurte stoßen, wo die Ofenöffnung nicht nach links zeigt und damit eigentlich schwer traditionswidrig gehandelt wird. In der Regel jedoch sitzt der höchste Gast leicht links von der Diagonalen zwischen Jurtentür und dem *Chojmor;* der Gastgeber ihm gegenüber leicht rechts davon, also schon auf der Frauen- oder Küchenseite.

Bevor, von den Begrüßungsworten abgesehen, ein Gespräch in Gang kommt, haben die Gäste meist schon eine **Schale Tee,** in den Sommermonaten je nach Region auch eine **Schale Airag** in der Hand. Teegefäße, wie überhaupt alle Gegenstände, die einem gereicht werden, nimmt man mit der rechten Hand entgegen, wobei der Unterarm bedeckt sein sollte (lange Ärmel) und im Bereich des Ellenbogens von der linken Hand gestützt wird. Mongolen krempeln ihren Deel, wenn ihnen etwas gereicht wird, demonstrativ weit nach unten. **Beleidigend ist es, wenn Sie die gebotene Schale Tee oder angebotene Speisen ablehnen.** Man wird Sie nicht zwingen, etwas zu essen oder zu trinken, aber man erwartet, daß sie die Speisen zumindest probieren, sei es auch nur durch das Führen an die Lippen. Wenn eine Schale leer ist, wird die aufmerksame Hausfrau sie gleich wieder füllen. Dies setzt sich so lange fort, bis der Gast seine Schale nicht mehr austrinkt. Etwas stehen zu lassen, gilt also nicht als unhöflich – im Gegenteil; es erfüllt die Gastgeber mit Stolz, wenn sie den Gästen mehr bieten konnten, als diese zu verputzen vermochten.

Zwischen dem Begrüßungstee und dem Essen, das vielfach zu einem Besuch in einer Jurte gehört, entfaltet sich dann die **Unterhaltung.** Der Tradition nach werden dabei zunächst Informationen über das Woher und Wohin der Reisenden ausgetauscht. Der Gastgeber erwartet, daß er nach seinem Gesundheitszustand, dem seiner Familie und der Lage in der Herde gefragt wird. In den Begrüßungsfloskeln wird man **nie eine schlechte Antwort geben.** Selbst wer seinen Kopf schon unter dem Arm trägt, wird immer antworten, daß es ihm körperlich hervorragend geht.

Die Nomaden sind **selten sehr gesprächig** und **antworten eher ausweichend.** Sie empfinden es als befremdlich, wenn der gerade Angekommene eigenartige, die Privatsphäre oder den Haushalt betreffende Fragen stellt, die sich aus Sicht des Befragten von selbst beantworten oder den Fragenden nichts angehen. Diese Eigenart der Nomaden erschwert es z. B. Studenten oder Wissenschaftlern, empirische Daten zu sammeln. Beliebt ist, wenn schon geantwortet werden muß, das Wort "etwa". So erfährt man, daß die Familie etwa 10 Kinder und etwa 300 Tiere hat. Etwa 10 können ebenso 8 wie 12 Kinder sein.

Besonders bei den Alten sehr beliebt ist das **Schnupfen von Tabak.** Aus edlem Material hergestellte und reich verzierte Schnupftabakflaschen sind das, was die Rolex am Handgelenk des bewunderungssüchtigen Europäers darstellt. Der Hausherr überreicht seinem vermeindlich höchsten Gast, also dem, der ihm am nächsten sitzt, die leicht entkorkte Flasche, indem er sie im Ballen seiner rechten Hand führt. Der Daumen liegt dabei am Korkenknopf, der zumeist aus Koralle besteht. Der zum Schnupfen aufgeforderte Gast nimmt die so dargereichte Flasche in gleicher Weise entgegen, d.h. er bedeckt seinen rechten Unterarm oder zieht demonstrativ den Ärmel noch weiter hinunter, als er schon ist und nimmt die Flasche ebenfalls mit dem Handballen entgegen, wobei der Daumen an den Korkenknopf geführt wird. Anschließend zieht man den Korken gänzlich heraus. Im Korken steckt ein Löffelchen, an dem Spuren des Schnupftabaks kleben. Diese Krümel sollten für den "Nichtschnupfer" als Geste ausreichend sein. Es reicht auch, einfach am leicht aus der Flasche gezogenen Korken zu riechen. Wer eine richtige Prise probieren möchte, muß unter Schütteln der Flasche mit dem Löffelchen versuchen, mehr herauszubekommen. Das Pulver legt man entweder auf den Daumennagel oder in die Maus der linken Hand und führt diese dann an die Nase. Nachdem man hoffentlich nicht durch lautes Niesen für einen Lacherfolg gesorgt hat, gibt man die Flasche in analoger Weise wieder an den Gastgeber zurück. Wichtig ist, daß der Korken nur leicht verschlossen wird. Um zu vermeiden, daß er zu tief hereinrutscht, stützt man ihn mit dem Daumen. Zu fest verschlossen überreichte Flaschen deuten auf "harte

Zeiten", auf Mißgunst oder gar Feindseligkeiten hin.

Die eben beschriebene Zeremonie ist im Grunde nur die Aushilfsvariante für den Fall, daß Sie ihrerseits keine Schnupftabakflasche dabei haben. Mongolen tauschen ihre Flaschen, indem sie sie geschickt in den Handballen aneinander vorbeischieben. Sind mehrere Männer anwesend, werden sie ihre Flaschen nach und nach ebenfalls zücken und Ihnen anbieten.

Essen

Auf einen gut gedeckten mongolischen Jurtentisch gehört auch eine Sammlung **weißer Speisen,** das sind Stückchen getrockneten Quarks, Rahmscheiben und Zuckerzeug, die auf einem großen Tablett von der Hausfrau herumgereicht werden. Die Sitte gebietet es auch hier, **zumindest ein Stückchen zu kosten.** Die Quarkstückchen sind an der Sonne getrocknet und deshalb extrem hart. Wer sich ein zu großes Stück zumutet, kann sich damit stundenlang beschäftigen und muß vorsichtig sein, sich nicht die Zähne auszubeißen. Vom Rahm können sie bedenkenlos kosten. Alle Milchprodukte sind pasteurisiert, deshalb besteht keine Gefahr, sich über frische Milch mit Brucellose zu infizieren.

Die **Eßkultur** der Nomaden ist sehr einfach. Zum Essen bleibt man an dem Platz sitzen, den man gerade inne hat, wer im *Chojmor* sitzt, kann den dort befindlichen niedrigen Tisch nutzen, um die Schale abzustellen, im Türbereich Sitzenden bleibt nur der Fußboden. Wenn es

Suppe gibt, türmt die Hausfrau das Fleisch und die Nudeln pyramidenartig über den Rand der Schale, was die ersten Happen etwas problematisch macht. Wenn es gekochtes **Fleisch** gibt, kommt die Schüssel mit den Stücken auf den Tisch am *Chojmor,* und jeder kann sich selbst bedienen. Einige Knochen haben eine kultische Bedeutung. So wird das **Schulterblatt** vornehmlich dem Hausherren oder dem Ehrengast überlassen. Dieser wiederum muß allen Anwesenden symbolisch ein Stück davon abgeben. Eine große Ehre ist es, wenn man das Fleischstück des Schulterblattes sogar in den Mund geschoben bekommt. Nachdem das Schulterblatt säuberlich abgeputzt ist, wird es mit dem Messer in der Mitte gelocht. Dies soll den bösen Geistern die Möglichkeit geben, sich fortzubewegen. Wer den **Unterschenkelknochen** des Schafes oder der Ziege erwischt hat, muß nach dem Essen seine Manneskraft beweisen, indem er versucht, mit dem Druck des Daumens das Sprunggelenkknöchelchen vom Röhrenknochen zu trennen. Die Wahrscheinlichkeit, daß Sie das schaffen, ist allerdings eher gering.

Alkohol

Oft schon vor oder während des Essens wird begonnen, zu Ehren des Gastes Schnaps zu reichen. Besonders geehrt können Sie sich fühlen, wenn die Hausfrau oder der Gastgeber eigens dazu eine lange gelagerte Flasche ganz unten aus der *Chojmor*-Truhe holt. In den Sommer- und Herbstmonaten wird viel-

In die Steppe

fach auch *selbstgebrannter Milch-schnaps* angeboten. Traditionell wird nur eine Schale, möglichst aus Silber, benutzt, aus der alle Anwesenden reihum trinken. Der Gastgeber schenkt ein und reicht die Schale dem höchsten Gast. Dieser muß sie, auch wenn er nicht trinken möchte, symbolisch zum Mund führen. Mongolen tauchen vor dem Trinken oft ihren rechten Ringfinger in die Schale und spritzen einige Tropfen der Flüssigkeit in die Luft. Damit sollen die die Jurte beschützenden Geister am Trunk beteiligt werden. Nach dem Trinken gibt man die Schale dem Gastgeber zurück, worauf er sie wieder füllt; selbst wenn gar nicht getrunken wurde, gibt er zumindest einige Tropfen hinzu. Auf diese Weise werden auch die anderen Anwesenden bedient.

Der Milchschnaps wird von den Mongolen auch als "hinterlistiger Schnaps" bezeichnet. Sein Alkoholgehalt hängt davon ab, wie geschickt die Hausfrau bei seiner Herstellung vorging. Die Prozentzahlen von Korn oder Wodka werden jedoch nie erreicht. Beim Trinken überdeckt ein leicht säuerlicher Milchgeruch den Geschmack des Alkohols. Es brennt weder auf der Zunge noch im Hals. Wer aber nach mehreren Schalen davon aufsteht, wird plötzlich das Gefühl bekommen, man ziehe ihm die Beine weg.

Wenn Sie nach so viel Gutem "nach den Pferden schauen" müssen, wie die Mongolen das Austreten nett umschreiben, dann begeben Sie sich ein gehöriges Stück von der Jurte weg, aber nicht auf ein Gewässer zu.

Vergewissern Sie sich, daß der Hund immer noch angebunden ist.

Übernachtung

Sollten Sie, aus welchen Gründen auch immer, in die Verlegenheit kommen, in einer Jurte übernachten zu wollen oder zu müssen, folgen Sie am besten den Hinweisen des Gastgebers. Er wird versuchen, es Ihnen so bequem wie möglich zu machen. In der Regel tritt die Familie den Gästen sogar die Betten ab und schläft selbst auf der Erde. Am Morgen sollte man erst aufstehen, wenn die Hausfrau aufgestanden ist und Feuer gemacht hat. Man steht in der Regel erst auf, wenn die Sonne schon ein Weilchen aufgegangen ist und es draußen langsam warm zu werden beginnt.

Das Benehmen in Klöstern und an Kultstätten

Für das Benehmen in Klöstern und Kultstätten gibt es eine Reihe von Regeln und Konventionen, die die Einheimischen achten und die auch der Gast *unbedingt respektieren* sollte. Klimatisch bedingt wird man in der Mongolei selten in der Verlegenheit sein, in Badeschlappen und Shorts vor einem Sakralbau zu stehen und nun plötzlich festzustellen, daß lange Hosen und Ärmel eine *angemessene Kleidung* für den Rundgang durch das Kloster gewesen wären. Als Faustregel sollte man sich folgende Verhaltensweisen als *minimales Schicklichkeitsprogramm* zu eigen machen: gesenkte

Stimme, kein lautes Lachen, unaufdringliches Gebaren, zurückhaltender Gebrauch von Foto- und Videokamera, kein Verzehr von Getränken und Speisen und vielleicht auch kein Umherlaufen mit aufgesetztem Walkman. Dies gilt sowohl für den Aufenthalt in Gebäuden als auch für den Benimm an Kultstätten unter freiem Himmel.

Bei solchen oft an pittoresken Flecken gelegenen Stätten sind Ausländer oft versucht, auch gleich ein kleines *Picknick* abzuhalten. Dies ist verständlich genug, aber die tausend Jahre alte Grabplatte eines türkischen Prinzen sollte vielleicht auch dann nicht zu einer Ablage für Würstchen und Bierdosen mißbraucht werden, wenn sie Dutzende Kilometer von der nächsten Siedlung oder Straße entfernt liegt und weit und breit keine Aufsichtsperson, ja nicht einmal ein weiterer Besucher zu sehen sind, vor dem man sich benehmen müßte. Daß man dann bei der Weiterfahrt seine Picknickreste und Getränkedosen nicht einfach in die Steppe wirft, nur weil es weit und breit keine Abfallkörbe gibt, dürfte sich von selbst verstehen. Selbstverständlich ist auch, daß von den

In die Steppe

Beim Altan-Owoo-Fest führen Männer und Frauen getrennte Kulthandlungen aus

Owoos, das sind Steinsetzungen auf Berggipfeln und -pässen zu Ehren der lokalen Berg- und Wegegeister, keine Geldscheine oder andere Opfergaben als Souvenir mitgenommen werden dürfen.

Schließlich gibt es eine Reihe von **kultischen Handlungen und Festen,** die touristisch attraktiv sind. So etwa das alle zwei Jahre stattfindende **Fest am Altan-owoo** im Südlichen Suchbaatar-Aimak. Der Altan-owoo ist eine monumentales Denkmal auf einem erloschenen Vulkan, das weithin sichtbar ist. Am Tag des Festes erklimmen kurz nach Sonnenaufgang die Männer den Vulkan. Die Frauen dagegen umrunden ihn einmal an seinem Fuße. Beide Gruppen führen ihre Kulthandlungen wie Steinsetzungen, Tee- und Butteropfer also jeweils geschlechtsspezifisch getrennt durch. Bei allem Verständnis für europäisches Gedankengut zum Thema Gleichstellung von Mann und Frau sollte es eine Selbstverständlichkeit sein, daß der ausländische Gast an einem solchen Fest nur im Rahmen seiner eigenen Geschlechtsgruppe teilnimmt. Ein europäischer Mann hat bei der Vulkanumrundung ebensowenig zu suchen wie eine Frau bei der Vulkanbesteigung, auch nicht, um nur mal eben ein einziges kleines Foto zu schießen und auch nicht, obwohl man so tun könnte, als ob man von alledem nichts wüßte.

Die Tatsache, daß an vielen Kultstätten kein Zaun und kein Gebäude den Eingang regelt, gibt einem noch lange nicht das Recht, überall hinzuspazieren, wohin es einem gefällt.

Geschenke

Es wird nicht unbedingt erwartet, daß eine gastgebende Familie beschenkt wird, dennoch sollte zumindest eine **kleine Aufmerksamkeit zum Ende des Besuchs** überreicht werden. Das Überreichen von Geschenken am Anfang des Besuches in der Jurte ist unüblich. Am gebräuchlichsten als Geschenk sind **Bonbons oder Schokolade.** Sie dürfen, wenngleich in erster Linie für die Kinder bestimmt, nicht an den Nachwuchs der Familie direkt, sondern sollten an die Mutter überreicht werden. Sie wird sie zu gegebener Zeit austeilen. Der Hausherr freut sich sicher über ein **Taschen- oder Jagdmesser.** Auch **Ferngläser** sind

Der kleine Junge singt für die fremden Gäste

sehr begehrt. *Für Frauen* sind Brokatborten oder Seidenstoffe, Seifen und Duftwässerchen beliebte Mitbringsel.

Höflichkeiten

Das rauhe, stark von der Natur geprägte Nomadenleben hat besondere Formen der Höflichkeit hervorgebracht. Viel davon wird über die Sprache zum Ausdruck gebracht und bleibt dem Ausländer in der Regel verschlossen.

Philologisch bemerkenswert ist, daß es im Mongolischen *so gut wie keine Schimpfwörter* gibt und auch sarkastische Sprüche die Ausnahme bleiben.

Zu den *rituellen Höflichkeiten* zählt das weiter oben beschriebene Austauschen von Schnupftabakdosen ebenso wie die Art und Weise der Zunahme von Getränken und Speisen.

Der *ehrerbietigste Ritus* ist das Überreichen einer mit Milch gefüllten Silberschale auf einem *Chadag,* einem ca. 2 m langen, hellblauen Seidenschal. Der den *Chadag* Überreichende hat ihn über den linken, leicht ausgestreckten Unterarm gelegt und über seine rechte Hand geführt, in der er auch die Milchschale hält. Der die Ehrung Empfangende nimmt die Schale (ausnahmsweise) mit der linken Hand entgegen, indem er gleichzeitig den *Chadag* über seinen rechten Unterarm legen läßt. Anschließend führt er seine rechte Hand unter seine die Schale haltende linke und trinkt aus der Schale. Den *Chadag* kann der Beschenkte behalten, oft auch die Schale.

Unter Nomaden kommt es auch vor, daß sie als Zeichen der Freundschaft und Verbundenheit ihre *Gürtel tauschen.*

Zum besonderen *Verhalten am Neujahrsfest:* siehe unter "Sitten und Bräuche".

Besondere Fürsorge empfangen auch in der Mongolei *Ältere. Frauen* dagegen werden von der Männerwelt deutlich weniger hofiert. Überhaupt werden *Emotionen nicht öffentlich zur Schau* gestellt. Bis vor wenigen Jahren war es selbst in Ulan Bator verpönt, daß sich Paare in der Öffentlichkeit an den Händen hielten oder gar küssten.

Das *Verschenken von Blumen* ist nicht nur nicht üblich, es gilt sogar als frevelhaft. In den Städten gelten freilich andere Sitten. In Ulan Bator gibt es sogar zwei Blumenläden (цэцгийн дэлгүүрүүд: Худалдааны гудамж, Шар дэлгүүрийн ард, Астра дэлгүүр буюу Дөчин мянгатын аптекийн зүүн талд, Сонор дэлгүүр Tel. 325 423 oder 313 894 "Кактус" компани).

Größere Übung im *Händeschütteln* haben nur Funktionäre aller Art. Die Nomaden geben sich untereinander zur Begrüßung nicht die Hand. Wenn sie allerdings auf einen Ausländer stoßen, werden sie sich an russische Filme erinnern, in denen sich die "Langnasen" durch Handschlag begrüßen, und ihrerseits versuchen, besonders höflich zu Ihnen zu sein. Auch Hand- oder Wangenküsse (mit Ausnahme des Neumondfestes) sind nicht bekannt.

Wichtig ist in diesem Zusammenhang noch der *Hut.* Wenn man sich schon durch Handschlag begrüßt, dann bitte mit Kopfbedeckung, ansonsten neutralisiert das Beleidigende der Barhäuptigkeit die Ehrerbietung durch den Gruß.

Zwingend notwendig ist ein *leichter Handschlag* jedoch dann, wenn man jemandem *auf die Füße getreten* ist.

Wenn man der Hausfrau eine Freude machen möchte, sollte man sie nicht mit verbalen Komplimenten ehren, sondern *beim Essen möglichst laut schlürfen und schmatzen* und so zeigen, daß die Mahlzeit köstlich ist. Auch Rülpser sind erlaubt.

Nicht erlaubt ist es dagegen, tagsüber in der Jurte seine *Schuhe auszuziehen* und seine Socken zu lüften.

In *öffentlichen Verkehrsmitteln* wird hemmungslos gedrängelt. Die Grundregel lautet hier, daß zuerst eingestiegen und dann ausgestiegen wird. Gleiches gilt auch für öffentliche Gebäude. Vorrang haben die Eintretenden. Wo sich an einem Stand eine Schlange bildet, muß man energisch darauf achten, nicht auf ewig der Letzte zu bleiben.

Die Benutzung von *Taschentüchern* ist nicht üblich, vielmehr wird geschneuzt, indem ein Nasenloch mit dem Daumen zugehalten und durch das andere kräftig ausgeatmet wird. Die Ergebnisse dieser Aktion sind unterschiedlich. Zur Not wird mit den Fingern nachgebessert und das Produkt irgendwie entsorgt.

Beleidigendes

Es stößt bei den Nomadenfamilien auf eine gewisse Befremdung, wenn als Geschenk *Arbeitsgegenstände*

Die Fotos vom Vorjahr sind toll geworden!

Mongolen lassen sich gerne mit ernster Mine fotografieren

oder getragene Textilien überreicht werden. Dies sollte man nur
tun, wenn man die betreffende Familie schon länger kennt.

Gegen das *Fotografieren* hat niemand etwas, allerdings möchten die
Menschen *nicht überraschend*
und *in einer vielleicht unwürdi-
gen Situation* geknipst werden.
Auch *Schmuddelecken* – also der
Teil der Jurte, in der neben allerlei
Krimokrams vielleicht auch der pitto-
reske alte Sattel liegt – gehören nicht
auf den Film. Ein klassisches Foto ist
nach mongolischer Vorstellung ein
Gruppenbild, auf dem die ganze Familie oder einzelne Personen festlich

gekleidet und ernst schauend vor einem Pferd oder vor der Jurte abge-
lichtet werden.

Es ist *nicht üblich,* daß sich der
Gast allzu einseitig mit den *Kindern*
der besuchten Familie beschäftigt
und darüber die Ehre, die ihm der
Gastgeber erweist, nicht recht zu
würdigen weiß. Auch sollte man sich
nicht übertrieben neugierig zeigen und alle möglichen Gegenstände in der Jurte oder auch außerhalb
ausgiebig untersuchen.

Die Nomaden werden kein Verständnis aufbringen, wenn sie von
allzu sehr von ihrem Zeitplan geplag-
ten Gästen besucht werden. Wenn

In die Steppe

man schon einmal in eine Jurte geht, sollte man auch mindestens drei Stunden *Zeit mitbringen.*

Geschenke müssen unbedingt *angenommen werden,* auch wenn man sie selbst nicht gebrauchen kann und sich vorstellt, daß das Geschenk andererseits für die Familie ein großes materielles Opfer bedeutet. Üblich ist es, den Reisenden große Mengen an schlecht verpackten Milchprodukten mitzugeben. Anstelle von Milch kann auch ein gekochtes Murmeltier oder anderes Fleisch eingepackt werden. Solange es sich beim Geschenk um getrockneten Quark handelt, sind die Sorgen damit gering, unangenehm sind flüssige Milchprodukte, die garantiert bereits in der ersten Bodenwelle das Raumklima im Fahrzeug nachhaltig beeinflussen und das dann weitere zwei Jahre lang tun.

Besondere Ehre erweisen die Nomaden einem Reisenden, indem sie ihm beim Verlassen des Lagers *Milch mit einem eigens dafür geformten Löffel hinterherspritzen.* Solange das Gefährt ein Vierbeiner ist, gibt es damit keine Probleme. Von Autoscheiben und -lack geht getrocknete Milch jedoch nur noch mit größter Mühe wieder ab. Natürlich dürfen Sie sich dennoch der Zeremonie nicht damit entziehen, daß sie einen Blitzstart machen.

Tabus

Das *Herdfeuer* nimmt im Glauben der Mongolen eine wichtige Stellung ein. Mit ihm verbinden sich Gedanken an den Schöpfungsakt ebenso wie an den Schutzgott der Jurte. Eine neue Jurte, die für ein frisch vermähltes Paar errichtet wird, gilt erst als bezugsfertig, wenn in ihr Feuer mit der Glut aus dem Herd der Schwiegereltern entfacht worden ist. Folgerichtig ist es ein Tabu, das Herdfeuer mit Abfällen zu verunreinigen oder hineinzuspucken.

Auch seine Füße sollte man nicht in Richtung Feuerstelle ausstrecken oder mit einem Messer oder einem anderen spitzen Gegenstand in Richtung auf den Ofen zeigen. Auf der anderen Seite kann es sein, daß dem Herdfeuergott vor dem Essen ein Stückchen Fleisch oder etwas Butter geopfert wird.

Ebenso ist es verpönt, in *Gewässer* zu urinieren oder in ihnen Blut abzuspülen.

Messer werden grundsätzlich so überreicht, daß der Griff zum Nehmenden zeigt.

Andere Tabus verbinden sich mit der Verwendung oder Nichtverwendung von Begriffen, worauf hier jedoch nicht eingegangen zu werden braucht.

Quer durch die Provinzen: Sehenswürdig- keiten und Reiseziele

Vorschläge für Reiserouten

Schon im Umkreis von weniger als 100 km um Ulan Bator, d. h. in einer Entfernung, die ohne Eile an einem Tag zurückgelegt werden kann, gibt es bereits ausreichend Möglichkeiten, zahlreiche Facetten der Schönheit der Natur, der Lebensweise der Nomaden und der alten und neuen Kultur des Landes kennenzulernen.

Mit dem Bus durch Ulan Bator

Äußerst interessant und dabei ausnehmend preiswert können auch Fahrten mit der Stadtlinie in Ulan Bator selbst sein. Die Stadt ist weitaus größer, als man im ersten Moment den Eindruck hat. Nicht einmal die Hälfte der Einwohner der Stadt lebt in festen Häusern. Die Innenstadt umschließt ein z. T. mehrere Kilometer breiter Ring aus Privatgehöften. Im Sommer leben die Menschen in selbstgebauten Holz- oder Ziegelhäuschen, um ihre Filzjurten vor dem zerstörerischen Werk des Regens zu bewahren. Im Winter werden die **Jurten** auch heute noch benutzt, weil sie wesentlich leichter heizbar und behaglicher sind als feste Behausungen.

Alle Buslinien – die Oberleitungsbusse ausgenommen – fahren fast bis an das äußere Ende der Jurtenviertel. Nach 30 Minuten Fußmarsch hat man die Stadt dann hinter sich gelassen. Wer eine Linie in nördliche Richtung gewählt hat, kann von der Endhaltestelle aus zu Fuß problemlos einen **Berg erklimmen,** der ihm zu einem imposanten Panoramablick über die Stadt verhilft.

Die Rückfahrt ist kein Problem, solange man nicht später als 21.00 Uhr an der Endhaltestelle wieder einsteigt.

Auf dem Weg nach Tereldsh liegt linkerhand der berühmte Schildkrötenfelsen – dieses Naturmonument ist in jedem Fall einen Ausflug wert.

Dies ist der Blick bei der Anfahrt zur Stele des Tonjukuk. Halten Sie in Richtung auf die Bergkette zu. Durch die erste Hügelreihe fahren Sie hindurch

Tagesausflüge ab Ulan Bator

Tereldsh

Das Gebiet wird unter "Der Zentral-Aimak" ausführlich beschrieben. Zu erwähnen bleibt, daß man auf dem Weg nach Tereldsh in der Nähe der Bergarbeitersiedlung Nalajch auf einen **Friedhof** stößt, auf dem Kasachen beerdigt sind. Die Kasachen sind als Arbeitskräfte für das im Moment nicht mehr arbeitende Kohlebergwerk aus dem äußersten Westen der Mongolei nach Ulan Bator geholt worden. Entlang der Straße sind die **Bewohner auf Touristen eingestellt** und offerieren z. B. Kamele oder Yaks, auf die man sich setzen und sich fotografieren lassen kann.

Tereldsh ist ein Gebiet für Gäste, die nicht viel Zeit haben und doch mal etwas anderes von der Mongolei sehen möchten als die Hauptstadt, aber ohne Überraschungen zu erleben.

Klosterruine Mandsuschir

Auch über diese Sehenswürdigkeit erfahren Sie Details unter "Der Zentral-Aimak". Fälschlicherweise wird das Ausflugsziel vielfach als *Mandschir* oder *Maschir* bezeichnet. Hier kann man auch hinfahren, wenn das Wetter einmal nicht so gut ist, so daß man sich nicht längere Zeit draußen aufhalten möchte. Die Anfahrt ist kürzer, aber auch weniger reizvoll als nach Tereldsh. Der Eintritt in das Gelände ist kostenpflichtig.

Ein türkischer Prinz in der mongolischen Steppe

Wie es dazu kam, daß ein Türke sein Grab in der Mongolei fand, wird im Geschichtskapitel erläutert.

Zur **Stele des Tonjukuk** zu finden, ist nicht ganz einfach, da sie in einer Mulde in hügeligem Gelände liegt. Hier ist man auf die Beschreibung durch Einheimische angewiesen, die

Die Provinzen

Nach der Hügelkette halten Sie Ausschau nach diesem prägnanten Berg mit der Felsnase. Etwas rechts in der Talmulde davor liegt die Grabstätte. Mit dem Fernglas können Sie zur Orientierung nach der viereckigen Einzäunung Ausschau halten

den Platz, wie wir erfahren mußten, vielfach aber auch nicht kennen. Die Anfahrt bietet landschaftlich weniger als die zu den beiden oben beschriebenen Ausflugszielen. Dafür können Sie ziemlich sicher sein, dort nicht auf andere Touristen zu stoßen. Die Reise zur Stele ist, evtl. in Verbindung mit der Besichtigung des Kasachenfriedhofes, eher etwas für historisch und völkerkundlich Interessierte.

Blumenmeere, Wiesenchampignons und Waldfrüchte

Nur wenige Kilometer **nördlich von Ulan Bator** beginnt ein **ausgedehntes Waldgebiet,** durchsetzt von zahlreichen Flußauen, Feuchtgebieten und baumfreien Hochebenen, die in den Sommermonaten phantastisch schön sind. Es gibt satte Blumenwiesen mit hüfthohem Bewuchs, in den Wäldern findet man diverse

Beeren- und Pilzsorten, im offenen Steppengelände gedeihen Wiesenchampignons.

Wohin Sie genau fahren, ist eigentlich egal, solange Sie sich nur nördlich orientieren. Am empfehlenswertesten ist, sich zunächst in *Richtung Chandgajt* (Хандгайт) zu halten. Chandgajt ist eigentlich als Wintersportgebiet bekannt, hat aber auch im Sommer seine Reize. Zunächst gibt es bis ca. 10 km nach dem nördlichen Stadtrand noch eine Teerstraße, die dann in einen Schotterweg übergeht. Verlassen Sie diesen Weg, sofern Sie einen Geländewagen benutzen, und fahren Sie einfach in eines der *Seitentäler.*

Alternativ kann man auch die allen Bewohnern von Ulan Bator bekannten Orte *Bajangol* (Баянгол зуслан), *Bajan Chuschuu* (Баян Хушуу), *Dambadardshaa* (Дамбадаржаа), oder **Gatschuurt** (Гачуурт тосгон) anfahren und dann am Ende der Straße wie oben verfahren.

Das Eindringen in das **Naturschutzgebiet Bogd chaan uul** empfehlen wir dagegen nicht. Dazu benötigt man eine **Sondergenehmigung** des Umweltschutzministeriums, die zu besorgen wahrscheinlich länger dauert als der ganze geplante Ausflug.

Picknick an der Tula

Für ein anständiges **Picknick** benötigt man nach mongolischen Vorstellungen ein schattiges Plätzchen unter Bäumen, Feuerholz und einen Fluß, in dem man abgerundete, saubere Steine findet und seine Getränke kühlen kann. Auch wer nicht unbedingt auf eine Ziege in der Milchkanne Appetit hat, findet an der Tula oberhalb von Ulan Bator zahlreiche gemütliche Plätzchen zum Ausspannen. Am besten fährt man nach Osten Richtung **Nalajch** (Налайх) aus der Stadt heraus, überquert die **Tula-Brücke** (Туул голын гүүр) und passiert den **Polizeikontrollpunkt** (ШНБ) um kurz danach die Betonstraße nach Norden zu verlassen. Nach wenigen hundert Metern erreicht man so das Ostufer der Tula, dem man folgt, bis man auf eine nette, menschenleere Stelle gestoßen ist. Hin und wieder kann es vorkommen, daß ein Seitenarm der Tula durchfahren werden muß.

Mehrtägige Touren

Wer nicht viel Zeit mitbringt, in den drei kalten Jahreszeiten die Mongolei besucht oder nicht unbedingt Freude am Camping findet, kann eine "Städtereise" unternehmen und grundsätzlich Hotelübernachtungen einplanen. Das reduziert den Aufwand an Ausrüstung erheblich, birgt jedoch auf der anderen Seite immer die Gefahr, vor verschlossenen Türen zu stehen oder kein Zimmer mehr zu bekommen.

Im folgenden werden einige Anregungen gegeben, was an Reisen innerhalb von drei bis vier Tagen machbar ist.

Kara-Korum – Der Klassiker

Ein Ausflug nach Kara-Korum (Хар Хорин) ist bequem an einem **verlängerten Wochenende** zu schaffen. Zahlreiche mongolische **Reisebüros** bieten die Reise auch kurzfristig und zu moderaten Preisen an. Etwa 300 der 365 km langen Strecke sind Teerstraße, Probleme können – wenn überhaupt – nur kurz vor Kara-Korum selbst entstehen, wenn es stark geregnet hat. Die Nutzung eines **Allradfahrzeugs** ist bei gutem Wetter **nicht zwingend notwendig.** Die Sehenswürdigkeiten der Stadt selbst werden unter "Der Uwurchangaj-Aimak" beschrieben. Lohnenswert ist während der Hin- oder Rückfahrt ein **Zwischenstopp im Elsen Tasarchaj** (Элсэн тасархай), in dem sich auch ein Touristencamp befindet (vgl. "Der Uwurchangaj-Aimak"). **Unterkunftsmöglichkeiten in Kara-Korum** selbst gibt es in einem Jurtencamp etwas außerhalb der Stadt am Ostufer des Orchon oder im ehemaligen Erholungsheim der mongolischen Staatssicherheit – einem Holzhaus unmittelbar südlich der Be-

Die Provinzen

tonbrücke über den Orchon. Das Hotel am zentralen Platz der Gemeinde sollte man sich nur im Notfall zumuten.

Alternativ zu Zufahrten über die Teerstraße nach Kara-Korum kann man kurz hinter *Lun* (Лун) (128 km von Ulan Bator) und nach dem Überqueren der *Tula-Brücke* (Туул голын гүүр) die feste Straße genau nach Westen *Richtung Bajannuur* (Баяннуур) verlassen. Der weitere, landschaftlich reizvollere Weg führt über die Zentren der Somone *Daschintschilen* (Дашинчилэн), *Gurwanbulag* (Гурванбулаг) und *Chaschaat* (Хашаат). Der Entfernung nach unterscheiden sich beide Anfahrtsvarianten kaum, der Weg über Daschintschilen ist allerdings zeitaufwendiger, da er

Klostergebäude Erdene Dsu, Kara-Korum

zum größten Teil über Pisten führt.

Der Orchon-Wasserfall

Wer bereit ist, sich auf mindestens täglich 10 Stunden Autofahrt im Gelände einzulassen, kann seinen Ausflug nach Kara-Korum noch durch einen *Abstecher an den Orchon Wasserfall* (Орхоны хүрхрээ), (vgl. "Der Uwurchangaj-Aimak"), erweitern. Besser, da weniger anstrengend, ist es sicherlich, von vorn herein vier Tage einzuplanen. Dieser Ausflug ist *nur mit einem Allradfahrzeug* zu bewältigen.

Nachdem man sich am *ersten Tag Kara-Korum* angesehen und dort übernachtet hat, reist man am *zweiten Tag* weiter nach Süden, sich immer auf dem Ostufer des Orchon haltend. Stellenweise gerät der Fluß auf dem Weg nach *Chudshirt* (Хужирт) (60 km oder knapp zwei Autostunden) aus dem Blickfeld. Von Chudshirt aus sind es noch 65 km oder weitere zwei Autostunden bis zum Wasserfall, der sich schon auf dem Territorium des Bat-Uldsij-Somons (Бат-Өлзий сум) befindet.

Wer *in Chudshirt übernachten* möchte, sollte schon auf der Hinfahrt zum Wasserfall seine Ankunft anmelden. Wer ein Zelt dabei hat, kann sich auch am Wasserfall selbst niederlassen. Für die *Rückfahrt am 3. Tag* gibt es verschiedene Varianten. Am sichersten und schnellsten ist es, so zurückzufahren, wie man gekommen ist. Reizvoller ist es sicher, nach der Besichtigung des Wasserfalls am Abend des 2. Tages noch ein Stück nach Süden oder Südosten über *Bat-Uldsij* in *Richtung Dsuunbajan-Ulaan* (Зуунбаян-Улаан) oder

Der Orchon-Wasserfall ist zu Recht berühmt

den *östlichen Ausläufern des Changaj* zu übernachten. Bevor man sich entschließt, in das Gebirge hineinzufahren, sollte man sich in Bat-Uldsij unbedingt nach der Befahrbarkeit der Pässe erkundigen und am besten einen Ortskundigen mitnehmen. Sollte es regnen oder in den Tagen vor der Reise stark geregnet haben, empfehlen wir die Überquerung des Gebirges nicht. Der weitere Weg führt dann von Ujanga oder Dsuunbajan-Ulaan aus nach *Arwajcheer* (Арвайхээр), dem Zentrum des Uwurchangaj-Aimaks. Dort beginnt die Teerstraße, auf der man nach 430 km oder 6-7 Stunden wieder in Ulan Bator eintrifft.

Zum Wochenend-Angeln an den Ugij-nuur

Angelmöglichkeiten bieten sich in der Mongolei überall dort, wo es

größere Flüsse gibt. Einen fischreichen See zu finden, ist indes von Ulan Bator aus weniger einfach. Der Ugij-nuur (Ѳгий нуур) (vgl. "Der Archangaj-Aimak") ist bekannt für seinen Fischreichtum und zählt nicht mehr zu den typischen Ausflugszielen für Touristen. Da Mongolen kaum Gefallen an Fisch finden, werden Sie auch kaum auf angelnde Einheimische stoßen.

Die *Anfahrt* ist problemlos und erfolgt ähnlich wie nach Kara-Korum über die Stationen *Lun* (Лун), *Bajannuur* (Баяннуур) und *Daschintschilen* (Дашинчилэн). Kurz hinter Daschintschilen gabelt sich der Weg hinter der *Brücke über den Charbuchan-Fluß* an der *Charbuchany balgas* (Харбухын балгас), einer Klosterruine. In südwestliche Richtung geht es nach Gurwanbulag und weiter nach Kara-Korum, der Weg

genau *nach Westen* führt zum Ugij-
nuur. Der See selbst ist nicht von
Bäumen umstanden. Dennoch bieten sich vor allem auf dem Ostufer
günstige Lagerplätze an. Wer vom
See aus nicht den gleichen Weg wieder zurückfahren möchte, kann auch
über Kara-Korum fahren. Empfehlenswert ist, in der Nähe des nach
dem See benannten Somon-Zen-
trums den Orchon über eine *Holzbrücke* zu überqueren und ihm dann
auf seinem Westufer bis nach Kara-
Korum zu folgen. Für diese Reise
sollten drei bis vier Tage eingeplant
werden.

Naiman Nuur – Die acht Seen auf dem Rücken des Changaj

Reisen zum Naiman nuur (Найман
нуур) (vgl. "Der Uwurchangaj-Aimak") gehören nicht mehr zu den
Standard-Angeboten der Tourismusunternehmen. Mit einem guten
Geländewagen kann man die Seen
an einem Tag erreichen. Wer es
gemütlicher angehen will, kann einen Zwischenstopp in Kara-Korum,
Chudshirt oder Arwajcheer einlegen.
Der *nördliche Anfahrtsweg* führt
am *Orchon-Wasserfall* (siehe dort)
vorbei ca. 30 km weiter in südwestliche Richtung. Reizvoller ist dagegen
eine *Anfahrt von Süden* über den
Ujanga-Somon (ca. 550 km). Es ist
nicht möglich, mit einem Jeep an
den Ufern der acht Seen entlangzu-
fahren. Dies bedeutet, daß egal, ob
man sich von Norden oder Süden
kommend den Seen genähert hat,
man die gleiche Strecke wieder
zurückfahren muß.

Die acht Seen liegen in einem nur schwer
zugänglichen Hochtal inmitten von zerklüf-
tetem Lavagestein – doch die mühevolle
Anreise lohnt!

Entlohnt werden die Strapazen der
Anreise durch einen märchenhaften
Blick auf die Seen und die umliegen-
den erhabenen Gebirgszüge.

Nach Norden – Das Kloster Amarbajasgalant

Ein Besuch des unter "Der Selenge-Aimak" beschriebenen Klosters
Amarbajasgalant chijd (Амарбаясгалантын хийд), das ca. 360 km von
Ulan Bator entfernt liegt, ist bequem
in drei Tagen zu schaffen, ohne daß
Übernachtungen im Zelt erforderlich
werden. Am *ersten Tag* fährt man
bis *Darchan* (Дархан хот) (220 km)

und übernachtet dort im einzigen guten *Hotel,* einem gelben Klinkerbau gegenüber dem Kulturhaus (соёлын ордон). Wenn genügend Zeit vorhanden ist, kann man auf der Hinfahrt einen *Abstecher zum imposanten Geier-Felsmassiv* (ёлын хад;) unternehmen. Dazu zweigt man nach 135 km links von der Teerstraße ab. Die Abfahrt ist ausgeschildert. Von der Abfahrt sind es bis zum Geierfelsen ca. 15 km.

Am *zweiten Tag* fährt man von Darchan aus auf der gut ausgebauten Verbindungsstraße nach Erdenet bis zur *Orchon-Brücke* (Орхон голын гүүр) und folgt dann dem Orchon auf dem Westufer bis *kurz vor Sant* (Сант). Dort zweigt ein stark befahrener *Weg in nordwestliche Richtung* ab, der einem kleinen Fluß folgt. Von Sant aus sind es

bis zum Kloster ca. 35 km. Wenn nicht in der Steppe in einem Zelt übernachtet werden soll, muß am gleichen Tag wieder nach Darchan zurückgefahren werden.

Wer Zeit hat, kann sich auf dem Hinweg zum Kloster in der *Bergarbeiterstadt Chutul* (Хөтөл) erkundigen, ob eine *Unterkunftsmöglichkeit* besteht. In diesem Fall könnte man am 2. Tag in Chutul übernachten und von dort aus, ohne wieder nach Darchan zurückfahren zu müssen, der *Charaa* (Хараа гол) auf dem Westufer folgend über *Baruuncharaa* (Баруунхараа) nach *Ulan Bator* zurückfahren.

Ein Besuch im Kloster bietet sich natürlich auch als Tagesetappe an, wenn man eine größere Reise in den Nordwesten, etwa den Chuwsgul-Aimak vorhat.

Das Kloster Amarbajasgalant liegt fernab jeder Siedlung in einem unendlich weiten Tal und ist auch im Winter gut zu besuchen – dann ist man allerdings vermutlich allein dort.

Die Provinzen

Die große Expedition

Die meisten Reisewünsche in der Mongolei werden sich nur über die Organisation einer zwei- bis dreiwöchigen Expedition befriedigen lassen. Nach unseren Erfahrungen sollte man sich, vor allem dann, wenn Mongolei-Neulinge mit im Team sind, *keine zu großen Tagesstrecken vornehmen.* Mehr als 300 km sind als eine Tagesetappe nur dann zu schaffen, wenn entweder eine befestigte Straße existiert oder die Teilnehmer bereit sind, auf Pistenstrecken 10 Stunden oder mehr durchzufahren. Für die Kalkulation ist es eher realistisch, von 200 km oder weniger pro Tag auszugehen. Mehr als 30 km sind in einer Stunde im normalen Gelände kaum zu schaffen. Eine Reise in den Chowd- oder Uws-Aimak würde nach dieser Rechnung z. B. fast drei Wochen in Anspruch nehmen.

Bei der Größe des Landes, der Vielzahl der Sehenswürdigkeiten unterwegs und schließlich auch der jeweiligen äußeren Rahmenbedingungen können die nachstehenden *Expeditionsvorschläge nur eine sehr grobe Orientierung* darstellen. Auf die Angabe von Tagesetappen wird bewußt verzichtet.

Bei der Routenbeschreibung gehen wir davon aus, daß intakte *Geländewagen* benutzt werden, die von *Fahrern mit Geländeerfahrung* bewegt werden.

Der verhaltene Charme der Taiga – Der Chuwsgul-See

Ein Besuch im Chuwsgul-Aimak lohnt sich in jeder Jahreszeit. Die bekannteste Sehenswürdigkeit des Aimaks sind zweifelsohne der Chuwsgul-See (vgl. "Der Chuwsgul-Aimak") und das umliegende Bergland.

Zunehmender Beliebtheit erfreuen sich auch *Besuche bei dem Zaa-*

Im Norden der Mongolei wird häufig im sibirischen Blockhüttenstil gebaut

Besuch bei den Zaatan

Etwas Geheimnisvolles haftet ihnen an, den letzten Zaatan, **Rentierzüchtern** im hohen Norden der Mongolei. Glaubt man, mit einem Besuch der Söhne *Tschingis Khans* bereits ein ultimatives Reiseziel gefunden zu haben, so wird man in Ulan Bator erstaunt feststellen, daß es offensichtlich noch "ultimativer" geht: undurchdringliche Taiga, die Anreise schon fast nicht mehr machbar, nach beschwerlicher, tagelanger Fahrt der Weiterritt zu Pferd (oder gar zu Rentier!), mongolische Freunde warnen und berichten mit leisem Schauder von schwarzer Magie und finsteren Schamanen – kurz: Um die Zaatan rankt sich ein Nimbus, der fast jeden fesselt, der noch vom großen Abenteuer träumt.

Immer häufiger nun bieten **Reiseveranstalter** in ihrem Programm die Erfüllung dieses Traumes vom "Last Explorer" an: ein verlängertes Wochenende **mit dem Hubschrauber** zu den Zaatan. Doch was erwartet sie am anderen Ende?

Die Zaatan hat natürlich keiner gefragt. Man stelle sich also vor, zwischen Flechten, Moosen und Schneeresten steht eine kleine Gruppe von armseligen Zelten, bestehend aus lose aneinander gebundenen Birkenstämmen, mehr schlecht als recht bedeckt mit rissigen Rentierfellen. Plötzlich knattern Sie – vollkommen uneingeladen – mit ihren mongolischen Reiseführern im Hubschrauber an. Bei ihrer Landung erleidet ein Rentierkalb einen Herzinfarkt und stirbt (das kommt tatsächlich vor!). Sie bemerken das alles nicht, springen elastisch aus dem Heli, in bunten Survival-Klamotten, mit dem letzten Schrei von einer Sonnenbrille, in der einen Hand den Fotoapparat, in der anderen die Schokolade, die Sie freundlich unter den armen Zaatan zu verteilen gedenken (sind die Kinder nicht süß?). – Wir glauben gerne, daß Sie das so nicht vorhatten, aber spätestens wenn der erste der Touristen die Kamera zückt – und diesen ersten gibt es immer – haben plötzlich alle hemmungslos ihre Apparate zur Hand und knipsen drauf los.

So brechen Sie also für ein paar Stunden ungefragt in das Leben der Zaatan ein. Manch junger Bursche wird auf seinem Rentier verschwinden, so schnell er kann – zurück bleiben buchstäblich wehrlos die Kinder, Frauen und Alten. Und denen rücken Sie – ermuntert von ihren mongolischen Reiseführern – nun ungeniert auf die Pelle. Sie laufen die paar schneefreien Schritte zwischen den Zelten auf und ab, gucken überall hin, erschrecken die Rentiere, nötigen durch ihre pure Anwesenheit den Zaatan Gastfreundschaft auf, werden also zum Teetrinken gebeten, machen erneut Fotos – und irgendwann klatscht jemand in die Hände: Hopphopp in den Heli, es geht weiter. Zurück bleibt von Ihnen lediglich das tote Rentierkalb. Ihr Geld, das haben ganz andere verdient. Übrigens auch das Geld des japanischen Filmteams, das unweit der wenigen Zelte mit knalligen Zelten und riesigen Teleobjektiven seit Tagen auf Lauer liegt.

Die Zaatan: ein aussterbendes Völkchen – nichts wie hin?

---

tan, einem kleinem, nur noch etwas mehr als 30 Familien umfassenden tuwinischen Stamm, der ausschließlich von der Haltung von Rentieren und der Pelztierjagd lebt und den äußersten Nordwesten des Aimaks besiedelt. Weitere Zaatan leben nördlich der Staatsgrenze im Gebiet Tuwa. Die Zufahrt zum Gebiet der Zaatan ist mit Radfahrzeugen nur im Winter und auch dann nur über das zugefrorene Flußsystem unter großer Mühe möglich. **Im Sommer,** wenn der Permafrostboden der Tundra an der Oberfläche angetaut ist und sich für wenige Wochen eine üppig blühende Natur zeigt, bleibt als Transportmittel nur das **Pferd** oder das **Rentier**. **Fahrzeuge** kommen nur bis zum **Zagaannuur-Somon** (Цагааннуур сум). Wer von da aus zu den Zaatan will, muß sich auf eine 80 bis 100 km lange Reittour gefaßt machen, auf der es mehrmals gilt, reißende, eiskalte Gebirgsflüsse zu durchschwimmen. Wer einen Besuch bei den Zaatan vorhat, sollte drei Wochen Zeit, eine gute Ausrüstung und einen trainierten, abgehärteten Körper mitbringen.

Eine gute, aber sehr teure Alternative zur Fortbewegung auf dem Boden ist die durch die Luft. Mit einem Hubschrauber braucht man von Ulan Bator aus zu den Zaatan sechs bis sieben Stunden.

Die **Anreise** zum Chuwsgul-Aimak erfolgt in der Regel über **Bulgan chot** (Булган хот) (vgl. "Der Bulgan-Aimak"). Die Stadt ist mit dem Auto bequem an einem Tag zu erreichen. Als Unterkunft empfehlen wir ein **Waldhotel** 7 km außerhalb der Stadt, etwas abseits der Straße in den Chuwsgul-Aimak. 70 km nordwestlich von Bulgan chot trifft man unmittelbar an der Straße auf die **Vulkane Tulga, Togoo und Dshalawtsch** (Тулга, Тогоо, Далавч галт уул). Die gesamte Strecke zwischen Bulgan chot und Murun chot (Мөрөн хот) (340 km) ist landschaftlich sehr reizvoll. Kurz vor **Chutag-Undur** (Хутаг-Өндөр сум) überquert man die **Selenge.** Die Stadt **Murun** selbst hat kaum Sehenswürdigkeiten zu bieten. Allerdings hat man inzwischen die Wahl zwischen drei **Hotels.** Von Murun aus sind es bis

Chatgal (Хатгал), der Ortschaft an der Südspitze des Sees, ca. 100 km. Die Stadt erfährt ihren Reiz durch das Vorherrschen von Blockhäusern und die für die Mongolei sonst ungewöhnliche Hafenatmosphäre. Leider sind momentan keine Bootsrundfahrten auf dem See möglich.

Wer noch mehr vom See sehen und tiefer in das Bergland um den See eindringen möchte, sollte von Chatgal aus das ehemalige **Geologenlager Tschanchaj** (Чанхай) ansteuern, das heute ein gut geführtes **Touristencamp** ist. Von hier aus lassen sich dann weitere Expeditionen zu Fuß, zu Pferde oder per Auto starten. Die Zufahrt zum Camp ist atemberaubend. Es geht durch Flußbetten, schroffe Felsformationen und über steile Bergpässe.

Eine **alternative Anreisemöglichkeit** in den Chuwsgul-Aimak wäre z. B. die Route Ulan Bator -Darchan-Amarbajasgalant chijd-Erdenet -Bulgan.

Da es zwischen Murun chot und Chutag-Undur keine Brücke über die Selenge gibt, ist eine Zufahrt in den Aimak **von Süden kommend** praktisch unmöglich. Südlich von Tosonzengel (Тосонцэнгэл сум) arbeitet manchmal eine Fähre. Wir haben im Sommer 1994 erfolglos versucht, die Fähre zu benutzen. Sie war am Tag zuvor vom Hochwasser abgetrieben worden.

Eine weitere Möglichkeit, **vom Archangaj-Aimak kommend** nach Chuwsgul zu fahren, besteht in der Überwindung des Gebirgsmassivs zwischen dem Dashargalant-Somon

(Архангайн 'аргалант сум) und dem Galt-Somon (Хөвсгөлийн Галт сум), wie die Autoren es in beiden Richtungen zu unterschiedlichen Jahreszeiten bereits dreimal praktiziert haben. Die lichte Entfernung beträgt nur ca. 60 km. Die Fahrt dauert dennoch 12 Stunden oder mehr und kostet 30-50 l Treibstoff pro Fahrzeug.

Relativ einfach ist es, Murun chot *von Westen kommend* zu erreichen.

Fischen im Kratersee – Unterwegs im Archangaj

Eines der am stärksten besuchten *Naturschutzgebiete* der Mongolei ist der *Tariat Somon* (Архангайн Тариат сум) mit dem *Chorgo-Vulkan* (Хорго) und dem *Terchijn Zagaan nuur* (Тэрхийн цагаан нуур) (vgl. "Der Archangaj-Aimak").

Mögliche Anreisevarianten:

●Ulan Bator – Kara-Korum – Zezerleg – Ich Tamir – Tariat (УБ – Хар Хорин – Цэцэрлэг, Их тамир – Тариат) oder:

●Ulan Bator – Lun – Bajannur – Daschintschilen – Ugijnuur – Zencher – Zezerleg – Ich Tamir – Tariat (УБ – Лун – Баяннуур – Дашинчилэн – Ьгийнуур – Цэнхэр – Цэцэрлэг – Их тамир – Тариат).

Von Westen kommend erfolgt die Anfahrt immer über Tosonzengel (Завханы Тосонцэнгэл). Der Weg führt über einige recht anspruchsvolle Pässe, die vor allem bei Regen zum Problem werden können.

Denkbar ist auch die Anfahrt *von Süden* aus Bajanchongor kommend nach Zezerleg und dann weiter wie beschrieben. Wer diese Route wählt, muß sich darüber im klaren sein, daß

Der Chorgo-Vulkan ist in seiner Unberührtheit einzigartig

Der Terchijn Tzagaan-Nuur-See am Fuße des Chorgo-Vulkans ist für seinen Fischreichtum legendär

Näthert man sich **Zezerleg** von Kara-Korum kommend, erreicht man ca. 30 km vor der Stadt den Zencher-Somon. Dort bietet die *Bridge-Company,* ein Gemeinschaftsunternehmen mit Japanern, einen **Badeaufenthalt** im Swimming-Pool. Das Erlebnis kostet mit Übernachtung und Essen 50 US$. Das Angebot ist nach einigen staubigen Tagen in der Steppe vielleicht doch überlegenswert. Ansprechpartner in Ulan Bator ist Herr *D. Batbaatar,* Tel. 358005.

Zwischen Undur-Ulaan und Tariat stößt die recht gut ausgebaute Piste auf den **Tschuluut gol** (Чулуут гол). Linkerhand der Straße befindet sich an der Stelle, wo sie dem Fluß am nächsten kommt, ein heiliger, reichlich mit schamanistischen und buddhistischen Symbolen geschmückter Baum. Wer ein Fahrzeug mit guter Bodenfreiheit hat, kann von hier aus die Straße verlassen und dem Tschuluut gol flußabwärts folgen. Nach ca. 30 km vereinigt er sich mit dem aus dem Terchijn zagaan nuur entspringenden **Sumyn gol** (Сумын гол). Beide Flüsse haben tiefe Schluchten in das Vulkangestein geschnitten. Der **Zusammenfluß beider Flüsse** eignet sich hervorragend als Rastplatz für die Nacht. Die Weiterfahrt zum See ist reizvoller, wenn man nicht zurück auf die Straße fährt, sondern dem Sumyn gol auf seinem Nordufer folgt.

In **Tariat** muß zum Betreten des **Schutzgebietes** eine Gebühr entrichtet werden. Im Sommer ist die im Somonzentrum über den Sumyn gol führende Brücke von einem Aufseher besetzt, der die Gebühr erhebt.

man dabei den Rücken des Changaj überquert, mindestens einen ganzen Tag unterwegs ist und Dutzende Flüsse und Pässe zu überwinden hat.

Auch die Zufahrt **von Norden** aus dem Dshargalant-Somon des Chuwsgul Aimaks (Хөвщгөлийн 'аргалант сум) ist möglich, jedoch ebenfalls recht anspruchsvoll.

Ein *Aufstieg auf den Vulkan* lohnt sich in jedem Fall. Gezeltet werden kann an verschiedenen Stellen des Nordufers des Sees. Gefischt werden kann sowohl am See als auch im Sumyn gol, der auch in Regenzeiten, wenn die meisten anderen Flüsse braunes Wasser führen, klar bleibt.

Um *das Gebiet zu verlassen,* muß man nicht wieder zurück nach Tariat fahren. Man kann auch auf dem Nordufer des Sees direkt weiter nach Westen Richtung Tosonzengel weiterfahren.

Im Tal der Dinosaurier – Die Gobi

Im Kapitel "Auf in die Steppe" haben wir schon auf die Gefahren und Strapazen einer Reise in die Gobi hingewiesen. Die *wesentlichen Sehenswürdigkeiten,* die seit Jahren touristisch voll erschlossen sind, bilden die *Geierschlucht* (Ёлын ам), die *Sanddüne Chongor els* (Хонгор элс) und die *Saurierausgrabungsstätten* in der Sanddüne von Gurwan tesijn chooloj (Гурван тэсийн хоолой) (vgl. "Der Südgobi-Aimak"). Sinnvoll ist es, sich in einem der *Touristencamps* südlich von Dalandsadgad (Даланзадгад хот) oder in der Stadt selbst einzuquartieren und von dort aus Tagesausflüge zu unternehmen. Unter Umständen kann man sich einer Touristengruppe anschließen.

Wer kein eigenes Fahrzeug zur Verfügung hat, kann auch von Ulan Bator aus versuchen, sich an eine von den verschiedenen Reisebüros (siehe unter "Auf in die Steppe") organisierte *Reisegruppe* anzuschließen.

Ein Besuch in der Gobi ist auch als Abschluß einer großen Expedition, die z. B. die Aimaks Bulgan, Chuwsgul, Dsawchan, Uws, Chowd, Gobi-Altai und Bajanchongor einschließt, ein schönes Erlebnis. Vielfach praktiziert wird die *Anreise vom Orog nuur* kommend.

Auf den Spuren Tschingis-Khans – Reise in den Chentij-Aimak

In der *"Geheimen Geschichte der Mongolen"* finden sich recht konkrete Hinweise auf den *Geburtsort Tschingis-Khans.* Er soll am *Berg Deluun Boldog* im Gebiet des heutigen Chentij-Aimak gelegen haben. Über den genauen Ort des letzten Ruheplatzes des Herrschers weiß das Werk nichts zu berichten. Generationen von Wissenschaftlern aus der Mongolei und dem Ausland versuchen seit Jahrzehnten, Geburts- und Beerdigungsort *Tschingis-Khans* genau zu lokalisieren – bisher ohne Erfolg. Nicht einmal die genaue Bestimmung des Berges Deluun Boldog ist bisher zweifelsfrei gelungen. Angenommen wird, daß es sich um einen 1231 m hohen Berg in der Nähe des Zentrums des Binder-Somons handelt. Anfang der 90er Jahre hat eine mongolische-japanische Expedition mit riesigem technischen Aufwand versucht, durch weitflächige Untersuchungen der Bodenbeschaffenheit das Herrschergrab zu finden. Die Expedition wurde schließlich abgebrochen – nicht zuletzt deshalb, weil sie innerhalb der mongolischen Bevölkerung auf breite Ablehnung stieß. Befürchtet wurde, daß der Leichnam des großen Herrschers, sollte er denn einmal gefunden werden, irgendwo im Ausland in einem Laboratorium oder einem Museum verschwände und über die Mongolei angesichts diesen Frevels großes Unheil hereinbrechen könnte.

Auch wenn die vielerorts anzutreffenden Gedenksteine demnach eher Vermutungen als historisch belegbare Tatsachen widerspiegeln, ist eine *Reise in den Chentij* lohnenswert. Besonders reizvoll ist nach unserer Erfahrung die *Route entlang des Ostrandes des Chentij* mit den Stationen Ulan Bator, Erdene, Baganuur, Zenchermandal, Dshargaltchaan, Umnudelger, Gurwanbajan, Binder und Dadal (Улаанбаатар, Эрдэнэ, Багануур, Цэнхэрмандал, 'аргалтхаан, Ьмнөдэлгэр, Гурванбаян, Биндэр, Дадал) bis hinauf an die russische Grenze. Die Strecke ist besonders in der regenreichen Zeit anspruchsvoll. Besonders problematisch sind die zahlreichen Flußdurchfahrten zwischen Binder und Dadal.

Tschingis-Khan als Mann des Krieges, in einer chinesischen Darstellung

Antilopen so weit das Auge reicht: In den Osten

Wer sich einen nachhaltigen Eindruck von den typischen Landschaftsformen der Mongolei verschaffen möchte, sollte in den äußersten Osten (Дорнод аймаг) oder Südosten (Сухбаатар аймаг) reisen. Von der *Meningijn-Steppe* (vgl. "Der Dornod-Aimak") sagt man, daß die Anwohner schon am Morgen sehen könnten, wer am Abend zu Besuch kommen wird.

Schon kurz hinter *Undurchaan* (Ьндөрхаан хот), der Provinzhauptstadt des Chentij-Aimaks stößt man auf riesige Herden von *Mongolei-Gazellen,* die versuchen, mit dem Fahrzeug in einen sportlichen Wettbewerb zu treten. In der flachen Steppe galoppierende Gazellenherden vermitteln den Eindruck eines wogenden Meeres.

Der Zentral-Aimak
(Төв аймаг)

77.400 qkm Fläche, 109.000 Ew., 1,6 Mio. Stück Vieh, davon mehr als 1 Mio. Schafe. Der Aimak hat mit 207.000 Stück mit Abstand den höchsten Pferdebestand unter allen Aimaks. Zentrum: **Dsuunmod chot** (Зуунмод хот) in 1.529 m Höhe. Entfernung bis Ulan Bator 43 km. Jahresdurchschittstemperatur in Dsuunmod: -1,8 °C, im Januar: –20,5 °C, im Juli: +15,4 °C; jährlicher Niederschlag: 270,8 mm; Luftdruckmittel im Juli: 842 mm. In den nördlichen und westlichen Somonen Ackerbau. Eines der Hauptanbaugebiete der Mongolei.

Wichtige Sehenswürdigkeiten

Bogd chaan uul
(Богд хаан уул)

Südwestlichster **Ausläufer des Chentij-Gebirges,** der sich unmittelbar südlich der Hauptstadt Ulan Bator erhebt. Höchste Erhebung ist der Zezee gun (2257 m). Das 40,8 qkm umfassende Massiv ist seit 1778 geschützt und wird als eines der ältesten **Naturschutzgebiete** der Welt angesehen. Viele Schluchten und Täler tragen Felszeichnungen aus verschiedenen historischen Epochen. Schon vor dem Eindringen des Buddhismus barg das Gebirge wichtige religiöse Wallfahrtsorte. In den

Dsuunmod chot, Aimakzentrum des Zentral-Aimaks

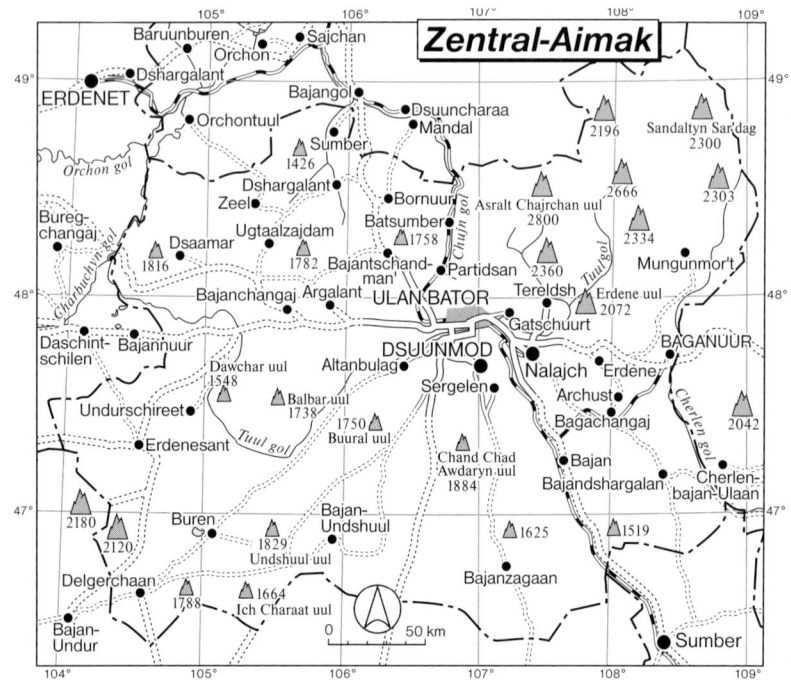

späten 30er Jahren unseres Jahrhunderts wurden hier bedeutsame Schätze aus dem Besitz buddhistischer Klöster vor der Vernichtung durch das stalinistisch-kommunistische Regime in Sicherheit gebracht. Etwa die Hälfte des Schutzgebietes ist bewaldet. Anzutreffen sind überwiegend Lärchen, aber auch Espen, Kiefern, Birken, Ulmen und Zedern sowie verschiedene Straucharten. Insgesamt sind über **220 Pflanzenarten** registriert. Die Wälder bieten u. a. Maralhirschen, Rehen, Moschustieren, Wildschweinen und Steinböcken sowie einer reichen Vogelwelt (darunter Bussarde, Spechte und Störche) Lebensraum. Beson-

ders in den Wintermonaten kommen Maralhirsche aus den Bergen herab und bis unmittelbar in das Zentrum von Ulan Bator herein.

Klosterruine Mandsuschir
(Манзушир хийд)

Nur 51 km von Ulan Bator entfernt gehört der Besuch in der Ruine des 1758 erbauten und in den späten 30er Jahren im Rahmen der "Lösung der Lama-Frage" auf Befehl der stalinistisch-kommunistischen Führung geschleiften buddhistischen Klosters zu den beliebtesten Tagesausflugszielen. Der Weg kann auch von Wagen ohne Allrad problemlos bewältigt werden und führt entlang der Pferde-

Altanbulag	Алтанбулаг	Dawchar uul	Давхар уул
Archust	Архуст	Delgerchaan	Дэлгэрхаан
Argalant	Аргалант	Dsaamar	Заамар
Asralt Chajrchan		Dshargalant	жаргалант
uul	Асралт Хайрхан уул	Dsuuncharaa	Зүүнхараа
Bagachangaj	Багахангай	Dsuunmod	Зуунмод
Baganuur	Багануур	Erdene	Эрдэнэ
Bajan	Баян	Erdene uul	Эрдэнэ уул
Bajan-Undshuul	Баян-Өнжүүл	Erdenesant	Эрдэнэсант
Bajan-Undur	Баян-Өндөр	Erdenet	Эрдэнэт
Bajanchangaj	Баянхангай	Gatschuurt	Гачуурт
Bajandshargalan	Баянжаргалан	Ich Charaat uul	Их Хараат уул
Bajangol	Баянгол	Mandal	Мандал
Bajannuur	Баяннуур	Mungunmor´t	Мөнгөнморът
Bajantschandman´	Баянчандманъ	Nalajch	Налайх
Bajanzagaan	Баянцагаан	Orchon	Орхон
Balbar uul	Балбар уул	Orchon gol	Орхон гол
Baruunburen	Баруунбүрэн	Orchontuul	Орхонтуул
Batsumber	Батсүмбэр	Partidsan	Партизан
Bornuur	Борнуур	Sajchan	Сайхан
Buregchangaj	Бүрэгхангай	Sandaltyn	
Buren	Бүрэн	Sar´dag	Сандалтын Саръдаг
Buural uul	Буурал уул	Sergelen	Сэргэлэн
Chand Chad	Ханд Хад	Sumber	Сүмбэр
Awdaryn uul	Авдарын уул	Tereldsh	Тэрэлж
Charbuchyn gol	Харбухын гол	Tuul gol	Туул гол
Cherlen gol	Хэрлэн гол	Ugtaalzajdam	Угтаалцайдам
Cherlenbajan-		Ulan Bator	Улаанбаатар
Ulaan	Хэрлэнбаян-Улаан	Undshuul uul	Өнжүүл уул
Chujn gol	Хүйн гол	Undurschireet	Өндөршироэт
Daschintschilen	Дашинчилэн	Zeel	Цээл

rennstrecke zum nationalen Naadam-Fest und durch Dsuunmod, dem Zentrum des Zentral-Aimaks. Das Kloster liegt auf 1800 m in einem lärchenbewachsenen, nach Süden zeigenden Tal des Bogd chaan uul. Vom alten Kloster sind nur noch die mächtigen Grundmauern aus Lehm und ein ausgetrockneter künstlicher Teich sowie die Fundamente weiterer Tempel, Wirtschafts- und Wohngebäude der Lamas zu sehen. Unmittelbar neben der Ruine wurde ein zweistöckiges, als *Museum* dienendes Kloster aus Holz er-

richtet. Darüber befinden sich einige großflächige Felszeichnungen mit buddhistischen Motiven. Zu den Attraktionen zählt ein 1726 gegossener, 1800 l fassender, 2 t schwerer Bronzetopf, in dem 2 Rinder oder 10 Schafe gleichzeitig als Essen für 1000 Lamas zubereitet worden sein sollen.

Der Komplex wird aufgrund seiner Lage auch vielfach als *Natur-Museum* bezeichnet. Im engeren Sinne ist das Natur-Museum ein kleines, aus Feldsteinen errichtetes Haus, das neben ausschließlich aus Naturmaterialien gefertigten Phantasiegegenständen eines ortsansässigen Künstlers auch ausgestopfte Exemplare der wichtigsten Tierarten der Gegend zeigt. Originell ist, daß über ein fest in die Museumswand eingebautes Scherenfernrohr ein direkt auf die Klosterruine projiziertes Modell seines Originalzustands betrachtet werden kann, dem im Wind flatternde Fähnchen Lebensechtheit geben.

Tereldsh
(Тэрэлж)

Das Wort steht wahlweise für einen mitsamt seiner Aue 1993 unter Schutz gestellten, dem Chentij entspringenden und nach 70 km in die Tula mündenden *Fluß* oder ein 70 km nordöstlich von Ulan Bator an seinem Ufer gelegenes, über eine Teerstraße erreichbares *Touristencamp* (Tel. in Ulan Bator: 324978, 322869, Ansprechpartner: Herr *D. Bjambasuren*). Auf dem Weg dorthin überquert man die Tula über eine hölzerne Brücke, läßt beidseitig bizarr aufragende Felsformationen hinter sich und trifft schließlich auf den *Schildkröten-Felsen,* der seinen Namen seiner Form verdankt. Unmittelbar daneben befindet sich ein etwas skurril wirkender *Saurierpark* aus Stahl und Zement.

Das *Touristencamp,* das aus einer Reihe von für Ausländer hergerichteten Jurten und einem Versorgungsgebäude besteht, bildet das Ende der Straße. Weiter nach Norden in den Chentij hinein gelangt man nur noch zu Fuß, zu Pferde oder mit einem guten Geländewagen und ortskundigem Fahrer. Wer auf der Anfahrt nach Tereldsh die Teerstraße meiden und eine Geländetour unternehmen möchte, kann der Tula über Gatschuurt, einem Vorort von UB, auf ihrem Nordufer folgen und erst an der Holzbrücke auf die Straße stoßen.

Gundshijn sum
(Гунжийн сүм)

Buddhistisches Kloster in malerischer Lage am Baruun-bajan-gol, einem Nebenfluß der Tula, 30 km nordöstlich vom Camp Tereldsh entfernt, das nur mit Geländewagen erreichbar ist. Das Kloster wurde aus Anlaß der Hochzeit des *Efu Dondowdordsh,* Enkel des *Tuscheet-Khan* der Chalch Tschachundordsh, mit der 6. Prinzessin des mandshurischen Qing-Kaiers *Kangxi* errichtet.

Stele des Tonjukuk
(Тонъюкукийн хөшөө)

Sie befindet sich 16 km südöstlich von Nalajch, Vorort von Ulan Bator, und wurde 744 zu Ehren dieses weisen alttürkischen Ministers errichtet.

Heilquelle Dshantschiwlan
(жанчивлангийн рашаан)

Ca. 85 km südöstlich von Ulan Bator auf 1600 m gelegenes *Sanatorium,* in dem vor allem chronische Magen- und Darmleiden sowie Leber- und Gallenerkrankungen behandelt werden. 15 km südöstlich von der Quelle erhebt sich der *Nagalchaan uul* (1970 m). Er bildet den südlichsten lärchenbewaldeten Ausläufer des Chentij. Seit 1957 stehen 30 qkm um den Berg herum unter *Naturschutz.*

Naturschutz.
Tuul gol, Tula
(Туул гол)

Mit 819 km einer der längsten **Flüsse** der Mongolei. Er entspringt dem Chentij ca. 20 km nördlich vom Mungunmorit-Somon und ergießt sich bei Orchontuul (Bulgan) in den Orchon. Der Fluß, an dem auch Ulan Bator liegt, ist reich an Stören, Lachsen, Weißfischen, Welsen, Aalen, Äschen, Hechten und Forellen. In seien Auen trifft man u. a. auf Störche, Löffelreiher und Wildenten.

Die Stele an der Grabstätte des Tonjukuk mit alttürkischer Innschrift

Tawangijn els
(Тавангийн элс)

Sanddüne, die sich von Ulan Bator aus auf kurzem und einfachem Wege erreichen läßt. Der Weg führt zunächst 102 km auf der Teerstraße nach Westen und dann an der Abzweigung Awdrant (Wegweiser ist ein großer, beschrifteter Stein am südlichen Straßenrand!) ca. 30 km nach Süden. Die Düne ist bereits von der Teerstraße aus zu sehen.

Chustajn nuruu
(Хустайн нуруу)

Bis 1842 m hoher **Bergrücken** im Altanbulag-Somon, der von der Straße nach Arwajcheer aus nach 90 km Fahrt aus Ulan Bator heraus sichtbar wird. Ungewöhnlich für den Breitengrad seiner Lage ist sein **Birkenbewuchs.** Südlich des Gebirgszuges befindet sich auf dem nördlichen Ufer der Tula ein 900 qkm großes **Naturschutzgebiet,** in dem seit 1992 ein holländisches Projekt zur **Wiederansiedlung von Przewalskipferden** (Тахи) erfolgreich läuft.

Duutyn bitschigt chad
(Дуутын бичигт хад)

Felsen im Delgerchaan-Somon, in den *Zogt-Tajdsh,* einer der Nationalhelden der Mongolei, 1626 ein über 30 Zeilen umfassendes **Gedicht** einmeißeln ließ. Seinen Namen "der klingende beschriebene Felsen" verdankt er der Tatsache, daß er hei einem Schlag auf das Gestein wie ein gußeiserner Kessel klingt. Das Material ist äußerst hart, so daß die Schrift noch sehr gut zu erkennen ist.

Die Provinzen

313

Der Archangaj-Aimak

(Архангай аймаг)

55.300 qkm Fläche, 93.000 Ew., 1,5 Mio. Stück Vieh, davon 785.000 Schafe und 284.000 Rinder, Zentrum: *Zezerleg chot* (Цэцэрлэг хот) in 1691 m Höhe. 463 km bis Ulan Bator, mehrere Berge über 3000 m. Jahresdurchschnittstemperatur in Zezerleg: +0,1 °C, im Januar: -15,6 °C, im Juli: +14,7 °C. Mit 344 mm Niederschlag ist Zezerleg die Aimakhauptstadt mit der größten jährlichen Niederschlagsmenge. Luftdruckmittel im Juli: 827 mm. In den südlichen Somonen Ackerbau.

Wichtige Sehenswürdigkeiten

Ugij-nuur
(Ъгий нуур)
See im gleichnamigen Somon, 1387 m, 25 qkm, *fischreich,* u. a. Hechte, Welse, Barscharten. Jährlich werden 50 bis 80 t Fisch gefangen. *Reiche Vogelwelt.* Das am Nordufer stehende Fischerhaus ist Baujahr 1938.

Ruine des Klosters Tschilijn chijd
(Чилийн хийдийн балагс)
Die Reste des einst aus Stein erbauten **Klosters** liegen in der Orchonsenke westlich des Ugij-nuur.

Bulgan uul
(Булган уул)
Gebirgszug, der die Stadt Zezerleg von Norden umschließt. Das im posante, stark zerklüftete, wild- und vogelreiche, 18 qkm große Gebirge steht seit 1985 unter *Naturschutz.* Die nördlichen, östlichen und westlichen Täler sind überwiegend mit *Lärchen* bewaldet. Die höchste Erhebung ist 1980 m. Man durchfährt das Gebirge, wenn man Zezerleg auf den Weg in die Westaimaks verläßt und über den serpentinenreichen Zagaan-Dawaa-Paß fährt. Im Arzatyn am (Арцатын ам), einem Tal nördlich des Passes, befinden sich *Hirschsteinskulpturen und Felsmalereien.*

Hirschsteine

Die Hirschsteine genannten Steinstehlen verdanken den Namen ihrer *Gravur,* die zumeist Hirschmotive zeigt. Die Hirsche sind mit überlangem Hals, hohem Widerrist, ausladenden Lenden, kurzen Schwänzen und langen, dünnen Beinen dargestellt. Das Maul kann die Form eines Vogelschnabels haben, das Geweih ist übertrieben groß und vielfach verästelt und scheint auf dem Rücken aufzuliegen. Anstelle von Hirschen finden sich bisweilen auch Abbildungen von Pferden, Antilopen, Steinböcken, Vögeln, Schweinen oder Leoparden. Im oberen Teil der Steine befinden sich Darstellungen von Sonne und Mond.

Hirschsteine wurden in der *ausklingenden Bronzezeit* und *frühen Eisenzeit* angefertigt. Insgesamt gibt es in der Mongolei über 500 solcher Steine. Ähnliche Stehlen kommen auch in der Republik Tuwa, im Gebiet um den Baikalsee, in Kasachstan und im russischen Altai vor. Hirschsteine können einzeln oder in Gruppen in der freien Steppe oder am Fuße von Bergen stehen. Sie markieren den *Begräbnisplatz* einer hochrangigen Person, mitunter sind die Gräber selbst als quadratische Anlage erkennbar.

Die Schlucht des Tschuluut-gol

Tajchar tschuluu
(Тайхар чулуу)

Grobkörniger, ca. 10 m hoher, mit mineralfarbigen **Felszeichnungen** versehener Granitfelsen am Ufer des Tamir, auf dem Weg von Zezerleg in den Ich-Tamir-Somon.

Auf dem Territorium dieses Somons befinden sich ferner bronzezeitliche **Hirschsteine** mit Pferdemotiven, die auf quadratischen Gräbern stehen.

Tamir gol
(Тамир гол)

280 km langer, im Angarchaj-Gebirge entspringender und sich in nordöstlicher Richtung in den Orchon ergießender **Gebirgsfluß.** Im Batzengel-Somon vereinigen sich der Nördliche und der Südliche Tamir zum Tamir. Das Einzugsgebiet des Tamir und seiner Quellflüsse wird mit 13.100 qkm angegeben. Das Bett des Tamir erreicht stellenweise eine Breite von 70 m und eine Tiefe von bis zu 2 m. Im Winter friert

Die Provinzen

315

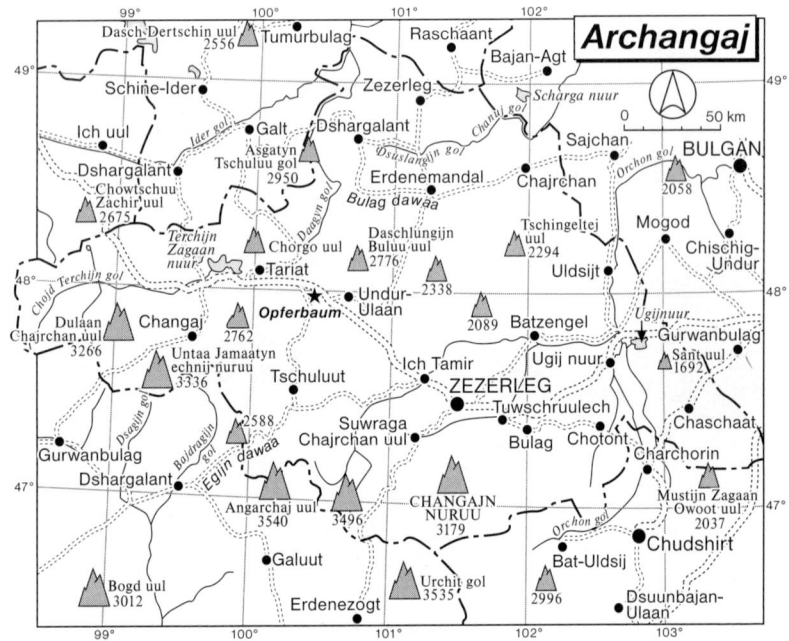

der Tamir bis auf den Grund zu. Beliebt ist unter den Einheimischen eine mongolische Art des Eisstockschießens.

Chanuj gol

(Хануй гол)

421 km langer, im Changaj entspringender, sich in nordöstlicher Richtung in die Selenge ergießender *Fluß.*

Tschuluut gol

(Чулуут гол)

Am Egijn-dawaa-Paß des Changaj entspringender, 415 km langer *Fluß,* der sich mit dem Ider und dem Delger zur Selenge vereint. Der reizvollste Abschnitt beginnt am Zufluß des Teelijn gol und reicht bis 50 km flußabwärts in nördliche Richtung. Bis zu 50 m tief schneidet sich der Fluß durch Lavamassen, die aus dem Chorgo-Vulkan und seinen Nebenkratern stammen.

Chorgo-Vulkangebiet

(Хорго)

12 km nördlich des Zentrums des Tariat-Somons gelegener, vor ca. 8000 Jahren erloschener *Vulkan* mit Nebenkratern. Unmittelbar westlich davon liegt der Terchijn Tzsagaan nuur (siehe unten), ein See, der entstand, als die Lava den Fluß am Fuße des Vulkans abriegelte. Das gesamte Gebiet, einschließlich des Sees (zusammen 28 qkm), steht seit

Angarchaj uul	Ангархай уул	Erdenemandal	Эрдэнэмандал
Ar Chudshirtyn gol	Ар Хужиртын гол	Erdenezogt	Эрдэнэцогт
Asgatyn		Galt	Галт
Tschuluu gol	Асгатын Чулуу гол	Galuut	Галуут
Bajan-Agt	Баян-Агт	Gurwanbulag	Гурванбулаг
Bajdragijn gol	Байдрагийн гол	Ich Tamir	Их Тамир
Bat-Uldsij	Бат-Өлзий	Ich uul	Их уул
Batzengel	Батцэнгэл	Ider gol	Идэр гол
Bogd uul	Богд уул	Mogod	Могод
Bulag	Булаг	Orchon gol	Орхон гол
Bulag dawaa	Булаг даваа	Raschaant	Рашаант
Bulgan	Булган	Sajchan	Сайхан
Chajrchan	Хайрхан	Sant uul	Сант уул
Changaj	Хангай	Scharga nuur	Шарга нуур
Changajn Nuruu	Хангайн Нуруу	Schine-Ider	Шинэ-Идэр
Chanuj gol	Хануй гол	Suwraga	Суврага
Charchorin	Хархорин	Chajrchan uul	Хайрхан уул
Chaschaat	Хашаат	Tariat	Тариат
Chischig-Undur	Хишиг-Өндөр	Terchijn	Тэрхийн Цагаан
Chojd Terchijn gol	Хойд Тэрхийн гол	Zagaan nuur	нуур
Chotont	Хотонт	Tschingeltej uul	Чингэлтэй уул
Chowtschuu		Tschuluut	Чулуут
Zachir uul	Ховчуу Цахир уул	Tumurbulag	Төмөрбулаг
Chudshirt	Хужирт	Tuwschruulech	Түвшрүүлэх
Daagyn gol	Даагын гол	Ugij nuur	Өгий нуур
Dasch		Ugijnuur	Өгийнуур
Dertschin uul	Даш Дэрчин уул	Uldsijt	Өлзийт
Dsagijn gol	Загийн гол	Undur-Ulaan	Өндөр-Улаан
Dshargalant	жаргалант	Untaa Jamaatyn	Унтаа Ямаатын
Dsuslangijn gol	Зуслангийн гол	echnij nuruu	Эхний нуруу
Dsuunbajan-Ulaan	Зүүнбаян-Улаан	Urchit gol	Урхит гол
Dulaan	Дулаан Хайрхан	Zezerleg	Цэцэрлэг
Chajrchan uul	уул	Zezerleg	Цэцэрлэг
Egijn dawaa	Эгийн даваа		

1965 unter **Naturschutz.**

Die Lavaoberfläche ist noch gut erkennbar, an einigen Stellen am Südhang erreichen erkaltete **Lavablasen** Höhen bis zu 1,70 m. Die Einheimischen nennen sie "Steinerne Jurten". Der höchste Krater ist 2240 m hoch, am Mund 200 m breit und über 100 m tief. Auf der Nordseite des Vulkans und am Kraterrand dominieren Lärchen, vielfach findet man auch Zirbelkiefern und andere Nadelgehölze. Das Gebiet soll reich an **Halbedel- und Edelsteinen** sein. Das Massiv bildet die Heimat für große Bestände an Hirschen, Wildschweinen, Rehen und Wildschafen. Am See nisten viele Wasservögel, darunter Mandarinenten und Kormorane.

Terchijn Tzagaan nuur
(Тэрхийн цагаан нуур)

Im Zusammenhang mit Ausbrüchen des Chorgo-Vulkans entstand dieser See in 2060 m Höhe: Länge 16 km, ist reich an Hechten, Lachsen und Forellen. Den See verläßt der Suman gol, ein sich nach ca. 50 km in den Tschuluut gol ergießender, durch ca. 20 m tiefe Einschnitte in den Basalt dahinschießender Fluß. Da der Fluß dem See entspringt, ist das Wasser auch in der regenreichen Sommerzeit, in der andere Flüsse mehr oder weniger durch Schlamm verunreinigt sind, so klar, daß man erfolgreich Forellen und Lachse angeln kann.

Tschojdogijn-Borgio-Wasserfall
(Чойдогийн боргио)

Er liegt unweit unterhalb der Mündung des Suman gol in den Tschuluut gol und ist nur 2 m hoch. Interessant ist die Stelle besonders im Frühjahr, wenn die Lachse auf dem Weg zu ihren Laichplätzen sich vor dem Hindernis sammeln und erfolgreich versuchen, es "mit Anlauf" zu überspringen.

Zerzerleg hat Charme

Der Bajanchongor-Aimak
(Баянхонгор аймаг)

116.000 qkm Fläche, 86.000 Ew. fast 1,7 Mio. Stück Vieh, davon 740.000 Schafe. Mit 713.000 Tieren hat der Aimak mit Abstand den größten Ziegenbestand der Mongolei. Zentrum: **Bajanchongor chot** (Баянхонгор хот) am Ufer des Tujn gol in 1859 m Höhe. 630 km bis Ulan Bator. Der Aimak, der sich im Norden bis in die höchsten Lagen des Changaj und im Süden durch die Gobi bis an die chinesische Grenze erstreckt, zeichnet sich durch einen reichhaltigen Wechsel der Landschaftsformen auf relativ kurzer Entfernung aus. Die Jahresdurchschittstemperatur in Bajanchongor chot: -0,7 °C, im Januar: -18,4 °C, im Juli: +15,0 °C. Jahresniederschlag: 216 mm. Luftdruckmittel im Juli: 810 mm. Ackerbau ist kaum entwickelt.

Wichtige Sehenswürdigkeiten

Heilbad Schargaldshuut
(Шаргалжуутын рашаан)

Erholungskomplex, 58 km nordöstlich von Bajanchongor chot im Schine Dshinst Somon, der sich auf **über 100** chemisch verschieden zusammengesetzten, kalten und bis zu 90 °C heißen **Quellen** gründet, die aus einem Gebirgsmassiv zu Tal drängen. Das Bad liegt auf 1492 m Höhe und ist das gesamte Jahr über, besonders aber im Winter, von

Dampfschwaden eingehüllt, die verschiedene, vor allem aber schweflige Gerüche verbreiten. Behandelt werden hier Rheumatismus, Hautallergien sowie Erkrankungen der Gelenke, der Verdauungsorgane und des Uterus. In leicht nordwestlicher Richtung vom Sanatorium verläuft die südliche Grenze des Dauerfrostbodens.

Voranmeldungen zum Aufenthalt im Sanatorium können über die Post-Vermittlung des Schine Dshinst Somons beim Direktor, Herrn *E. Suchbat,* Tel. 2062 oder 2020, getätigt werden.

Tujn gol
(Туйн гол)

243 langer, im Changaj entspringender *Fluß,* der das Aimakzentrum streift und sich in den Orog-nuur ergießt. An der Mündung des Schargaldshuut-Flusses in den Tujn gol befindet sich die *Ruine eines steinernen buddhistischen Klosters* aus dem 1. Jh.

Orog-nuur
(Орог нуур)

15 km nördlich vom Bogd-Somon liegt in 1198 m Höhe am Rande einer Sanddüne dieser abflußlose, 140 qkm große und bis zu 5 m tiefer *Salzsee.* Der fischreiche See bildet ein Paradies für selten gewordenen *Vogelarten.* Anzutreffen sind u. a. Krauskopfpelikane, Höckerschwäne, Schwanengänse, Streifengänse und Brachvogelarten. Der See wird hauptsächlich vom aus dem Changaj kommenden Tujn gol gespeist, das Einzugsgebiet des Sees erreicht eine Gesamtfläche von 10.500 qkm.

Die Wasserfläche kann in trockenen Jahren erheblich zurückgehen. Der See friert Ende Oktober/Anfang November zu und wird erst im April wieder eisfrei. Das Eis kann eine Mächtigkeit von 2 m und mehr erreichen. In den umliegenden *Sanddünen* wachsen zahlreiche Heilpflanzen, darunter viel Süßholz. Von Ulan Bator bis zum See sind es 690 km. Die Zufahrt ist relativ einfach über den Bajanchongor-Aimak und den Bogd-Somon möglich.

Cholboolsdh nuur
(Холбоолж нуур)

20 km südöstlich vom Dshinst-Somon gelegener roter Salzsee mit reicher Vogelwelt und Fundstätten ausgestorbener Tierarten.

Ich-Bogd-Uul
(Их Богд уул)

Der mit 3957 m höchste *Berg* des Aimaks befindet sich ca. 55 km Luftlinie vom Bogd-Somon entfernt. Im Jahre 1957 kam es hier zu einem Erdbeben der Stärke 11. Die *große Kluft* (Газрын хагархай) entstand im Ergebnis des Erdbebens von 1957 und zieht sich fast linear über 270 km von der Südseite des Orog-nuur in westlicher Richtung bis an den Fuß des Bajan-Tzagaan-uul. Man tangiert sie z. B. ca. 45 km nordöstlich vom Bajanzagaan-Somon auf dem Weg zum Böön-Tzagaan-nuur.

Argalant-uul
(Аргалант уул)

In diesem Bergmassiv gibt es noch viele *Wildschafe und Steinböcke.* Man findet es ca. 75 km westlich

Die Provinzen

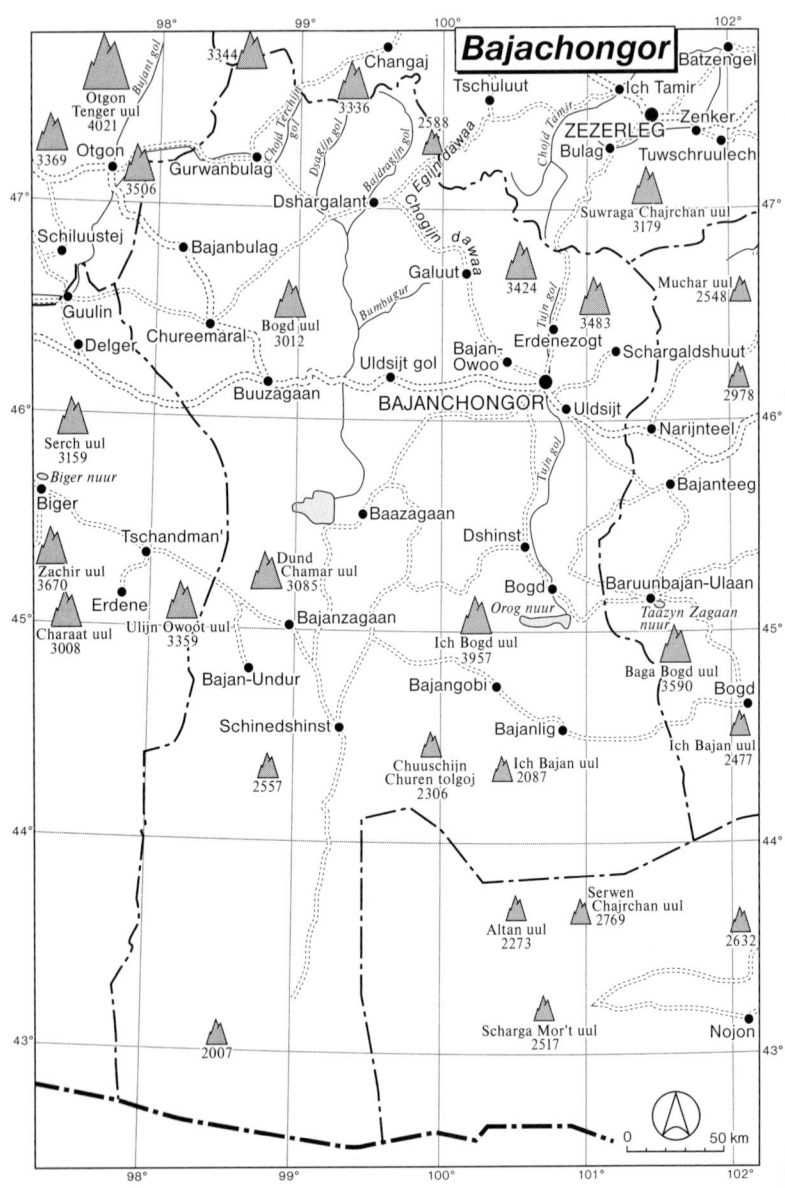

Bajachongor

Batzengel
Ich Tamir
Zenker
ZEZERLEG
Tschuluut
Bulag
Tuwschruulech
Changaj
3344
3336
2588
Eglijndawaa
Chojd Terelljin gol
Dsagilin gol
Baldrgtijn gol
Otgon Tenger uul 4021
Otgon
3369
3506
Gurwanbulag
Dshargalant
Chogijn
dawaa
Suwraga Chajrchan uul 3179
Schiluustej
Bajanbulag
Galuut
3424
Tujn gol
3483
Muchar uul 2548
Guulin
Chureemaral
Bogd uul 3012
Bumbugur
Bajan-Owoo
Erdenezogt
Schargaldshuut
Delger
Uldsijt gol
2978
Buuzägaan
BAJANCHONGOR
Uldsijt
Serch uul 3159
Narijnteel
Biger nuur
Biger
Bajanteeg
Baazagaan
Dshinst
Tschandman'
Tujn gol
Dund Chamar uul 3085
Bogd
Baruunbajan-Ulaan
Zachir uul 3670
Orog nuur
Taäzyn Zagaan nuur
Erdene
Ulijn Owoöt uul 3359
Bajanzagaan
Ich Bogd uul 3957
Baga Bogd uul 3590
Bogd
Charaat uul 3008
Ich Bajan uul 2477
Bajan-Undur
Bajangobi
Schinedshinst
Bajanlig
2557
Chuuschijn Churen tolgoj 2306
Ich Bajan uul 2087
Serwen Chajrchan uul 2769
Altan uul 2273
2632
Scharga Mor't uul 2517
Nojon
2007

0   50 km

320

Altan uul	Алтан уул	Dund Chamar uul	Дунд Хамар уул
Baazagaan	Баацагаан	Egijn dawaa	Эгийн даваа
Baga Bogd uul	Бага Богд уул	Erdene	Эрдэнэ
Bajan-Owoo	Баян-Овоо	Erdenezogt	Эрдэнэцогт
Bajan-Undur	Баян-Өндөр	Galuut	Галуут
Bajanbulag	Баянбулаг	Gurwanbulag	Гурванбулаг
Bajanchongor	Баянхонгор	Guulin	Гуулин
Bajangobi	Баянговъ	Ich Bajan uul	Их Баян уул
Bajanlig	Баянлиг	Ich Bogd uul	Их Богд уул
Bajanteeg	Баянтээг	Ich Tamir	Их Тамир
Bajanzagaan	Баянцагаан	Muchar uul	Мухар уул
Bajdragijn gol	Байдрагийн гол	Narijnteel	Нарийнтээл
Baruunbajan-Ulaan	Баруунбаян-Улаан	Nojon	Ноён
		Orog nuur	Орог нуур
Batzengel	Батцэнгэл	Otgon	Отгон
Biger	Бигэр	Otgon Tenger uul	Отгон Тэнгэр уул
Biger nuur	Бигэр нуур	Scharga Mor´t uul	Шарга Морът уул
Bogd	Богд	Schargaldshuut	Шаргалжуут
Bogd uul	Богд уул	Schiluustej	Шилүүстэй
Bujant gol	Буянт гол	Schinedshinst	Шинэжинст
Bulag	Булаг	Serch uul	Сэрх уул
Bumbugur	Бөмбөгөр	Serwen	Сэрвэн
Buuzagaan	Бууцагаан	Chajrchan uul	Хайрхан уул
Chajrchan Dulaan	Хайрхан Дулаан	Taazyn	Таацын
Changaj	Хангай	Zagaan nuur	Цагаан нуур
Charaat uul	Хараат уул	Tschandman´	Чандманъ
Chijn Churen tolgoj	Хүүшийн Хүрэн толгой	Tschuluut	Чулуут
		Tujn gol	Түйн гол
Chogijn dawaa	Хогийн даваа	Tuwschruulech	Түвшрүүлэх
Chojd Tamir	Хойд Тамир	Uldsijt	Өлзийт
Chojd Terchijn gol	Хойд Тэрхийн гол	Uldsijt gol	Өлзийт гол
Chureemaral	Хүрээмарал	Ulijn Owoot uul	Өлийн Овоот уул
Delger	Дэлгэр	Zachir uul	Цахир уул
Dsagijn gol	Загийн гол	Zenker	Цэнхэр
Dshargalant	жаргалант	Zezerleg	Цэцэрлэг
Dshinst	жинст		

vom Baatzagaan-Somon und west-lich vom Böön-Tzagaan-nuur.

Böön-Tzagaan-nuur
(Бөөн цагаан нуур)

Der **See** liegt in 1336 m Höhe und ist mit 240 qkm Fläche der größte der 5 Gobi-Seen. Er ist fischreich und bildet ebenso ein Paradies für seltene **Vogelarten.**

Bajdrag gol
(Байдраг гол)

Der aus dem Changaj kommende, sich 310 km in südlicher Richtung bewegende **Fluß** mündet in den Böön-Tzagaan-nuur.

Oase von Dsuun-Mod
(Зуун модны баян бүрд)

Südlich des Zentrums des Schinds-hist-Somons erstreckt sich über mehr

Die Provinzen

321

als 100 km eine für den Süd-Altai typische, flach abgestufte **Gobilandschaft** mit zahlreichen Quellen und Brunnen und abwechslungsreicher Vegetation. Nach zwei Stunden Fahrt durch Wüstengebiet stößt man auf eine Landschaft, die mit ihrem Bestand an Pappeln und Ulmen und einem kleinen See an den Changaj erinnert. In den Ebenen grasen große Herden von **Kropfgazellen.** Der freie Blick wird durch Luftspiegelungen erschwert. Im südlichen Teil des Gebiets trifft man auf **Fundstätten aus der frühen Eisenzeit.** Die geographischen Bezeichnungen der Gegend deuten mit dem Wort *"Tumur"* für Eisen vielfach auf das Vorkommen und die Nutzung dieses Erzes hin.

Nogoon zaw
(Ногоон цав)

Etwa 130 km südlich des Schindshist-Somons, aber nördlich des Schilijn nuruu zieht sich über etwa 8-10 km Länge eine Abbruchkante, die aus ca. 20 m hohen, grünlichen, rötlichen und gelblichen Schichten besteht. Hier wurden versteinerte Überreste kreidezeitlicher **Dinosaurier und Riesenschildkröten** geborgen. Von den Höhen des Schilijn nuruu ist 90 km in südlicher Richtung der blau schimmernde, deutlich aus der Landschaft aufragende Zagaan-Bogd-Uul (2095 m) zu erkennen. Von dort sind es bis zur chinesischen Grenze noch 30 km.

Oase von Echijn gol
(Эхийн голын баян бүрд)

Echijn gol ist kein Fluß, wie es der Name vermuten läßt, sondern eine **kleine Siedlung** ca. 160 km südlich vom Schindshist-Somon. Auf einer Fläche von 17 mal 5 km werden **zahlreiche Quellen,** darunter drei mächtige, aus dem Grundwasser gespeist. Das Wasser ließ einen schier urwaldähnlich undurchdringlichen Wald aus Saksaul, Pappeln und Tamarisken entstehen. Die Gräser werden kniehoch. Die Oase bildet einen eigentümlichen Kontrast zu den umliegenden nackten Felsformationen. Im Sommer wurden hier bereits +42,2 °C gemessen. Damit zählt das Gebiet zu den heißesten und mit nur 13,4 mm Niederschlag im Jahr auch zu den trockensten Gegenden der Mongolei.

Galuutyn chawzal
(Галуутын хавцал)

Diese Felsspalte befindet sich ca. 20 km südlich vom Galuut-Somon am Olgoj-nuur. Auf 2 km Länge durchschießt ein dem See nach Norden entspringender Fluß in 100 bis 150 m Tiefe die nur 1 bis 10 m breite **Schlucht,** deren Wände fast senkrecht abfallen. Auf kleinen Felsvorsprüngen nisten im Frühsommer Entenpärchen inmitten der tobenden Wassergewalten. Ihre Gelege erscheinen von oben betrachtet nur noch so groß wie Reiskörnchen.

Der Bajan-Ulgij-Aimak

(Баян-Өлгий аймаг)

45.700 qkm Fläche, dominiert vom Altai-Gebirge, 75.000 Ew., überwiegend Kasachen. 1,0 Mio. Stück Vieh, davon 560.000 Schafe und 300.000 Ziegen. Zentrum: Ulgij chot (Өлгий хот) in 1710 m Höhe. 1640 km bis Ulan Bator. Jahresdurchschnittstemperatur in Ulgij chot: -0,2 °C, im Januar: –17,8 °C, im Juli: +14,5 C. Jahresniederschlag: 107 mm. Luftdruckmittel im Juli: 824 mm. Kaum Ackerbau. In den Tälern des Chowd-gol ist Gemüseanbau verbreitet.

Wichtige Sehenswürdigkeiten

Mongolischer Altai

(Монгол Алтай)

Sich über 900 km von der äußersten Westgrenze der Mongolei nach Südosten erstreckendes *Gebirge,* das im Gobi-Altai-Aimak in den Gobi-Altai übergeht. Seine sich in Rußland fortsetzenden Ausläufer heißen Russischer Altai. Die höchste Erhebung des Mongolischen Altai und gleichzeitig der *höchste Gipfel der Mongolei* überhaupt ist mit 4374 m der *Chujten uul* (Хүйтэн уул) unmittelbar am Dreiländerdreieck zu China und Rußland. Der Mongolische Altai verfügt neben ihm noch über sechs weitere mit ewigem Eis bedeckte Gipfel von über 4000 m.

Im äußersten Westen des Mongolischen Altai wurde 1995 ein 5900 qkm großes Gebiet unter *Naturschutz* gestellt, das u. a. die Berge Uwtschuu und Jolt sowie die Gebirgsketten Choton, Chorgon und Dajan nuruu einschließt. Teile des Massivs sind lärchenbestanden. Ein gutes, noch relativ problemlos erreichbares Beispiel für einen Lärchenwald befindet sich westlich des Zentrums des Tsengel-Somos im Tal des Chowd gol.

Tzagaan gol

(Цагаан гол)

Kleiner *Gletscherfluß,* der von Westen kommend 9 km nördlich vom Zentrum des Tsengel-Somons in den Chowd gol fließt. Bemerkenswert ist, daß sich bis zu 500 m nach dem Zusammenfluß beider Flüsse das Wasser des Tzagaan gol deutlich weiß vom bläulichen des Chowd gol abhebt.

Tolbo nuur

(Толбо нуур)

185 qkm großer, ca. 10 m tiefer *Salzsee* auf 2080 m Höhe im gleichnamigen Somon an der Verbindungsstraße zwischen Chowd chot und Ulgij chot.

Chuch Serchijn nuruu

(Хөх Сэрхийн нуруу)

659 qkm umfassendes *Naturschutzgebiet,* das aus dem Gebirgsmassiv besteht, das westlich von Chowd chot als nördlicher Ausläufer des mongolischen Altai die natürliche Grenze zum Bajan-Ulgij-Aimak bildet. Es besteht bereits seit 1977. Anlaß für die Deklarierung zum Schutzgebiet war der überaus reiche Bestand an Steinböcken und Argali-Schafen, Mardern, Schneeleoparden, Luchsen, Bergtruthähnen und zahlreichen Raubvogelarten.

Die Provinzen

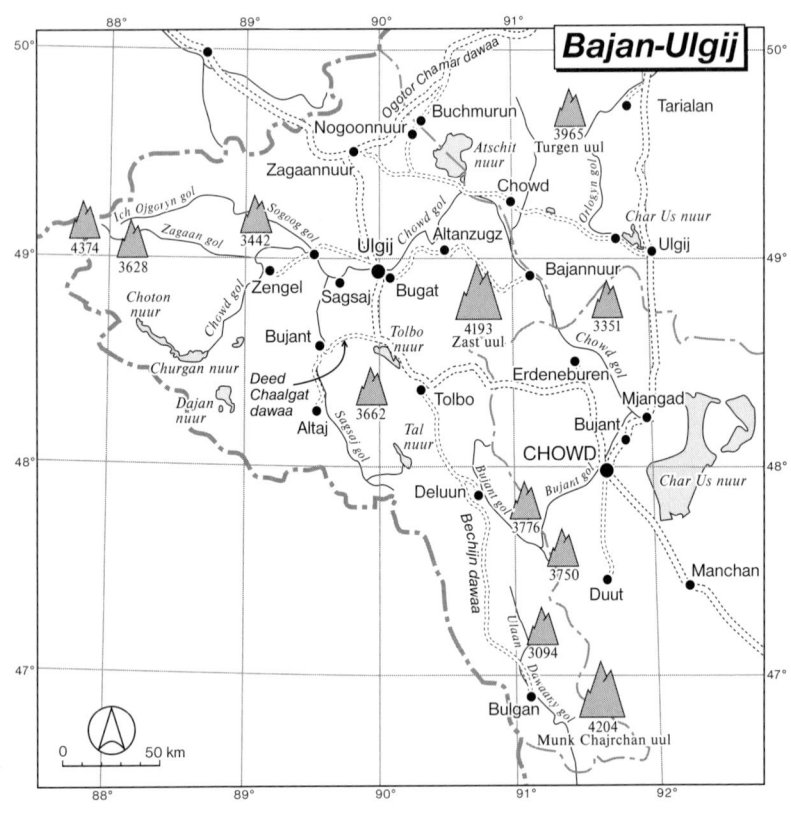

Altaij	Алтай	Chowd	Ховд
Altanzugz	Алтанцөгц	Chowd gol	Ховд гол
Atschit nuur	Ачит нуур	Churgan nuur	Хурган нуур
Bajannuur	Баяннуур	Dajan nuur	Даян нуур
Bechijn dawaa	Бэхийн даваа	Deed Chaalgat	Дээд Хаалгат
Buchmurun	Бөхмөрөн	dawaa	даваа
Bugat	Бугат	Deluun	Дэлүүн
Bujant	Буянт	Deluun gol	Дэлүүн гол
Bujant gol	Буянт гол	Duut	Дуут
Bulgan	Булган	Erdeneburen	Эрдэнэбүрэн
Char Us nuur	Хар Ус нуур	Ich Ojgoryn gol	Их Ойгорын гол
Charchiraa gol	Хархираа гол	Manchan	Манхан
Choton nuur	Хотон нуур	Mjangad	Мянгад

Der mongolische Schneeleopard

Bis 1963 gehörte der Schneeleopard (lat.: *Panthera uncia,* mong.: *Irwes*) in der Mongolei noch zu den frei jagbaren Tieren. Ein gutes Fell erreichte damals kaum einen Preis von 50 Tugrik. Dafür bekam man seinerzeit zwei oder drei Flaschen Wodka. Heute ist der Bestand nicht nur in der Mongolei, sondern **weltweit gefährdet.** Schneeleopardenfelle erreichen auf dem Schwarzmarkt Preise bis zu 10.000 US$. Dies hat sich leider auch unter den Gobibewohnern herumgesprochen, die Schneeleoparden töten, um die Felle Touristen zu einem weit niedrigeren Preis anzubieten. Hinzu kommt, daß Schneeleopardenfleisch in der traditionellen asiatischen Heilkunst für die Behandlung vieler Krankheiten geschätzt wird, verbindet man mit dem Lepoarden doch Kraft, Ausdauer und Gewandheit. Dies gefährdet den Bestand zusätzlich. Nach aktuellen Schätzungen beläuft sich der Bestand in der Mongolei noch auf 1000 bis 1200 Tiere. Eine Zucht von mongolischen Schneeleoparden in Gefangenschaft ist bisher nicht gelungen.

Schneeleoparden halten sich überwiegend in großen zusammenhängenden Bergmassiven auf und sind nachtaktiv. Jäger berichten, daß sie sehr mißtrauisch, dazu aber stolz und furchtlos sind. Sie fressen kein Aas, sondern erlegen immer frisches Fleisch. Ihre Jagdopfer sind Steinböcke und Wildschafe sowie Murmeltiere, Hasen, andere Kleinsäuger und Vögel. Sie machen aber auch nicht halt vor versprengten domestizierten Schafen oder Ziegen. Vielfach spezialisieren sich die Schneeleoparden auf eine bestimmte Tierart, die sie bevorzugt reißen. Wenn sie ihre Opfer verspeisen, sollen Schneeleoparden sich am frischen Blut regelrecht berauschen und dann kaum noch darauf achten, was um sie herum geschieht. An Felsen und Steinen setzen sie mit ihrem Urin Duftmarken, die offenbar vor allem für die Paarung von Bedeutung sind.

Mongolische Schneeleoparden haben ein auffällig gelbes Fell mit deutlich konturierter Zeichnung. Das Körpergewicht erreicht ca. 40 kg. Der größte jemals in der Mongolei erlegte Schneeleopard soll von der Schnauze bis zur Schwanzspitze 2,40 m gemessen haben.

Die Tiere sind Einzelgänger und treffen sich nur zur Paarungszeit. Die Weibchen werfen selten mehr als vier Junge. Nach einem Jahr verlassen sie die Mutter und gehen ihrer eigenen Wege. Das Revier eines Schneeleoparden erreicht eine Ausdehnung von 50 bis 75 qkm. Allerdings kommt es auch vor, daß sich Schneeleoparden auf die „Wanderschaft" machten und neue Reviere erschließen.

Munk Chajrchan uul	Мөнх Хайрхан уул	Tolbo	Толбо
Nogoonnuur	Ногооннуур	Tolbo nuur	Толбо нуур
Ogotor Chamar dawaa	Оготор Хамар даваа	Turgen uu	Түргэн уул
Orlogyn gol	Орлогын гол	Ulaan chus	Улаан хус
Sagsaj	Сагсай	Ulaan	Улаан
Sagsaj gol	Сагсай гол	Dawaany gol	Давааны гол
Schaadsgaj nuur	Шаазгай нуур	Ulgij	Өлгий
Schiwer gol	Шивэр гол	Zagaan	Цагаан
Sogoog gol	Согоог гол	Chajrchan uul	Хайрхан уул
Tal nuur	Тал нуур	Zagaan gol	Цагаан гол
Tarialan	Тариалан	Zagaannuur	Цагааннуур
		Zast uul	Цаст уул
		Zengel	Цэнгэл

Der Bulgan-Aimak
(Булган аймаг)

48.800 qkm Fläche, überwiegend hügelige Steppen- und Waldsteppenlandschaft, unterbrochen von den Auen der Selenge und des Orchon sowie zahllosen weiteren Wasserläufen und Seen. 62.000 Ew., ca. 1 Mio. Stück Vieh, davon 600.000 Schafe und 175.000 Rinder. Zentrum: *Bulgan chot* (Булган хот) (1208 m), 320 km bis Ulan Bator, Jahresdurchschnittstemperatur in Bulgan chot: -1,6 °C, im Januar: –21,3 °C, im Juli: +16,3 °C. Jahresniederschlag: 324 mm, damit eines der niederschlagsreichsten Gebiete der Mongolei. Luftdruckmittel im Juli: 880 mm. Der Ackerbau ist recht stark entwickelt. Der Aimak verfügt über die größten Wasserkraftreserven der Mongolei. Geplant ist der Bau eines großen Kraftwerks am Egijn gol, einem nördlichen Nebenfluß der Selenge.

Bergbaustadt Erdenet

Auf dem Aimakterritorium liegt Erdenet, die *drittgrößte Stadt* der Mongolei (57.000 Ew.). Im Mai 1994 wurden ihr zwei umliegende Somone angegliedert und das Gebiet in *Orchon-Aimak* umbenannt. Damit vergrößerte sich das Territorium auf 80.000 ha, die Einwohnerzahl allerdings nur auf 60.000. Bis Ulan Bator sind es 371 km, bis Bulgan chot 68 km. Die Stadt lebt vom Abbau und der Aufbereitung von *kupfer- und molybdänhaltigem Erz,* das seit 1978 über die Eisenbahn überwiegend nach Rußland exportiert wird. Der Erzexport ist die mit Abstand *größte Deviseneinnahmequelle der Mongolei.* 1994 wurden 400 Mio. US$ eingenommen, das waren 70 % aller Exporteinnahmen des Landes. Bei einem jährlichen Abbau von 15 Mio. t Erz reichen die Reserven noch 80-100 Jahre.

Adsargyn gol	Азаргын гол	Chanuj gol	Хануй гол
Argalant	Аргалант	Charbuchyn gol	Харбухын гол
Bajan-Agt	Баян-Агт	Chaschaat	Хашаат
Bajanchangaj	Баянхангай	Chischig-Undur	Хишиг-Өндөр
Bajannuur	Баяннуур	Chongor	Хонгор
Bajanzogt	Баянцогт	Chotont	Хотонт
Baruunburen	Баруунбүрэн	Chudshiryn gol	Хужирын гол
Batzengel	Батцэнгэл	Chuschaat	Хушаат
Böörijn chundij	Бөөрийн хөндий	Chutag-Undur	Хутаг-Өндөр
Bugat	Бугат	Darchan	Дархан
Bulag	Булаг	Daschintschilen	Дашинчилэн
Bulag dawaa	Булаг даваа	Dsaamar	Заамар
Bulgan	Булган	Dselterijn gol	Зэлтэрийн гол
Buregchangaj	Бүрэгхангай	Dshargalant	жаргалант
Burgaltajn gol	Бургалтайн гол	Dsuunburen	Зүүнбүрэн
Chajrchan	Хайрхан	Egijn gol	Эгийн гол

Bulgan

Erdenebulgan	Эрдэнэбулган
Erdenemandal	Эрдэнэмандал
Erdenesant	Эрдэнэсант
Erdenet	Эрдэнэт
Gurwanbulag	Гурванбулаг
Ich Tamir	Их Тамир
Ich-Uul	Их-Уул
Ilenchen gol	Илэнхэн гол
Orchon	Орхон
Orchon gol	Орхон гол
Orchontuul	Орхонтуул
Raschaant	Рашаант
Sajchan	Сайхан
Sant	Сант
Selenge	Сэлэнгэ

Suwraga	Суврага
Chajrchan uul	Хайрхан уул
Tarialan	Тариалан
Teegijn gol	Тээгийн гол
Teschig	Тэшиг
Tosonzengel	Тосонцэнгэл
Tuschig	Түшиг
Tuwschruulech	Түвшрүүлэх
Ugijnuur	Өгийнуур
Ugtaalzajdam	Угтаалцайдам
Uldsijt	Өлзийт
Zagaannuur	Цагааннуур
Zeel	Цээл
Zenker	Цэнхэр
Zezerleg	Цэцэрлэг

Wichtige Sehenswürdigkeiten

Charbuchany balgas
(Харбухын балгас)

Die auch **Chun-tajdshijn-balgas** genannte **Klosterruine** steht östlich der Brücke über den Charbuchan-Fluß, westlich von Daschintschilen. Im 10 Jh. befand sich hier ein Kitan-Siedlung. Im 17. Jh. errichteten Mongolen aus Basaltblöcken und Schiefergestein ein Kloster, von dem heute nur noch einige Wände und eine Stupa erhalten sind.

Tschin-tolgojn-cherem
(Чин толгойн хэрэм)

Der **Verteidigungswall einer Kitanstadt** befindet sich ca. 20 km nordöstlich von obiger Ruine. Im 17. Jh. nutzte *Zogt-Tajdsh,* ein bedeutender mongolischer Adliger seiner Zeit, die Anlage als Lager für seine Armee. Gut erhalten sind die deutlich aus dem Erdreich aufragenden Fundamente der Wachtürme.

Zogt-tajdshijn-tzagaan-bajschin
(Цогт тайжийн цагаан байшин)

Die Reste eines weißen Palastes der *Madaj-Tajgal-chatan,* Mutter des *Zogt-Tajdsh,* stehen 20 km weiter in nordöstliche Richtung bis zur Tula-Aue.

Selenge murun
(Сэлэнгэ мөрөн)

Der **wasserreichste Fluß** der Mongolei beginnt im Chuwsgul-Aimak am Zusammenfluß des Ider, der dem Changaj entspringt und des Delger-murun, der aus den Bergen des Chuwsgul kommt. Die Selenge mündet in den Baikal-See in Sibirien. Sie ist im Sommer sehr hochwassergefährdet und äußerst fischreich. Schiffahrt ist von Rußland aus bis in den Selenge-Somon des Bulgan-Aimaks möglich. Die Täler der Selenge bilden das wichtigste Ackerbaugebiet der Mongolei.

Teilruine eines Verteidigungswalles aus der Zeit der Kitan (10. Jh.)

Vulkane Tulga, Togoo und Dshalawtsch

(Тулга, Тогоо, жалавч галт уул)

Die Krater der drei **erloschenen Vulkane** stehen eng beieinander 70 km nordwestlich von Bulgan chot, unmittelbar an der Straße nach Chuwsgul. An ihren Nordhängen sind sie bewaldet.

Der Chentij-Aimak
(Хэнтий аймаг)

82.000 qkm Fläche, 74.000 Ew., fast 1,2 Mio. Stück Vieh, davon 668.000 Schafe und 205.000 Ziegen. Zentrum: **Undurchaan chot** (Өндөрхаан хот) in 1027 m Höhe. 331 km bis Ulan Bator. Jahresdurchschnittstemperatur in Undurchaan chot: -0,9 °C, im Januar: -23,2 °C, im Juli: +18,8 °C. Jahresniederschlag: 254 mm. Luftdruckmittel im Juli: 890 mm. Im nördlichen Teil des Aimaks ist Ackerbau anzutreffen.

Wichtige Sehenswürdigkeiten

Cherlen gol

(Хэрлэн гол)

1090 km langer, dem Chentij entspringender und in den in China gelegenen Dalaj nuur mündender **Fluß.** In ihm leben Welse, Lachse, Forellen, Kaulbarsche, Karpfen, Aale, Hechte und andere Fischarten.

Chudöö Aral

(Хөдөө арал)

Dieses etwa 20 mal 30 km große, flache Steppengebiet liegt in etwa 1300 m Höhe nördlich vom Knie des Cherlen, südwestlich des Delgerchaan-Somons. Hier soll die *"Geheime Geschichte der Mongolen"* fertiggestellt worden sein. Daran erinnert ein 1990 am Awarga gol aufgestellter **Gedenkstein.**

Geburtsort Tschingis-Khans

(Чингис хааны орд)

Er soll unweit des Zentrums des Binder-Somons in südwestlicher Richtung an einem 1231 m hohen Berg liegen, der in der *"Geheimen Geschichte"* als Deluun Boldog bezeichnet wird.

Chudöö Aral: Hier erinnert eine Stele an die Geheime Geschichte der Mongolen

Die Provinzen

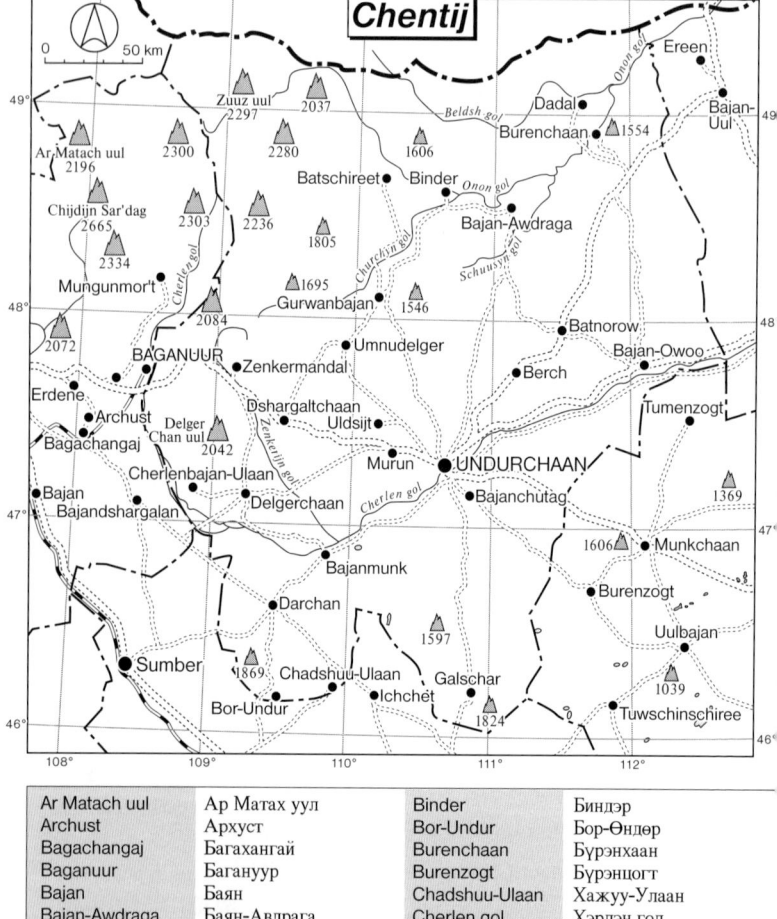

Ar Matach uul	Ар Матах уул	Binder	Биндэр
Archust	Архуст	Bor-Undur	Бор-Өндөр
Bagachangaj	Багахангай	Burenchaan	Бүрэнхаан
Baganuur	Багануур	Burenzogt	Бүрэнцогт
Bajan	Баян	Chadshuu-Ulaan	Хажуу-Улаан
Bajan-Awdraga	Баян-Авдрага	Cherlen gol	Хэрлэн гол
Bajan-Owoo	Баян-Овоо	Cherlenbajan-	
Bajan-Uul	Баян-Уул	Ulaan	Хэрлэнбаян-Улаан
Bajanchutag	Баянхутаг	Chijdijn Sar´dag	Хийдийн Саръдаг
Bajandshargalan	Баянжаргалан	Churchyn gol	Хурхын гол
Bajanmunk	Баянмөнх	Dadal	Дадал
Batnorow	Батноров	Darchan	Дархан
Batschireet	Батширээт	Delger Chan uul	Дэлгэр Хан уул
Beldsh gol	Бэлж гол	Delgerchaan	Дэлгэрхаан
Berch	Бэрх	Dshargaltchaan	жаргалтхаан

Onon gol
(Онон гол)

296 km langer, dem Nord-Chentij entspringender, wasserreicher, schnell strömender und in Sibirien in die Schilka mündender ***Fluß.*** Er wird bevölkert von Stören, Hechten, Forellen, Lachsen, Weißäschen, Kaulbarschen, Welsen, Karpfen, Aalen u. a. m. Die Flußaue gilt als besonders stark mit dem Leben *Tschingis-Khans* verbunden.

Gurwan nuuryn raschaan
(Гурван нуурын рашаан)

Kurort, der von drei dicht beieinander liegenden, von Kiefernwäldern gesäumten Seen gesäumt wird. Das Sanatorium behandelt Herz-Kreislauferkrankungen ebenso wie Hautkrankheiten und Probleme der Verdauungsorgane. Hier wurde 1962 das erste an *Tschingis-Khan* erinnernde Denkmal errichtet.

Erdene	Эрдэнэ
Ereen	Эрээн
Galschar	Галшар
Gurwanbajan	Гурванбаян
Ichchet	Иххэт
Mungunmor´t	Мөнгөнморьт
Munkchaan	Мөнххаан
Murun	Мөрөн
Onon gol	Онон гол
Schuusyn gol	Шуусын гол
Sumber	Сүмбэр
Tumenzogt	Түмэнцогт
Tuwschinschiree	Түвшинширээ
Uldsijt	Өлзийт
Umnudelger	Өмнөдэлгэр
Undurchaan	Өндөрхаан
Uulbajan	Уулбаян
Zenkerijn gol	Цэнхэрийн гол
Zenkermandal	Цэнхэрмандал
Zuuz uul	Цүүц уу

Der Chowd-Aimak
(Ховд аймаг)

76.100 qkm Fläche, dominierende Landschaftsformen sind der mongolische Altai und Wüstengebiete, durchsetzt von zahlreichen Wasserläufen sowie Salz- und Süßwasserseen. 88.000 Ew., 1,8 Mio. Stück Vieh, davon 957.000 Schafe und 605.000 Ziegen. Zentrum: ***Chowd chot*** (Ховд хот) (1405 m), 1425 km bis Ulan Bator. Die Stadt hatte bereits im Mittelalter große regionale Bedeutung. In der Zeit der mandschurischen Ching-Dynastie war Chowd chot große chinesische Garnisonsstadt und Sitz eines mandschurischen *Amban* (Statthalters). Jahresdurchschnittstemperatur in Chowd chot: +0,3 °C, im Januar: –25,4 °C, im Juli: +18,9 °C. Jahresniederschlag: 119 mm. Luftdruckmittel im Juli: 860 mm. Gemüseanbau ist verbreitet.

Wichtige Sehenswürdigkeiten

Chowd gol
(Ховд гол)

516 km langer ***Fluß,*** der seine Quelle in den Gletscherwassern des Tawan bogd uul im äußersten Westen der Mongolei im Bajan-Ulgij-Aimak hat. Auf seinem Weg nach Osten nimmt er zahlreiche weitere wasserreiche Gebirgsflüsse des mongolischen Altais in sich auf und mündet schließlich in den Char us nuur. Die Ufer des Chwd gol sind – insbesondere im Grenzbereich zwischen dem Bajan-Ulgij- und dem Chowd-Aimak – stark mit Dickicht und Strauchwerk be-

Die Provinzen

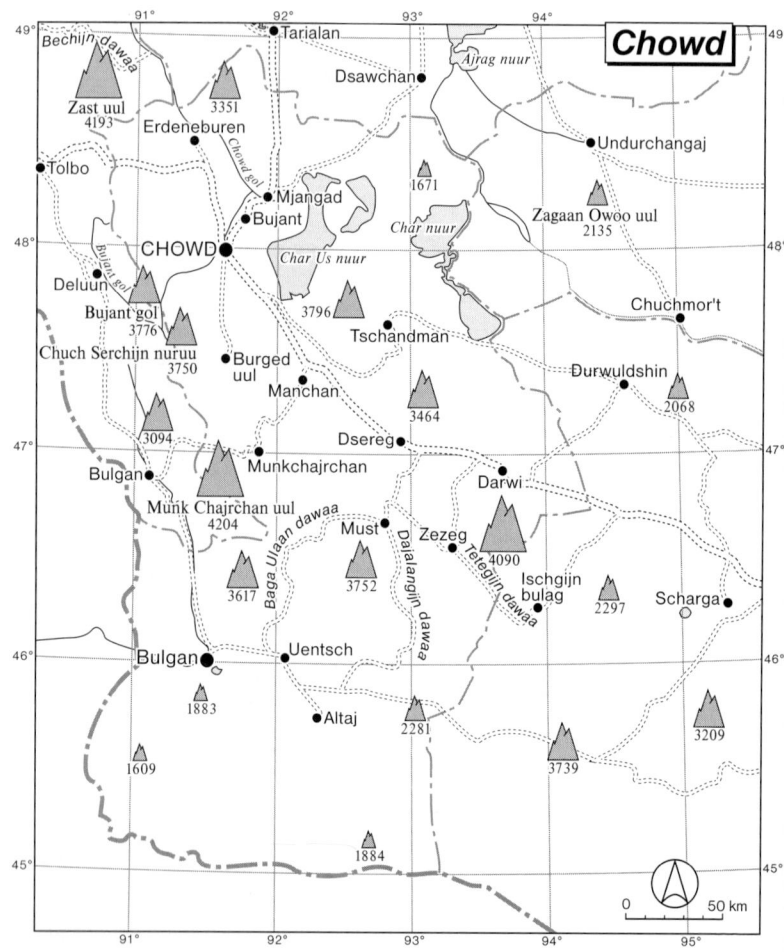

Chowd

wachsen, darunter auch mit Sanddorn. In einem Nebenfluß des Chowd
gol, dem Bujant gol, der an der Aimakhauptstadt vorbeifließt, wurden Anstrengungen unternommen, im Oberlauf Biber anzusiedeln. In beiden Flüssen sind auch Bisamratten zu Hause.

Char us nuur
(Хар ус нуур)

Die Ufer des **drittgrößten Sees**
der Mongolei (1852 qkm) sind schilf-
bewachsen, der See selber sehr
fischreich. Anzutreffen sind u. a.
Gelbfisch und Kaulbarsch.

Ajrag nuur	Айраг нуу	Durwuldshin	Дөрвөлжин
Altaj	Алтай	Erdeneburen	Эрдэнэбүрэн
Baga Ulaan dawaa	Бага Улаан даваа	Ischgijn bulag	Ишгийн булаг
Bechijn dawaa	Бэхийн даваа	Manchan	Манхан
Bujant	Буянт	Mjangad	Мянгад
Bujant gol	Буянт гол	Munk	
Bulgan	Булган	Chajrchan uul	Мөнх Хайрхан уул
Burged uul	Бүргэд уул	Munkchajrchan	Мөнххайрхан
Char nuur	Хар нуур	Must	Мөст
Char Us nuur	Хар Ус ну	Scharga	Шарга
Chowd	Ховд	Tarialan	Тариалан
Chowd gol	Ховд гол	Tetegijn dawaa	Тэтэгийн даваа
Chuch		Tolbo	Толбо
Serchijn nuruu	Хөх Сэрхийн нуруу	Tschandman	Чандмань
Chuchmor´t	Хөхморьт	Uentsch	Үенч
Dajalangijn dawaa	Даялангийн даваа	Undurchangaj	Өндөрхангай
Darwi	Дарви	Zagaan Owoo uul	Цагаан Овоо уул
Deluun	Дэлүүн	Zast uul	Цаст уул
Dsawchan	Завхан	Zezeg	Цэцэг
Dsereg	Зэрэг		

Am Tschono charajch gol, der den Char us nuur mit dem westlich von ihm gelegenen Char nuur (575 qkm) verbindet, wird die Errichtung eines Wasserkraftwerkes erwogen, das die drei Westaimaks versorgen soll.

Zambagaraw uul
(Цамбагарав уул)

Der mit 4165 m **vierthöchste Berg** des mongolischen Altai und der Mongolei liegt an der Grenze zwischen dem Bajan-Ulgij und dem Chowd-Aimak. 1991 sollen hier, so mongolische Zeitungen, Yetis gesehen worden sein. Im Gebiet des Berges lebt die **Minderheit der Ööld.**

Manchany tal
(Манханы тал)

Auf der Linie der Zentren der Somone Darwi, Dsereg und Manchan erstreckt sich diese **Senke.** Im Zentrum

Portrait einer jungen Nomadin

befinden sich ausgedehnte **Salzpfannen.** In dem 3168 qkm großen Gebiet, das seit 1993 unter Schutz steht, kommen die sonst selten gewordenen **Saiga-Antilopen** vor.

Zencherijn aguj
(Цэнхэрийн агуй)

Ca. 20 m hohe, geräumige **Felsenhöhle** 25 km westlich des Zentrums des Manchan-Somons, auf dem Nordufer des Chojd Zenchrijn gol. Der Eingang liegt hoch über dem Fluß in nordwestlicher Richtung und ist nicht einfach zu erklimmen. Im Innern befinden sich zahlreiche **steinzeitliche Zeichnungen** von Steinböcken, Straußen und Vögeln. In der Nähe der Höhle befinden sich **Hunnengräber.**

Munk Chajrchan uul
(Мөнх Хайрхан уул)

Zweithöchster Berg (4204 m) der Mongolei im Süden des gleichnamigen Somons. Die Gipfel des Massivs sind mit **Gletschern** bedeckt, die insgesamt eine Fläche von mehr als 200 qkm ausmachen.

Ulaan dawaa
(Улаан даваа)

Aus zwei Stufen (2845 und 2945 m) bestehender Paß, über den das Munk-Chajrchan-Massiv östlich umfahren werden kann. Er ist der **höchste Paß** des Landes. In südliche Richtung fahrend, erreicht man, durch hochaufragende Schluchten manövrierend, den Uentsch-Somon und damit den Südrand des mongolischen Altais.

Charuul Owoo
(Харуул овоо)

Ca. 25 m hoher **Owoo** in 1941 m Höhe, den man auf dem Weg von Uentsch in den Bulgan-Somon passiert. Das Monument wurde von den hier ansässigen Torguten auf einem ca. 100 m hoch steil aufragenden Felsen aus flachen Steinen, Lehm und Balken errichtet. Entlang des Bulgan gol befinden sich weitere 12 Owoos dieser Art.

Bulgan gol
(Булган гол)

Dem mongolischen Altai im nördlichen Teil des Munk-Charchan-Massivs entspringt dieser ca. 250 km lange **Fluß.** Zunächst aus den Bajan-Ulgij-Aimak kommend, bewegt er sich in südliche Richtung über den Bulgan-Somon dieses Aimaks in den Bulgan-Somon des Chowd-Aimaks, wo er sich nach Westen wendend in viele Nebenflüsse verästelt und dann weiter die Grenze nach China überschreitet. Teile des Flußlaufes zwischen der Grenze und dem Somonzentrum wurden 1965 zum **Biberschutzgebiet** erklärt. Hier leben auch Kropfantilopen, Steinböcke und Wildschafe, im Uferdickicht nisten u. a. Enten, Störche, Pelikane und Kormorane.

Uentsch gol
(Уенч гол)

Im südlichen Teil des Munk-Chairchan-Massivs entspringt dieser ca. 180 km lange, sich nach Süden wendende **Fluß,** der in der Baruun chuuraj chonchor, der "westlichen Trockensenke" in weitläufigen **Salz-**

pfannen versickert. Nach dem Fluß ist ein Somon benannt. Im Oberlauf hat er tiefe Schluchten in das Gebirge geschnitten, denen z. T. die Straße nach Norden in Richtung Ulaan dawaa folgt.

Fast parallel zu ihm fließt in 20-50 km Abstand weiter östlich der **Bodontsch gol.** Auch er pasiert im Oberlauf tiefe Schluchten und versickert in der Trockensenke, nachdem er das Zentrum des Altai-Somons passiert hat.

Das Gebiet der Sonone Altai, Uentsch und Manchan wird von der **Minderheit der Dsachtschin** bewohnt.

Der Chuwsgul-Aimak
(Хөвсгөл аймаг)

> 109.000 qkm Fläche, überwiegend bergige Waldsteppenlandschaft, im Norden in die Tajga übergehend. 117.000 Ew. 1,7 Mio. Stück Vieh, davon 850.000 Schafe und 327.000 Rinder. Zentrum: **Murun chot** (Мөрөн хот) in 1283 m Höhe. 680 km bis Ulan Bator. Jahresdurchschnittstemperatur in Murun chot: -1,8 °C, im Januar: –23,8 °C, im Juli: +16,9 °C. Jahresniederschlag: 234 mm. Zahlreiche fließende und stehende Gewässer. Luftdruckmittel im Juli 870 mm. Wenig Ackerbau.

Wichtige Sehenswürdigkeiten

Zusammenfluß der Flüsse Ider, Delger und Bugsej
Vom Zusammenfluß ca. 40 km südöstlich vom Zentrum des Toson-

zengel-Somons an heißt der Wasserlauf Selenge murun und bildet den wasserreichsten Fluß der Mongolei.

Hirschstein von Chungee
(Хүнгээгийн буган хөшөө)
Auf diesem guterhaltenen Hirschstein sind acht Pferdekörper dargestellt. Er befindet sich im gleichnamigen Gebiet zwischen den Somonzentren von Schine-Ider und Galt.

Museum des größten Mongolen
Im Zentrum des Dshargalant-Somons erinnert eine **kleine Gedenkstätte** an den mit 2,64 cm größten Mongolen aller Zeiten.

Sangijn dalaj nuur
(Сангийн далай нуур)
166 qkm großer, 32 km langer und bis zu 13 km breiter, 30 m tiefer, abflußloser **Salzsee** in 1888 m Höhe an der Grenze zwischen dem Chuwsgul- und dem Dsawchan-Aimak. Der See erreichte seine jetzige Größe im Ergebnis eines Erdbebens im Jahre 1905. Interessant ist, daß der See geographisch dem Einzugsgebiet des Nördlichen Eismeeres zuzuordnen ist, die in ihm vorkommenden Fischarten aber typisch für die Seen der abflußlosen zentralasiatischen Senke sind.

Schawar turuu
(Шавар түрүү)
Weitläufiger **Talkessel** südwestlich des Sangijn dalaj nuur, der den Oberlauf des Tesijn gol bildet und ein unberührtes, geschlossenes **Lärchenwaldgebiet** einschließt.

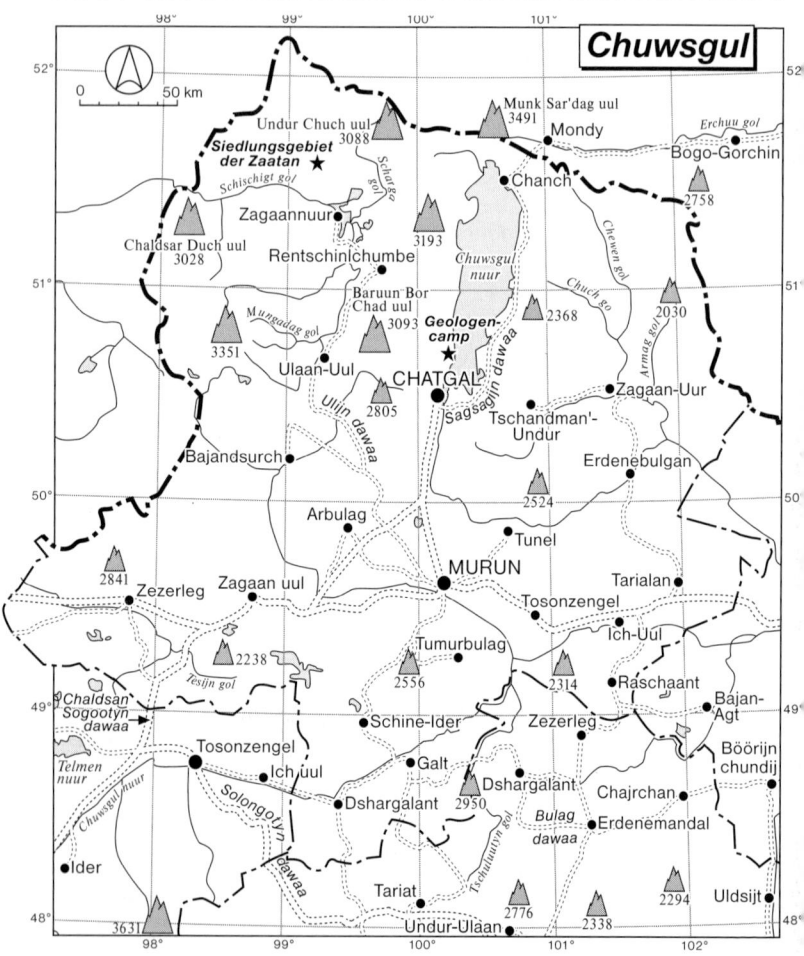

Uschiryn churchree

(Уширын хүрхрээ)

Etwa 4 m hoher, wasserreicher **Wasserfall des Beltes gol** in der Nähe des Zentrums des Bjandsurch-Somons.

Ulijn dawaa

(Ьлийн даваа)

Wegen seiner bei Nässe und Schneefall schlechten Passierbarkeit berüchtigter **Paß** ca. 15 km vor dem Zentrum des Ulaan-uul-Somons, der allerdings die einzige Zufahrt zu den nördlich davon gelegenen Somonen

336

Arbulag	Арбулаг	Munk Sar´dag uul	Мөнх Сарьдаг уул
Armag gol	Армаг гол	Murun	Мөрөн
Bajan-Agt	Баян-Агт	Raschaant	Рашаант
Bajandsurch	Баянзүрх	Rentschinlchumbe	Рэнчинлхүмбэ
Baruun Bor	Баруун Бор	Sagsagijn dawaa	Сагсагийн даваа
Chad uul	Хад уул	Scharga gol	Шарга гол
Bogo-Gorchin	Бого-Горхин	Schine-Ider	Шинэ-Идэр
Böörijn chundij	Бөөрийн хөндий	Schischigt gol	Шишигт гол
Bulag dawaa	Булаг даваа	Solongotyn dawaa	Солонготын даваа
Chajrchan	Хайрхан	Tarialan	Тариалан
Chaldsan	Халзан	Tariat	Тариат
Sogootyn dawaa	Согоотын даваа	Telmen nuur	Тэлмэн нуур
Chaldsar Duch uul	Халзар Дух уул	Tesijn gol	Тэсийн гол
Chanch	Ханх	Tosonzengel	Тосонцэнгэл
Chatgal	ХАТГАЛ	Tschandman´-	
Chewen gol	Хэвэн гол	Undur	Чандмань-Өндөр
Chuch gol	Хөх гол	Tschuluutyn gol	Чулуутын гол
Chuwsgul nuur	Хөвсгөл нуур	Tumurbulag	Төмөрбулаг
Dshargalant	жаргалант	Tunel	Түнэл
Erchuu gol	Эрхүү гол	Ulaan-Uul	Улаан-Уул
Erdenebulgan	Эрдэнэбулган	Uldsijt	Өлзийт
Erdenemandal	Эрдэнэмандал	Ulijn dawaa	Өлийн даваа
Galt	Галт	Undur Chuch uul	Өндөр Хөх уул
Ich uul	Их уул	Undur-Ulaan	Өндөр-Улаан
Ider	Идэр	Zagaan uul	Цагаан уул
Ider gol	Идэр гол	Zagaannuur	Цагааннуур
Mondy	Монды	Zezerleg	Цэцэрлэг
Mungadag gol	Мунгадаг гол		

Vermischte Wohnweisen: Sibirische Blockhütten und mongolische Jurten

Flughafen von Murun chot

Retschinlchumbe und Zagaannuur und dem Gebiet der Zaatan, der Rentiernomaden bildet.

Choridol Saridag uul
(Хорьдол Сарьдаг уул)

Bis zu 3100 m hoher, aus schroff abfallenden Kreidefelsen bestehender **Gebirgszug** westlich des Chuwsgul Sees und östlich des Seen- und Sumpfgebietes zwischen den Zentren des Ulaan uul- und des Rentschinlchumbe-Somons. Das Gebirge ist **so gut wie unzugänglich,** so daß hier sibirische Elche, Rentiere, Steinböcke, Hirsche, Rehe, Wildschweine, Moschustiere, Fischottern, Schneeleoparden, Seeadler, Schwarzstörche und andere seltene Vogelarten ungestört leben. Dem Gebirge entspringt in nördliche Richtung der Arsajn gol, der sich an einer allerdings kaum erreichbaren Stelle über 70 m in die Tiefe gießt. Der Wasserfall ist der höchste der Mongolei.

Darchadyn chotgor
(Дархадын хотгор)

Sich über mehr als 100 km in nordsüdlicher Richtung erstreckende **Senke** zwischen den Somonzentren Ulaan uul und Zagaannuur, die viele Seen, Flüsse, Bäche und Sumpfgebiete umfaßt und im Sommer nur schwer befahrbar ist. Das Gebiet bildet **eine der Quellen des Jenissei,** des fünftgrößten russischen Flusses. Die Senke verläßt als einziger Fluß der wasserreiche Schischig gol, der nördlich vom Zentrum des Zagaan nuur-Somons den Dood nuur in strikt westliche Richtung verläßt und sich auf dem Weg zur russischen Grenze, ab der er als "Kleiner Jenissei" bezeichnet wird, durch Taigawälder und tiefe Schluchten windet.

Das gesamte Gebiet wird von den **Darchad,** einem mongolischen Stamm, und die sich nördlich und

Rentiere

Rentiere kommen in der Mongolei in den Ausläufern der sibirischen Taiga *im äußersten Norden* vor, hauptsächlich im Gebiet nordöstlich des Chuwsgul-Sees.

Die mongolischen Bestände an wilden Rentieren sind staatlich geschützt. Die domestizierten Herden bilden die Lebensgrundlage des Stammes der Zaatan, der nordwestlich des Sees siedelt.

Die *Tiere* sind kleiner als Rothirsche. Beide Geschlechter tragen weit auslaufende, stark verästelte Geweihe, die mit einem flauschigen Überzug versehen sind. Im Sommer halten sich die Rentiere jenseits der Baumgrenze auf. Im Winter steigen sie bis an den oberen Rand der Birkenwälder herab. Im Sommer ernähren sie sich von mehrjährigen Pflanzen, Flechten und Moosen, im Winter von Flechten und Strauchwerk. Die weiblichen Tiere werfen zwischen Mai und Juni ihre Jungen. Zwillingsgeburten sind selten. Die Rentierkühe verlieren im Mai/Juni ihr Geweih, die männlichen Tiere erst im September/Oktober.

Die Rentierkühe geben in der Laktationsperiode 30-40 l *Milch* mit einem Fettgehalt von 17 %. Sie ist damit ca. viermal fetter als Kuhmilch. Die daraus hergestellten weißen Speisen sind von exzellentem Geschmack. Ein ausgewachsenes Tier ergibt im Herbst ca. 60 kg *Fleisch.* Das *Fell* wird als Stiefelleder und für die Herstellung von Winterbekleidung für Extremeinsätze geschätzt.

Rentiere werden auch als *Reittiere* genutzt, was jedoch etwas Geschick erfordert, da die Geweihe bis weit über die Schulter reichen können. Sie können Lasten bis zu 70 kg tragen. Die Sättel sind so konstruiert, daß der Reiter auch an steilen Hängen nicht ins Rutschen kommt.

Tuwiner vom Geschlecht der Sojon Urianchaj verstehenden, nur noch aus ca. 30 Familien bestehenden Stamm von Rentiernomaden, bewohnt. Ein Zugang zu ihnen ist jedoch nur per Hubschrauber, ca. 80 bis 100 km zu Pferd, auf dem Rücken von Rentieren oder im tiefen Winter mit schweren Geländefahrzeugen über die zugefrorenen Flüsse und Sümpfe möglich (siehe auch den Exkurs).

Chuwsgul nuur
(Хөвсгөл нуур)

Der mit 2620 qkm **zweitgrößte See** der Mongolei liegt in 1624 m Höhe. Der See ist 134 km lang und bis zu 39 km breit. In ihm gibt es vier bewaldete Inseln, die größte ist ca. 9 km lang und 6 qkm groß. In den See münden 46 größere und kleinere Flüsse, verlassen wird er jedoch nur vom Egijn gol, einem mächtigen Nebenfluß der Selenge. Mit 262 m ist der See **der tiefste in Zentralasien.** Die in ihm gespeicherten Süßwasserreserven belaufen sich auf 317,5 Kubikkilometer. Das **Wasser** des Sees ist extrem **klar und fischreich.** Bei gutem Licht kann man bis zu 24 m in die Tiefe schauen. Insbesondere im Bereich der Flußmündungen lassen sich große Schwärme von Fischen beobachten. 1956/57 wurde vom Russen *M. M. Koshow* Laich des im Baikal-See vorkommenden Omul-Fisches (*Coregonus autumnalis*) eingesetzt. Der Fisch ist sehr schmackhaft und wird bis zu 2,6 kg schwer.

Der See ist umgeben von lärchenbewaldeten, an den Spitzen felsigen Bergen. Ein ehemaliges Geologencamp, 30 km nördlich von Chatgal auf dem Westufer des Sees, dient heute als **Erholungsheim "Tschanchaj"** (Чанхай). Die hier geplante Förderung von Phosphorit wurde aus Umweltschutzgründen eingestellt. Schiffsverkehr auf dem See gibt es seit 1913, inzwischen findet jedoch nur noch selten ein Transport statt.

Der See beginnt im November zuzufrieren. Das Eis erreicht eine Stärke von 1 m bis 1,50 m. In den Wintermonaten verkehren über den See Lastwagenkolonnen, die Handelsgüter, darunter viel Treibstoff, aus dem angrenzenden Tuwa transportieren.

Der Dornod-Aimak
(Дорнод аймаг)

123.600 qkm Fläche, 85.000 Ew. 713.000 Stück Vieh, davon 443.000 Schafe und 117.000 Rinder. Zentrum: **Tschojbalsan chot** (Чойбалсан хот) in 747 m Höhe. 655 km bis Ulan Bator. Jahresdurchschnittstemperatur in Tschojbalsan chot: +0,4 °C, im Januar: –21,3 °C, im Juli: +19,9 °C. Jahresniederschlag: 246 mm. Luftdruckmittel im Juli: 919 mm. Ackerbau stark entwickelt. Das Aimakzentrum verfügt über eine gut ausgebaute Infrastruktur (Eisenbahnanschluß an die Baikal-Amur-Magistrale, eigenes Heizkraftwerk) und einige Betriebe der Leicht- und Lebensmittelindustrie.

Wichtige Sehenswürdigkeiten

Mongolei-Gazellen
(Цагаан зээр)

Auf beiden Seiten des Cherlen bevölkern riesige Herden dieser Tiere die Steppe. Mitunter ist der Bestand so dicht, daß man mit dem Auto nur noch sehr langsam vorankommt. Große Herden in Bewegung sehen aus wie wogendes Wasser. Der Gesamtbestand der Tiere wird auf 400.000 Stück geschätzt.

Fläche zwischen den Flüssen Degee und Numrug

Ca. 420 km südöstlich von Tschojbalsan chot und 80 km südlich vom Zentrum des Chalch-gol-Somons befindet sich dieses 3112 qkm umfassende Gebiet, das 1992 **unter Schutz** gestellt wurde.

Anzutreffen sind in dem abgeschiedenen Gebiet u. a. Päonien, sibirische Lilien, Schwertlilien, ussurische Faulbäume, Wildzwiebeln und viele andere selten gewordene Arten. Trappen, Kraniche, Fasane und Rebhühner kommen ebenso vor wie Elche und Fischotter.

Menengijn tal
(Мэнэнгийн тал)

1992 unter Schutz gestellte, insgesamt 5704 qkm umfassende, trockene **Steppenlandschaft** westlich des Bujr nuur 240 km von Tschojbalsan, die bislang weitestgehend unberührt vom menschlichen Einfluß geblieben ist. Hier wachsen ca. 10% aller in der Roten Liste vorkommenden Pflanzen und finden zahlreiche seltene Vogelarten ein Zuhause.

Freunde …

Bujr nuur
(Буйр нуур)

615 qkm großer, in 583 m Höhe gelegener **See,** der mit seinem Nordwestufer die Grenze zu China bildet. In ihn mündet der Chalch gol. Ihn bewohnen Karpfen, Lachse, Forellen, sibirische Kaulbarsche, sibirische Hechte, Weißäschen, Welse, Aale, u. a. Jährlich werden 300 t Fisch verarbeitet. Der wichtigste Sportfisch ist der Karpfen. Am Ufer nisten u. a. Schwarzstörche und Löffelreiher.

Chalch gol
(Халх гол)

Dem großen Chingan (Mandschurei) entspringender, nach 233 km in den Bujr nuur mündender **Fluß.** Der **Fischbestand** ist der gleiche wie im

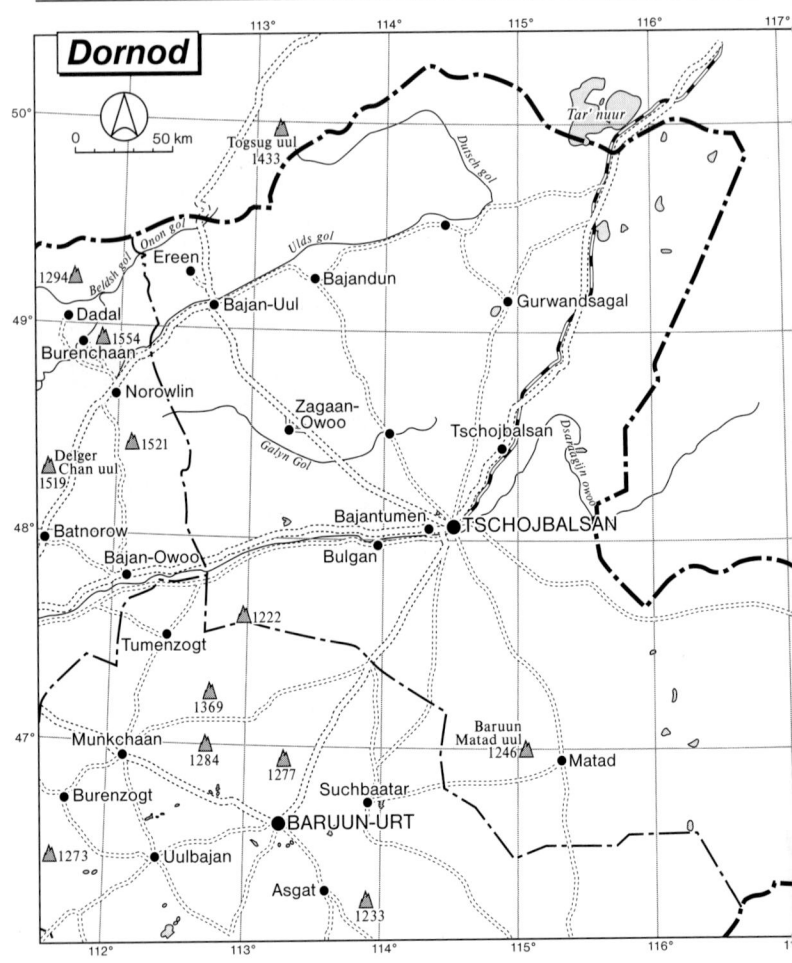

Dornod

See. Aus der Flußaue wurden bei Ausgrabungen **Gegenstände aus der Kitan-Zeit** und der Steinzeit gefunden. International bekannt wurde der Fluß im Sommer 1939 durch eine militärische Auseinandersetzung zwischen Japanern und russisch-mongolischen Truppen.

Sangijn Dalaj nuur
(Сангийн далай нууp)

7,5 qkm großer **Salzsee** im Zentrum der Menengijn tal. Hier wird manuell Speisesalz abgebaut. Die Wahrscheinlichkeit, hier auf große **Gazellenherden** und sie begleitende **Wolfsrudel** zu stoßen, ist sehr groß.

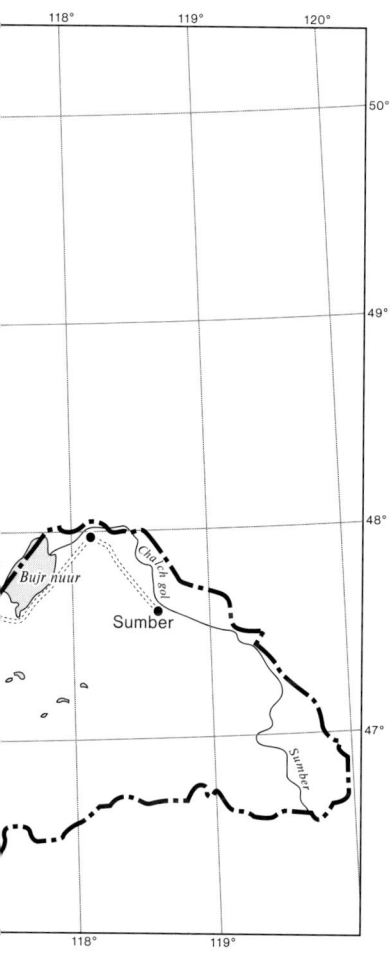

Asgat	Асгат
Bajan-Owoo	Баян-Овоо
Bajan-Uul	Баян-Уул
Bajandun	Баяндун
Bajantumen	Баянтүмэн
Baruun Matad uul	Баруун Матад уул
Baruun-Urt	Баруун-Урт
Batnorow	Батноров
Beldsh gol	Бэлж гол
Bujr nuur	Буйр нуур
Bulgan	Булган
Burenchaan	Бүрэнхаан
Burenzogt	Бүрэнцогт
Chalch gol	Халх гол
Dadal	Дадал
Delger Chan uul	Дэлгэр Хан уул
Dsaraagijn owoo	Зараагийн овоо
Dutsch gol	Дөч гол
Ereen	Эрээн
Galyn Gol	Галын Гол
Gurwandsagal	Гурванзагал
Matad	Матад
Munkchaan	Мөнххаан
Norowlin	Норовлин
Onon gol	Онон гол
Suchbaatar	Сүхбаатар
Sumber	Сүмбэр
Tar´ nuur	Тарь нуур
Togsug uul	Тогсуг уул
Tschojbalsan	Чойбалсан
Tumenzogt	Түмэнцогт
Ulds gol	Улз гол
Uulbajan	Уулбаян
Zagaan-Owoo	Цагаан-Овоо

Cherlen bars chot

(Хэрлэн барс)

Die Reste dreier **Kitan-Städte** sind ca. 60 km westlich von Tschojbalsan chot am Nordufer des Cherlen zu finden. Die Verbindungsstraße zwischen Undurchaan chot und Tschojbalsan, die immer dem Cherlen nördlich folgt, führt direkt daran vorbei. Bereits von weitem ist ein turmartiges Gebäude zu sehen, das aus der sonst sehr flachen Landschaft herausragt.

Die Provinzen

343

Ulds gol
(Улз гол)

Dem Chentij entspringender und sich über 428 km in westliche Richtung bewegender, in den (bereits auf russischem Gebiet liegenden) Tari nuur mündender **Gebirgsfluß**. Die Flußaue ist auf weiten Strecken sehr sumpfig, teilweise haben sich kleine Seen gebildet. Die Unbefahrbarkeit des Gebietes hat eine **reichhaltige Vogelwelt** bewahrt. Anzutreffen sind u. a. die in der Roten Liste stehenden Schwarzkraniche und Nonnenkraniche. Besonders ausgeprägt ist die Vogelwelt im Sumpfgebiet im Bereich der Einmündung des von Norden kommenden Dutsch gol und am Chajtschijn zagaan nuur. 1992 wurde eine 1030 qkm große Fläche, die neben dem Unterlauf des Ulds gol auch den Jamalach und den südlichen Teil des Baruun-tari-Gebirges einschließt, unter **Schutz** gestellt. 1994 kam es zwischen Naturschutz-Vertretern der Mongolei, Rußlands und Chinas zu einer Absprache, auch die angrenzenden Territorien in China und Rußland zu schützen.

Chuche nuur, auch Khöke nuur
(Хөх нуур)

95 qkm umfassender **See** in 560 m Höhe. Der See bildet den absolut **tiefsten Punkt der Mongolei.** Er liegt ca. 200 km nördlich von Tschojbalsan chot auf der Ostseite der Eisenbahn nach Rußland. In diesem Bereich gibt es noch viele weitere kleinere Seen, die ebenfalls über eine **reiche Vogelwelt** verfügen. Auch hier ist das Fahren insbesondere in den Sommermonaten nicht ganz unproblematisch.

Der Dsawchan-Aimak
(Завхан аймаг)

82.500 qkm Fläche, dominiert wird die Landschaft vom westlichen Teil des Changaj-Gebirges, weiter nach Westen geht sie in Halbwüsten über. 102.000 Ew. 2,0 Mio. Stück Vieh, davon 1,25 Mio. Schafe (damit Nr. 1 unter den Aimaks) und 400.000 Ziegen, Zentrum: **Uliastaj chot** (Улиастай хот) auf 1760 m Höhe im Tal des Bogd-Flusses, 984 km bis Ulan Bator. Jahresdurchschnittstemperatur in Uliastaj chot: -2,8 °C, im Januar: −23,1 °C, im Juli: +15,4 °C. Jahresniederschlag: 234 mm. Luftdruckmittel im Juli: 820 mm. Fast kein Ackerbau. Als Standort der holzverarbeitenden Industrie hat die Stadt **Tosonzengel** am Ufer des Ider gol regionale Bedeutung. In der Stadt wurden bereits Temperaturen von -52,9 °C gemessen.

Wichtige Sehenswürdigkeiten

Otgon Tenger uul
(Отгонтэнгэр уул)

Mit 4021 m **höchster Berg des Changaj-Gebirges**. Bei 3752 m beginnt das ewige Eis. Unmittelbar unter der Gletschergrenze liegt ein kleiner, dunkelblau schimmernder, von bizarren Felsen umgebener **See,** der Badar Chundaga (Бадар хундага нууp). Der Berg gehörte seit jeher zu den von den Mongolen am meisten verehrten **Kultstätten.** Der an seinen

Hängen wachsende Wacholder wird im ganzen Land als besonders gut duftender Weihrauch geschätzt. Beheimatet sind hier u. a. Steinböcke, Maralhirsche und Moschustiere. Murmeltiere kommen in großer Zahl vor. Der Berg liegt im gleichnamigen Somon, ca. 100 km östlich des Aimakzentrums. Wenn man von Uliastaj chot aus dem Bogdyn gol in Richtung des Berges folgt, erreicht man nach 78 km ein Erholungsheim. Hier befindet sich die 55 °C heiße **Otgontenger-Heilquelle** (Отгонтэнгэрийн рашаан) in 2510 m Höhe. Der Schnee liegt hier in manchen Jahren bis in den August hinein.

Um die Hochgebirgsvegetation zu erhalten, ist ein 955 qkm großes Gebiet um den Gipfel **unter Schutz** gestellt.

Altan els
(Алтан элс)

Kleine **Sanddüne,** die sich an der Flanke eines Berges angesammelt hat. Dem Sand wird von den Einheimischen **Heilkraft** bei Beschwerden der Verdauungsorgane zugemessen. Die Düne liegt auf der rechten Seite des Bujant gol, wenn man ihm vom Zentrum des Otgon-Somons nach Norden in Richtung Bujant-Bag und von dort noch etwas weiter flußaufwärts folgt.

Borchyn els
(Борхын элс)

Sanddünengebiet an den Ufern des Schireegijn gol, der südlich am Zentrum des Tzagaanchajrchan-Somons vorbeifließt. Die Düne ist die östlichste der zahlreichen Sanddünen, die in der Senke des Dsawchan-Flusses, in der der Schireegijn gol mündet, anzutreffen sind.

Dsawchan gol
(Завхан гол)

Die **Gobi-Gebiete** des Aimaks nördlich des Flusses lassen sich von Uliastaj chot aus gut auf der kreisförmigen Route über die Zentren der Somone Aldarchaan, Durwuldshin, Urgamal, Dsawchanmandal und Erdenechajrchan erkunden. Auf dem Weg nach Durwuldshin lassen sich auch die auf dem Südufer des Flusses liegenden großen Sanddünen erkennen, ohne über den Fluß setzen zu müssen. Siehe auch unter Gobi-Altai-Aimak.

Bor chjaryn els
(Бор хярын элс)

180 km langes und ca. 15 km breites **Dünengebiet,** das sich auf dem Nordufer des Chunguj gol zwischen den Zentren der Somone Dsawchanmandal und Urgamal erstreckt.

Bajannuur
(Баяннуур)

Abflußloser **Süßwassersee** am Nordrand o. g. Sanddüne am Dsawchan gol mit reicher **Vogelwelt.**

Cholboo nuur
(Холбоо нуур)

5 qkm großer See unmittelbar westlich des Zentrums des Santmargatz-Somons, der eine beliebte **Sammelstelle fur Zugvögel** ist.

Die Provinzen

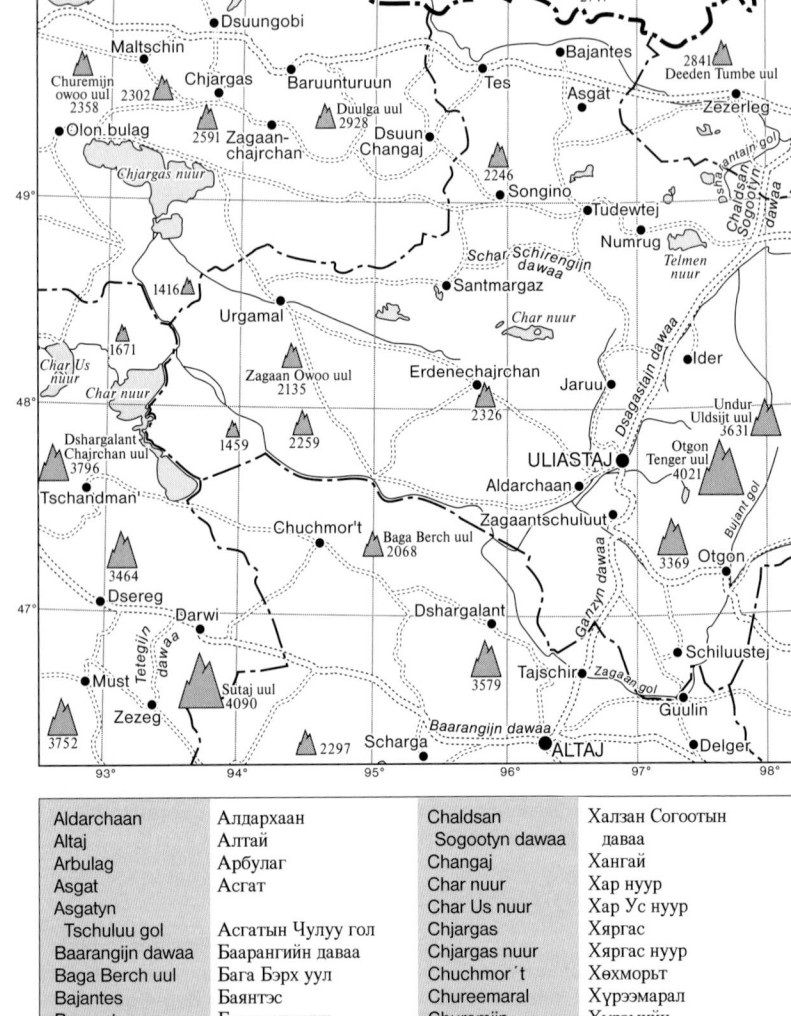

Aldarchaan	Алдархаан	Chaldsan	Халзан Соготын
Altaj	Алтай	Sogootyn dawaa	даваа
Arbulag	Арбулаг	Changaj	Хангай
Asgat	Асгат	Char nuur	Хар нуур
Asgatyn		Char Us nuur	Хар Ус нуур
Tschuluu gol	Асгатын Чулуу гол	Chjargas	Хяргас
Baarangijn dawaa	Баарангийн даваа	Chjargas nuur	Хяргас нуур
Baga Berch uul	Бага Бэрх уул	Chuchmor´t	Хөхморьт
Bajantes	Баянтэс	Chureemaral	Хүрээмарал
Baruunturuun	Баруунтуруун	Churemijn	Хүрэмийн
Bujant gol	Буянт гол	owoo uul	овоо уул
Bulag dawaa	Булаг даваа	Darwi	Дарви

Duulga uul	Дуулга уул
Erdenechajrchan	Эрдэнэхайрхан
Galt	Галт
Galuut	Галуут
Ganzyn dawaa	Ганцын даваа
Gurwanbulag	Гурванбулаг
Guulin	Гуулин
Ich uul	Их уул
Ider	Идэр
Jaruu	Фрутс
Maltschin	Малчин
Murun	Мөрөн
Must	Мөст
Numrug	Нөмрөг
Olon bulag	Олон булаг
Otgon	Отгон
Otgon Tenger uul	Отгон Тэнгэр уул
Santmargaz	Сантмаргац
Schar Schirengijn dawaa	Шар Ширэнгийн даваа
Scharga	Шарга
Schiluustej	Шилүүстэй
Schine-Ider	Шинэ-Идэр
Solongotyn dawaa	Солонготын даваа
Songino	Сонгино
Sutaj uul	Сутай уул
Tajschir	Тайшир
Tariat	Тариат
Telmen nuur	Тэлмэн нуур
Tes	Тэс
Tetegijn dawaa	Тэтэгийн даваа
Tosonzengel	Тосонцэнгэл
Tschandman	Чандмань
Tschuluut	Чулуут
Tudewtej	Түдэвтэй
Tumurbulag	Төмөрбулаг
Tunel	Түнэл
Uliastaj	Улиастай
Ulijn dawaa	Өлийн даваа
Undur Uldsijt uul	Өндөр Өлзийт уул
Urgamal	Ургамал
Uws nuur	Увс нуур
Zagaan gol	Цагаан гол
Zagaan Owoo uul	Цагаан Овоо уул
Zagaan uul	Цагаан уул
Zagaanchajrchan	Цагаанхайрхан
Zagaantschuluul	Цагаанчулуут
Zezeg	Цэцэг
Zezerleg	Цэцэрлэг

Deeden Tumbe uul	Дээдэн Тумбэ уул
Delger	Дэлгэр
Dsagastajn dawaa	Загастайн даваа
Dsereg	Зэрэг
Dsharantajn gol	жарантайн гол
Dshargalant Chajrchan uul	жаргалант Хайрхан уул
Dsurchijn Chunk uul	Зүрхийн Хүнх уул
Dsuun Changaj	Зүүн Хангай
Dsuungobi	Зүүнговь

Ojgon nuur
(Ойгон нуур)

62 qkm großer **Salzsee** auf einem Hochplateau des nördlichen Changaj. Unmittelbar nördlich davon zieht sich in strikter Ost-West-Ausrichtung eine tiefe, **fast 400 km lange Bruchspalte** hin, die 1905 durch ein Erdbeben entstanden ist und damals an manchen Stellen eine Tiefe von 60 m und eine Breite von 10 m erreicht hatte. Heute ist sie noch zu erkennen, jedoch weitestgehend erodiert.

Gandantegtschlen chijdijn balgas
(Гандантэгчилэн хийдийн балгас)

Steinerne **Klosterruine,** die den gleichen Namen wie das größte Kloster in Ulan Bator trägt. Sie liegt auf einer Felseninsel im Tesijn gol im Bajantes-Somon.

Telmen nuur
(Тэлмэн нуур)

Einer der größten abflußlosen **Salzsseen** (194 qkm) auf dem nördlichen Hochplateau des Changaj.

Dsagastajn dawaa
(Загастайн даваа)

Mit über 2500 m einer der höchstgelegenen **Pässe** des Changaj, den man auf den Weg zwischen Tosonzengel chot und Uliastaj chot passiert. Die Verbindungsstraße führt über weite Strecken am Iderijn gol, dem wichtigsten Quellfluß der Selenge, entlang und ist von sehr abwechslungsreichem Geländeprofil charakterisiert.

Der Gobi-Altai-Aimak
(Говь Алтай аймаг)

141.000 qkm Fläche, die Landschaft wird geprägt durch das Gobi-Altai-Gebirge, das den Aimak in eine nördliche und eine südliche Hälfte unterteilt und weit über 3000 m hoch aufragt. Der Süden bilden die transaltaiischen Wüstengebiete. 72.000 Ew., 1,76 Mio Stück Vieh, davon 950.000 Schafe und 635.000 Ziegen. Zentrum: **Altai chot** (Алтай хот) in 2181 m Höhe, damit das am höchsten gelegene Aimakzentrum. 1001 km bis Ulan Bator. Jahresdurchschnittstemperatur in Altai chot: -1,8 °C, im Januar: –18,9 °C, im Juli: +14,0 °C, Jahresniederschlag: 177 mm. Luftdruckmittel im Juli: 780 mm. Kaum Ackerbau. In einigen Oasen Gemüse- und Baumwollanbau. Der Gobi-Altai bietet zahlreichen seltenen und geschützten Tierarten eine Heimstatt.

Wichtige Sehenswürdigkeiten

Schargyn Gobi
(Шаргын говь)

Ca. 120 km lange und 90 km breite **Senke,** die sich nördlich parallel zum Gobi-Altai hinzieht. Im Zentrum liegt der Scharga-Somon, eine **typische Gobilandschaft,** die in zahlreichen Volksliedern der Mongolen ob ihrer Schönheit besungen wird. Etwa 20 km westlich des Somonzentrums liegt in nur 963 m Höhe der Schargyn zagaan nuur. In niederschlagsarmen Jahren verlaufen einige ihn speisende Flüsse im Sand. In der Nähe des Sees wächst ein kleiner Saksaul-Wald.

Eedsh-Chajrchan
(Ээж хайрхан)

70 km südwestlich des Zentrums des Zogt-Somons gelegenes **Sandsteinmassiv** (2275 m), das sich deutlich aus der flachen Gobilandschaft abhebt. Durch **Winderosion** sind in den weichen Felswänden bizarr geformte Aushöhlungen ent-

Auf der Jagd

standen. An einer Stelle ergießt sich ein Wasserfall in einen etwa 2 m tiefen "Topf". Das überlaufende Wasser ergießt sich in acht weitere, stufenweise untereinanderliegende, 2-4 m tiefe "Töpfe". Im Massiv lebt der sehr selten gewordene **Gobibär.** Das Gebiet steht seit 1992 unter **Naturschutz.**

Oase von Dsachuj
(Захуйн баянбүрд)

Wenige Kilometer westlich des Eedsh-Chajrchan, bewachsen mit Saksaul und Pappeln.

Biger-Senke
(Бигэрийн хонхор)

Große Senke ca. 110 km südöstlich von Altai chot. Ihren Mittelpunkt bildet das Zentrum des gleichnamigen Somons. Etwa 10 km nördlich des Somonzentrums liegt der salzige **Biger-See.** In der Senke gibt es **Ausgrabungsstätten** von Sauriern. Hier leben u. a. Saiga-Antilopen und Wildesel, in den umliegenden Bergen trifft man auf Wildschafe und Bergziegen.

Basaltsäulen von Tajschir
(Тайширийн хүрмэн)

Nur einen Kilometer vom Zentrum des gleichnamigen Somons befinden sich auf dem Nordufer des Dsawchan-Flusses einige sechseckig geformte, eng zusammenstehende, etwa 2 m hohe Basaltsäulen. Eine ähnliche Erscheinung befindet sich 1 km weiter flußabwärts auf dem Südufer des Flusses. Der Durchmesser der Steine schwankt zwischen 10 und 50 cm.

Die Provinzen

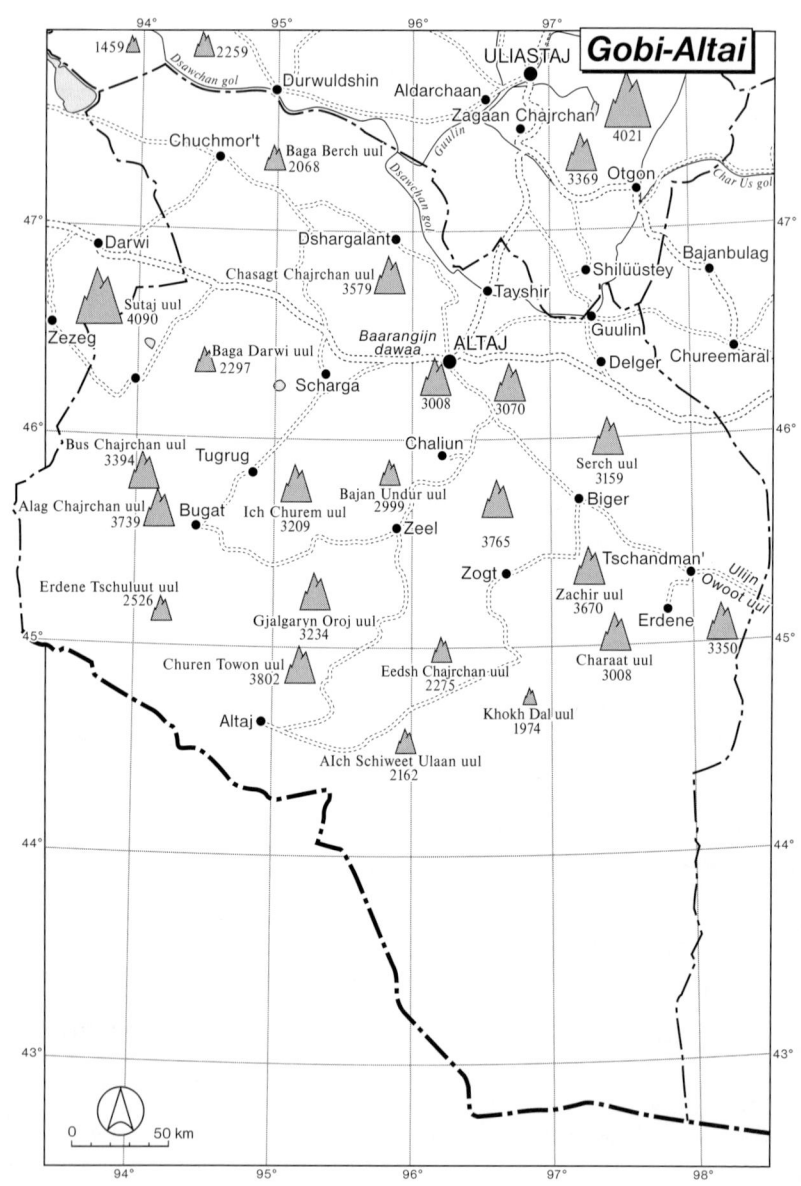

Gobi-Altai

1459 · 2259 · Dsawchan gol · Durwuldshin · ULIASTAJ · Aldarchaan · Zagaan Chajrchan · 4021 · Chuchmor't · Baga Berch uul 2068 · Guulin · 3369 · Otgon · Char Us gol · Darwi · Dshargalant · 47° · Shilüüstey · Bajanbulag · Chasagt Chajrchan uul 3579 · Tayshir · Sutaj uul 4090 · Baarangijn dawaa · ALTAJ · Guulin · Chureemaral · Zezeg · Baga Darwi uul 2297 · Scharga · 3008 · Delger · 3070 · 46° · Bus Chajrchan uul 3394 · Tugrug · Chaliun · Serch uul 3159 · Alag Chajrchan uul 3739 · Bugat · Ich Churem uul 3209 · Bajan Undur uul 2999 · Zeel · Biger · Uljin uul · Erdene Tschuluut uul 2526 · 3765 · Zogt · Tschandman' · Owoot uul · Zachir uul 3670 · Erdene · Gjalgaryn Oroj uul 3234 · 3350 · 45° · Churen Towon uul 3802 · Eedsh Chajrchan uul 2275 · Charaat uul 3008 · Altaj · Khokh Dal uul 1974 · AIch Schiweet Ulaan uul 2162 · 44° · 43° · 0 50 km

Alch Schiweet	Их Шивээт	Dshargalant	жаргалант
Ulaan uul	Улаан уул	Durwuldshin	Дөрвөлжин
Alag Chajrchan uul	Алаг Хайрхан уул	Eedsh	
Aldarchaan	Алдархаан	Chajrchan uul	Ээж Хайрхан уул
Altaj	Алтай	Erdene	Эрдэнэ
Baarangijn dawaa	Баарангийн даваа	Erdene	
Baga Berch uul	Бага Бэрх уул	Tschuluut uul	Эрдэнэ Чулуут уул
Baga Darwi uul	Бага Дарви уул	Gjalgaryn Oroj uul	Гялгарын Орой уул
Bajan Undur uul	Баян Өндөр уул	Guulin	Гуулин
Bajanbulag	Баянбулаг	Ich Churem uul	Их Хүрэм уул
Biger	Бигэр	Otgon	Отгон
Bugat	Бугат	Scharga	Шарга
Bujant gol	Буянт гол	Schiluustej	Шилүүстэй
Bus Chajrchan uul	Бүс Хайрхан уул	Serch uul	Сэрх уул
Chaliun	Халиун	Sutaj uul	Сутай уул
Char Us gol	Хар Ус гол	Tajschir	Тайшир
Charaat uul	Хараат уул	Tschandman´	Чандмань
Chasagt	Хасагт	Tugrug	Төгрөг
Chajrchan uul	Хайрхан уул	Uliastaj	Улиастай
Chuch Del uul	Хөх Дэл уул	Ulijn Owoot uul	Өлийн Овоот уул
Chuchmor´t	Хөхморьт	Zachir uul	Цахир уул
Chureemaral	Хүрээмарал	Zagaan Chajrchan	Цагаан Хайрхан
Churen Towon uul	Хүрэн Товон уул	Zeel	Цээл
Darwi	Дарви	Zezeg	Цэцэг
Delger	Дэлгэр	Zogt	Цогт
Dsawchan gol	Завхан гол		

Dsawchan-Fluß
(Завхан гол)

Der 808 km lange *Fluß* entspringt im Otgon-Somon des Dsawchan-Aimaks und mündet in den Airag-nuur, einen kleinen Ableger des Chjargasnuur, im Uws-Aimak. Zunächst zwängt er sich auf seinem Weg nach Süden durch enge Felsschluchten des Changaj, um dann im Guulin-Somon des Gobi-Altai-Almaks nach Nordwesten abzubiegen und sich durch flache Wüsten- und Wüstensteppengebiete zu bewegen. Im Dshargalant-Somon verzweigt sich der Fluß in zahlreiche, durch Sandgebiete führende Nebenarme.

Die mongolische Regierung plant, über eine *Pipeline* Flußwasser nach Altai chot zu transportieren, um die bedenkliche Wasserversorgung der Aimakmetropole zu verbessern. Erwogen wird ferner die Errichtung eines *Wasserkraftwerks* am Oberlauf des Flusses.

Chasagt-Chajchan-uul
(Хасагт хайрхан уул)

274 qkm großes *Naturschutzgebiet* mit dem gleichnamigen, stark zerklüfteten Bergmassiv (3579 m) im Zentrum, ca. 70 km nordwestlich von Altai chot. Werden die unteren Bereiche des Berges noch von Wü-

stenvegetation geprägt, geht sie mit zunehmender Höhe in Steppenvegetation über. Von 2200 bis 3000 m trifft man auf Gebirgssteppe. Zwischen 2500 und 2800 m ist ein Waldgürtel eingebettet. Die Vegetationsgrenze liegt bei 3000 m. Innerhalb weniger Kilometer läßt sich somit die *Abfolge aller Vegetationszonen* gut nachvollziehen.

Mongol els
(Монгол элс)

Sich über 330 km erstreckendes *Dünengebiet* im äußersten Norden des Aimaks. Seinen nördlichen Rand bildet der Dsawchan-Fluß. Das Dünengebiet zählt mit 2724 qkm Fläche zu den weitläufigsten der Mongolei. Am besten nähert man sich ihm über den Chuchmorit-Somon.

Chuisijn-Gobi
(Хүйсийн говь)

Sich über 150 km erstreckende *klassische Wüstenlandschaft* im südlichen Teil des Chuchmorit-Somons. Das Gelände ist hier nur schwach hüglig und 1200-1300 m hoch.

Sutaj-uul
(Сутай уул)

4090 m hoher, *gletscherbedeckter Berg,* 45 km nordwestlich des Zentrums des Tonchil-Somons. Vom Somonzentrum aus ist der Berg gut zu sehen. Der Somon wurde nach dem Fluß benannt, der sich aus dem Schmelzwasser der Gletscher speist und am Somonzentrum vorbei in den südlich davon liegenden Tonchil-nuur mündet.

Bugatyn chawzal
(Бугатын хавцал)

Enge Felsschlucht, die man auf dem Weg vom Tugrug in den Bugat-Somon unbedingt durchfahren muß, um den Altai überhaupt mit einem Fahrzeug überqueren zu können. Die Schlucht ist so eng, daß zwei Fahrzeuge nicht aneinander vorbeikommen.

Der Mittelgobi-Aimak
(Дундговь аймаг)

74.700 qkm Fläche, 52.000 Ew., fast 1,5 Mio. Stück Vieh, davon 785.000 Schafe und 450.000 Ziegen. Zentrum: *Mandalgobi chot* (Мандалговь хот) (1393 m). 260 km bis Ulan Bator. Der Aimak ist relativ flach. Die höchste Erhebung, der Delger-Changaj-uul, liegt in lediglich 1926 m. Die Jahresdurchschittstemperatur in Mandalgobi chot: +1,1 °C, im Januar: -18,0 °C, im Juli: +18,8 °C, Jahresniederschlag: 164 mm. Luftdruckmittel im Juli: 850 mm, von Norden nach Süden lösen sich Steppe, Wüstensteppe und Gobi ab.

Wichtige Sehenswürdigkeiten

Sum Chuch Burd
(Сүм хөх бүрд)

Malerische *Oase* im Adaazag-Somon. Der Quellsee ist ein Paradies für *Wasservögel.*

Baga Gadsryn Tschuluu
(Бага газрын чулуу)

Anschauliche *Granitformation*

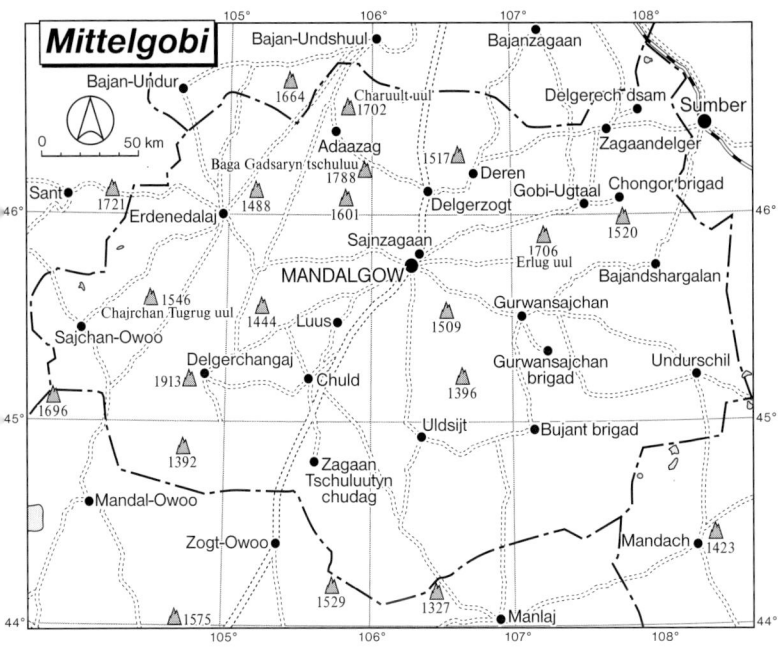

Adaazag	Адаацаг	Gobi-Ugtaal	Говь-Угтаал
Baga Gadsaryn	Бага Газарын	Gurwansajchan	Гурвансайхан
tschuluu	чулуу	Gurwansajchan	Гурвансайхан
Bajan-Undshuul	Баян-Өнжүүл	brigad	бригад
Bajan-Undur	Баян-Өндөр	Luus	Луус
Bajandshargalan	Баянжаргалан	Mandach	Мандах
Bajanzagaan	Баянцагаан	Mandal-Owoo	Мандал-Овоо
Bujant brigad	Буянт бригад	Mandalgow	Мандалгов
Chajrchan	Хайрхан	Manlaj	Манлай
Tugrug uul	Төгрөг уул	Sajchan-Owoo	Сайхан-Овоо
Charuult uul	Харуулт уул	Sajnzagaan	Сайнцагаан
Chongor brigad	Хонгор бригад	San	Сант
Chuld	Хулд	Sumber	Сүмбэр
Delgerchangaj	Дэлгэрхангай	Uldsijt	Өлзийт
Delgerech dsam	Дэлгэрэх зам	Undurschil	Өндөршил
Delgerzogt	Дэлгэрцогт	Zagaan	Цагаан Чулуутын
Deren	Дэрэн	Tschuluutyn chudag	худаг
Erdenedalaj	Эрдэнэдалай	Zagaandelger	Цагаандэлгэр
Erlug uul	Ерлөг уул	Zogt-Owoo	Цогт-Овоо

(1768 m) zwischen den Zentren der Somone Adaazag und Delgerzogt, der zahlreiche Quellen entspringen.

Tewschijn nuursnij uurchaj
(Тэвшийн нүүрсний уурхай)
Braunkohletagebau, ca. 30 km nordwestlich von Mandalgobi chot. Das Flöz erreicht eine Stärke von bis zu 200 m.

Delgerchangaj uul
(Дэлгэрхангай уул)
Gebirge (1926 m) im gleichnamigen Somon.

Zagaan Suwrag
(Цагаан суврага)
30 m hohe und ca. 100 m lange **Felsklippe** zwischen den Zentren der Somone Uldsijt und Chuld. Die Bezeichnung geht auf die von weitem wie eine weiße Stupa aussehende Form zurück.

Jurten kauern sich in den Schutz der Granitfelder

Der Ostgobi-Aimak
(Дорноговь аймаг)

115.000 qkm Fläche, überwiegend hügelige Wüstenlandschaft. 50.000 Ew., 810.000 Stück Vieh, davon 430.000 Schafe und 198.000 Ziegen. Zentrum: ***Sajnschand chot*** (Сайншанд хот) in 938 m Höhe. 463 km bis Ulan Bator. Letzter großer Bahnhof der transmongolischen Eisenbahn vor der chinesischen Grenze. Jahresdurchschnittstemperatur in Sajnschand chot: +3,4 °C, im Januar: –18,4 °C, im Juli: +23,2 °C. Jahresniederschlag: 116,2 mm. Luftdruckmittel im Juli: 898 mm. Keine nennenswerten fließenden Gewässer, aber zahlreiche Quellen und kleine Seen, die auf große Grundwasserreserven schließen lassen. Kein Ackerbau. Große Bestände an Gazellen. Bekannt sind Lagerstätten von Fluß- und Rauchspat, Erdöl und Steinkohle,

Neben der Aimakhauptstadt hat die Stadt ***Tschojr*** (seit 1994 Gobi-Sumber-Aimak) als Bahnhof und Garnisonsstadt regionale Bedeutung.

Wichtige Sehenswürdigkeiten

Chamryn chijd
(Хамрын хийд)

Anfang des 19. Jahrhunderts errichtetes ***Kloster*** südlich von Sajnschand chot. Zahlreiche Sutrentexte, Buddhafiguren und andere Einrichtungsgegenstände konnten von den Lamas vor der Vernichtung des Klo-

sters in den 30er Jahren in Sicherheit gebracht werden. 1990 wurde mit dem ***Wiederaufbau*** begonnen. Heute ist das Kloster wieder eine gut besuchte ***Pilgerstätte.***

Dsuunbajan
(Зүүн баян)

Ortschaft 50 km südlich vom Aimakzentrum, das durch ***Erdölvorkommen*** Bekanntheit erlangte. Von

Junger Mongole

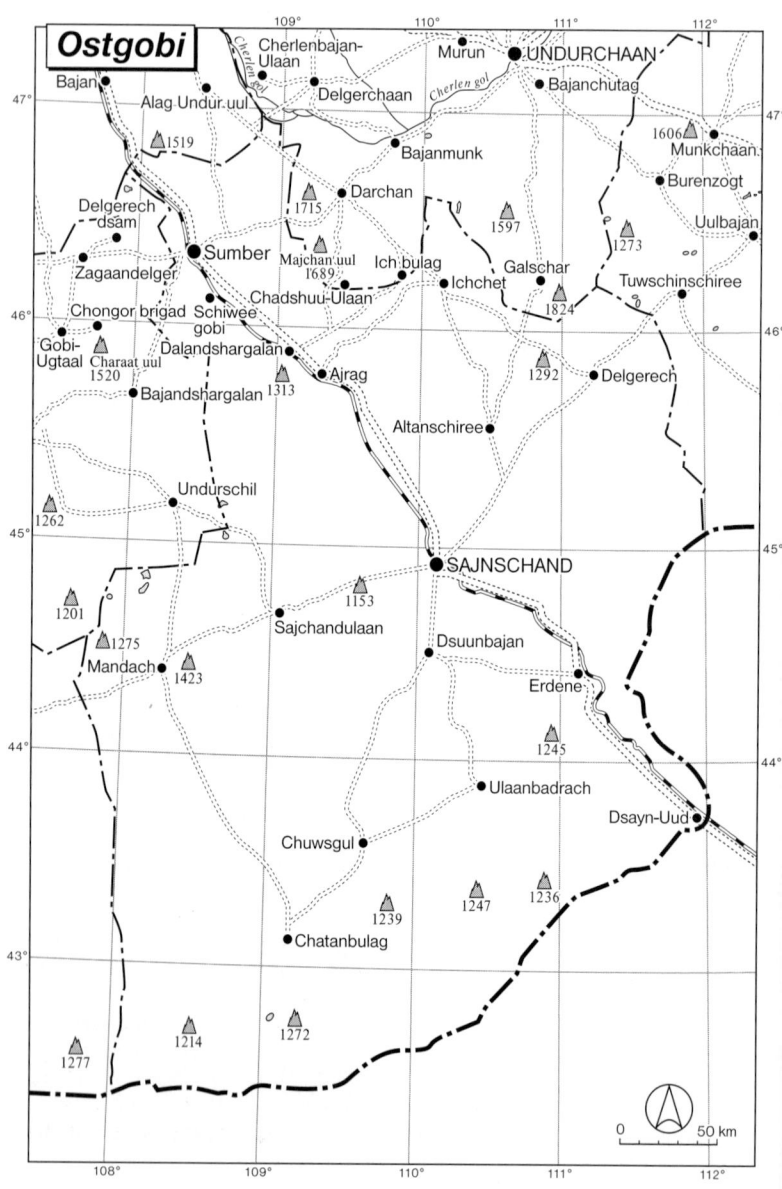

Ostgobi

Cherlenbajan-Ulaan
Murun
UNDURCHAAN
Bajan
Alag Undur.uul
Delgerchaan
Cherlen gol
Bajanchutag
1519
1606
Munkchaan
Bajanmunk
Burenzogt
Delgerech dsam
1715
Darchan
1597
Uulbajan
Sumber
Majchan uul 1689
Ich bulag
Galschar
1273
Zagaandelger
Chadshuu-Ulaan
Ichchet
1824
Tuwschinschiree
Chongor brigad
Schiwee gobi
Gobi-Ugtaal
Charaat uul 1520
Dalandshargalan
Ajrag
1292
Delgerech
Bajandshargalan
1313
Altanschiree
Undurschil
1262
SAJNSCHAND
1201
1153
1275
Sajchandulaan
Mandach
1423
Dsuunbajan
Erdene
1245
Ulaanbadrach
Dsayn-Uud
Chuwsgul
1239
1247
1236
Chatanbulag
1277
1214
1272

0   50 km

Ajrag	Айраг	Dsayn-Uud	Замын-Үүд
Alag Undur uul	Алаг Өндөр уул	Dsuunbajan	Зүүнбаян
Altanschiree	Алтанширээ	Erdene	Эрдэнэ
Bajan	Баян	Galschar	Галшар
Bajanchutag	Баянхутаг	Gobi-Ugtaal	Говь-Угтаал
Bajandshargalan	Баянжаргалан	Ich bulag	Их булаг
Bajanmunk	Баянмөнх	Ichchet	Иххэт
Burenzogt	Бүрэнцогт	Majchan uul	Майхан уул
Chadshuu-Ulaan	Хажуу-Улаан	Mandach	Мандах
Charaat uul	Хараат уул	Munkchaan	Мөнххаан
Chatanbulag	Хатанбулаг	Murun	Мөрөн
Cherlen gol	Хэрлэн гол	Sajchandulaan	Сайхандулаан
Cherlenbajan-		Sajnschand	Сайншанд
Ulaan	Хэрлэнбаян-Улаан	Schiwee gobi	Шивээ говь
Chongor brigad	Хонгор бригад	Sumber	Сүмбэр
Chuwsgul	Хөвсгөл	Tuwschinschiree	Түвшинширээ
Dalandshargalan	Даланжаргалан	Ulaanbadrach	Улаанбадрах
Darchan	Дархан	Undurchaan	Өндөрхаан
Delgerchaan	Дэлгэрхаан	Undurschil	Өндөршил
Delgerech	Дэлгэрэх	Uulbajan	Уулбаян
Delgerech dsam	Дэлгэрэх зам	Zagaandelger	Цагаандэлгэр

1950 bis 1969 wurde hier mit sowjetischer Hilfe Erdöl gefördert. Seit 1993 versucht ein australisches Unternehmen, die Förderung wiederaufzunehmen.

Ergelijn Dsoo
(Эргэлийн зоо)

Steil abfallende *Felsenschlucht* ca. 30 km nordwestlich des Zentrums des Chatanbulag-Somons, in der über 40 Mio. Jahre alte, gut erhaltene *Tierskelette* gefunden wurden.

Steinerner Wald von Sujchent
(Сүйнхэнтийн чулуужсан ой)

100 km nordwestlich von Chatanbulag auf dem Territorium des Man-dal-Somons liegt ein etwa 500 mal 80 m großes Areal mit *versteinerten Bäumen.* Die aus der Jurazeit stammenden Bäume erreichen bis zu 20 m Länge und bis zu 1,5 m Durchmesser, teilweise sind die Jahresringe noch deutlich zu erkennen. Eine ähnliche Fundstätte gibt es in 40 km Entfernung in nördlicher Richtung (Zagaan Zawd). Die auf 100 Mio. Jahre Alter geschätzten Bäume beweisen, daß zu dieser Zeit in der Mongolei ein feuchtwarmes Klima geherrscht hat. Das Areal senkte sich allmählich ab und versank im salzhaltigen Schlamm eines Sees. Das Gebiet wurde 1996 unter Schutz gestellt.

Die Provinzen

Der Südgobi-Aimak
(Ьмнөговь аймаг)

165.400 qkm, damit der Fläche nach der größte aller Aimaks. Das gesamte Territorium zählt zur Gobizone. 46.000 Ew., 908.000 Stück Vieh, davon 458.000 Ziegen und 278.00 Schafe. Mit 91.250 Tieren hat der Aimak den mit Abstand höchsten Kamelbestand aller Aimaks. Zentrum: *Dalandsadgad chot* (Далансадгад хот) (1406 m). 553 km bis Ulan Bator. Jahresdurchschnittstemperatur in Dalandsadgad chot: +3,9 °C, im Januar: -15,4 °C, im Juli: +21,2 °C, Jahresniederschlag: 132 mm. Luftdruckmittel im Juli: 850 mm.

Wichtige Sehenswürdigkeiten

Gobi gurwan sajchan
(Говь гурван сайхан)

Ca. 150 km langer *Ausläufer des Gobi-Altais.* Höchste Erhebung ist der Dsuun sajchan uul (2815 m) südlich von Dalandsadgad chot. Das Gebirge ist Lebensraum für zahlreiche Tierarten, darunter Steinböcke und Wildschafe. Das Gebiet steht seit 1994 unter Schutz.

Jolyn am oder Geierschlucht
(Ёлын ам)

Die Geierschlucht befindet sich im östlichen Teil des Gobi gurwan sajchan, 62 km von Dalandsadgad chot. Das ca. 70 qkm große Gebiet steht seit 1965 unter *Schutz.* Es

Dinosaurierfeld in der Südgobi

gehört zu den nahezu von jedem Mongolei-Touristen besuchten Attraktionen. Ein Fluß schlängelt sich durch eine bis zu 200 m hohe, sich immer weiter verengende **Schlucht** und fließt alsbald unter sich mehrere Kilometer hinziehenden **Eismassen** entlang, die auch im Sommer nicht vollständig abtauen.

Je nach Menge der im Jahr gefallenen Niederschläge ergießen sich vier und mehr **Wasserfälle** von den Felsen in die Tiefe. Im Winter erstarren sie zu bizarren Gebilden.

Nojon uul
(Ноён уул)

2397 m hoher **erloschener Vulkan** ca. 20 km westlich vom Nojon-Somon, der zum Gobi-Altai gehört.

Gurwan tesijn chooloj
(Гурван тэсийн хоолой)

Sich weit über 100 km erstreckendes, von Saksaul-Wäldern begleitetes **Dünengebiet** zwischen dem Nujon uul und dem nördlich davon gelegenen Sewree uul. Nordwestlich davon schließen sich der Nemegt uul und der Altan uul an. In diesem Gebiet wurden **Eier und Skelette von Sauriern** ausgegraben.

Chongor els
(Хонгор элс)

Etwa 180 km lange und 3-15 km breite, vegetationslose **Dünenkette** nördlich von Sewree uul. Die Dünen können eine Höhe von bis zu 30 m erreichen. Der Sand ist auch bei scheinbarer Windstille in ständiger

Mädchen in der Südgobi

Die Provinzen

Achar uul	Ахар уул	Char Owoo uul	Хар Овоо уул
Altan uul	Алтан уул	Chaschaat	
Baga Argalant uul	Бага Аргалант уул	Undur uul	Хашаат Өндөр уул
Bajan-Owoo	Баян-Овоо	Chatuu dawaa	Хатуу даваа
Bajan-Undur	Баян-Өндөр	Churchijn nuruu	Хөрхийн нуруу
Bajandalaj	Баяндалай	Churmen	Хүрмэн
Bajangobi	БаянговО	Chuuschijn	Хүүшийн
Bajanlig	Баянлиг	Churen tolgoj	Хүрэн толгой
Bogd	Богд	Dalandsadgad	Даланзадгад
Bulgan	Булган	Dawtsch uul	Давч уул
Chaalgyn dawaa	Хаалгын даваа	Dsalaa	
Chaldsan uul	Халзан уул	Chajrchan uul	Залаа Хайрхан уул
Chanbogd	Ханбогд	Dsaraa Tolgoj	Зараа Толгой

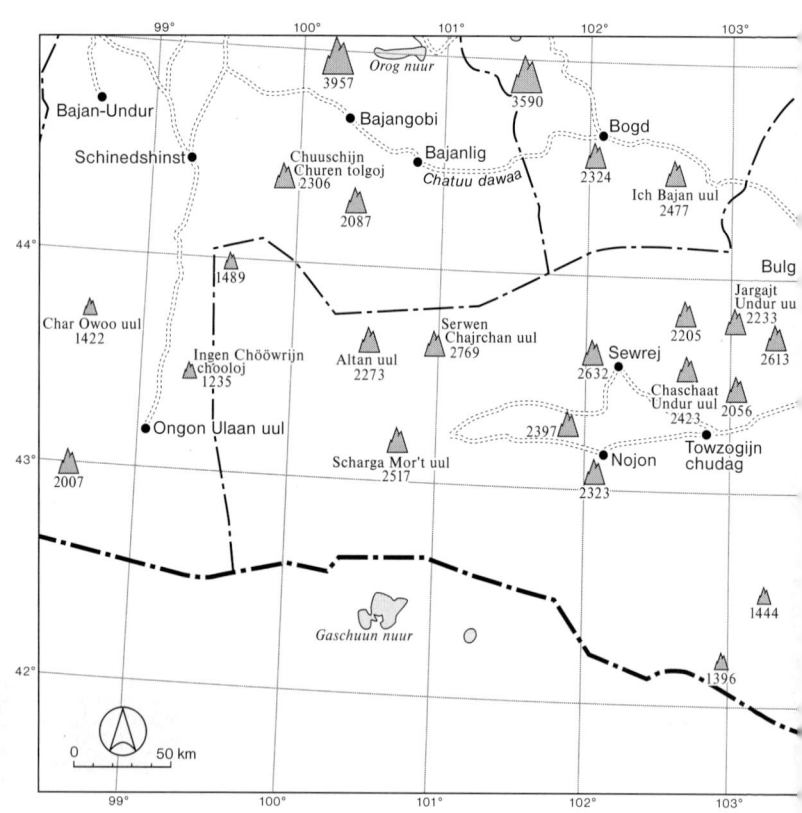

Gaschuun nuur	Гашуун нуур	Scharga	
Ich Bajan uul	Их Баян уул	Mor´t uul	Шарга Морьт уул
Jargajt Undur uul	Яргайт Өндөр уул	Schinedshinst	Шинэжинст
Mandach	Мандах	Serwen	Сэрвэн
Mandal-Owoo	Мандал-Овоо	Chajrchan uul	Хайрхан уул
Manlaj	Манлай	Sewrej	Сэврэй
Nawtgar uul	Навтгар уул	Tachilga uul	Тахилга уул
Nojon	Ноён	Tawantolgoj	Тавантолгой
Nomgon	Номгон	Towzogijn chudag	Товцогийн худаг
Ongon Ulaan uul	Онгон Улаан уул	Ulaan nuur	Улаан нуур
Ontsch		Zezij uul	Цэций уул
Chajrchan uul	Онч Хайрхан уул	Zogt-Owoo	Цогт-Овоо
Orog nuur	Орог нуур	Zogtzezij	Цогтцэций

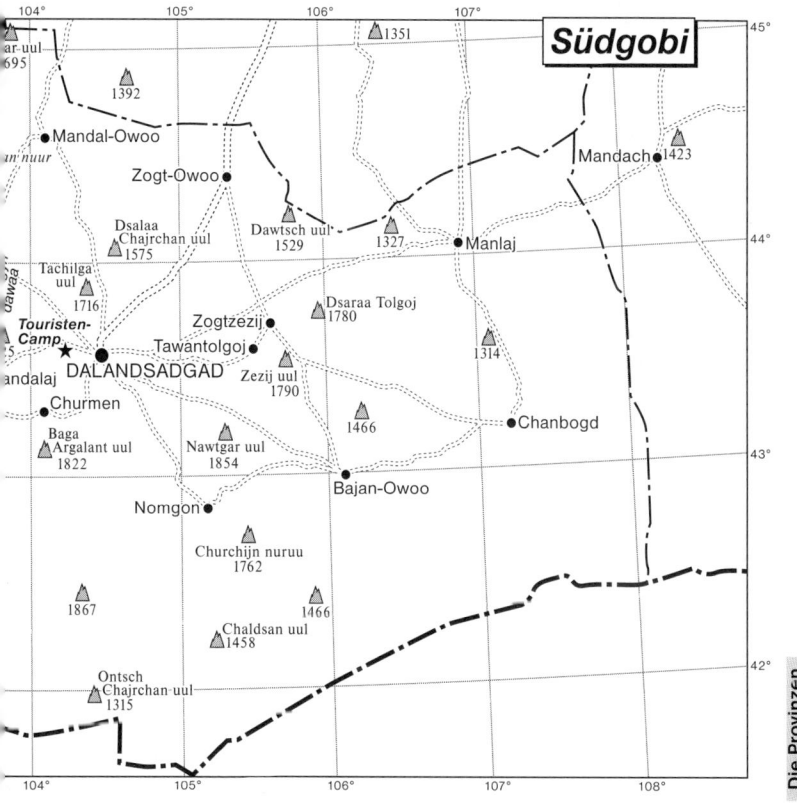

Bewegung. Das Erklimmen der Dünen durch den lockeren Sand ist nicht ganz einfach.

Tawan tolgoj
(Таван толгой)

20 km südlich vom Zogtzezij-Somon gelegene, größte, bisher kaum genutzte **Steinkohlelagerstätte** der Mongolei. Die Reserven werden auf etwa 10 Mrd. t geschätzt.

Der Selenge-Aimak
(Сэлэнгэ аймаг)

41.200 qkm Fläche, überwiegend hügelige Steppen- und Waldsteppenlandschaft, unterbrochen von zahllosen Flüssen und Seen. 92.000 Ew., 457.000 Stück Vieh, davon 289.000 Schafe. Zentrum: **Suchbaatar chot** (Сүхбаатар хот) in 626 m Höhe, damit das am tiefsten gelegene Aimakzentrum des Landes. Das Aimakzentrum befindet sich 20 km vor der russischen Grenze am Zusammenfluß von Selenge und Orchon. 311 km bis Ulan Bator. Jahresdurchschnittstemperatur in Suchbaatar chot: -1,9 °C, im Januar: -20,3 °C, im Juli: +19,1 °C Jahresniederschlag: 304 mm. Luftdruckmittel im Juli: 933 mm. Bedeutendstes Ackerbaugebiet der Mongolei, das ca. 40 % der Gesamtproduktion erbringt.

Darchan

Die Stadt Darchan (seit der Verwaltungsreform 1994 umbenannt in Darchan-Uul-Aimak, 220 km bis Ulan Bator, 700 m Höhe) ist mit ca. 66.000 Ew. die **zweitgrößte Stadt der Mongolei** und ein bedeutendes Zentrum der Leicht-, Lebensmittel- und Baumaterialindustrie. Die Grundsteinlegung erfolgte am 17. Oktober 1961. Darchan erbrachte 1995 14,3 % der Industrieproduktion des Landes. Hier befindet sich die einzige Schwarzmetallhütte der Mongolei mit einer Kapazität von 100.000 t Gußeisen im Jahr.

Wichtige Sehenswürdigkeiten

Tudshijn nars
(Тужийн нарс)

Ausgedehnter **Kiefernwaldbestand** auf der Ostseite der Orchon-Aue zwischen den Somonzentren von Dulaanchaan und Schaamar. Durch den Wald führt auch die Asphaltstraße zwischen Darchan chot und Suchbaatar chot. Teile des Waldgebietes fielen 1996 **Bränden** zum Opfer und werden nunmehr mit Mitteln der Vereinten Nationen aufgeforstet. Im nördlichen Teil des Waldes liegt das **Sanatorium Chondyn amralt,** das Behandlungen mit Quellwasser durchführt.

Kloster Amarbajasgalant
(Амарбаясгалантын хийд)

Große, inzwischen in großen Teilen **rekonstruierte Klosteranlage** im Tal des Ijwen-Flusses, ca. 40 km nordöstlich des Zentrums des Sant-Somons, einsam in malerischer Landschaft gelegen. Die Anlage unterscheidet sich von den meistbesuchten Klöstern in Ulan Bator und

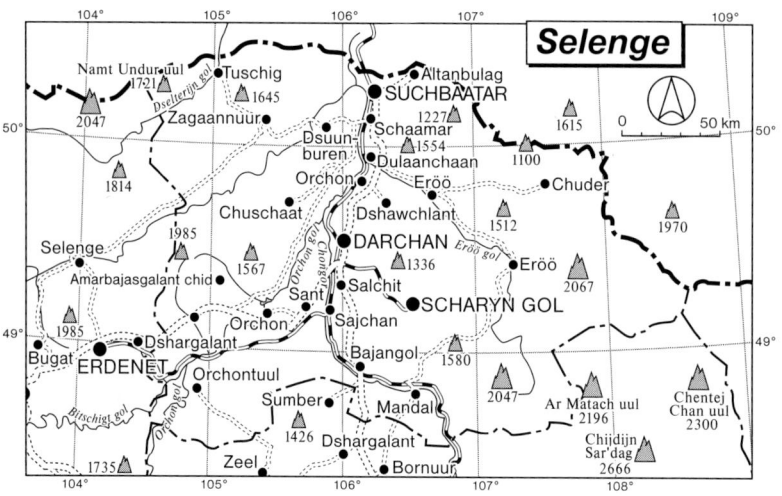

Altanbulag	Алтанбулаг	Erdenet	Эрдэнэт
Ar Matach uul	Ар Матах уул	Eröö	Эрөө
Bajangol	Баянгол	Eröö gol	Эрөө гол
Bitschigt gol	Бичигт гол	Mandal	Мандал
Bornuur	Борнуур	Namt Undur uul	Намт Өндөр уул
Budlan uul	Будлан уул	Orchon	Орхон
Bugat	Бугат	Orchon gol	Орхон гол
Chancharyn uul	Ханхарын уул	Sajchan	Сайхан
Chentej Chan uul	Хэнтэй Хан уул	Salchit	Салхит
Chijdijn Sar´dag	Хийдийн Сарьдаг	Sant	Сант
Chongor	Хонгор	Schaamar	Шаамар
Chuder	Хүдэр	Scharyn Gol	Шарын Гол
Chuschaat	Хушаат	Selenge	Сэлэнгэ
Darchan	Дархан	Suchbaatar	Сүхбаатар
Dselterijn gol	Зэлтэрийн гол	Sumber	Сүмбэр
Dshargalant	Жаргалант	Tuschig	Түшиг
Dsuunburen	Зүүнбүрэн	Zagaannuur	Цагааннуур
Dsuuncharaa	Зүүнхараа	Zeel	Цээл
Dulaanchaan	Дулаанхаан		

Kara-Korum nicht nur durch ihre abgeschiedene Lage, sondern auch dadurch, daß alle Einzelgebäude in einem einheitlichen, chinesischen Stil errichtet wurden und ein in sich geschlossenes, harmonisches Gesamtbild abgeben. Bereits bei der Anfahrt fallen die braun und grün glasierten Ziegeldächer ins Auge. Der Bau geht auf den ersten *Bogd Gegeen Dsanabadsar* zurück und wurde in den Jahren 1727-1736 ausgeführt.

Der Selenge-Aimak ist zum Teil geprägt von Ackerbau

Das Kloster überdauerte als eine der wenigen buddhistischen Stätten die stalinistischen Ausschreitungen der 30er Jahre nur leicht beschädigt. Seit 1993 finden hier wieder offiziell Zeremonien statt. Für Touristen werden Führungen veranstaltet. Der Eintritt, Fotografieren und Filmen sind für Ausländer kostenpflichtig.

Chutul chot
(Хөтөл хот)

Kleinstadt auf dem Ostufer des Orchon, unmittelbar an der Verbindungsstraße zwischen Darchan chot und Erdenet chot. Der größte Arbeitgeber der Stadt ist ein Zementwerk.

Altanbulag
(Алтан булаг)

Somonzentrum an der russischen Grenze. Der Ort gilt als **Wiege der mongolischen Volksrevolution,** weil von hier aus 1921 der Siegeszug einer gemeinsamen Armee aus mongolischen Partisanen und russischen Rotarmisten auf die alte mongolische Hauptstadt seinen Anfang nahm. Diesem Ereignis zu Ehren wurde ein monumentales **Revolutionsmuseum** errichtet, das alle anderen Häuser der Siedlung um ein Vielfaches überragt. Wenige Kilometer nördlich davon funkeln auf der russischen Seite der Grenze die Dächer einer russisch-orthodoxen Kirche in der Sonne.

Jeröö-gol
(Ерөө гол)

328 km langer, von Osten kommend in den Orchon mündender, wasserreicher, im Sommer zur Hochwasserbildung neigender, schnellfließender **Gebirgsfluß.** Er wird von Angelfreunden wegen seines vielfältigen Fischbestandes geschätzt. Im gleichnamigen Somon leben mongolische **Buriaten.**

Scharyn gol
(Шарын гол)

Kohletagebau, benannt nach dem gleichnamigen Somon 70 km süd-östlich von Darchan chot. Jährlich werden ca. 2 Mio. t Steinkohle gefördert.

Nojon uul
(Ноён уул)

1722 m hoher **Berg,** ca. 15 km westlich vom Zentrum des Tunchel-Somons, der in die wissenschaftliche Literatur Eingang fand durch die Ausgrabung von sechs **Hunnengräbern** durch den russischen Archäologen *P. K. Koslow* im Jahre 1924.

Der Suchbaatar-Aimak
(Сүхбаатар аймаг)

82.300 qkm Fläche, überwiegend hügelige Steppenlandschaft. 57.000 Ew., 1,1 Mio. Stück Vieh, davon 655.000 Schafe und 186.000 Ziegen. Zentrum: **Baruun urt chot** (Баруун урт хот) (981 m), 560 km bis Ulan Bator. Jahresdurchschnittstemperatur in Baruun urt chot: +0,4 °C, im Januar: –21,3 °C, im Juli: +19,9 °C. Jahresniederschlag: 192 mm. Luftdruckmittel im Juli: 900 mm. Wenig Ackerbau im äußersten Norden. Große Bestände an Mongolei-Gazellen.

Wichtige Sehenswürdigkeiten

Tuchumijn tal
(Төхөмийн тал)

Den gesamten Aimak von Osten nach Westen durchziehende, sich in der Ostgobi fortsetzende **Senke** auf ca. 800 m Höhe. Das Aimakzentrum liegt an ihrem Nordrand. Typische Steppenlandschaft, weitflächig, sehr sumpfig.

Chatawtschijn chawzal
(Хатавчийн хавцал)

3 km lange, 30-100 m breite und 15-16 m tiefe **Sandsteinschlucht** in der Nähe des Zentrums des Chaldsan-Somons. An ihrem südwestlichen Auslauf befindet sich eine **klare Quelle** (Bajanbulag).

Ongon els, auch Schar burdijn els
(Онгон элс)

127 qkm großes Dünengebiet östlich des Zentrums des Ongon-Somons.

Ich bulag
(Их булаг)

In der Nähe des Zentrums des Ongon-Somons entspringt diese klare Quelle einem erloschenen Vulkan. Ihr Wasser wird von den Einheimischen ob seines Geschmacks sehr geschätzt.

Molzog els
(Молцог элс)

Im südlichen Teil der Somone Ongon und Dariganga gelegenes, 248 qkm großes **Dünengebiet,** das an seinen Rändern von Strauchwerk bewachsen ist und so in Position gehal-

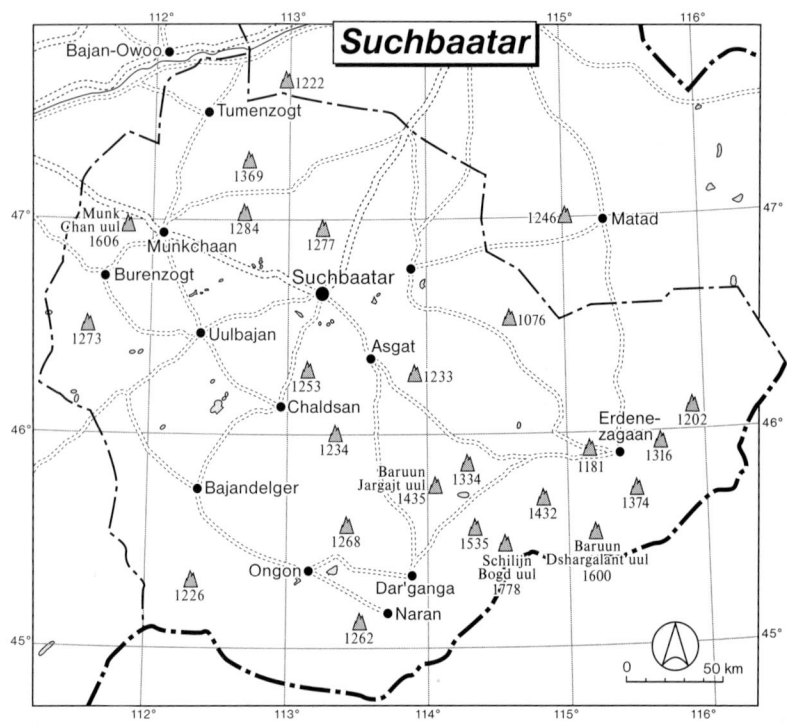

ten wird. Das Gebiet ist von zahlreichen **kleineren Seen** umgeben, die insbesondere auf ihrer Nordseite als **Erholungsgebiet** genutzt werden.

Der bekannteste von ihnen ist der **Ganga-See** (11 km südöstlich vom Zentrum des Dariganga-Somons), der insbesondere im Herbst ein prächtiges Schauspiel bietet, wenn sich Tausende von **Kranichen** hier vor ihrer Reise nach Süden sammeln. Nach ihm ist auch das 228 qkm große **Naturschutzgebiet** benannt, das die gesamte Düne mit einschließt.

Altan-Owoo, auch Dari-Owoo
(Алтан овоо)

Einer der verloschenen **Vulkane** des Aimaks unmittelbar westlich des Zentrums des Dariganga-Somons (1354 m). Der Berg wird von den **Dariganga,** einer in den südlichen sechs Somonen des Aimaks lebenden mongolischen Minderheit, **als heilig verehrt.** Er darf dem Glauben nach von Frauen nicht bestiegen werden, für sie ist eine südwestlich des Vulkans liegende Kuppe vorbehalten. Vom Gipfel des Berges hat man einen hervorragenden Über-

Asgat	Асгат
Bajan-Owoo	Баян-Овоо
Bajandelger	Баяндэлгэр
Baruun	Баруун
Dshargalant uul	Жаргалант уул
Baruun Jargajt uul	Баруун Яргайт уул
Burenzogt	Бүрэнцогт
Chaldsan	Халзан
Dar´ganga	Дарьганга
Erdenezagaan	Эрдэнэцагаан
Matad	Матад
Munk Chan uul	Мөнх Хан уул
Munkchaan	Мөнххаан
Naran	Наран
Ongon	Онгон
Schilijn Bogd uul	Шилийн Богд уул
Suchbaatar	Сүхбаатар
Tumenzogt	Түмэнцогт
Uulbajan	Уулбаян

Nähe zu erkennen. Nach einem kurzen Stück, daß man abwärts kriechend zurücklegen muß, erreicht man eine ca. 20 m lange Höhle, die vollkommen aus Basalt besteht und in der man aufrecht stehen kann. An der gegenüberliegenden Höhlenseite führt ein kaminartiger Tunnel tiefer in den Berg hinein, der nach wenigen Metern für Menschen zu eng wird.

Schilijn-Bogd-Uul
(Шилийн Богд уул)

Ein weiterer der zahlreichen **Vulkane** des Gebietes (1778 m; 60 km nordöstlich vom Zentrum des Dari-

blick über die sonst weitestgehend flache Landschaft.

An seinem südöstlichen Fuß befinden sich **drei Stelen** in Menschengestalt, die von den Einheimischen als Khan, Königin und Prinz verehrt werden. Interessant ist, daß sie aus Granitgestein gefertigt sind, das in der Gegend nicht vorkommt.

Insgesamt sind im Aimak fast 60 dieser Granitstelen bekannt, die meisten davon liegen im Dariganga-Somon im Bereich des Molzog-Dünengebietes.

Vulkanhöhle Bajandulaan
(Баяндулааны агуй)

Der gleichnamige Vulkan (1749 m) liegt auf der Grenze zwischen den Somonen Dariganga und Naran unmittelbar vor der Grenze zu China. Die Höhle befindet sich an seinem südwestlichen Abhang. Der schmale Zugang ist erst aus unmittelbarer

Am Fuße des Altan Owoo (erloschener Vulkan im Hintergrund) finden sich uralte Kultfiguren aus Granit

Die Provinzen

367

ganga-Somons), der über 400 m über das Gelände herausragt und so bereits aus 60 km Entfernung als kegelförmige Erhebung zu sehen ist, egal, aus welcher Richtung man sich nähert. Sein Krater hat im nordwestlichen Teil einen ca. 2 km breiten und 300 m tiefen Ausfluß. Vom Kraterrand aus kann man mit einem Fernglas etwa 180 km weit nach China hineinblicken. In nordöstlicher Richtung sind viele der weit über 200 Vulkankrater zu sehen, die im Aimak liegen.

Talyn aguj
(Талын агуй)

Etwa 100.000 Kubikmeter fassende, mehr als 200 m lange **Lavahöhle,** die nicht nur die größte ihrer Art ist, sondern auch zu den schönsten der über 200 bekannten Höhlen der Mongolei zählt. Sie liegt 14 km nordwestlich des Schilijn-Bogd-Uul inmitten der Steppe und ist nur schwierig zu finden. Der Zugang führt zunächst steil in die Tiefe, bis sich eine bizarr geformte Gesteinswelt auftut.

Latschinwandad uul
(Лачинвандад уул)

Seit 1965 unter **Naturschutz** stehendes, 588 qkm großes Gebiet (75 km südöstlich vom Zentrum des Erdenezagaan-Somon). Ungewöhnlich für dieses baumlose, leicht hügelige Areal sind ein großer Bestand an Maralhirschen sowie das reichhaltige Vorkommen weiterer geschützter Tiere wie des Dachses.

Der Uws-Aimak
(Увс аймаг)

69.600 qkm Fläche, dominierend sind Berg-, Wald- und Wüstensteppengebiete. 99.000 Ew., überwiegend von den Stämmen der Durwud und Bajad. 1,6 Mio. Stück Vieh, davon 995.000 Schafe und 350.000 Ziegen. Zentrum: **Ulaangom chot** (Улаангом хот) in 939 m Höhe, 1340 km bis Ulan Bator. Jahresdurchschnittstemperatur in Ulaangom chot: -3,8 °C, im Januar: –23,0 °C, im Juli: +19,2 °C. Jahresniederschlag: 135 mm. Luftdruckmittel im Juli: 924 mm. In Ulaangom wurden bereits 1055 mm Luftdruck gemessen. Kaum Ackerbau. Reserven an Salz und Kohle.

Altanzugz	Алтанцөгц
An-Tschira	Ан-Чира
Atschit nuur	Ачит нуур
Bajannuur	Баяннуур
Baruunturuun	Баруунтуруун
Bert-Dag	Берт-Даг
Bor Chajrchan uul	Бор Хайрхан уул
Bujant	Буянт
Chandgajt	Хандгайт
Char nuur	Хар нуур
Char Us nuur	Хар Ус нуур
Charchiraa gol	Хархираа гол
Chjargas	Хяргас
Chjargas nuur	Хяргас нуур
Cholu gol	Холу гол
Chowd	Ховд
Chowd gol	Ховд гол
Chul-Oodshu	Хөл-Оожу

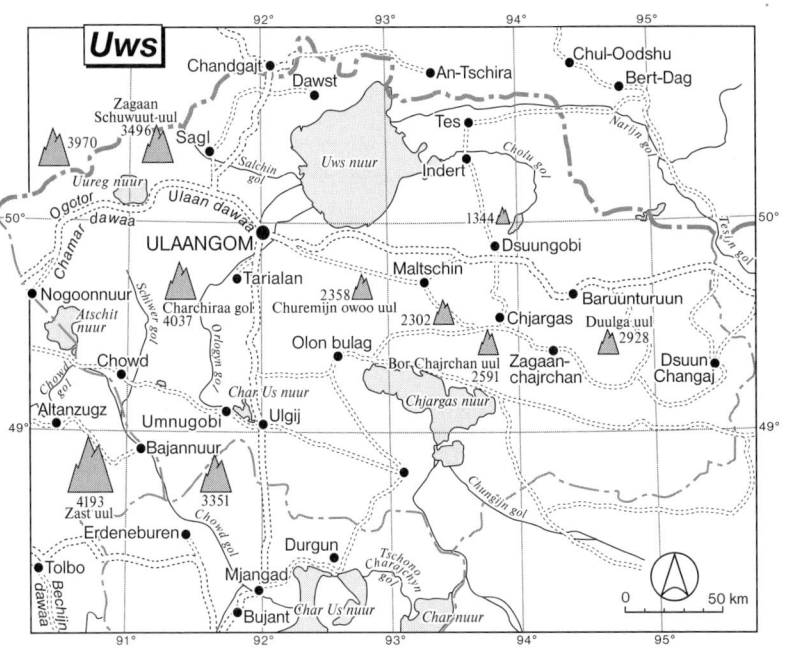

Chungijn gol	Хүнгийн гол	Sagl	Сагил
Churemijn owoo uul	Хүрэмийн овоо уул	Salchiny gol	Салхины гол
Dawst	Давст	Schiwer gol	Шивэр гол
Dsuun Changaj	Зүүн Хангай	Tarialan	Тариалан
Dsuungobi	Зүүнговь	Tes	Тэс
Durgun	Дөргөн	Tesijn gol	Тэсийн гол
Duulga uul	Дуулга уул	Tolbo	Толбо
Erdeneburen	Эрдэнэбүрэн	Ulaan dawaa	Улаан даваа
Indert	Индэрт	Ulaangom	УЛаангом
Maltschin	Малчин	Ulgij	Өлгий
Mjangad	Мянгад	Umnugobi	Өмнөговь
Narijn gol	Нарийн гол	Uureg nuur	Үүрэг нуур
Nogoonnuur	Ногооннуур	Uws nuur	Увс нуур
Ogotor Chamar dawaa	Оготор Хамар даваа	Zagaan Schuwuut uul	Цагаан Шувуут уул
Olon bulag	Олон булаг	Zagaanchajrchan	Цагаанхайрхан
Orlogyn gol	Орлогын гол	Zast uul	Цаст уул

Die Provinzen

369

Wichtige Sehenswürdigkeiten

Uws nuur
(Увс нуур)

Flächengrößter See der Mongolei (3350 qkm in 743 m), abflußlos und salzhaltig. Die Senke des Sees gehört zur Gobizone. Ein 7716 qkm großes Gebiet um den See wurde wegen der noch weitgehend intakten Natur 1993 unter Schutz gestellt.

Tesijn gol
(Тэсийн гол)

Im Chuwsgul Aimak entspringender, 430 km langer, sich in westliche Richtung bewegender und von Nord-osten kommend in den Uws nuur ergießender **Fluß.** Im Delta des Fesijn gol wachsen 30 % der kommerziell genutzten **Sanddornsträucher** der Mongolei. Das Delta wurde 1994 zum **Vogelschutzgebiet** erklärt.

Böörugijn els
(Бөөрөгийн элс)

Sich vom Ostufer des Uws nuur in östliche Richtung erstreckendes 180 km langes, bis zu 50 km breites **Dünengebiet** mit bis zu 30 m hohen Dünen, das flächengrößte der Mongolei. Die Winter im südlich der Sandfläche gelegenen Dsuungobi-Somon sind sehr kalt, so daß sich in den Wintermonaten zahlreiche Nomadenfamilien in die Dünen zurückziehen.

Der Westrand der Düne gehört mit zum Naturschutzgebiet um den Uws nuur.

Tschandmani uul
(Чандмань уул)

Berg in der Nähe von Ulaangom chot, an dessen Flanken ca. **50 Gräber** aus dem 7.und 8. Jh. liegen. Der Aimak ist insgesamt außergewöhnlich stark bestückt mit Gräbern aus der Türken- und Uigurenzeit sowie mit Felszeichnungen aus verschiedenen Epochen.

Chan Chuchijn uul
(Хан Хөхийн уул)

Sich in Ost-West-Richtung zwischen Ulaangom chot und der Grenze zum Dsawchan-Aimak erstreckender **Gebirgszug,** der den nordwestlichsten Ausläufer des Changaj bildet. Die Hauptverbindungsstraße zwi-

Mongolischer Junge

schen Ulaangom chot und den Aimaks Dsawchan und Chuwsgul führt
nördlich am Gebirgszug vorbei. Drei
Gipfel erreichen mehr als 2500 m.
Das Gebirge ist bewaldet und von
zahlreichen Flüssen und Bächen
durchzogen.

Interessant ist eine sich von der
höchsten Erhebung des Gebirges,
dem Duulga uul (2928 m) in strikter
Ost-West-Ausrichtung hinziehende,
fast ***400 km lange Bruchspalte,***
die 1905 durch ein Erdbeben entstanden ist und damals an manchen
Stellen eine Tiefe von 60 m und eine
Breite von 10 m erreicht hatte. Heute
ist sie noch zu erkennen, jedoch
weitgehend erodiert.

Chjargas nuur

(Хяргас нуур)

1407 qkm großer, in 1028 m Höhe
gelegener, bis zu 80 m tiefer, abflußloser **Salzsee** südlich des Chan
Chuchijn uul. Sein wichtigster Zufluß
ist eine unterirdische Verbindung mit
dem Airag nuur, der wiederum durch
die beiden aus dem Westchangaj
kommenden Flüssen Dsawchan gol
und Chungij gol gespeist wird.

Char us nuur

(Хар ус нуур)

Auf einem Hochplateau in 1597 m
Höhe, wenige Kilometer nördlich
vom Zentrum des Ulgij-Somons gelegener **kleiner Salzsee,** der vom Orlogyn gol gespeist wird und der seine
Quelle an den Gletschern des 4073 m
hohen Charchiraa uul hat. Die Hauptverbindungsstraße zwischen Ulaangom chot und Chowd chot führt unmittelbar am See vorbei. Bitte nicht

verwechseln mit dem gleichnamigen
großen Süßwassersee im Chowd-
Aimak.

Schaadsgaj nuur

(Шаазгай нуур)

Ein weiterer **kleiner Salzsee** auf
der Hälfte des Weges zwischen den
Zentren der Somone Chowd und
Umnugobi. Er wird wie der Char us
nuur aus Gletscherwasser des Charchiraa uul gespeist. Der sich in ihn
ergießende Schiwer gol hat am Mittellauf einen malerischen Wasserfall.

Atschit nuur

(Ачит нуур)

297 qkm großer, an Fläche zunehmender **Süßwassersee** in der Senke zwischen dem Charchiraa-Massiv
und dem nördlichen Teil des mongolischen Altai in 1464 m Höhe. Der
See fließt ab in den Chowd gol.

Uureg nuur

(Үүрэг нуур)

237 qkm großer, bis 42 m tiefer
Salzsee zwischen dem Charchiraa-
Massiv und dem nördlich davon gelegenen Zagaan schuwuut uul in 1426
m Höhe. Die Senke trägt Gobi-Charakter.

Ulaan dawaa

(Улаан даваа)

Paß zwischen Ulaangom chot und
dem Uureg nuur, der auf der westlichen Hauptverbindungsstraße nach
Ulgij chot zu überqueren ist. Das
Passieren der Überfahrt ist insbesondere zur Schneeschmelze und in
den Sommermonaten nicht ungefährlich.

Die Provinzen

Der Uwurchangaj-Aimak
(Өверхангай аймаг)

63.000 qkm Fläche, 105.000 Ew., 2,1 Mio. Stück Vieh, davon 1,17 Mio. Schafe und 517.000 Ziegen. Die meisten der in der Statistik genannten 205.000 Rinder sind Yaks. Damit ist der Aimak der viehreichste der Mongolei. Zentrum: **Arwajcheer chot** (Арвайхээр хот) (1913 m). 430 km auf der Teerstraße bis UB. Jahresdurchschnittstemperatur in Arwajcheer: +0,4 °C, im Januar: -15,6 °C, im Juli +15,4 °C, jährliche Niederschlagsmenge: 254 mm. Luftdruckmittel im Juli: 811 mm.

Wichtige Sehenswürdigkeiten

Elsen Tasarchaj
(Элсэн тасархай)
Sich in nordsüdlicher Richtung jeweils ca. 40 km von der Teerstraße nach Arwajcheer hinziehendes, von Weidenbüschen bewachsenes **Sandgebiet** (ca. 270 km von UB). Hier gedeiht die Kornelkirsche, deren Holz als Material zur Herstellung besonders hochwertiger Peitschen geschätzt wird. Der Kreuzungspunkt der Straße mit dem Dünengebiet liegt noch auf dem Gebiet des Bulgan-Aimaks (Raschaant-Somon), soll hier aber dem Uwurchangaj zugeordnet werden. Unmittelbar nach dem Passieren des Gebietes zweigt rechts von der Hauptstraße der Zubringer nach Kara-Korum ab. Folgt man der Düne in südlicher Richtung, erreicht man ca. 14 km von der Teerstraße das Touristencamp Bajangobi.

Batchaan uul
(Батхаан уул)
Über 30 km unmittelbar entlang der Grenze zwischen dem Zentral- und dem Uwurchangaj-Aimak (ca. 30 km westlich vom Erdenesant-Somon) erhebt sich dieser **Gebirgszug** (höchste Erhebung 2178 m). Es ist ein typisches Beispiel für eine auf

Arwajcheer	Арвайхээр	Chajrchan Dulaan	Хайрхан Дулаан
Baga Bogd uul	Бага Богд уул	Charchorin	Хархорин
Bajan-Owoo	Баян-Овоо	Chaschaat	Хашаат
Bajan-Undur	Баян-Өндөр	Chatuu dawaa	Хатуу даваа
Bajanchongor	Баянхонгор	Chojd Tamir	Хойд Тамир
Bajangobi	Баянговь	Chotont	Хотонт
Bajangol	Баянгол	Chudshirt	Хужирт
Bajanlig	Баянлиг	Delgerchaan	Дэлгэрхаан
Bajanteeg	Баянтээг	Delgerchangaj	Дэлгэрхангай
Baruunbajan-Ulaan	Баруунбаян-Улаан	Delgerchangaj	Дэлгэрхангай
Bat-Uldsij	Бат-Өлзий	uulyn chjar	уулын хяр
Bogd	Богд	Dshinst	жинст
Bulag	Булаг	Dsujl	Зүйл
Bulgan	Булган	Dsuun	
Burd	Бүрд	Chajrchan uul	Зүүн Хайрхан уул

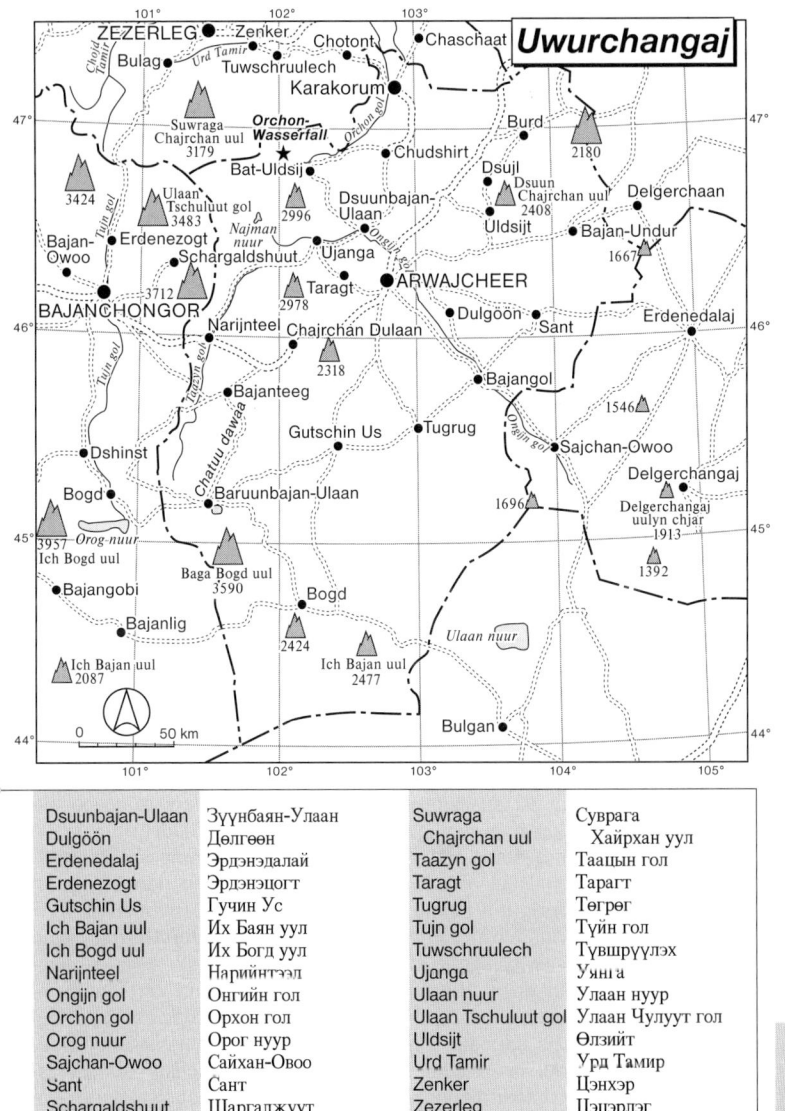

Uwurchangaj

Dsuunbajan-Ulaan	Зүүнбаян-Улаан	Suwraga	Суврага
Dulgöön	Дэлгөөн	Chajrchan uul	Хайрхан уул
Erdenedalaj	Эрдэнэдалай	Taazyn gol	Таацын гол
Erdenezogt	Эрдэнэцогт	Taragt	Тарагт
Gutschin Us	Гучин Ус	Tugrug	Төгрөг
Ich Bajan uul	Их Баян уул	Tujn gol	Түйн гол
Ich Bogd uul	Их Богд уул	Tuwschruulech	Түвшрүүлэх
Narijnteel	Нарийнтээл	Ujanga	Уынга
Ongijn gol	Онгийн гол	Ulaan nuur	Улаан нуур
Orchon gol	Орхон гол	Ulaan Tschuluut gol	Улаан Чулуут гол
Orog nuur	Орог нуур	Uldsijt	Өлзийт
Sajchan-Owoo	Сайхан-Овоо	Urd Tamir	Урд Тамир
Sant	Сант	Zenker	Цэнхэр
Schargaldshuut	Шаргалжуут	Zezerleg	Цэцэрлэг

373

Schwarzerde gedeihende **Wald-steppe.** Am häufigsten sind Birken und Lärchen, durchsetzt von Weiden und Strauchwerk. Zu den mehr als zehn dem Gebirge entspringenden **Flüssen** zählt auch der Ar Dshargalant gol, der sich westlich der Sanddüne Elsen Tasarchaj seinen Weg nach Norden durch Ulmenwälder bahnt. Das 218 qkm große Gebiet steht seit 1974 unter **Naturschutz.**

Kara-Korum oder Charchorin
(Хар хорин)

Diese Stadt ist **eine der Hauptattraktionen der Mongolei.** Sie wurde auf Erlaß *Tschingis-Khans* 1220 gegründet. 1235 ließ sich *Ögödei-Khan* hier einen Palast errichten. 1371 wurde sie von einem großen chinesischen Heer im dritten Jahr der Ming-Dynastie (1368-1644) ausgelöscht, nachdem 1368 *Togoontumur-Khan* als letzter Yuan-Kaiser Peking verlassen und sich ins mongolische Stammland zurückziehen mußte. 32 Jahre lang war sie die **Hauptstadt des mongolischen Großreiches.** Sie liegt unmittelbar am Ufer des Orchon in einem weitauslaufenden Tal – eine für den Aufenthalt großer Reiterscharen bestens geeignete Stelle.

Wilhelm von Rubruk, ein Flame, der als Franziskanermönch mit Förderung des Franzosen-Königs *Ludwig IX.* mit missionarischen Absichten Asien bereiste, hielt sich im Jahre 1253/54 etwa sechs Monate am Hof *Möngke-Khans* auf und hat ein gutes Bild vom Leben in der mongolischen Hauptstadt dieser Zeit überliefert. Unter anderem enthält sein Reisebericht auch die erste Nachricht über den Buddhismus, die nach Europa gelangte.

1948/49 gab es erstmalig **Ausgrabungen** in den Ruinen der Stadt. Gefunden wurden u. a. Stempel mit Inschriften in Quadratschrift, Naben von Ochsenkarren, Pflugscharen, gußeiserne dreifüßige Kessel, Fischkäscher, zahlreiche versilberte oder glasierte Trinkgefäße sowie einige hundert Münzen aus verschiedenen Ländern Asiens und Europas, mit denen das Reich Handelsbeziehungen unterhielt.

Aus diesen Funden und den Beschreibungen von Zeitzeugen läßt sich **rekonstruieren,** daß die Stadt von einer quadratischen **Schutzmauer** aus ungebrannten Ziegeln umgeben war, die auf jeder Seite ein Tor besaß. Diese Bauform war auch für chinesische Hauptstädte typisch. Die vier **Stadttore** waren durch breite Straßen miteinander verbunden. Entlang dieser Straßen arbeiteten Töpfereien, Schmieden und Handelshäuser. In der Stadt gab es Gebetshäuser für alle drei Weltreligionen sowie zahlreiche Verwaltungsgebäude. Am Aufbau der Stadt waren neben mongolischen Bauleuten auch Handwerker aus den von den Mongolen unterworfenen Ländern beteiligt.

Der **Palast Ögödei-Khans** – eine Residenz für offizielle Anlässe, flankiert von Wohn- und Wirtschaftsgebäuden – lag im südwestlichen Teil der Stadt an einem künstlichen See, der über einen Stichkanal mit Wasser aus dem Orchon gespeist wurde. Die Anlage war von einer weiteren Mauer umgeben. Unter dem Fußboden des

Hauses verlief ein ausgeklügeltes Heizsystem.

Das mit glasierten roten und grünen Ziegeln gedeckte Dach der Residenz ruhte auf 64 mit Schnitzereien verzierten, lackierten Säulen. Die 64 großen kubischen Granitsockel, auf denen die Säulen ruhten, sind noch weitgehend erhalten. Das Gebäude maß demnach 55 mal 45 m. Ihm schloß sich südlich eine aus sorgfältig behauenen Granitplatten bestehende Treppe zum Innenhof an. In dem Innenhof der Anlage soll nach *Wilhelm von Rubruk* ein Silberbaum gestanden haben, auf dem ein Trompete blasender Engel thronte. Der Stamm war von drachenköpfigen Schlangen umwunden. Am Fuße des Baumes saßen vier Löwenfiguren, aus deren silbernen Mäulern zu festlichen Anlässen vier verschiedene berauschende Getränke geflossen sein sollen. Der Springbrunnen wird dem französischen Kunstschmied *Wilhelm Boucher* zugeschrieben, der als Gefangener am Hofe des Großkhans *Möngke* lebte. Aus chinesischen Quellen geht hervor, daß *Möngke* großen Wert auf eine repräsentative Hauptstadt legte. Ende 1252 sollen fünfhundert Handwerkerfamilien verschiedener Berufe am Ausbau der Residenz beteiligt gewesen sein.

Nachdem *Khubilai-Khan* die Hauptstadt der Yuan-Dynastie 1260 nach Peking verlegt hatte, schwand der Glanz Kara-Korums, und es verkümmerte zu einem abgelegenen Provinzzentrum.

Heute ist Kara-Korum ein überdurchschnittlich großes Somonzentrum im Uwurchangaj-Aimak, das neben der Viehzucht auch vom Getreideanbau und seiner Verarbeitung lebt.

Die Stadt selbst wäre als Ausflugsziel nicht erwähnenswert, gäbe es dort nicht das **Kloster Erdenedsuu** (auch: Erdeni-zuu). Es wurde 1586 auf Initiative des Chalch-Fürsten *Abtaj-Khan* (mong.: *Awdaj Sajn Chan;* 1554-1588) aus den Trümmern der zerstörten Hauptstadt als **erstes großes lamaistisches Kloster der Mongolei** errichtet. Bereits im 7. Jahrhundert stand an seiner Stelle ein Kloster, das auf den Uiguren-Khan *Bogotschur* zurückgeht. *Abtai-Khan* suchte im Jahr des Baubeginns des Klosters den *III. Dalai Lama* in Lhasa auf und bat um dessen Segen für das Projekt. Er brachte aus Tibet zwei hochrangige lamaistische Würdenträger mit, die beim Aufbau des Klosters helfen sollten. Im Kloster sollen bis zu 10.000 Lamas gelebt haben. Im 17. Jahrhundert wurden die Anlagen im Verlaufe von kriegerischen Auseinandersetzungen mit den mandschurischen Besatzern schwer beschädigt. In den Jahren 1760 bis 1796 sowie 1808 bis 1814 wurde es repariert und rekonstruiert. Zwischen 1941 und 1990 war der Klosterbetrieb eingestellt, es fungierte als nationales Museum. Bemühungen, die Substanz zu rekonstruieren, halten sich in Grenzen. Es fehlt neben den Geldmitteln – das Kloster nimmt als Museum jährlich nur 10.000 bis 12.000 US$ ein – auch an sachverständigem Personal.

Die quadratische **Anlage** ist an jeder Seite 420 m lang. Die Kloster-

Zam-Tänze

Zam-Tänze (tib. *tsham*) sind **kultische Mysterientänze** und wurden ursprünglich anläßlich des Neumondfestes aufgeführt. Die Tänze kamen erst seit Ende des 18. Jahrhunderts auch in der Mongolei zur Aufführung. Zunächst wurden sie **nur in Erdene-dsuu**, seit 1811 auch in Ich Churee aufgeführt. Nach und nach übernahmen dann auch andere große Klöster diese Sitte. Die Tänzer tragen große Masken lamaistischer Gottheiten. Von schriller Musik begleitet, vernichten sie während der Tänze symbolisch das Unheil des zu Ende gehenden Jahres und symbolisieren den Sieg des Buddhismus. Darüber hinaus finden sich aber auch possenhafte Passagen im Tanz, die der Belustigung der Zuschauer dienen.

Eine Ausstellung von **Tanzmasken** befindet sich im Tschojdshin-Lamyn-Museum (unmittelbar östlich der Staatsbibliothek) in Ulan Bator. Dort gibt es auch ein Foto von der letzten Zam-Aufführung in Ulan Bator Ende der 30er Jahre.

Heute werden in der Mongolei Zam-Tänze wieder aufgeführt. Nicht immer dienen sie religiösen Zeremonien. Einige Tanzgruppen treten auch für Touristen auf. 1991 machte ein mongolisches Zam-Tanz-Ensemble eine sehr erfolgreiche Gastspielreise durch sechs große deutsche Städte.

mauer wird von insgesamt 108 Stupas geziert. 1938 standen auf dem Klostergelände über 60 Einzelgebäude, in denen 1.500 Lamas ihren Beschäftigungen nachgingen. 1938 setzte auch hier das zerstörerische Treiben kommunistischer Eiferer ein. Allein die Verbrennung der umfänglichen Bestände der Klosterbibliothek soll nach Augenzeugenberichten über einen Monat in Anspruch genommen haben. Erhalten geblieben sind nur noch drei große Tempel, eine Stupa und einige Nebengebäude. In einem im chinesisch-tibetischen Mischstil errichteten Tempel finden wieder regelmäßig Gottesdienste statt, die von 46 Lamas gestaltet werden. Die anderen beiden großen Gebäude im chinesischen Stil beherbergen Ausstellungen von Werken buddhistischer Meister des 16.-19. Jahrhunderts.

An die Zeit *Tschingis-Khans* erinnern in und um Kara-Korum nur noch wenige Trümmerstücke und **zwei große steinerne Schildkröten,** die eine etwas außerhalb der Klostermauern, die andere auf einem Hügel unweit des Klosters. Die Schildkröten sind auf dem Rücken quadratisch ausgehöhlt und sollen den Stützen des Dachkranzes der Palastjurte als Fundament gedient haben.

Ein besonders skurriles Kleinod und Besuchermagnet unmittelbar am Fuße des Berges, der die zweite Schildkröte trägt, ist ein ca. 80 cm langer **steinerner Penis,** dessen Kopf in Richtung eines Bergeinschnitts zeigt, der – gewisse Phantasie vorausgesetzt – seinem weiblichen Gegenstück ähnlich sieht. Leider ist das Werk, das der Sage nach dazu diente, die Traumphantasien der im Zölibat lebenden Lamas abzukühlen, inzwischen in der Mitte durchgebrochen und wird heute von einem Eisenzaum umgeben.

Chudshirt
(Хужирт)

Bis zu 55 °C warme **Heilquelle** am Ufer des Orchon in 1748 m Höhe.

Behandelt werden Glieder- und Gelenkschmerzen, Kreislauferkrankungen und Probleme mit den Verdauungsorganen. Bekannter ist jedoch die gleichnamige Touristen-Basis in unmittelbarer Nähe. Bis nach Kara-Korum sind es 55 km, bis Arwajcheer auf der kürzesten Route 84 km.

Orchon gol
(Орхон гол)

Mit 1124 km einer der mächtigsten und längsten *Flüsse* der Mongolei. Er entspringt dem Changaj und ergießt sich bei Suchbaatar (Stadt im Selenge-Aimak kurz vor der russischen Grenze) in die Selenge. In ihm leben Forellen, Hechte, Welse, Lachse, Störe, Weißfische, Karpfen, Barsche, verschiedene Kaulbarscharten, Äschen, Rotaugenfische,

u. a. m. Die Täler am Unterlauf des Orchon zählen zu den wichtigsten Ackerbaugebieten der Mongolei.

Orchon-Wasserfall
(Орхоны хүрхрээ)

65 km südwestlich von Chudshirt ergießt sich auf dem rechten Orchon-Ufer der Ulaan gol ca. 20 m tief in den Orchon, der sich an dieser Stelle durch eine beidseitig aufragende *Basaltfelsenschlucht* drängt. Im Laufe der Zeit haben die Wasser des Ulaan gol die Felskanten so weit abgeschliffen, daß der Wasserfall inzwischen etwa 100 m vom Orchon selbst entfernt liegt. Auf seinem weiteren Weg durchschneidet der Orchon bis nach Kara-Korum zahlreiche weitere Basaltformationen.

Stolz präsentieren sich zwei Nomaden vor dem Orchon-Wasserfall

Die Provinzen

Koster Tuwchunij chijd
(Төвхөний хийд)

Klosteranlage unweit des Wasserfalls in nordöstlicher Richtung auf dem Tuwchun uul. Bekannt geworden ist die von Mongolen aus Stein errichtete Anlage dadurch, daß der erste Bogd *Undur Gegeen Dsanabadsar* hier tätig war.

Char balgas
(Хар балгас)

Ruinen der Hauptstadt des Uiguren-Reiches (9. Jh.), ca. 46 km nordwestlich von Kara-Korum auf dem Ostufer des Orchon. Das Relikt vermittelt dank seines **guten Erhaltungszustands** den besten Eindruck von der Bautätigkeit in der Uiguren-Zeit. Hauptsächlich verwendete Baumaterialien sind behauene Feldsteine und rohe Lehmziegel. Char Balgas war eines der größten und bedeutsamsten urbanen Zentren des Fernen Ostens im frühen Mittelalter.

Chuschöö zajdam
(Хөшөө цайдам)

3,30 m hohe und 1,30 m breite **Stele aus dem Jahre 732,** ca. 20 km östlich von Char balgas. Sie ist die bekannteste von insgesamt über 40 Stelen, die an die Zeit des Türken-Khanats (6.-8. Jh.) erinnern und würdigt in 68 Zeilen *Bilge-Khan* und seinen Bruder, General *Kultegin*.

Najman nuur
(Найман нуур)

Acht untereinander verbundene Seen, in 2200 m Höhe im Changaj gelegen. Von Arwajcheer sind es 116, vom Ujanga-Somon etwa 50 km bis zu den Seen. Die Anfahrt ist sehr beschwerlich und nur bei trockenem Wetter mit Geländewagen zu empfehlen. Der Weg führt entlang der Flüsse Ongi und Schurang über den Paß Schireetijn dawaa (2500 m), von dem aus der größte der Seen, der Schireet nuur, zu sehen ist. Selbst an freundlichen Sommertagen kann es hier sehr windig sein oder gar Schnee fallen. Die die Seen einschließenden Berge sind 300 bis 400 m höher als der Wasserspiegel und im oberen Teil nicht mehr bewaldet. Im unteren Teil dominieren Lärchenwälder. Das Gelände steht seit 1992 unter Schutz.

Taazyn zagaan nuur
(Таацын цагаан нуур)

Gobisee in unmittelbarer Nähe zum Zentrum des Baruunbajan-Ulaan-Somon. Die Anfahrt führt durch typische Wüstensteppengebiete. Der See hat eine veränderliche Größe, die sich nach der Stärke der Verdunstung richtet. An seinen Ufern befindet sich eine schöne **Sanddüne.** In ca. 35 km Entfernung in südlicher Richtung erhebt sich der Baga Bogd uul (3590 m), der für seinen Steinbockbestand bekannt ist.

Arz Bogd uul
(Арц Богд уул)

Ausläufer des Gobi-Altais südlich des Zentrums des Bogd-Somons, der deutlich aus dem sonst sehr flachen Gelände aufragt. Ca. 40 km südöstlich vom Somonzentrum befindet sich eine 8 x 12 km große **neusteinzeitliche Ausgrabungsstätte.**

Anhang

Literaturhinweise

Einstimmung und Vorbereitung

- **Schenk, Amelie und Haase, Udo:** *Mongolei*, München 1994. Ein sehr kenntnisreich geschriebenes Buch, vor allem auch für ethnologisch und historisch interessierte Mongolei-Liebhaber. An Informationen, die die Planung einer eigenen Reise betreffen, wird man in diesem Buch jedoch wenig konkretes finden.
- **Günther, Arno:** *Mongolisch für Globetrotter*, Kauderwelsch, Bielefeld 1993 (mit Tonkassette). Der **Sprachführer** im Taschenbuchformat gibt interessante linguistische Informationen und leistet gute Hilfestellungen beim Kauderwelschen in Mongolisch, für den Fall, daß man keine Zeit hat, sich langfristig mit dem Erlernen der Sprache zu beschäftigen.
- **Raith, Victoria und Naundorf, Cathleen:** *Steppen, Tempel und Nomaden. Zwei Frauen entdecken die Mongolei*, München 1994. Ein Reisebericht von zwei Frauen, die nicht nur zu reisen, sondern auch zu schreiben verstehen. Kenntnisreich, informativ und zugleich unterhaltsam geschrieben erhält der Leser hier Einblick in das Leben der heutigen Nomaden und den Reisealltag europäischer Besucher. Eine unbedingt empfehlenswerte Vorablektüre.
- **Schenk, Amelie:** *Die Mongolei: Weite Heimat der Nomaden*, Dortmund 1994. Das Buch bietet kleine landeskundliche Essays und Impressionen aus der Mongolei. Besonders interessant sind die über 100 Farbabbildungen.
- **Goldstein, Melvyn C. und Beall, Cynthia M.:** *Die Nomaden der Mongolei. Eine Hirtenkultur zwischen Tradition und Moderne*, Nürnberg 1994. Dieses brillante Buch des amerikanischen Ethnologenpaares beschreibt das Leben der Nomaden im Altai-Gebirge und ist mit unvergeßlich faszinierenden Farbfotos bebildert. Auf der Grundlage von mehrmonatigen Feldforschungen in der Zeit von 1990 bis 1992 berichten sie von der Lebensweise der Nomaden und spüren dabei auch den Veränderungen durch die

Einführung der Marktwirtschaft nach (im engl. Original heißt das Buch deshalb entsprechend *The Changing World of Mongolia's Nomads*).

Informatives in anderen Sprachen:

- **Becker, Jasper:** *The Lost Country. Mongolia Revealed.* London 1992. Diesem kundigen Buch eines Journalisten gelingt es, die Geschichte der Mongolei in diesem Jahrhundert spannend und kurz zu erzählen. Einzigartig ist das Kapitel "Ulan Bator 1989", welches einen guten Eindruck von den letzten revolutionären Wirren in der Mongolei vermittelt.
- **Middleton, Nick:** *The Last Disco in Outer Mongolia*, London 1992. Ein absolutes Muß für alle, die sich positiv auf das Land einstellen wollen. Zum einen ist dies der einzige Reisebericht von einem Westler, der Erlebnisse aus der Zeit vor dem politischen Umbruch beschreibt, zum anderen hat der britische Geograph *Nick Middleton* wirklich die seltene Gabe, vergnüglich zu schreiben.
- **Severin, Tim:** *In Search of Ghengis Khan*, London 1993. Auch der britische Reiseschriftsteller *Tim Severin* hat die Öffnung der Mongolei genutzt, um seinen Reisebericht zu liefern. Allerdings etwas zäher zu lesen.
- **Thevenet, Jacqueline:** *Les Mongols. De Genghis Khan et d'aujourd'hui*, Paris 1986. Das Erscheinungsdatum kündigt es bereits an: Dies ist ebenfalls ein Buch, daß vor dem politischen Umbruch der Mongolei geschrieben wurde. Es dürfte vor allem diejenigen interessieren, die sich gerade für das mongolische Alltagsleben der frühen achtziger Jahre interessieren.

Historische und völkerkundliche Sachbücher

- **Bawden, C.R.:** *The Modern History of Mongolia*, London und New York 1989. Der englischsprachige Klassiker zur modernen Geschichte der Mongolei.
- **Marshall, Robert:** *Sturm aus dem Osten. Von Dschingis Khan bis Khubilai Khan*, Mün-

chen 1996. Eine sachkundige und interessant zu lesende Darstellung der Ereignisse dieser Epoche, die sich anlehnt an die fünfteilige BBC-Dokumentarfernsehserie "Der Mongolensturm" (s.u. "Filme").

● *Tucci, Guiseppe und Heissig, Walter:* *Die Religionen Tibets und der Mongolei,* Stuttgart 1970. Eine tief in Detail führende Einführung für alle, die sich ganz besonders für den Lamaismus interessieren.

● *Heissig, Walther und Müller, Claudius C.: Die Mongolen,* Frankfurt/M. 1989. Eines der klassischen Werke der Mongolistik. Der reich illustrierte Ausstellungsband enthält 59 wisenschafliche Beiträge anerkannter Mongoleiforscher zu dem Themenkreisen Geschichte, Ethnographie, Kunst und Literatur, Kultur, Sitten und Gebräuchen bis hin zur traditionellen mongolischen Medizin.

● *Heissig, Walther: Die Mongolen. Ein Volk sucht seine Geschichte,* Bindlach 1989. Ein anschaulich und unterhaltsam geschriebener zusammenhängender Bericht über die bisherigen Ergebnisse der Mongolei-Forschung vom großen deutschen Mongolistik-Professor *W. Heissig.*

● *Weiers, Michael (Hrsg.): Die Mongolen. Beiträge zu ihrer Geschichte und Kultur,* Darmstadt, 1986. Das Buch enthält das Standardwissen über die Mongolei und besteht aus Beiträgen der Bonner Mongolisten aus der Schule *Prof. Heissigs.*

● *Eggebrecht; Arne (Hrsg.): Die Mongolen und ihr Weltreich,* Mainz 1989. Auch dieses Buch faßt mongolistisches Standardwissen zusammen, geht aber in die Geschichte der Nomadenkultur zurück bis in die Skythenzeit und verfügt im Anhang über eine gute Zusammenstellung von die Mongolei berührenden mittelalterlichen Reiseberichten von Johannes des *Plano Carpini* bis *Marco Polo.*

● *von Rubruk, Wilhelm: Reisen zum Großkhan der Mongolen. Von Konstantinopel nach Karakorum 1253-1255,* Stuttgart 1984. Die Lektüre dieses Buches empfiehlt sich, wenn der Leser noch mehr über die Erlebnisses dieses Reisenden wissen möchte, als in den Auszügen im Buch *Arne Eggebrechts* zu erfahren sind.

● *Taube, Erika und Manfred: Schamanen und Rhapsoden. Die geistige Kultur der alten*

Mongolei, Wien 1983. Auch diese reichlich bebilderte Buch gibt eine gute Einführung in das kultuerelle Erbe und die künstlerischen Traditionen der Mongolen.

Literarisches

● *Tschinag, Galsan:*
- *Der siebzehnte Tag,* Erzählungen, München 1994.
- *Das Ende des Liedes,* München 1994.
- *Der blaue Himmel,* Frankfurt/M. 1994.
- *Zwanzig und ein Tag,* Roman, Frankfurt/M. 1995.
- *Eine tuwinische Geschichte und neue Erzählungen;* München 1995.

Galsan Tschinag ist ein mongolischer Schriftsteller der besonderen Art, denn er schreibt seine Bücher auf Deutsch. Er studierte 1962-1968 in Leipzig Germanistik und ist seit 1991 als freier Schriftsteller tätig. 1992 wurde *Galsan* von der Bayerischen Akademie der Schönen Künste mit dem Adelbert-von-Chamisso-Preis, einem Literaturpreis, der jährlich an Ausländer vergeben wird, die auf Deutsch schreiben.

Seine Büchern entführen den Leser in die Welt der Steppennomaden und erzählen in lyrischer Weise von ihren alten Sitten und Gebräuchen sowie neuen Lebensweisen.

● *Mühlenweg, Fritz:*
- *Kleine mongolische Heimlichkeiten,* Bottighofen (CH), 1992.
- *Fremde auf dem Pfad der Nachdenklichkeit,* Bottighofen (CH), 1993.
- *In geheimer Mission durch die Wüste Gobi,* Bottighofen (CH), 1994.

Fritz Mühlenweg, Konstanzer Apotheker und Weggefährte *Sven Hedins,* beschreibt seine Reiseerlebnisse in einer poetischen Dichte, die sie zu einem literarischen Hochgenuß machen. Gerade die "Kleinen mongolischen Heimlichkeiten" sollte man sich einstecken als Einstimmung auf ein Land, in dem Zeit so relativ ist, daß auch vor Jahren geschriebenes noch heute literarisch aktuell ist

● *Mongolische Erzählungen: Helden-, Höllenfahrts- und Schelmengeschichten.* (Übersetzung und Vorwort von *W. Heissig),* Stuttgart 1986. *Mongolische Märchen* (Übersetzung und Nachweis von **W. Heissig),** München 1993.

Beide Bände mongolischer Volkskunst sind von *Prof. Heissig* einfühlsam übersetzt und vermitteln ein gutes Bild der geistigen Kultur der Mongolen.

Bildbände

Ein mongolisches Sprichwort lautet: *"Einmal gesehen ist besser, als tausendmal gehört".* Für die Beschreibung eines Landes, das so einzigartig ist, wie die Mongolei, gilt dies doppelt und dreifach. Im folgenden also einige Bildbände, die mehr an Eindruck vermitteln, als tausend Worte sagen können.

● **Burchert, Ulrich und Enchbat; Roozongijn:** *Mongolia. Country of Contrasts,* Ulaanbaatar 1993. Bilder, die den mongolischen Alltag in vielen Facetten festhalten.
● **Burchert, Ulrich:** *In the Grassland,* Ulaanbaatar 1994. Ein Bildbändchen mit Scharzweißfotos.
● **Ottinger, Ulrike:** *Taiga: Eine Reise ins nördliche Land der Mongolen,* Berlin 1993. Ein tolles Buch mit tollem Text. Die großartigen Fotos der deutschen Filmemacherin mit Neigung zur Ethnographie beschreiben eindrucksvoll das Leben zweier nomadischer Volksgruppen im nördlichen Chuwsgul-Aimak.

Filme

● **Ulrike Ottingers** oben erwähntes Buch ist sicherlich auch deswegen so eindrucksvoll, weil wir es hier mit einer Filmemacherin zu tun haben, die sich seit Jahren mit der Mongolei beschäftigt und mehrere Filme über Land und Leute gedreht hat. Einer davon hat den gleichen Titel, wie obengenannter Bildband, also *Taiga* und dauert genau 501 Minuten – belohnt den ausdauernden Betrachter jedoch in jeder Hinsicht.

Ein anderer, *Johanna d'Arc of Mongolia* (1988), sprengt die Grenzen von Fiktion und Dokument und dauert nicht einmal drei Stunden. Dabei begegnen vier Frauen in der Transsibirischen Eisenbahn exzentrischen

Herren und werden in der Mongolei von einer Nomaden-Prinzessin entführt.
● Der Dokumentarfilm *Shambhala* (*Komplett Video,* 1994, 2 mal 45 min) von **Susanne Aernecken** und **Michael Goerden** portraitiert den jungen mongolischen Lama Zagdsuren auf der Suche nach dem verborgenen Königreich "Shambhala". Die Pilgerreise des buddhistischen Mönchs führt dabei von Ulan Bator, wo sein Volk gerade die neue Freiheit erlangt hat und er selbst fremd und einsam wirkt, in die Wüste Gobi, nach Tibet und Indien.
● Auch auf Video erhältlich ist eine fünfteilige **Dokumentarserie** *Der Mongolensturm* (*Komplett Video,* 1993, Originaltitel: *"Storm from the East"*), die von der *BBC* in Kooperation mit dem japanischen Fernsehen 1990-1992 gedreht wurde und anschaulich die Geschichte und das Heute der Mongolen darstellt.
● Ein Film der besonderen Klasse ist **Nikita Michalkovs** *Urga.* Dieser 1991 mehrfach preisgekrönte, eindrückliche Film mit atemberaubenden Landschaftsaufnahmen der Steppe hat einen ganz eigenen, verhaltenen Charme. Freilich sollte man im Hinterkopf behalten, daß er in der "Inneren Mongolei", also der Volksrepublik China, spielt und daher auch typisch chinesisch-mongolische Probleme thematisiert. Die einzige Stadt, die in dem Film zu sehen ist, ist dann auch Huhehot, und nicht etwa Ulan Bator.

Musik

● Der Film **Urga** war ein Kinohit in ganz Europa. Unterdessen ist die **Filmmusik** auf CD zu haben. Obwohl die Musik jedoch gut in die mongolische Landschaft paßt, ist sie zum großen Teil nicht authentisch.
● **Mongolian Folk Musik,** Doppel-CD, Hungaroton HCD 18013-14, SLPX 18013-14. Die CDs sind von 1990, die Aufnahmen von 1967. Ein Potpourrie der mongolischen Musik, der alles enthält, was die Mongolei an musikalischen Schätzen zu bieten hat.
● **Mongolian Songs,** World Music Library KICC 5133;
- **Mongolian Instrumental Music,** World Music Library KICC 5134;

Anhang

- *Mongolian Morin Khuur,* World Music Library KICC 5135;
- *Mongolian Epic Songs,* World Music Library KICC 5136.

Eine japanische Produktion, die zwar umfassend und perfekt ist, aber beim Zuhören sehr ermüdet. Zumindest für unseren Geschmack ist es zuviel des Gleichen auf einmal.

● *Enchanting Mongolia,* LC 6464. Gut abgemischte CD mit traditioneller mongolischer Musik. Falls im Musikhandel nicht erhältlich, kann man den Copyrightinhaber anschreiben: *Stefan Körbel,* PF 106, 10266 Berlin.

● *Mongolia. The Mandukhai Ensemble,* Playasound PS 65115. Das Mandukhai Ensemble tourt in letzter Zeit in Europa und bietet ebenfalls Kostproben aus allen Genres der traditionellen mongolischen Musik.

● *Dreaming in Gobi,* MCB 93-6868. Die einzige mongolische Schlager-CD. Vom Tenor her extrem schwärmerisch verträumt und dem westlichen Ohr nicht unbedingt zugänglich. Aber eben das, was Mongolen lieben.

● *Mongolie. Chamanes et Lamas,* Ocora C 560059. Die von *Radio Prance* aufgezeichnete CD enthält zwei jeweils fast 20 Minuten laufende Schamanengesänge und je einen Mitschnitt von Lamamusik aus dem Klöstern Erdenedsuu und Gandan.

REISE KNOW-HOW

REISE KNOW-HOW Bücher werden von Autoren geschrieben, die Freude am Reisen haben und viel persönliche Erfahrung einbringen. Sie helfen dem Leser, die eigene Reise bewußt zu gestalten und zu genießen. Wichtig ist uns, daß der Inhalt nicht nur im reisepraktischen Teil „Hand und Fuß" hat, sondern daß er in angemessener Weise auf Land und Leute eingeht. Die Reihe REISE KNOW-HOW soll dazu beitragen, Menschen anderer Kulturkreise näherzukommen, ihre Eigenarten und ihre Probleme besser zu verstehen. Wir achten darauf, daß jeder einzelne Band gemeinsam gesetzten Qualitätsmerkmalen entspricht. Um in einer Welt rascher Veränderungen laufend aktualisieren zu können, drucken wir bewußt kleine Auflagen.

SACHBÜCHER:

Die Sachbücher vermitteln KNOW-HOW rund ums Reisen: Wie bereite ich eine Motorrad- oder Fahrradtour vor? Welche goldenen Regeln helfen mir, unterwegs gesund zu bleiben? Wie komme ich zu besseren Reisefotos? Wie sollte eine Sahara-Tour vorbereitet werden? In der Sachbuchreihe von REISE KNOW-HOW geben erfahrene Vielreiser Antworten auf diese Fragen und helfen mit praktischen, auch für Laien verständlichen Anleitungen bei der Reiseplanung.

Welt

Abent. Weltumradlung (RAD & BIKE)
DM 28,80   ISBN 3-929920-19-0
Achtung Touristen
DM 16,80   ISBN 3-922376-32-0
Äqua-Tour (RAD & BIKE)
DM 28,80   ISBN 3-929920-12-3
Auto(fern)reisen
DM 34,80   ISBN 3-921497-17-5
Die Welt im Sucher
DM 24,80   ISBN 3-9800975-2-8
Fahrrad-Weltführer
DM 44,80   ISBN 3-9800975-8-7
Motorradreisen
DM 34,80   ISBN 3-921497-20-5
Um-Welt-Reise (REISE STORY)
DM 22,80   ISBN 3-9800975-4-4
Wo es keinen Arzt gibt
DM 26,80   ISBN 3-89416-035-7
Outdoor-Handbuch
DM 39,80   ISBN 3-89416-629-0

Nehberg bei RKH

Das Yanomani-Massaker
DM 36.00   ISBN 3-89416-624-x

REISE STORY:

Reise-Erlebnisse für nachdenkliche Genießer bringen die Berichte der REISE KNOW-HOW REISE STORY. Sensibel und spannend führen sie durch die fremden Kulturbereiche und bieten zugleich Sachinformationen. Sie sind eine Hilfe bei der Reiseplanung und ein Lesevergnügen zugleich

STADTFÜHRER:

Die Bücher der Reihe REISE KNOW-How CITY führen in bewährter Qualität durch die Metropolen der Welt. Neben den ausführlichen praktischen Informationen über Hotels, Restaurants, Shopping und Kneipen findet der Leser auch alles Wissenswerte über Sehenswürdigkeiten, Kultur und „Subkultur" sowie Adressen und Termine, die besonders für Geschäftsreisende wichtig sind.

Europa

Amsterdam
DM 26,80   ISBN 3-89416-231-7
Bretagne
DM 39,80   ISBN 3-89416-175-2
Budapest
DM 26,80   ISBN 3-89416-212-0
Bulgarien
DM 39,80   ISBN 3-89416-220-1
Dänemarks Nordseeküste
DM 24,80   ISBN 3-89416-035-7
Europa Bike-Buch (RAD & BIKE)
DM 44,80   ISBN 3-89662-300-1
England, der Süden
DM 36,80   ISBN 3-89416-224-4
Großbritannien
DM 39,80   ISBN 3-89416-617-7
Hollands Nordseeinseln
DM 24,80   ISBN 3-89416-619-3
Irland-Handbuch
DM 39,80   ISBN 3-89416-636-3
Island
DM 44,80   ISBN 3-89662-03-5
Kärnten
DM 29,80   ISBN 3-89622-105-x
Litauen mit Kaliningrad
DM 29,80   ISBN 3-89416-169-8
London
DM 26,80   ISBN 3-89416-199-x
Madrid
DM 26,80   ISBN 3-89416-201-5
Mallorca
DM 34,80   ISBN 3-927554-29-4
Mallorca für Eltern und Kinder
DM 24,80   ISBN 3-927554-15-4
Mallorquinische Reise (REISE STORY)
DM 29,80   ISBN 3-89662-153-x
Osttirol
DM 24,80   ISBN 3-89622-106-8
Oxford
DM 26,80   ISBN 3-89416-211-2
Paris
DM 26,80   ISBN 3-89416-200-7
Polen: Ostseeküste/Masuren
DM 29,80   ISBN 3-89416-613-4
Prag
DM 26,80   ISBN 3-89416-204-X
Provence
DM 39,80   ISBN 3-89416-609-6
Pyrenäen
DM 39,80   ISBN 3-89416-610-X
Rom
DM 26,80   ISBN 3-89416-203-1

Europa

Schottland-Handbuch
DM 39,80   ISBN 3-89416-62
Sizilien
DM 39,80   ISBN 3-89416-62
Skandinavien – der Norden
DM 36,80   ISBN 3-89416-19
Südtirol/Dolomiten
DM 24,80   ISBN 3-89416-612
Tschechien
DM 36,80   ISBN 3-89416-60
Ungarn
DM 32,80   ISBN 3-89416-188
Warschau/Krakau
DM 26,80   ISBN 3-89416-209
Wien
DM 26,80   ISBN 3-89416-213

Deutschland

Berlin mit Potsdam
DM 26,80   ISBN 3-89416-226
Borkum
DM 19,80   ISBN 3-89416-632
Mecklenburg/Vorp. Binnenland
DM 19,80   ISBN 3-89416-615
München
DM 24,80   ISBN 3-89416-208
Nordfriesische Inseln
DM 19,80   ISBN 3-89416-60
Nordseeinseln
DM 29,80   ISBN 3-89416-197
Nordseeküste Niedersachsens
DM 24,80   ISBN 3-89416-603
Ostdeutschland individuell
DM 39,80   ISBN 3-89622-48C
Ostfriesische Inseln
DM 19,80   ISBN 3-89416-602
Ostharz mit Kyffhäuser
DM 19,80   ISBN 3-89416-228
Oberlausitz/Zittauer Gebirge
DM 24,80   ISBN 3-89416-165
Ostseeküste/Mecklenburg-Vorpom
DM 19,80   ISBN 3-89416-184
Ostseeküste Schleswig Holstein
DM 24,80   ISBN 3-89416-631
Wasserwandern Mecklenb./Brand
DM 24,80   ISBN 3-89416-221
Rügen/Usedom
DM 19,80   ISBN 3-89416-190
Sächsische Schweiz
DM 19,80   ISBN 3-89416-630
Schwarzwald
DM 24,80   ISBN 3-89416-611

PROGRAMM

Rad & Bike:
Reise Know-How Rad & Bike sind Radführer von lohnenswerten Reiseländern bzw. Radreise-Stories von außergewöhnlichen Radtouren durch außereuropäische Länder und Kontinente. Die Autoren sind entweder bekannte Biketouren-Profis oder „Newcomer", die mit ihrem Bike in kaum bekannte Länder und Regionen vorstießen. Wer immer eine Fern-Biketour plant – oder nur davon träumt – kommt an unseren Rad & Bike-Bänden nicht vorbei!

B E R S I C H T

Kleine Sprachhilfe

Nach unseren Erfahrungen fällt es Europäern äußerst schwer, sich in Mongolisch auszudrücken. Vielfach stellt bereits die Entzifferung der Schrift ein Problem dar. Neben der stark übungsbedürftigen **Aussprache** sind der Satzaufbau und die Wortbildung so **kompliziert,** daß es den Rahmen dieses Buches weit übersteigen würde, auch nur Grundkenntnisse zu vermitteln. Vielmehr haben wir uns bemüht, in der folgenden Liste wirklich oft vorkommende Wendungen und Wörter aufzunehmen. Eine ganze Reihe weiterer wichtiger mongolischer Begriffe und Ortsangaben finden sich im laufenden Text.

Zur besseren Verständigung unterwegs kann der **Kauderwelsch-Sprechführer** Mongolisch beitragen, der im gleichen Verlag erschienen ist. Er ist besonders auf reisepraktische Ausdrücke und Redewendungen hin konzipiert und vermittelt eine Grundübersicht der Grammatik. Wer sich darüber hinaus mit der schwierigen Aussprache des Mongolischen beschäftigen möchte, kann die dazugehörige **Kasette** erwerben.

Aussprache und Umschrift

Mongolisch wird heute hauptsächlich in **kyrillischer Schrift** geschrieben, wobei es zusätzlich die Sonderzeichen Ө und Y gibt. Im Buch wird eine einfache Umschrift verwendet, die den deutschen Sprechgewohnheiten möglichst entgegenkommt.

Selbstlaute werden stets kurz ausgesprochen, bei Verdopplung lang. Kurze Selbstlaute am Wortende werden in der Regel nicht gesprochen. Zwielaute (Diphtonge) wie *aj, uj* oder *ua* werden zusammengezogen. *Aj* und *ej* werden am Wortende eher wie ein langes deutsches *ä* gesprochen.

Zahlen	too	тоо
1	neg	нэг
2	chojor	хоёр
3	guraw	гурав
4	duruw	дөрөв
5	taw	тав
6	dsurgaa	зургаа
7	doloo	долоо
8	najm	найм
9	jus	юс
10	araw	арав
11	arwan neg	арван нэг
20	chori	хорь
30	gutsch	гуч
40	dutsch	дөч
50	tawi	тавь
00	dshar	жар
70	dal	дал
80	naj	ная
90	jer	ер
100	dsuu	зуу
101	dsuun neg	зуун нэг
111	dsuun arwan neg	зуун арван нэг
1000	mjanga	мянга
1111	mjanga neg dsuun arwan neg	мянга нэг зуун арван нэг
10000	arwan mjanga	арван мянга

Zeichen	*Umschrift*	*Aussprache*
А, а	a	normales *a*, als kurzer Vokal und im Auslaut verschluckt
Б, б	b	normales *b*
В, в	w	wie normales *w*
Г, г	g	wie *g*, aber in hintervokalischen Wörtern weit hinten im Gaumen gesprochen
Д, д	d	normales *d*
Е, е	je	in mongolischen Wörtern selten, wie *je* in *je*doch
Ё, ё	jo	mit offnem *o* gesprochenes *jo* wie in *Jo*ppe
Ж, ж	dsh	stimmhaftes *dsch* wie in *Dsch*ungel
З, з	ds	stimmhaftes *ds*
И, и	i	normales kurzes *i*, wirkt erweichend auf dem Vokal der vorherigen Silbe
Й, й	j	schwaches *j*, dient der Doppellautbildung und der Verlängerung des i
К, к	k	normales *k*
Л, л	l	normales *l*
М, м	m	normales *m*
Н, н	n	normales *n*, am Wortende leicht nasaliert wie in e*ng*
О, о	o	offenes *o*, wie in *o*ffen
Ө, ө	ö,uu	schwer auszusprechen, *u* mit schwach mitklingendem *ö*, als langer Vokal mit *uu* transkribiert, stärkerer u-Klang
П, п	p	normales *p*, fast nur in Fremdwörtern
Р, р	r	„slawisches", mit der Zungenspitze gerolltes *r*
С, с	s	stimmloses *s* wie in wa*s*
Т, т	t	normales *t*, bei doppeltem *t* getrennt gesprochen
У, у	u	normales *o* wie in *o*hne
Ү, ү	u	normales *u* wie in *U*fer
Ф, ф	f	normales *f*, nur in Fremdwörtern
Х, х	h, ch	im Gaumen zu rollender Kehllaut, stärker als in Fa*ch*
Ц, ц	ts, z	normales *z* mit t-Vorschlag, wie in Ga*z*elle
Ч, ч	tsch	stimmloses *tsch* wie in Qua*tsch*
Ш, ш	sch	stimmloses *sch* wie in *Sch*ule
Щ, щ	schtsch	stimmloses *schtsch*, nur in Fremdwörtern
Ъ, ъ		Härtezeichen, nur grammatikalische Bedeutung, wird nicht gesprochen
Ы, ы	y	genau wie *ij* als langes *i* gesprochen, wie in Sch*ie*ne
Ь, ь		Weichheitszeichen, bewirkt wie das kurze *i* die "weiche" Aussprache des Vokals in der vorhergehenden Silbe
Е, е	e	offenes *e* wie in *E*nte
Ю, ю	ju	normales *ju* wie in *Ju*te
Я, я	ja	normales *ja* wie in *Ja*gd

Floskeln und Fragen

Guten Tag (gerichtet an eine Person)	Sajm bajn uu?	Сайн байна уу?
Guten Tag (gerichtet an mehrere Personen)	Sajm bajzgaa nuu?	Сайн байцгаана уу?
Wie geht es Ihnen?	Tanij bie sajn uu	Таны бие сайн уу?
Haben Sie sich gut erholt? (Standardfrage bei jeder Begegnung)	sajchan amarsan uu	Сайхан амарсан уу?
Auf Wiedersehen!	bajartaj	Баяртай.
Entschuldigung!	uutschlaaraj	Уучлаарай.
Danke	bajarlalaa	Баярлалаа.
Mein Name ist …	namajg … gedeg	Намайг …. гэдэг.
Wie heißen Sie?	tanyg chen gedeg we?	Таныг хэн гэдэг вэ?
Wo kommen Sie her?	ta chaanaas irsen be?	Та хаанаас ирсэн бэ?
Ich komme aus …	bi … -aas irsen	Би …-аас ирсэн.
Gute Reise!	dsamdaa sajn jawaaraj	Замдаа сайн яваарай!
Darf ich?	boloch uu?	Болох уу?
Können Sie mir helfen?	ta nadad tusaldsh tschadach uu?	Та надад тусалж чадах уу?
Warten Sie auf mich.	ta namajg chuleegeerej	Та намайг хөлээгээрэй!
Wo und wann treffen wir uns?	bid nar chaan chedsee uuldsach we?	Бид нар хаана хэзээ уулзах вэ?
Abgemacht! (wörtl. laß es uns so machen)	Dsa tegij	За тэгъе!

Verben und Adjektive чухал өйл өгс, тэмдэг нэр

fahren	jawach	явах
kommen	irech	ирэх
hineingehen	oroch	орох
herauskommen	garach	гарах
essen	idech	идэх
trinken	uuch	уух
schlafen	untach	унтах
sich erholen	amrach	амрах
lesen	unschich	унш나х
machen	chijch	хийх
kochen	tschadach	чанах
reparieren	dsasach	засах
verladen	urich	урих
fragen	asuuch	асуух
sprechen	jarich	ярих
telefonieren	utasdach	утасдах
vergessen	martach	мартах
gut	sajn	сайн
schlecht	muu	муу
warm	chaluun	халуун
kalt	chujten	хөйтэн

hart	chatuu	хатуу
weich	dsöölun	зөөлөн
hoch	undur	өндөр
niedrig	namchan	намхан
süß	tschicherleg	чихэрлэг
bitter	gaschuun	гашуун
sauer	isgelen	исгэлэн
schmackhaft	amttaj	амттай
ein bißchen	dshaachan	жаахан
nah	ojrchon	ойрхон
fern	chol	хол
sonnig	nartaj	нартай
regnerisch	borootoj	бороотой
naß	nojton	нойтон
trocken	chuuraj	хуурай

Geographische Bezeichnungen

Газарзөйн өгс

Wo ist .... ?	... chaan bajdag we?	... хаана байдаг вэ?
Fluß	gol	гол
Berg	uul	уул
Straße	dsam	зам
Tal	chundij	хөндий
Brücke	guur	гөөр
Wald	oj mod	ой мод
Paß	dawaa	даваа
Stadt	chot	хот
Aimakzentrum	ajmgijn tuw	аймгийн төв
Somonzentrum	cumyn tuw	сумын төв

Verkehrsmittel

teewrijn cheregsel

тээврийн хэрэгсэл

Auto	maschin	машин
Geländewagen	mosttoj maschin	мосттой машин
Autobus	awtobus	автобус
Lastwagen	atschaany maschin	ачааны машин
geländegängiger Lastwagen	mosttoj atschaany maschin	мосттой ачааны машин
Eisenbahn	galt tereg	галт тэрэг
Flugzeug	nisech ongotz	нисэх онгоц
Fahrer	dsholootsch	жолооч
Reifen	duguj	дугуй
Bremse	toormos	тоормос
Benzin	bendsin	бензин
Motoröl	motoryn maslo	моторын масло
Flickzeug	dugujn nuchöös	дугийн нөхөөс
Wagenheber	damkrat	damkрат
Tank	bank	банк
Licht	gerel	гэрэл
Abschleppseil	tross	тросс

Einkauf, Essen

	jum chudaldan awach	юм худалдан авах
Ich möchte … kaufen.	bi … abmaar bajn	Би .... авмаар байна.
Wieviel kostet das?	En jamar untej we?	Энэ ямар өнэтэй вэ?
Tugrik (Landeswährung)	tugrug	төгрөг
Lebensmittelgeschäft	chunsnij delguur	хөнсний дэлгөөр
Kaufhaus	ich delguur	их дэлгөөр
Landkarten	gadsryn dsurag	газрын зураг
Souvenirs	beleg dursgalyn dsujl	бэлэг дурсгалын зөйл
Buch	nom	ном
Bild	dsurag	зураг
Brot	talch	талх
Fleisch	mach	мах
Rindfleisch	uchrijn mach	өхрийн мах
Hammelfleisch	choniny mach	хонины мах
Ziegenfleisch	jamaany mach	ямааны мах
Hühnerfleisch	tachiany mach	тахианы мах
Schweinefleisch	gachajn mach	гахайн мах
Fisch	dsagas	загас
Butter	maslo	масло
Konserven	laads	лааз
Zucker	elsen tschicher	элсэн чихэр
Mehl	guril	гурил
Reis	tzagaan budaa	цагаан будаа
Salz	daws	давс
Pflanzenöl	urgamalyn tos	ургамлын тос
Nudeln	gojmon	гоймон
Kartoffeln	tums	төмс
Zwiebeln	songino	сонгино
Möhren	ulaan luuwan	улаан лууван
Kohl	bajtzaa	байцаа
Speisewürze	tzuu	цуу
Limonade	undaa	ундаа
Bier	piwo, schar ajrag	пиво, шар айраг
Tee	tzaj	цай
Wodka	archi	архи
Schlafsack	ajany chundshil	аяны хөнжил
Gummistiefel	usny gutil	усны гутал
feste Schuhe	ajany gutil	аяны гутал
Schuhcreme	gutlyn tos	гутлын тос
Besteck	chalbag seree	халбага сэрээ
Schüssel	lumpen	төмпэн
Eimer	chuwin	хувин
Wasserkanne	biton	битон
Fotoapparat	dsurgijn apparat	зургийн аппарат
Fotofilm	pljonk	плёнка
Film entwickeln	pljonkaa ugaalgach	плёнкаа угаалгах

Gesundheit eruul mend эрөөл мэнд

Mir geht es schlecht.	minij bie muu bajn	Миний бие муу байна.
Ich bin krank.	bi uwtschtej bajn	Би өвчтэй байна.
Ich habe Fieber.	bi chaluuntaj bajn	Би халуунтай байна.
Ich habe Durchfall.	bi schingen aldadsh bajn	Би шингэн алдаж байна.
Ich habe mir etwas gebrochen.	bi bertsen bajn	Би бэртсэн байна.
Ich habe Zahnschmerzen.	minij schud uwdudsh bajn	Миний шөд өвдөж байна.
Ich muß mich übergeben.	bi bööldshidsh bajn	Би бөөлжиж байна.
Kopf	tolgoj	толгой
Auge	nud	нөд
Ohr	tschich	чих
Mund	am	ам
Zunge	chel	хэл
Zahn	schud	шөд
Knochen	jas	яс
Rippe	chawirag	хавирга
Arm	gar	гар
Bein	chul	хөл
Knie	uwdug	өвдөг
Knöchel	schagaj	шагай
Sehne zerren	schurmus tatach	шөрмөс татах
Magen	chodood	ходоод
Leber	eleg	элэг
Lunge	uuschig	уушиг
Blinddarm	muchar olgoj	мухар олгой
Niere	böör	бөөр
Gedärm	gedes	гэдэс
Herz	dsurch	зөрх
Blutdruck	tzusny daralt	цусны даралт
Vergiftung	chordlog	хордлого
Pflaster	naadag lent	наадаг лент
Verband	maaral	марль
Medikament	em	эм
Brille	nudnij schil	нөдний шил
Sonnenbrille	narny schil	нарны шил
Arzt	emtsch	эмч
Krankenhaus	emneleg	эмнэлэг
Operation	mes dsasal	мэс засал
Bett	or	ор
Fieberthermometer	chaluuny schil	халууны шил
fiebersenkendes Mittel	chaluun namdaach em	халуун намдаах эм
Apotheke	emijn san	эмийн сан
Einreibemittel	turchdeg em	төрхдэг эм
Watte	chuwun	хөвөн
Jod	jod	иод
Tropfen	dusal	дусал
einreiben	turchech	төрхэх
einnehmen	em uuch	эм ууx

China und Ladakh

Ein Riesenreich, ein faszinierendes Reiseland, eine Herausforderung an jeden Traveller – das ist China, der Nachbar der Mongolei. Nicht nur die Innere Mongolei war eng mit der Mongolei verbunden, auch Tibet hatte enge politische, religiöse und kulturelle Beziehungen zur Mongolei. Das zu Indien gehörende Ladakh ist ebenfalls dem tibetisch-buddhistischen Kulturkreis zuzurechnen.

Andrea und Oliver Fülling

China - Manual
Das komplette Handbuch für individuelles Reisen und Entdecken in ganz China
768 Seiten, 300 Karten und Pläne, durchgehend illustriert, mit chinesischen Schriftzeichen zu jedem Ort, Hotel, Highlight etc.
ISBN 3-89416-626-6, DM 49.80

Andrea und Oliver Fülling

Chinas Norden - die Seidenstraße
Das komplette Handbuch für Reisen entlang des uralten Handelsweges
520 Seiten, 100 Karten und Pläne, durchgehend illustriert, mit chinesischen Schriftzeichen zu jedem Ort, Hotel, Highlight etc.
ISBN 3-89416-229-5, DM 39.80

Werner Lips

Taiwan - Handbuch
Der komplette Reiseführer für individuelles Reisen und Entdecken
600 Seiten, 65 Karten und Pläne, durchgehend illustriert, mit chinesischen Schriftzeichen
ISBN 3-89416-614-2, DM 39.80

Jutta Mattausch

Ladakh & Zanskar
Handbuch für die Reise in den äußersten Norden Indiens
456 Seiten, 34 Karten und Pläne, durchgehend illustriert, ISBN 3-89416-176-0, DM 36.80

WO ES KEINEN ARZT GIBT

Medizinisches Gesundheitshandbuch zur Hilfe und Selbsthilfe auf Reisen

Dieses Buch gibt Anleitung zur Hilfe und Selbsthilfe in allen Situationen, die die Gesundheit und Hygiene unterwegs betreffen und orientiert sich dabei an den realen Gegebenheiten unterentwickelter Länder. Es vermittelt nicht nur Grundlagen der medizinischen Diagnose, Behandlung und Verhinderung typischer Krankheiten, sondern bietet darüber hinaus umfassendes Hintergrundwissen zu allen Aspekten der Gesundheit.

Der Autor qualifizierte sich durch mehr als 20jährige Arbeit in den Bergregionen Mexikos. Sein Buch wurde in rund 30 Sprachen übersetzt und in der ganzen Welt verbreitet. Die deutsche Ausgabe orientiert sich an den Erfordernissen bei Reisen in Gegenden, wo es lebenswichtig sein kann, sich selbst und anderen helfen zu können.

Inhaltsübersicht

- **Vorbeugen:** Hygiene, richtige Ernährung, Sonnenschutz usw.
- **Grundwissen:** Wie man Kranke untersucht, wie man sie pflegt, wie man Medikamente gebraucht; Antibiotika, was sie sind, wann sie helfen; Heilen ohne Medizin; Wie und wann man Spritzen gibt; Hausmittel und Aberglaube in der Dritten Welt; Krankheiten, die man oft verwechselt ...
- **Krankheiten der Tropen:** von Durchfall bis Allergie, von Erkältung bis Höhenkrankheit, Würmer und Parasiten, schwere Erkrankungen (Malaria, Typhus, Tetanus u.a.)
- **Hautkrankheiten:** Identifikation, Behandlung, Ursachen.
- **Sonstige Krankheiten:** Augenkrankheiten, Zahnprobleme, Erkrankungen der Blase, Genitalien usw.
- **Erste Hilfe:** Was tun bei Fieber, Schock, Ohnmacht, Unfällen, Hitzeschäden? Behandlung von Wunden, Knochenbrüchen, Verrenkungen, Vergiftungen, Bissen, Transport von Verletzten usw.
- **Anhang für Fernreisende:** Impfkalender, Adressen der Tropeninstitute, Reiseapotheke, Erste-Hilfe-Ausrüstung, Literaturempfehlungen, Medikamentenlisten, Glossar medizinischer Begriffe, Register.
- Über 300 erläuternde Abbildungen, Tabellen, Landkarten, Fieberkurven und vieles mehr. **Aktuelle Malariaresistenzliste**

360 Seiten, ISBN 3-89416-035-7, DM 26,80

REISE KNOW-HOW Verlag Peter Rump GmbH, Bielefeld

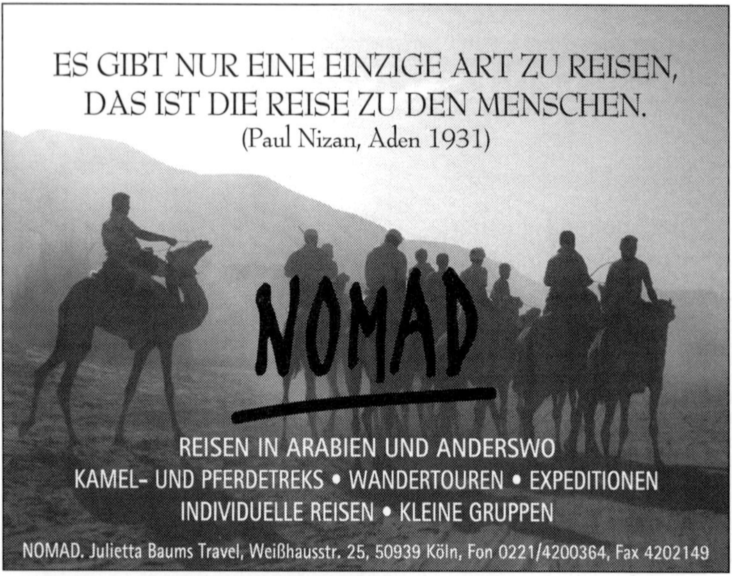
ES GIBT NUR EINE EINZIGE ART ZU REISEN,
DAS IST DIE REISE ZU DEN MENSCHEN.
(Paul Nizan, Aden 1931)
NOMAD
REISEN IN ARABIEN UND ANDERSWO
KAMEL- UND PFERDETREKS • WANDERTOUREN • EXPEDITIONEN
INDIVIDUELLE REISEN • KLEINE GRUPPEN
NOMAD. Julietta Baums Travel, Weißhausstr. 25, 50939 Köln, Fon 0221/4200364, Fax 4202149

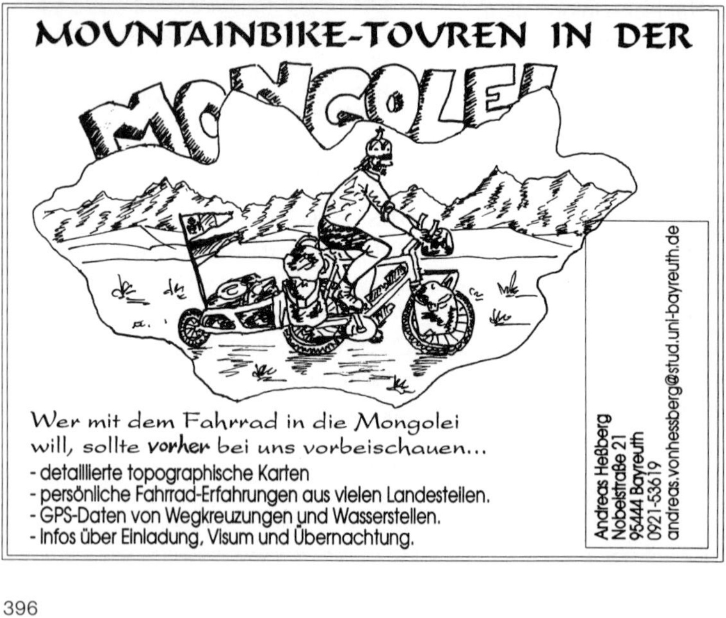
MOUNTAINBIKE-TOUREN IN DER
MONGOLEI
Wer mit dem Fahrrad in die Mongolei
will, sollte vorher bei uns vorbeischauen...
- detaillierte topographische Karten
- persönliche Fahrrad-Erfahrungen aus vielen Landesteilen.
- GPS-Daten von Wegkreuzungen und Wasserstellen.
- Infos über Einladung, Visum und Übernachtung.
Andreas Heßberg
Nobelstraße 21
95444 Bayreuth
0921-53619
andreas.vonhessberg@stud.uni-bayreuth.de

Russische Generalstabskarten **CHINA / MONGOLEI** 1: 500.000
(1: 200.000, 1: 100.000)

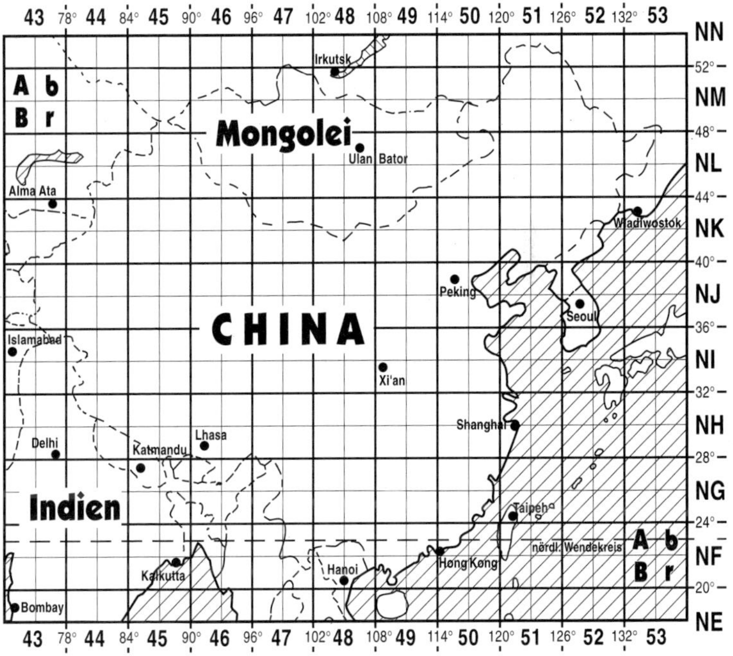

Mehrfarbige topographische Landkarten hoher Informationsdichte. Durchgezogene Länge-/ Breite- Koordinaten sowie angerissene Gauss-Krüger-Koordinaten. Entstehungsjahre 70er- bis 90er-Jahre. Beschriftung kyrillisch. Jeder Lieferung liegt eine deutsche Beschreibung der Legende bei und die Übersetzung des kyrillischen Alphabets. Damit ist es sehr einfach, die Karten zu interpretieren und geographische Bezeichnungen zu lesen.

pro Einzelblatt **DM 24,00**
ab 10 Stück   **DM 22,00**
ab 20 Stück   **DM 20,00**

Bestellbeispiele 1: 500.000
Artikelnummer 2000 315

Peking	>	NJ 50 **A**
Ulan Bator	>	NL 48 **b**
Delhi	>	NH 43 **r**
Lhasa	>	NH 46 **B**

1: 500.000 in der Regel ab Lager lieferbar. 1: 200.000 in 1.600 Blättern, 1: 100.000 in 5.168 Blättern erschienen. Wir empfehlen, erst die Blätter 1: 500.000 zu wählen und bei intensivem Interesse für begrenzte Gebiete die Blätter 1: 200.000 oder 1: 000.000 nachzubestellen.
Lieferzeit für letztgenannte Maßstäbe ca. 4 Monate.

HILFE!

Dieses Reisehandbuch ist gespickt mit unzähligen Adressen, Preisen, Tips und Infos. Nur vor Ort kann überprüft werden, was noch stimmt, was sich verändert hat, ob Preise gestiegen oder gefallen sind, ob ein Hotel, ein Restaurant immer noch empfehlenswert ist oder nicht mehr, ob ein Ziel noch oder jetzt erreichbar ist, ob es eine lohnende Alternative gibt usw.

Unsere Autoren sind zwar stetig unterwegs und versuchen, alle zwei Jahre eine komplette Aktualisierung zu erstellen, aber auf die Mithilfe von Reisenden können sie nicht verzichten.

Darum: Schreiben Sie uns, was sich geändert hat, was besser sein könnte, was gestrichen bzw. ergänzt werden soll. Nur so bleibt dieses Buch immer aktuell und zuverlässig. Gut verwertbare Informationen belohnt der Verlag mit einem Sprachführer Ihrer Wahl aus der über 100 Bände umfassenden Reihe "Kauderwelsch" (siehe unten).

Bitte schreiben Sie an:

REISE KNOW-HOW Verlag Peter Rump GmbH, Hauptstr. 198, D-33647 Bielefeld, oder per e-mail an: reise-know-how@t-online.de

Danke!

Kauderwelsch-Sprechführer –
sprechen und verstehen rund um den Globus

Afrikaans ● Ägyptisch-Arabisch ● Albanisch ● American Slang
Amharisch ● Aussie-Slang ● Bairisch ● Bengali ● Brasilianisch
British Slang ● Bulgarisch ● Burmesisch ● Canadian Slang
Chinesisch (Mandarin) ● Dänisch ● Englisch ● Esperanto ● Estnisch
Finnisch ● Franko-Kanadisch ● Französisch ● Französisch Slang
Französisch für Afrika ● Galicisch ● Georgisch ● German ● Griechisch
Guarani ● Hausa ● Hebräisch ● Hindi ● Hocharabisch ● Indonesisch
Irisch-Gälisch ● Isländisch ● Italienisch ● Italienisch für Opernfans
Italo-Slang ● Japanisch ● Kantonesisch ● Kasachisch ● Katalanisch
Khmer ● Kisuaheli ● Kiwi-Slang ● Kölsch ● Koreanisch ● Kroatisch
Kurdisch ● Laotisch ● Lettisch ● Lingala ● Litauisch ● Madagassisch
Malaiisch ● Maltesisch ● Mandinka ● Marokkanisch-Arabisch
Mongolisch ● More American Slang ● Nepali ● Niederländisch
Norwegisch ● Palästinensisch/Syrisch-Arabisch ● Paschto ● Patois
Persisch (Farsi) ● Pidgin-English ● Polnisch ● Portugiesisch ● Quechua
Rumänisch ● Russisch ● Sächsisch ● Schwedisch ● Schwiizertüütsch
Scots ● Serbisch ● Slowakisch ● Slowenisch ● Spanisch
Spanisch Slang ● Spanisch für Lateinamerika ● Spanisch f. Argentinien
Spanisch f. Chile ● Spanisch f. Costa Rica ● Spanisch f. Ecuador
Spanisch f. Guatemala ● Spanisch f. Honduras ● Spanisch f. Mexiko
Spanisch f. Venezuela ● Sudanesisch-Arabisch ● Tagalog ● Tamil ● Thai
Tibetisch ● Tschechisch ● Tunesisch-Arabisch ● Türkisch ● Ukrainisch
Ungarisch ● Vietnamesisch ● Wienerisch ● Wolof

Register

Anhang

Register

Die Autoren

Fred Forkert, Jahrgang '61 ist diplomierter Mongolist und lebt seit 1985 mit kurzen Unterbrechungen in der Mongolei. 1987 schloß er sein Studium der mongolischen Geschichte, Sprache und Literatur an der mongolischen Staatsuniversität ab und trat im Anschluß daran in den diplomatischen Dienst der ehemaligen DDR ein. Bis zur deutschen Wiedervereinigung war er Kulturattaché und Dolmetscher an der Botschaft in Ulan Bator. Nach 1990 war er zunächst für ein deutsches Consulting-Unternehmen in der Mongolei beschäftigt. Seit 1993 ist als Projektmitarbeiter der *Konrad-Adenauer-Stiftung* in Ulan Bator tätig. Das Projekt befaßt sich mit der Förderung von Nomadenfamilien.

Ferner arbeitet er in Ulan Bator ehrenamtlich als Repräsentant des *Senior Experten Service,* dem ehrenamtlichen Expertenvermittlungsdienst der deutschen Wirtschaft.

Seine besonderen Interessen gehören der mongolischen Sprache und der Lebensweise der Mongolen. Er unternimmt seit Jahren beruflich und privat ausgedehnte Reisen durch alle Teile der Mongolei.

Barbara Stelling, Jahrgang ´63, studierte Sinologie, Ethnologie und Deutsch als Fremdsprache in München und Taibei (Taiwan). Nach ihrer Promotion zog es sie in die Mongolei, wo sie von 1992 bis 1995 als DAAD-Lektorin an einer der Universitäten Ulan Bators arbeitete, damals noch unter dem Namen *Barbara Kuhn.* Während dieser Zeit unternahm sie lange Reisen in Steppe, Taiga und Wüste, war mit dem eigenen Jeep ebenso unterwegs, wie mit dem LKW, dem Helikopter und dem Doppeldecker. Ausflüge zu Pferd und zu Kamel, gelungene und mißlungene Flußdurchfahrten, lange Abende in einsamen Jurten und kurzweilige Tage im bunten Treiben nomadischer Festivitäten; dies alles fand Einlaß in das vorliegende Buch.

Mongolei

Bajan-Ulgij (S. 324)

Uws (S.369)

Uws nuur

Ulaangom ●
3965

1344

Dsawchan (S. 346)

2358

2302
2591   2928

2841

Chjargas nuur

2246

Ulgij ●

3628   3442

3662

3351

1671

Tosonzeng

Char Us nuur

2135

Chowd ●

Char nuur

3776   3750   3796

2259   2326

3631

Uliastaj ●

4021

3094

3464

2068

3369

3506

4204

3752   4090

3579

3617

2297

Bulgan ●

3008   3070

1883

1609

2281

3159

3739   3209   2999

1884

Chowd (S. 332)

2526

3802   2275

3008   3359   308

2054

0   200 m

1741

1275

1262

1422

12

2695

1754

Gobi-Altai (S. 350)

1667   1715

2007

V R   C H I N A